Studien zur Schul- und Bildungsforschung
Band 40

Herausgegeben vom
Zentrum für Schul- und Bildungsforschung (ZSB)
der Martin-Luther-Universität Halle-Wittenberg, Deutschland

Susanne Siebholz · Edina Schneider
Susann Busse · Sabine Sandring
Anne Schippling (Hrsg.)

Prozesse sozialer Ungleichheit

Bildung im Diskurs

Herausgeberinnen
Susanne Siebholz,
Edina Schneider,
Anne Schippling,
Martin-Luther-Universität
Halle-Wittenberg, Halle, Deutschland

Susann Busse,
Sabine Sandring,
Zentrum für Schul-
und Bildungsforschung Halle,
Halle, Deutschland

ISBN 978-3-531-18236-0   ISBN 978-3-531-18988-8 (eBook)
DOI 10.1007/978-3-531-18988-8

Die Deutsche Nationalbibliothek verzeichnet diese Publikation in der Deutschen National-
bibliografie; detaillierte bibliografische Daten sind im Internet über http://dnb.d-nb.de
abrufbar.

Springer VS
© Springer Fachmedien Wiesbaden 2013
Das Werk einschließlich aller seiner Teile ist urheberrechtlich geschützt. Jede Verwertung,
die nicht ausdrücklich vom Urheberrechtsgesetz zugelassen ist, bedarf der vorherigen Zu-
stimmung des Verlags. Das gilt insbesondere für Vervielfältigungen, Bearbeitungen, Übersetzungen, Mikroverfilmungen und die Einspeicherung und Verarbeitung in elektronischen
Systemen.

Die Wiedergabe von Gebrauchsnamen, Handelsnamen, Warenbezeichnungen usw. in diesem
Werk berechtigt auch ohne besondere Kennzeichnung nicht zu der Annahme, dass solche
Namen im Sinne der Warenzeichen- und Markenschutz-Gesetzgebung als frei zu
betrachten wären und daher von jedermann benutzt werden dürften.

Gedruckt auf säurefreiem und chlorfrei gebleichtem Papier

Springer VS ist eine Marke von Springer DE. Springer DE ist Teil der Fachverlagsgruppe
Springer Science+Business Media
www.springer-vs.de

Inhalt

Reinhard Kreckel
Vorwort 9

*Susanne Siebholz/Edina Schneider/Susann Busse/Sabine Sandring/
Anne Schippling*
Prozesse sozialer Ungleichheit – eine Einleitung 13

I Übergänge

Werner Helsper
Die Bedeutung von Übergängen im Bildungsverlauf. Einleitender Beitrag 21

Marlis Buchmann/Irene Kriesi
Welche Rolle spielt das Geschlecht für den Schuleintritt und die Schulleistungen im mittleren Primarschulalter? 29

Susanne Siebholz
Der Übergang von der Grund- in die Sekundarschule bei Kindern in Heimen.
Erste Ergebnisse zu ihren Orientierungen in Bezug auf die Schulfindung 43

Edina Schneider
Schulische Aufwärtsqualifizierungen bei Hauptschülern im Rahmen
biografischer Prozessverläufe – Potentiale eines schülerbiografischen
Zugangs 57

Teresa Falkenhagen
Selektion oder Öffnung am Übergang vom Bachelor- zum Masterstudium? 69

II Migration

Iris Bednarz-Braun
Migration und (Aus-)Bildung. Einleitender Beitrag 87

Joachim Gerd Ulrich
Institutionelle Mechanismen der (Re-)Produktion von Ausbildungslosigkeit 93

Jörg Eulenberger
Erklärungsversuche für die schlechteren Übergangschancen in Ausbildung
von Aussiedler/innen 107

Susann Busse
Bildungsorientierungen Jugendlicher mit vietnamesischem
Migrationshintergrund zwischen Stigmatisierung und Entthematisierung 121

III Bildungsorte

Heinz-Hermann Krüger/Ursula Rabe-Kleberg
Orte der (Re-)Produktion sozialer Ungleichheiten. Einleitender Beitrag 137

Sascha Neumann
Kindheit und soziale Ungleichheit. Perspektiven einer
erziehungswissenschaftlichen Kindheitsforschung 141

Ulrike Deppe
Schulische Anerkennungsverhältnisse zwischen 13-Jährigen, ihren Eltern
und Freunden und die Konstruktion von Bildungsungleichheit. Ein
exemplarischer Fallvergleich 153

Daniela Winter
Kinder und ihre Bezüge auf das Materielle: Welchen Sinn und welche
Bedeutungen Kinder Artefakten geben 165

Beate Beyer
Chancengleichheit im Kindergarten? Inkludierende und exkludierende
Einstellungs- und Handlungsmuster in Einrichtungen früher Bildung 177

Julia Canstein
Zivilgesellschaftliches Engagement für Schüler in Japan – Was kann es
angesichts sozialer Ungleichheit in der Bildung leisten? 189

IV Diskurse

Christiane Thompson
Diskurse und soziale Ungleichheit. Einleitender Beitrag 201

Sandra Koch
Der Kindergarten als Bildungsort – Wie Essen bildet 205

Anne Schippling
Am Übergang in eine französische Elitehochschule. Diskursanalytische
Perspektiven 217

Christiane Thompson
Zum Ordnungsproblem in Diskursen 229

Schlussbeitrag

Jürgen Budde
Intersektionalität als Herausforderung für eine erziehungswissenschaftliche
soziale Ungleichheitsforschung 245

Autorinnen und Autoren 259

Vorwort

Reinhard Kreckel

Der große österreichische Ökonom und Soziologe Joseph A. Schumpeter hat einmal geschrieben, eine von sozialer Ungleichheit geprägte Gesellschaft gleiche „einem Hotel oder einen Omnibus, die zwar immer besetzt sind, aber von immer anderen Leuten" (Schumpeter 1953/1927: 171). Einige bewohnen ein Luxusappartement, andere eine Besenkammer, wieder andere müssen ganz draußen bleiben. Die damit verbundene dualistische Vorstellung von einer relativ statisch vorgegebenen hierarchischen Struktur gesellschaftlicher Positionen einerseits, von dynamischen Prozessen der Positionsbesetzung und Statuszuweisung andererseits findet sich in der klassischen sozialwissenschaftlichen Ungleichheitsforschung wieder. Entweder geht es dort um Stände-, Klassen-, Schicht- oder auch Milieustrukturen, oder es werden Prozesse sozialer Mobilität bzw. Immobilität untersucht, die diese Strukturen voraussetzen.

Der Titel des vorliegenden Sammelbandes – „Prozesse sozialer Ungleichheit" – signalisiert demgegenüber einen Perspektivenwechsel. An die Stelle des Dualismus von Struktur und Prozess tritt die Vorstellung, dass Ungleichheitsstrukturen selbst als Prozesse verstanden werden müssen. Sie werden gleichzeitig als Voraussetzungen und als Resultate der ständig ablaufenden Rekrutierungs- und Positionszuweisungsprozesse gesehen, in denen die Strukturen sich andauernd erneuern.

Die forschungsleitende Idee der „andauernden Erneuerung" von Strukturen hat einen optimistischen Beiklang, der vielleicht unangemessen wirken könnte. Aber wer „Prozesse sozialer Ungleichheit" untersucht, will ja verstehen, wie es immer wieder dazu kommt, dass die Lebenschancen unter den Menschen sehr ungleich verteilt bleiben, trotz aller rechtlichen Garantien und politischen Reformbemühungen. In der Tat, soziale Ungleichheit ist ein hartnäckiger Fall, der sich in immer neuem Gewand immer wieder reproduziert (vgl. dazu viel zitierte Buchtitel wie Blossfeld/Shavit 1993 oder Tilly 1998). Aber sie lässt sich auch verändern und reduzieren. Das „plus ça change, plus c'est la même chose" ist kein Naturgesetz.

In dem hier vorgelegten Band dominiert die mikroanalytische Perspektive, also: das Bemühen, mit Hilfe von sorgfältig ausgewählten und methodisch kontrollierten Detail- und Einzelfallanalysen ergebnisoffen der Frage nachzugehen, wie Selektions- und Statusfindungsprozesse verlaufen und von den Beteiligten erlebt werden und wo sie auf dem Kontinuum zwischen Reproduktion und Reduktion von sozialer Ungleichheit angesiedelt sind.

Die hier abgedruckten Beiträge sind alle im Kontext des Promotionskollegs „Bildung und soziale Ungleichheit" an der Universität Halle-Wittenberg entstanden. Damit wird, in Anknüpfung an Helmut Schelskys (1979/1956: 155) legendäre These von der „Schule als primäre, entscheidende und nahezu einzige Dirigierstelle für Rang, Stellung und Lebenschancen des einzelnen in unserer Gesellschaft", die Bedeutung des vielstufigen und vielgliedrigen Bildungssystems in Deutschland ins Zentrum der Aufmerksamkeit gerückt. Die dahinter stehende allgemeine Frage ist, wie sich die enorme Bildungsexpansion der letzten Jahrzehnte, die zunehmende Öffnung des Bildungssystems für Frauen, für Zuwanderer, für Angehörige bildungsferner Milieus usw. im Verbund mit dem dramatischen Strukturwandel im Bildungs- und Beschäftigungssystem und dem einmaligen Ereignis der deutschen Vereinigung auf die Verteilung von Lebenschancen auswirkt. Diese Frage wird üblicherweise vor allem unter makrosoziologischer Perspektive untersucht. Seit der Veröffentlichung der ersten PISA-Studie der OECD im Jahre 2001 hat sie auch wieder große öffentliche Aufmerksamkeit und bildungspolitische Brisanz gewonnen. Deshalb ist es umso wichtiger, dass auch der mikroanalytischen, qualitativen Forschung genügend Raum gegeben wird, um ihre besonderen Stärken zur Geltung zu bringen – das Herausarbeiten des Mosaiks von individuellen Biografien, Erfahrungen und Sonderkonstellationen, ohne die die großen Linien und Verallgemeinerungen der Makroanalyse unverständlich bleiben müssen.

Zwei Gesichtspunkte seien noch besonders betont, die meines Erachtens bei der Lektüre dieses Bandes immer mitbedacht werden sollten: Zum einen ist es gewiss nach wie vor berechtigt, an Schelskys Diktum vom Bildungssystem als zentraler sozialer Dirigierstelle anzuknüpfen. Aber man sollte sich vor der Vorstellung hüten, moderne Gesellschaften könnten jemals so etwas wie „Meritokratien" im engeren Sinne werden, in denen der Zugang zu Spitzen- und Führungspositionen primär über Bildungszertifikate gesteuert wird. Das ist in Deutschland weder in der Politik noch in der Wirtschaft der Fall, auch nicht in Verwaltung, Justiz, Verbänden, Medien usw., am ehesten vielleicht noch im Bildungssektor selbst, vor allem im Hochschulsektor, wo es immerhin die Habilitation als Berufungsvoraussetzung für Professoren gibt bzw. gab. Aber schon für Hochschulrektoren und Schuldirektoren gelten, ebenso wie für die Besetzung von Spitzenpositionen in allen anderen gesellschaftlichen Bereichen, Kriterien, die nichts mehr mit Bildung zu tun haben. Richtig ist – und neuere Elite- und Führungskräftestudien belegen das immer wieder –, dass höhere Bildungsabschlüsse in allen gesellschaftlichen Bereichen immer stärker zur selbstverständlichen Vorbedingung für den Zugang zu Spitzenpositionen werden. Danach zählen aber ganz andere, je nach gesellschaftlichem Sektor unterschiedliche Erfolgskriterien, vor allem: Durchsetzungsfähigkeit, Beziehungen und Fortune. Denn das System der sozialen Ungleichheit ist, wie der große französische Soziologe Pierre Bourdieu immer wieder betont hat, unweigerlich ein umkämpftes Feld.

Zweitens möchte ich daran erinnern, dass die Geltung von Helmut Schelskys These an einen nationalstaatlichen Rahmen gebunden ist. Fasst man dagegen die gesamte Weltgesellschaft ins Auge, wird sofort deutlich, dass die Vorentscheidung über die Lebens- und Glückschancen eines Menschen nicht so sehr von der Art der Schule abhängt, die er besucht hat, sondern von dem Ort auf der Weltlandkarte, an dem er aufwächst – also: vom Zufall der Geburt, nicht der eigenen Leistung. Angesichts des Umstandes, dass das Armuts- und Reichtumsgefälle international gesehen enorm ist, hat der amerikanische Soziologe Glenn Firebaugh (2003: 366) einmal berechnet, dass man „durch eine einzige Information über die Individuen – nämlich in welcher Nation sie leben – etwa 70 % der Varianz der Einkommen" erklären kann, die sie verdienen. Denn die heutige Weltgesellschaft ist – trotz aller Globalisierungsdynamik und -rhetorik – kein offener Markt, in dem sich Menschen und Arbeitskräfte frei bewegen können. Die Welt ist immer noch durch Staatsgrenzen segmentiert. Das heißt, die geografischen Orte, an denen Menschen aufwachsen und leben, sind politisch umgrenzt. Pass und Visum gehören deshalb nach wie vor zu den wichtigsten Institutionen sozialer Ungleichheit. Nationalstaaten (und neuerdings auch: Staatengemeinschaften wie die Europäische Union mit ihren Schengen-Grenzen) sind entscheidende Schaltstellen für die Zuweisung von Lebenschancen im Weltkontext.

In derartige Makrozusammenhänge fügen sich die materialreichen Mikroanalysen und Reflexionen dieses Bandes ein, die ich mit großem Gewinn gelesen habe.

Literatur

Blossfeld, Hans-Peter/Shavit, Yossi (Hrsg.) (1993): Persistent Inequality. Boulder
Firebaugh, Glenn (2003): Die neue Geografie der Einkommensverteilung der Welt. In: Müller, Walter/Scherer, Stefani (Hrsg.): Mehr Risiken – Mehr Ungleichheit? Frankfurt a. M./New York: 363–388
Schelsky, Helmut (1979/1956): Soziologische Bemerkungen zur Rolle der Schule in unserer Gesellschaftsverfassung. Eine Denkschrift (1956). In: Ders. (1979): Auf der Suche nach Wirklichkeit. München: 131–159
Schumpeter, Joseph A. (1953/1927): Die sozialen Klassen im ethnisch-homogenen Milieu. In: Ders. (1953): Aufsätze zur Soziologie. Tübingen: 147–213
Tilly, Charles (1998): Durable Inequality. Berkeley

Prozesse sozialer Ungleichheit – eine Einleitung

*Susanne Siebholz/Edina Schneider/Susann Busse/
Sabine Sandring/Anne Schippling*

In den letzten Jahren ist ein deutlicher Anstieg von Forschungsarbeiten zu verzeichnen, die das Spannungsfeld um Bildung und soziale Ungleichheit unter verschiedenen Perspektiven in den Blick nehmen (z. B. im Überblick Kristen 1999; ZfE 1/2003; Engler/Krais 2004; Georg 2006; Becker/Lauterbach 2007; Krüger et al. 2011). Während die internationalen Schulleistungsvergleichsstudien mit ihren einschlägigen Ergebnissen zur Ungleichheit und Benachteiligung im Bildungsbereich für eine große Präsenz in den öffentlichen Debatten sorgen, hat sich eine heterogene Forschungslandschaft um diese Thematik gebildet. Die Befunde sind sehr vielfältig und kontrastreich, wenn nicht gar zum Teil widersprüchlich, etwa bezüglich der Tendenzen einer Verschärfung bzw. einer Abnahme von Bildungsungleichheiten im deutschen Bildungssystem (z. B. Berger/Kahlert 2005; Müller et al. 2007; Becker/Hecken 2008). Auch bei der Erklärung des Phänomens der andauernden Bildungsungleichheit konkurrieren unterschiedliche theoretische Ansätze, etwa der auf Pierre Bourdieu zurückgehende kulturtheoretische Ansatz (Bourdieu/Passeron 1971; Bourdieu 1982, 1983) oder entscheidungstheoretische Modelle der Rational-Choice-Theorie im Bereich der Sozialwissenschaften (Boudon 1974; Erikson/Jonsson 1996; Breen/Goldthorpe 1997; Becker 2000; Goldthorpe 2007), die hinsichtlich der Problematik der Bildungsungleichheit unterschiedliche Blickwinkel einnehmen und zum Teil ergänzt und neu thematisiert werden (z. B. Kristen 1999; Georg 2006; Becker/Lauterbach 2007).

Dass Ungleichheiten in Bezug auf Bildungschancen zwischen den sozialen Schichten bei gleichzeitiger Bildungsexpansion fortbestehen, gilt in den wissenschaftlichen Diskursen als unbestritten und ist hinreichend beschrieben worden (vgl. z. B. Schimpl-Neimanns 2000; Becker 2003; Vester 2004; Geißler 2005; Ditton 2007). Allerdings mangelt es an empirischen Befunden, wie und an welchen Stellen soziale Ungleichheit in- und außerhalb des Bildungssystems entsteht (Vester 2006; Becker/Lauterbach 2007). Dieses Forschungsdefizit bezieht sich auf Studien, die über einen mikroanalytischen Zugang die Mechanismen der (Re-)Produktion sozialer Ungleichheit im Bereich der Bildung empirisch untersuchen.

In diesem Kontext verortet sich der vorliegende Band mit dem Titel „Prozesse sozialer Ungleichheit", der sich mit seiner Betonung von ‚Prozessen' in erster Linie auf die Suche nach Mechanismen der Herstellung von Bildungsungleichheiten begibt, die in ihrer Prozesshaftigkeit gefasst werden. Dabei wird besonders auf die Mikroebene fokussiert. Die Suchbewegung findet zwischen Prozessen der Herstellung, der Reproduktion, aber auch der Transformation von Bildungsungleichheiten statt.

Der Sammelband setzt sich aus Beiträgen zusammen, die sich dem Problemfeld von Prozessen sozialer Ungleichheit aus ganz unterschiedlichen Perspektiven nähern. Er geht aus einer internationalen Fachtagung mit dem Titel „(Re-)Produktion sozialer Ungleichheit" des Promotionskollegs der Hans-Böckler-Stiftung „Bildung und soziale Ungleichheit" in Kooperation mit dem Zentrum für Schul- und Bildungsforschung (ZSB) hervor, die im Oktober 2010 an der Martin-Luther-Universität Halle-Wittenberg stattfand.[1] Das Buch versteht sich dabei als eine Fortführung der wissenschaftlichen Diskussion im Themenfeld der Bildungsungleichheit und schließt im Besonderen an die Beiträge einer früheren internationalen Fachtagung – ebenfalls organisiert durch das Kolleg und das ZSB – an, die unter dem Titel „Bildungsungleichheit revisited" im Jahr 2011 in der 2. Auflage beim VS Verlag erschienen sind (Krüger et al. 2011). Das besondere Anliegen jenes Sammelbandes ist es, Phänomene sozialer Ungleichheit nicht nur auf einzelne Bildungsinstitutionen zu beziehen, sondern sie sowohl aus der Sicht des Subjekts als auch im Hinblick auf karrierespezifische Aspekte als biografische Aufschichtung bzw. Kumulation von Benachteiligung wahrzunehmen (vgl. auch Baumert/Schümer 2001; Busse 2010).

Der nun vorliegende Band „Prozesse sozialer Ungleichheit" thematisiert ebenfalls verschiedene Bildungsinstitutionen und betont gleichzeitig die Perspektive der biografischen Aufschichtung von Bildungsungleichheiten (siehe etwa den Themenblock „Übergänge"). Die Auseinandersetzung mit der Herstellung, Fortschreibung und Transformation sozialer Ungleichheit im Bereich der Bildung kommt nicht umhin, die Institutionen in den Blick zu nehmen, denen die Aufgaben von (Aus-)Bildung, Erziehung, Betreuung, Qualifikation und Sozialisation zugeschrieben werden und die über die Vergabe von Zertifikaten und die Erzeugung oder Verhinderung von Anerkennungsprozessen eine gesellschaftliche Selektions- und Statuszuweisungsfunktion übernehmen (vgl. Helsper et al. 2009; auch Fend 2009). Mit seinem Fokus auf verschiedene Institutionen des Bildungswesens – darauf weist auch Reinhard Kreckel hin – knüpft der Sammelband an Schelskys Diktum vom Bildungssystem als zentraler „Dirigierstelle für

---

[1] An dieser Stelle möchten wir uns als Herausgeberinnen noch einmal ganz herzlich bei der Hans-Böckler-Stiftung bedanken, die mit ihrer großzügigen finanziellen Unterstützung die internationale Tagung sowie die Dokumentation der Beiträge in diesem Band ermöglicht hat.

Rang, Stellung und Lebenschancen des einzelnen in unserer Gesellschaft" (Schelsky 1979/1956: 155) an.

Indem die Beiträge versuchen, über quantitative und qualitative Forschungszugänge, die Makro- und Mikroprozesse der Herstellung sozialer Ungleichheit im Bildungsbereich in den Blick zu nehmen, fordert der Band dazu heraus, sich inhaltlich und methodisch auch mit jenen Aspekten und Bereichen zu befassen, die in der gegenwärtigen Bildungsungleichheitsforschung vernachlässigt oder nur am Rande thematisiert werden. In unterschiedlichen Beiträgen geht es in diesem Band um Prozesse sozialer Benachteiligung im Kindergarten (Beiträge von Beyer, Koch und Neumann), ein Bereich im Elementarbildungssystem, der bislang in der Bildungsforschung kaum untersucht worden ist. Auch die verschiedenen institutionellen Übergänge in der Schule (Beiträge von Buchmann/Kriesi, Deppe, Schneider und Siebholz) und Hochschule (Beiträge von Falkenhagen und Schippling) werden in diesem Band fokussiert. Dabei erweitern einige Beiträge mit einer mikrosoziologischen Ausrichtung (so die Beiträge von Deppe, Schneider und Siebholz) die bisher recht überschaubare Liste der qualitativen Studien, in denen die subjektive Sicht der Akteure im Analysezentrum steht. Betont wird ebenfalls die Frage des Übergangs in den Beruf (Beiträge von Eulenberger und Ulrich), womit auf ein weiteres Defizit im Bereich der Forschung zu Bildungsungleichheiten reagiert wird. Hervorzuheben ist ebenso die Einbeziehung außerschulischer Bildungsorte (Beitrag von Winter zu Familie), auch in deren Wechselverhältnis zu Schule (Beitrag von Deppe zu Schule, Familie und Peers), eine Thematik, die innerhalb der Forschung zu Bildung und sozialer Ungleichheit noch immer ein Schattendasein führt. Zudem werden Aspekte von Migration (Beiträge von Busse, Eulenberger und Ulrich) im Zusammenhang mit der Frage nach sozialer Ungleichheit diskutiert und schließlich richtet sich die Perspektive auch auf die Problematik der Bildungsungleichheit im internationalen Bereich (Beitrag von Canstein zu Japan, von Schippling zu Frankreich). Abgerundet wird der Band mit einer kritischen Diskussion des Konzepts der Intersektionalität als einem Instrument der Analyse von Ungleichheiten (Beitrag von Budde).

Mit Blickrichtung auf Bildungsinstitutionen und außerschulische Bildungsorte im nationalen und internationalen Kontext versucht der Band, gegenüber bisherigen Forschungsarbeiten, die die Problematik der Bildungsungleichheiten anhand der institutionellen Verlaufslogik verfolgen, eine weiterführende innovative Akzentuierung vorzunehmen. Der Fokus ist auf ‚Prozesse' sozialer Ungleichheit gerichtet: Es soll – gewissermaßen quer zu den Institutionen – die Frage dezidiert in den Mittelpunkt gestellt werden, wie Bildungsungleichheiten prozessiert, also hergestellt, fortgeschrieben und transformiert werden. In vier thematischen Blöcken erfolgt eine unterschiedliche Perspektivierung dieser Fragestellung, die die zeitliche, die (sozial-)räumliche sowie die diskursive Dimension der Prozessierung sozialer Ungleichheit umschließt. Die Blöcke – „Übergänge", „Migration", „Bildungsorte" und „Diskurse" – werden durch Vertreterinnen und Vertreter mit einer ausgewiesenen fachlichen Expertise in den jeweiligen Themengebieten eingeleitet: Helsper zur Bedeutung von Übergängen im Lebensverlauf, Bednarz-Braun zu Migration und (Aus-)Bildung, Krüger und Rabe-Kleberg zu den Orten der (Re-)Produktion sozialer Ungleichheiten und Thompson zu Diskursen und sozialer Ungleichheit.

Prozesse sozialer Ungleichheit besitzen zunächst eine zeitliche Dimension, die eine Verlaufsperspektive eröffnet. Vor diesem Hintergrund wird in einem ersten thematischen Block auf die Problematik der Übergänge fokussiert. Im Mittelpunkt stehen hierbei die Transitionen in und zwischen Bildungsinstitutionen im schulischen und hochschulischen Kontext. Am Übergang in den Beruf spielt die Dimension der Migration eine wichtige Rolle. Besonders an der Schnittstelle Schule und Beruf können soziale Ungleichheitslagen zwischen Jugendlichen mit bzw. ohne Migrationshintergrund entstehen. So bilden Beiträge zu Migration im Zusammenhang mit Prozessen sozialer Ungleichheit einen weiteren thematischen Block. Es schließt sich ein dritter Themenschwerpunkt an, der Prozesse sozialer Ungleichheit aus der Perspektive von Bildungsorten in den Blick nimmt, wobei die Bereiche der vor- und außerschulischen Bildung einen besonderen Schwerpunkt darstellen. In einem vierten Block wird schließlich versucht, Prozesse sozialer Ungleichheit diskursanalytisch einzuholen. Die hier versammelten Beiträge verbindet das Anliegen einer über Diskurse vermittelten Annäherung an soziale Realität, die selbst zugleich als Produkt diskursiver Prozesse gefasst wird.

Abschließend soll darauf verwiesen werden, dass die thematischen Blöcke nicht isoliert betrachtet werden können, sondern dass Querverbindungen bestehen, die in diesem Band in verschiedenen Beiträgen in Ansätzen entfaltet worden sind (wie z. B. in den Beiträgen von Eulenberger, der den Übergang in den Beruf im Kontext von Migration untersucht, von Deppe, die den Zusammenhang zwischen der Schule und den außerschulischen Bildungsorten Familie und Peers beim Übergang in die Sekundarstufe I betrachtet, oder von Schippling, die Übergänge diskursanalytisch in den Blick nimmt). Hier liegt ein Ansatzpunkt für weitere Forschungsarbeiten auf dem Feld von Bildung und sozialer Ungleichheit.

Insgesamt lädt der vorliegende Band zu einer multiperspektivischen Sicht auf Prozesse sozialer Ungleichheit im Bereich der Bildung ein – ein Unterfangen, das sicherlich mit Risiken verbunden ist, aber doch gleichzeitig den Versuch darstellt, neue und innovative Zugänge innerhalb dieses Forschungsfelds zu eröffnen.

Literatur

Baumert, Jürgen/Schümer, Gundel (2001): Familiäre Lebensverhältnisse, Bildungsbeteiligung und Kompetenzerwerb. In: Deutsches PISA-Konsortium (Hrsg.): PISA 2000. Basiskompetenzen von Schülerinnen und Schülern im internationalen Vergleich. Opladen: 323–407

Baumert, Jürgen/Stanat, Petra/Watermann, Rainer (Hrsg.) (2006): Herkunftsbedingte Disparitäten im Bildungswesen. Differentielle Bildungsprozesse und Probleme der Verteilungsgerechtigkeit. Vertiefende Analysen der PISA-2000-Daten zum Kontext von Schülerleistungen. Wiesbaden

Becker, Rolf (2000): Klassenlage und Bildungsentscheidungen. In: Kölner Zeitschrift für Soziologie und Sozialpsychologie 52, 3: 450–474

Becker, Rolf (2003): Educational Expansion and Persistent Inequalities of Education. In: European Sociological Review 19, 1: 1–24

Becker, Rolf/Hecken, Anna Etta (2008): Warum werden Arbeiterkinder vom Studium an Universitäten abgehalten? Eine empirische Überprüfung der „Ablenkungsthese" von Müller und Pollak (2007) und ihrer Erweiterung durch Hillmert und Jacob (2003). In: Kölner Zeitschrift für Soziologie und Sozialpsychologie 60, 1: 3–29

Becker, Rolf/Lauterbach, Wolfgang (Hrsg.) (2007): Bildung als Privileg? Erklärungen und Befunde zu den Ursachen der Bildungsungleichheit. 2. Aufl. Wiesbaden

Berger, Peter A./Kahlert, Heike (2005): Institutionalisierte Ungleichheiten. Wie das Bildungswesen Chancen blockiert. Weinheim/München

Boudon, Raymond (1974): Education, Opportunity, and Social Inequality. New York

Bourdieu, Pierre (1982): Die feinen Unterschiede. Zur Kritik der gesellschaftlichen Urteilskraft. Frankfurt a. M.

Bourdieu, Pierre (1983): Ökonomisches Kapital, kulturelles Kapital und soziales Kapital. In: Kreckel, Reinhard (Hrsg.): Soziale Ungleichheiten. Soziale Welt, Sonderband 2. Göttingen: 183–198.

Bourdieu, Pierre/Passeron, Jean-Claude (1971): Die Illusion der Chancengleichheit. Untersuchungen zur Soziologie des Bildungswesens am Beispiel Frankreichs. Stuttgart

Breen, Richard/Goldthorpe, John H. (1997): Explaining Educational Differentials. Towards a Formal Rational Action Theory. In: Rationality and Society 9, 3: 275–305

Busse, Susann (2010): Bildungsorientierungen Jugendlicher in Familie und Schule. Die Bedeutung der Sekundarschule als Bildungsort. Wiesbaden

Ditton, Hartmut (2007): Der Beitrag von Schule und Lehrern zur Reproduktion von Bildungsungleichheit. In: Becker, Rolf/Lauterbach, Wolfgang (Hrsg.): Bildung als Privileg? Erklärungen und Befunde zu den Ursachen der Bildungsungleichheit. 2. Aufl. Wiesbaden: 251–280

Engler, Steffani/Krais, Beate (Hrsg.) (2004): Das kulturelle Kapital und die Macht der Klassenstrukturen. Sozialstrukturelle Verschiebungen und Wandlungsprozesse im Habitus. Weinheim/München

Erikson, Robert/Jonsson, Jan O. (1996): Explaining Class Inequality in Education: the Swedish Test Case. In: Dies. (Hrsg.): Can Education be Equalized? Boulder: 1–63

Fend, Helmut (2009): Neue Theorie der Schule: Einführung in das Verstehen von Bildungssystemen. 2. Aufl. Wiesbaden

Geißler, Rainer (1996): Die Sozialstruktur Deutschlands. Zur gesellschaftlichen Entwicklung mit einer Zwischenbilanz zur Vereinigung. 2. Aufl. Opladen
Geißler, Rainer (2005): Die Metamorphose der Arbeitertochter zum Migrantensohn. Zum Wandel der Chancenstruktur im Bildungssystem nach Schicht, Geschlecht, Ethnie und deren Verknüpfungen. In: Berger, Peter A./Kahlert, Heike (Hrsg.): Institutionalisierte Ungleichheiten. Wie das Bildungswesen Chancen blockiert. Weinheim/München: 71–102
Georg, Werner (Hrsg.) (2006): Soziale Ungleichheit im Bildungssystem. Eine empirisch-theoretische Bestandsaufnahme. Konstanz
Goldthorpe, John H. (2007): On Sociology. Second Edition. Stanford
Grundmann, Mathias/Bittlingmeyer, Uwe/Dravenau, Daniel/Groh-Samberg, Olaf (2004): Die Umwandlung von Differenz in Hierarchie? Schule zwischen einfacher Reproduktion und eigenständiger Produktion sozialer Bildungsungleichheit. In: Zeitschrift für Soziologie der Erziehung und Sozialisation 24, 2: 124–146
Helsper, Werner/Kramer, Rolf-Torsten/Hummrich, Merle/Busse, Susann (Hrsg.) (2009): Jugend zwischen Familie und Schule. Eine Studie zu pädagogischen Generationsbeziehungen. Wiesbaden
Kristen, Cornelia (1999): Bildungsentscheidungen und Bildungsungleichheit – ein Überblick über den Forschungsstand. MZES-Arbeitspapier Nr. 5. Mannheim
Krüger, Heinz-Hermann/Rabe-Kleberg, Ursula/Kramer, Rolf-Torsten/Budde, Jürgen (Hrsg.) (2011): Bildungsungleichheit revisited. Bildung und soziale Ungleichheit vom Kindergarten bis zur Hochschule. 2. Aufl. Wiesbaden
Müller, Walter/Mayer, Karl Ulrich/Pollak, Reinhard (2007): Germany: Institutional Change and Inequalities of Access in Higher Education. In: Shavit, Yossi (Hrsg.): Stratification in Higher Education. A Comparative Study. Stanford: 240–265
Schelsky, Helmut (1979/1956): Soziologische Bemerkungen zur Rolle der Schule in unserer Gesellschaftsverfassung. In: Ders. (1979): Auf der Suche nach Wirklichkeit. Gesammelte Aufsätze. München: 131–159
Schimpl-Neimanns, Bernhard (2000): Soziale Herkunft und Bildungsbeteiligung. Empirische Analysen zu herkunftsspezifischen Bildungsungleichheiten zwischen 1950 und 1989. In: Kölner Zeitschrift für Soziologie und Sozialpsychologie 52, 4: 636–669
Vester, Michael (2004): Die Illusion der Bildungsexpansion. Bildungseröffnungen und soziale Segregation in der Bundesrepublik Deutschland. In: Engler, Steffani/Krais, Beate (Hrsg.): Das kulturelle Kapital und die Macht der Klassenstrukturen. Soziostrukturelle Verschiebungen und Wandlungsprozesse des Habitus. Weinheim/München: 13–54
Vester, Michael (2006): Die ständische Kanalisierung der Bildungschancen. Bildung und soziale Ungleichheit zwischen Boudon und Bourdieu. In: Georg, Werner (Hrsg.): Soziale Ungleichheit im Bildungssystem. Eine empirisch-theoretische Bestandsaufnahme. Konstanz: 13–54
ZfE (2003): Schwerpunkt: Soziale Ungleichheit. In: Zeitschrift für Erziehungswissenschaft 6, 1: 3–89

I
Übergänge

Die Bedeutung von Übergängen im Bildungsverlauf. Einleitender Beitrag

Werner Helsper

Übergänge oder Transitionen sind ein grundlegender Bestandteil aller Gesellschaften, auch bereits von Stammesgesellschaften. Hatten sie dort – entsprechend dem geringen Grad der sozialen und ökonomischen Differenzierung – den Charakter von zumeist kurzzeitigen Initiationen und stellten herausgehobene Ereignisse dar, so haben sich Übergänge in weit modernisierten Gesellschaften vervielfältigt, durchziehen den gesamten Lebenslauf und treten weniger in ritueller, initiatorischer Gestalt auf, sondern verstärkt als organisationsförmig vorstrukturierte institutionelle Ereignisse. Insbesondere im Zusammenhang von Bildungs-, Ausbildungs- und beruflichen Prozessen finden sich vielfältige Übergänge: etwa von der Familie in den Kindergarten, vom Kindergarten in die Grundschule, nach vier Schuljahren der Übergang in verschiedene Schulformen der Sekundarstufe I, schließlich in berufsqualifizierende Bildungsgänge oder in die allgemeinbildende Sekundarstufe II und anschließende Einmündungen in berufliche Positionen bzw. den tertiären Bildungssektor. Hinzu kommen Schulformwechsel etwa in verschiedene Förderschulen, Wechsel zwischen den Schulformen, Klassenwiederholungen etc. Insbesondere das deutsche Schulsystem mit seiner frühen äußeren Stratifizierung ist reich an Übergängen und Wechseln, die die Schullaufbahn von Kindern und Jugendlichen mitunter zu zerstückeln drohen.

Dabei lassen sich Übergänge aus unterschiedlichen theoretischen Perspektiven in den Blick nehmen:

1. Im Anschluss an die Ritualtheorie Turners (1989) oder den Ansatz ritueller Initiationen (vgl. etwa Gennep 1986) werden auch gegenwärtig Übergänge – von den großen Zäsuren, etwa der Geburt, bis hin zu alltäglichen Liminalen- oder Schwellenphasen, etwa dem Übergang von der Pause zum Unterricht in der Schule oder vom Familienalltag zum gemeinsamen Familienessen im familiären Lebenszusammenhang – auf ihren rituellen Charakter untersucht (vgl. Audehm 2007; Wulf/Göhlich/Zirfas 2001; Wulf et al. 2004, 2008; Wagner-Willi 2005). Hier werden die kulturellen Praktiken, die symbolischen Inszenierungen und die rituelle Ausgestaltung etwa unter der Per-

spektive der Vergemeinschaftung in den Blick genommen, so auch in Form von Feiern und Festen und der Ausgestaltung schulischer Übergänge (vgl. etwa Helsper/Böhme/Kramer/Lingkost 2001, Böhme 2000, 2004 und Helsper 2004 am Beispiel von Abiturfeiern; Kellermann 2008 und Rademacher 2010 am Beispiel des Schulanfangs und von Einschulungen) bzw. von Ritualen der Einsozialisation etwa am Studienbeginn (vgl. etwa Friebertshäuser 1992).

2. In soziologischen Ansätzen des Lebenslaufs werden Übergänge vor allem als Statuspassagen und als Veränderungen im sozialen Status begriffen (vgl. als Überblick etwa Sackmann 2007). Mit diesen Statuspassagen und -wechseln gehen auch mehr oder weniger deutliche Veränderungen des Selbst und der Identität einher. Darauf haben vor allem Ansätze verwiesen, die den Übergang in deviante oder abweichende Karrieren im Kontext von Etikettierungs- und Stigmatisierungsprozessen analysiert und als gravierende Veränderungen der Identität rekonstruiert haben (vgl. etwa die klassischen Arbeiten von Goffman 1967 und Becker 1973).

3. Die biographietheoretische Perspektive im Anschluss an Mead, Goffman oder Strauss (vgl. etwa Schütze 2006) radikalisiert diese Sicht auf die Bedeutung von Übergängen für Selbst und Identität. So kann etwa Nittel (1992) am Beispiel von Gymnasialbiographien verdeutlichen, dass in den Biographien zwar die Abfolge der Übergänge im Sinne eines institutionellen Parcours relevant ist, dass aber deren Bedeutung und Erfahrungsqualität biographisch erheblich variieren kann. Und Kramer et al. (2010; Helsper et al. 2008) können in ihrer biographischen Längsschnittstudie zu Schülern zeigen, dass das Übergangsgeschehen und die Erfahrungsqualität, die Übergänge gewinnen, immer nur im Horizont der jeweils biographisch ausgeformten Orientierungen und des kindlichen Bildungshabitus zu begreifen ist.

4. Im Kontext von psychologischen Theorien des Selbst und der Selbstkonzepte erscheinen Übergänge als „kritische Lebensereignisse" (vgl. etwa Filipp 1979; Filipp/Aymanns 2009), die weitreichende Lebenskrisen und Desorientierung auslösen, aber auch Problemlösekompetenzen generieren können. Allerdings erscheint im Konzept der kritischen Lebensereignisse der Übergang doch eher als Belastung und potenzielle Destabilisierung. Demgegenüber ließe sich mit Oevermann der Übergang als eine externe Kriseninduktion begreifen: neben dem Risiko der Destabilisierung und Desorientierung muss gleichermaßen auch die Potenzialität und Chancenhaftigkeit hervorgehoben werden. Der Übergang ist auch als Möglichkeit der Entstehung des Neuen und der kreativen Veränderung zu begreifen (Oevermann 1991). Sich von der Übermacht vorhergehender Me-Bilder befreien und neu

anfangen zu können, das ist auch als Möglichkeit für eine Transformation und einen Neuansatz der Selbstbildung zu verstehen.

5. In Theorien der sozialen Ungleichheit werden Übergänge vor allem unter der Perspektive in den Blick genommen, wie sie zur Verteilung von Bildungs-, von beruflichen oder – umfassender – zu gesellschaftlichen Teilhabemöglichkeiten beitragen. Dabei sind zwei Ansätze hervorzuheben: Zum einen die an Boudon orientierte Unterscheidung von primärer und sekundärer Ungleichheit, wobei insbesondere an Übergängen und Schaltstellen des Bildungssystems die rationale Abwägung von Chancen dazu führe, dass Eltern aus tendenziell schulferneren Milieus anspruchsvolle Bildungswege für ihre Kinder seltener anwählen, selbst wenn gleiche Voraussetzungen gegeben sind, weil die Investitionen hoch und die Erfolgschancen ungewiss seien (vgl. Boudon 1974; Baumert et al. 2003, 2006; Becker 2007, 2009). Auch die an Bourdieu (vgl. etwa Bourdieu 1981) orientierten Ansätze verweisen auf die Tendenz der Selbsteliminierung vor allem von Familien mit einem geringen kulturellen Kapital. Daneben aber wird insbesondere auch die Struktur der schulischen Anforderungen, die mit dem primären Habitus von Kindern aus kulturell privilegierten sozialen Lagen eng korrespondieren, so dass es zu einer guten „Passung" von primärem familiären und sekundärem schulischen Habitus kommt, mit dafür verantwortlich gemacht, dass Kinder aus kulturell ressourcenarmen sozialen Lagen auch von privilegierten Bildungswegen abgehalten werden. Hier wird in mikroanalytisch reformulierten Konzepten Bourdieus inzwischen auch die Bedeutung der Peers (vgl. Krüger et al. 2008, 2010) oder die Bedeutung der Heranwachsenden als eigenständige Akteure im Übergangsgeschehen (vgl. Kramer et al. 2010) in den Blick genommen. Für das deutsche Schulsystem ist inzwischen insbesondere für die frühe Selektionsschwelle des Übergangs von der Grundschule in die Sekundarstufe I vielfach belegt, dass es hier bei gleichen Fähigkeiten zu großen Benachteiligungen von Kindern aus schulferneren Milieus kommt und dass auch das Urteil der Lehrkräfte durchaus zur Benachteiligung von Kindern aus den unteren sozialen Lagen beiträgt, wenn auch nicht so deutlich wie das Anwahlverhalten der Eltern (vgl. Ditton 2004, 2007; Bos et al. 2007). Im Zuge von Konzepten der Intersektionalität (vgl. Budde in diesem Band) wird der Blick auf die Erzeugung von Ungleichheiten bei Übergängen im Bildungssystem erweitert: Es geht um die systematische Verschränkung von sozialen, Gender-, von ethnischen und regionalen Perspektiven, um der Komplexität von Unterschieden auch nur näherungsweise gerecht zu werden.

Die hier skizzierten theoretischen Perspektiven auf Übergänge – die keineswegs Anspruch auf Vollständigkeit erheben – sind nicht scharf voneinander getrennt. Vielmehr können beispielsweise ritualtheoretische und statustheoretische Perspektiven, status- und biographietheoretische oder auch biographieanalytische und Ungleichheitsperspektiven miteinander verbunden werden – um nur auf Einiges hinzuweisen. So knüpfen etwa auch die Beiträge von Schneider und Siebholz (in diesem Band) an biographie- und akteurstheoretische Positionen an. Beide Beiträge verweisen eindrücklich darauf, dass Übergänge immer nur im Horizont der Biographie oder der kindlichen und jugendlichen Orientierungsrahmen zu verorten sind und darin ihre Bedeutung erhalten. Zugleich weisen beide Autorinnen in ihren Fallstudien auch auf die sich darin zeigenden Formen sozialer Benachteiligung hin und verbinden diese mit ihren biographischen und Akteursansätzen. Die Beiträge von Falkenhagen sowie von Buchmann und Kriesi knüpfen beide unmittelbar an die Tradition ungleichheitstheoretischer Perspektiven an und diskutieren in diesem Kontext Übergänge im Bildungssystem: einmal in Bezug auf soziale Ungleichheitseffekte beim – durch den Bologna-Prozess neu geschaffenen – Übergang vom Bachelor- zum Masterstudiengang und zum anderen zur Bedeutung geschlechtsspezifischer und sozialer Unterschiede im Übergang in die Grundschule und in den ersten Grundschuljahren.

Zu den Beiträgen im Einzelnen: Im Beitrag von Susanne Siebholz stehen Heimkinder und damit eine Gruppe von Kindern im Zentrum, die durch die Herausnahme aus der Herkunftsfamilie und die Einbindung in institutionelle und professionelle Kontexte besondert und zugleich benachteiligt ist. In zwei stark kontrastierenden Fallstudien werden unterschiedliche Übergänge von der Grundschule in Schulen der Sekundarstufe I für Heimkinder dargestellt: Im – statistisch unwahrscheinlichen – Fall für Heimkinder, nämlich der Einmündung in ein Gymnasium, wird dies vor allem als Vergemeinschaftung und Integration in die Heimfamilie gedeutet, in der die leiblichen Kinder der Heimfamilie ebenfalls das Gymnasium besuchen. Gewinnt hier der schulische Übergang ins Gymnasium vor allem die Bedeutung familiärer Vergemeinschaftung und Zugehörigkeit, so wird im zweiten Fall der Übergang auf die Gesamtschule im Horizont fatalistischer Selbstverständlichkeit und Zwangsläufigkeit gedeutet. Trotz starker Kontraste zeigen sich bei den Heimkindern deutliche Erfahrungen der Fremdbestimmung im Übergang, was sich im Kontrast zu Übergängen von Kindern aus familiären Zusammenhängen – in denen sich deutliche Eigeninitiativen und Selbstplatzierungen von Seiten der Kinder zeigen (vgl. Kramer et al. 2010) – auch als Ausdruck der spezifischen Situation von Heimkindern deuten lässt.

Stehen im Beitrag von Susanne Siebholz Übergänge in die Sekundarstufe I im Zentrum, so im Beitrag von Edina Schneider der – statistisch gesehen – unwahrscheinliche Übergang aus einer Hauptschule auf die gymnasiale Oberstufe.

An zwei sehr kontrastreichen Fällen kann verdeutlicht werden, wie unterschiedlich dieser – statistisch wiederum eher seltene – Bildungsaufstieg aus der Hauptschule erfolgen kann: zum einen als geplanter Bildungsaufstieg, indem eine relativ ressourcenstarke Familie gezielt eine profilierte, christliche Hauptschule mit gutem Ruf anwählt, um dem durch familiäre Brüche belasteten Jugendlichen eine Entlastung und zugleich eine Option auf weiterführende Schulen zu eröffnen; zum anderen ein Mädchen aus einer zerbrochenen und stark traditional orientierten türkischen Familie, die von ihrer Mutter entgegen ihrem Wunsch und der vorhandenen Realschuloption auf der Hauptschule platziert wird. Der damit einhergehende biographische Schock führt zu einer starken Schulorientierung, wobei aus der Einbindung in die Jugendkultur der Mangas – hier sind Gymnasiasten und Studenten vertreten – eine zusätzliche Aufstiegsorientierung entsteht, die gerade gegen die mütterliche Schuldistanz gerichtet ist. In beiden – stark kontrastierenden – Beispielen zeigt sich, wenn auch in unterschiedlicher Deutlichkeit, dass die Hauptschule insgesamt als sozial entwerteter und stigmatisierter Ort erfahren wird.

Teresa Falkenhagen stellt eine Studie zum Übergang vom Bachelor- zum Masterstudium im Vergleich zwischen Fachhochschulen und Universitäten vor. Entgegen der mit der Einführung der Bachelor- und Masterorganisation des Studiums verbundenen Hoffnung und Erwartung, darüber auch eine stärkere Beteiligung von Jugendlichen aus den unteren sozialen Lagen und tendenziell bildungsfernen Milieus zu eröffnen, zeigen sich in ihren Ergebnissen eher gegenläufige Tendenzen. Der neu geschaffene Übergang privilegiert eher Studierende aus ökonomisch und kulturell privilegierten Milieus. Damit kann die Studie verdeutlichen, dass der neu geschaffene Übergang im Studium selbst zu einer Schwelle wird, die vor allem von Studierenden aus ökonomisch und kulturell ressourcenstarken Milieus genutzt werden kann, während sie für Studierende aus kulturell und ökonomisch unterprivilegierten sozialen Lagen eher zu einer weiteren Barriere wird. Dabei kommt es zu einem Zusammenspiel zwischen der institutionellen Gestaltung des Übergangs sowie der sozialen und ökonomischen Ressourcen und Bildungshaltungen der studentischen Akteure selbst.

Marlis Buchmann und Irene Kriesi wenden sich der Bedeutung des Übergangsgeschehens in die erste Klasse und dessen Bedeutung für die Leistung und den schulischen Verlauf in den ersten Grundschuljahren anhand des Schweizer Kinder- und Jugendsurveys COCON zu. Dabei steht insbesondere die Überprüfung der These im Vordergrund, dass sich die Vorteile von Mädchen in diesem frühen Bildungsverlauf dadurch erklären lassen, dass ihr geschlechtsspezifischer Habitus stärker den schulischen Rollenanforderungen entspricht und sich damit eine gute Passung zwischen schulischen Anforderungen und den Haltungen und Orientierungen der Mädchen ergibt, während dies für Jungen inkonsistenter und widersprüchlicher sei. Diese geschlechtsspezifische Dimension wird mit der Dimension der sozialen Ungleichheit verbunden. Dabei wird die These in der Tendenz bestätigt: besonders Mädchen aus bildungsnahen höheren sozialen Lagen sind besonders privilegiert, während Jungen aus unteren sozialen Lagen deutlich benachteiligt sind. Hier verkoppeln sich geschlechtsspezifische und soziale Habituskonfigurationen zu Mustern der Benachteiligung bzw. der Privilegierung. Dabei zeigt sich, dass die Qualität des Übergangs auf die Grundschule – also des Schuleintritts – auf die Leistungssituation im Alter von neun Jahren noch einen bedeutsamen Einfluss besitzt, wobei dies für Jungen deutlicher als für Mädchen gilt.

Literatur

Audehm, Kathrin (2007): Erziehung bei Tisch. Zur sozialen Magie eines Familienrituals. Bielefeld

Baumert, Jürgen/Stanat, Petra/Watermann, Rainer (Hrsg.) (2006): Herkunftsbedingte Disparitäten im Bildungswesen. Differenzielle Bildungsprozesse und Probleme der Verteilungsgerechtigkeit. Vertiefende Analysen im Rahmen von PISA 2000. Wiesbaden

Baumert, Jürgen/Watermann, Rainer/Schümer, Gundel (2003): Disparitäten der Bildungsbeteiligung und des Kompetenzerwerbs: Ein institutionelles und individuelles Mediationsmodell. In: Zeitschrift für Erziehungswissenschaft 6, 1: 46–71

Becker, Howard S. (1973): Außenseiter. Zur Soziologie abweichenden Verhaltens. Frankfurt a. M.

Becker, Rolf (2007): Soziale Ungleichheit von Bildungschancen und Chancengerechtigkeit. In: Ders./Lauterbach, Wolfgang (Hrsg.): Bildung als Privileg. Erklärungen und Befunde zu den Ursachen der Bildungsungleichheit. Wiesbaden: 157–185

Becker, Rolf (2009): Entstehung und Reproduktion dauerhafter Bildungsungleichheiten. In: Ders. (Hrsg.): Lehrbuch der Bildungssoziologie. Wiesbaden: 85–129

Böhme, Jeanette (2000): Schulmythen und ihre Verbürgung durch oppositionelle Schüler. Ein Beitrag zur Etablierung erziehungswissenschaftlicher Mythosforschung. Bad Heilbrunn

Böhme, Jeanette (2004): Die mythische Dimension in schulischen Ritualen: Rekonstruktion und Theoretisierung einer gescheiterten Performance. In: Wulf, Christoph/Zirfas, Jörg (Hrsg.): Innovation und Ritual. Jugend, Geschlecht und Schule. In: Zeitschrift für Erziehungswissenschaft. 2. Beiheft. Wiesbaden: 231–250

Bos, Wilfried/Hornberg, Sabine/Arnold, Karl-Heinz/Faust, Gabriele/Fried, Lilian/Lankes, Eva-Maria/Schwippert, Knut/Valtin, Renate (Hrsg.) (2007): IGLU 2006. Lesekompetenzen von Grundschulkindern in Deutschland im internationalen Vergleich. Münster

Boudon, Raymond (1974): Educational opportunity and social inequality. Changing prospects in Western society. New York

Bourdieu, Pierre (1981): Die feinen Unterschiede. Frankfurt a. M.
Ditton, Hartmut (2004): Die Bedeutung von Schule und Lehrern zur Reproduktion von Bildungsungleichheit. In: Becker, Rolf/Lauterbach, Wolfgang (Hrsg.): Bildung als Privileg. Erklärungen und Befunde zu den Ursachen der Bildungsungleichheit. Wiesbaden: 251–282
Ditton, Hartmut (2007): Kompetenzaufbau und Laufbahnen im Schulsystem. Ergebnisse einer Längsschnittuntersuchung an Grundschulen. Münster/New York/München/Berlin
Filipp, Sigrun-Heide (1979): Selbstkonzeptforschung. Probleme, Befunde, Perspektiven. Stuttgart
Filipp, Sigrun-Heide/Aymanns, Peter (2009): Kritische Lebensereignisse und Lebenskrisen. Vom Umgang mit den Schattenseiten des Lebens. Stuttgart
Friebertshäuser, Barbara (1992): Übergangsphase Studienbeginn. Eine Feldstudie über Riten der Initiation in eine studentische Fachkultur. Weinheim/München
Gennep, Arnold van (1986): Übergangsriten. Frankfurt a. M./New York
Goffman, Erving (1967): Stigma. Über Techniken der Bewältigung beschädigter Identität. Frankfurt a. M.
Helsper, Werner (2004): Schulmythen und Schulrituale als „kreative Verkennung" und Schöpfung des Neuen. In: Wulf, Christoph/Zirfas, Jörg (Hrsg.): Innovation und Ritual. Jugend, Geschlecht und Schule. In: Zeitschrift für Erziehungswissenschaft. 2. Beiheft. Wiesbaden: 251–266
Helsper, Werner/Böhme, Jeanette/Kramer, Rolf-Torsten/Lingkost, Angelika (2001): Schulkultur und Schulmythos. Studien zur Schulkultur I. Opladen
Helsper, Werner/Brademann, Sven/Kramer, Rolf-Torsten/Ziems, Carolin/Klug, Ron (2008): „Exklusive Gymnasien" und ihre Schüler – Kulturen der Distinktion in der gymnasialen Schullandschaft. In: Ullrich, Heiner/Strunck, Susanne (Hrsg.): Begabtenförderung an Gymnasien. Wiesbaden: 215–249
Kellermann, Ingrid (2008): Vom Kind zum Schulkind. Die rituelle Gestaltung der Schuleingangsphase. Eine ethnographische Studie. Opladen/Farmington Hills
Kramer, Rolf-Torsten/Helsper, Werner/Thiersch, Sven/Ziems, Carolin (2009): Selektion und Schulkarriere. Kindliche Orientierungsrahmen beim Übergang in die Sekundarstufe I. Wiesbaden
Krüger, Heinz-Hermann/Köhler, Sina/Zschach, Maren (2010): Teenies und ihre Peers. Freundschaftsgruppen, Bildungsverläufe und soziale Ungleichheit. Opladen
Krüger, Heinz-Hermann/Köhler, Sina/Zschach, Maren/Pfaff, Nicolle (2008): Kinder und ihre Peers. Freundschaftsbeziehungen und schulische Bildungsbiographien. Opladen
Nittel, Dieter (1992): Gymnasiale Schullaufbahn und Identitätsentwicklung. Weinheim
Oevermann, Ulrich (1991): Genetischer Strukturalismus und das sozialwissenschaftliche Problem der Erklärung der Entstehung des Neuen. In: Müller-Doohm, Stefan (Hrsg.): Jenseits der Utopie. Frankfurt a. M.: 267–336
Rademacher, Sandra (2010): Der erste Schultag. Pädagogische Berufskulturen im deutsch-amerikanischen Vergleich. Wiesbaden
Sackmann, Reinhold (2007): Lebenslaufanalyse und Biographieforschung. Eine Einführung. Wiesbaden

Schütze, Fritz (2006): Verlaufskurven des Erleidens als Forschungsgegenstand der interpretativen Soziologie. In: Krüger, Heinz-Hermann/Marotzki, Winfried (Hrsg.): Handbuch erziehungswissenschaftliche Biographieforschung. 2., überarb. und akt. Aufl. Wiesbaden: 205–239

Turner, Victor (1989): Vom Ritual zum Theater. Der Ernst des menschlichen Spiels. Frankfurt a. M.

Wagner-Willi, Monika (2005): Kinderrituale zwischen Vorder- und Hinterbühne. Der Übergang von der Pause zum Unterricht. Wiesbaden

Wulf, Christoph/Althans, Birgit/Audehm, Kathrin/Bausch, Constanze/Jörissen, Benjamin/ Göhlich, Michael/Mattig, Ruprecht/Tervooren, Anja/Wagner-Willi, Monika/Zirfas, Jörg (2004): Bildung im Ritual. Schule, Familie, Jugend, Medien. Wiesbaden

Wulf, Christoph/Althans, Birgit/Foltys, Julia/Fuchs, Martina/Klasen, Sigrid/Lamprecht, Juliane/Tegethoff, Dorothea (2008): Geburt in Familie, Klinik und Medien. Eine qualitative Untersuchung. Opladen

Wulf, Christoph/Göhlich, Michael/Zirfas, Jörg (Hrsg.) (2001): Grundlagen des Performativen. Eine Einführung in die Zusammenhänge von Sprache, Macht und Handeln. Weinheim/München

Welche Rolle spielt das Geschlecht für den Schuleintritt und die Schulleistungen im mittleren Primarschulalter?

Marlis Buchmann/Irene Kriesi

1 Einleitung

Für verschiedene westliche Länder zeigen jüngere Studien auf, dass junge Frauen bildungsmäßig junge Männer zu überholen beginnen: Sie erzielen bessere Noten und sind in anspruchsvolleren Ausbildungsgängen übervertreten (Bacher et al. 2008; Entwisle et al. 2007) Die Gründe, weshalb sich das Blatt zugunsten der Frauen gewendet hat, sind noch wenig erforscht. Angesichts dieser Sachlage stellt sich die Frage, ob Mädchen schon zu Beginn ihrer Bildungslaufbahn, also bei der Bewältigung des Schuleintritts, besser abschneiden als Knaben. Diese Frage stellt sich umso mehr, als nur wenige Studien die Voraussetzungen eines gelingenden Schuleintritts untersucht und dessen Bedeutung für spätere schulische Leistungen und nachfolgende Bildungsübergänge erforscht haben (siehe aber Entwisle et al. 2003, 2007; Faust/Rossbach 2004). Die vorliegende Studie leistet hierfür einen Beitrag, indem sie für die Schweiz untersucht, wovon die Bewältigung des Schuleintritts bei Mädchen und Knaben abhängt und wie sich die Qualität des Schuleintritts auf deren schulische Leistungen im mittleren Primarschulalter auswirkt. Die Analysen beruhen auf den ersten drei Erhebungswellen des Schweizerischen Kinder- und Jugendsurvey COCON (Buchmann/ Fend 2004).

2 Theoretische Überlegungen

Der vorliegende Beitrag bettet den Schuleintritt in den theoretischen Rahmen der institutionalisierten Statusübergänge im Lebenslauf und der kindlichen Kompetenzentwicklung ein. Aus lebenslauftheoretischer Sicht sind Transitionen im Lebenslauf, wie beispielsweise der Schuleintritt, kritische, die weitere Entwicklung maßgeblich beeinflussende Ereignisse. Sie markieren die Teilnahme an einem neuen Interaktions- und Handlungsbereich, der institutionell geprägt ist und neuartige Aufgaben an die in die Institution eintretenden Individuen stellt

(Buchmann 1989; Elder/Shanahan 1998). So sind Mädchen und Knaben beim Schuleintritt mit der Aufgabe konfrontiert, die Schülerrolle zu übernehmen, die das Gesamt der institutionalisierten Erwartungen beinhaltet, welche die Schule und ihre Repräsentanten an das Lern-, Arbeits- und Sozialverhalten der Kinder stellt (Entwisle/Alexander/Olson 2003; Faust/Rossbach 2004; Ladd/Herald/ Kochel 2006). Seitens der in die Schule eintretenden Kinder kann das erwartete Lern-, Arbeits- und Sozialverhalten als die schulrelevanten Kompetenzen begriffen werden und somit als Teil des kindlichen Lern- und Sozialhabitus. Wir nehmen an, dass die Passung zwischen dem kindlichen Lern- und Sozialhabitus und den in der Schülerrolle institutionalisierten Kompetenzerwartungen die Bewältigung des Schuleintritts maßgeblich beeinflusst. Zudem ist davon auszugehen, dass die Transitionserfahrung einen Einfluss auf spätere schulische Leistungen hat. Wir gehen von der Leithypothese aus, dass die Passung zwischen dem Lern- und Sozialhabitus des Kindes und den Kompetenzerwartungen, die in der Schülerrolle institutionalisiert sind, bei Mädchen im Vergleich zu Knaben besser ist. Dafür sprechen mehrere theoretische Gründe, die wir im Folgenden kurz darlegen.

2.1 Geschlechtsspezifische Kompetenzausstattung, Schuleintritt und spätere Schulleistungen

Im Rahmen dieser Studie beziehen wir die kindliche Kompetenzausstattung vorwiegend auf die sozialen Kompetenzen, die in verschiedenen sozialen Kontexten zu Aufbau und Aufrechterhaltung positiver sozialer Beziehungen und gelingenden sozialen Interaktionen beitragen (siehe Malti/Perren 2011). Die Hypothese einer geschlechterspezifischen Kompetenzausstattung von Kindern begründen wir damit, dass manche Eltern und Lehrpersonen geschlechterstereotype Vorstellungen über die angemessenen Fähigkeiten und Persönlichkeitszüge von Mädchen und Knaben haben. So werden Mädchen als mitfühlend, ausgeglichen, gewissenhaft und ordentlich stereotypisiert, während Knaben als ungestüm, disziplinlos, physisch aktiv und kompetitiv gelten (Liben/Bigler 2002). Solche Vorstellungen können zum einen zur verzerrten Wahrnehmung und Bewertung der Kompetenzen und Fähigkeiten von Mädchen und Knaben führen. Zum anderen fließen sie in die Sozialisationspraktiken von Eltern und Lehrpersonen ein und beeinflussen so die kindliche Entwicklung von Kompetenzen, Persönlichkeitszügen und Verhaltensweisen.

    Wir vermuten, dass der als weiblich typisierte Lern- und Sozialhabitus in stärkerem Maße den in der Schule erwarteten Kompetenzen und Verhaltensweisen entspricht, als die stereotypen Vorstellungen über männliche Fähigkeiten und

Persönlichkeitszüge. So sind Erwartungen hinsichtlich Gewissenhaftigkeit, Selbstdisziplin oder Anstrengungsbereitschaft in der Schülerrolle institutionalisiert, und die Ausstattung mit diesen Kompetenzen dürfte den Schuleintritt und spätere schulische Leistungen positiv beeinflussen. Gemäß verschiedenen Studien sind Mädchen besser mit diesen Kompetenzen ausgestattet als Knaben (vgl. z. B. De Fruyt et al. 2008; Duckworth/Seligman 2006; Entwisle et al. 2007; Freudenthaler et al. 2008; Hicks et al. 2008).

Des Weiteren spielen die von den Kindern bereits in die Schule mitgebrachten Kenntnisse bezüglich schulischen Wissens (z. B. Zahlen- und Buchstabenkenntnisse) eine Rolle für die Bewältigung des Schuleintritts und spätere schulische Leistungen. Je mehr schulrelevantes Vorwissen Kinder haben, desto vertrauter und familiärer sind sie mit dem Wissen, das in der Schule ‚zählt' und hoch bewertet wird (Bourdieu/Passeron 1964). Diese Vertrautheit verweist auf die gute Passung des im Elternhaus geförderten lernkulturellen Habitus mit dem in der Schule geforderten Lern- und Arbeitsverhalten. Gemäß empirischen Ergebnissen von Gullo (1991) sowie Janus und Offord (2007) verfügen Mädchen vor dem Schuleintritt über mehr schulrelevantes Vorwissen als Knaben und weisen daher im Vergleich zu diesen eine bessere Passung mit den Kompetenzerwartungen auf, die in der Schülerrolle institutionalisiert sind.

Die bessere Passung zwischen dem Lern- und Sozialhabitus der Mädchen und dem in der Schule erwarteten Lern- und Sozialverhalten ist auch auf die geschlechterspezifische Ausprägung des sozialen Selbstkonzepts zurückzuführen, das gemäß empirischer Evidenz bei Mädchen positiver ist als bei Knaben. Das soziale Selbstkonzept stellt eine Kompetenz dar, welche die Selbsteinschätzung der Akzeptanz der eigenen Person in der signifikanten sozialen Umwelt zum Ausdruck bringt (Erpenbeck/von Rosenstil 2003). Ein im Vorschulalter gut entwickeltes soziales Selbstkonzept hilft, die im schulischen Alltag positiv bewertete Art der sozialen Beziehungen zu Lehrpersonen und Mitschülern erfolgreich aufzubauen. Empirische Ergebnisse weisen zudem darauf hin, dass sozial motivierte und sozial gut integrierte Kinder bessere Lernleistungen erbringen (Buhs 2005; Buhs/Ladd 2001; Urhahne 2008; Wentzel 2005).

2.2 Soziale Herkunft, Schuleintritt und spätere Schulleistungen

Gut belegt ist in der Literatur, dass die soziale Herkunft die schulischen Leistungen und die erreichte Bildungsstufe beeinflusst (vgl. z. B. Pfeffer 2008). Weniger erforscht ist, ob die soziale Herkunft bereits für die Transitionsqualität in die Schule eine Rolle spielt. Mit Bezug auf die einschlägige Literatur gehen wir davon aus, dass Eltern umso besser den beschriebenen kindlichen Kompetenzerwerb bei ihren Söhnen und Töchtern unterstützen und fördern können, je mehr sie mit kulturellem Kapital (d. h. höchste erreichte Bildung) ausgestattet sind (Farkas 2003; Lareau 2003). Das funktionale Sozialkapital im Elternhaus in Form von Kommunikationsart und -intensität (Baumert et al. 2003) äußert sich im Sozialisationskontext der Familie auch in der Qualität der Eltern-Kind-Beziehung. Empirische Evidenz belegt, dass ein elterlicher Erziehungsstil, der geprägt ist von großer emotionaler Nähe und guten Unterstützungsleistungen, kindliche Lernprozesse verschiedenster Art fördert (u. a. Kracke/Hofer 2002; Papastefanou/Hofer 2002) und sich in besseren Schulleistungen niederschlägt (u. a. Conger et al. 2002). Ob geschlechtsspezifische Unterschiede in der Bedeutsamkeit des elterlichen Erziehungsstils anzunehmen sind, ist theoretisch wenig ausgearbeitet und in Bezug auf den Schuleintritt auch empirisch wenig untersucht.

3 Daten und Methoden

Die vorliegenden Analysen basieren auf den ersten drei Erhebungswellen des Schweizerischen Kinder- und Jugendsurvey COCON (Buchmann/Fend 2004), eine für die deutsch- und französischsprachige Schweiz repräsentative Längsschnittstudie zum Lebenslauf und zur psychosozialen Entwicklung von Kindern und Jugendlichen dreier Geburtskohorten. Zwischen dem 1. September 1999 und dem 30. April 2000 geborene Kinder bilden die jüngste Kohorte (N=1273). Sie waren während der ersten (2006), zweiten (2007) und dritten Datenerhebungswelle (2009) sechs, sieben und neun Jahre alt. Die vorliegenden Analysen berücksichtigen Kinder, die im Sommer 2006 (89 %) oder im Sommer 2007 (8 %) eingeschult und an allen drei Erhebungswellen teilgenommen haben (N = 963).[2] Die überwiegende Mehrheit von gut 82 % befand sich mit 9 Jahren in der 3. Primarklasse.[3]

Die Analysen beruhen auf einem anhand gewichteter Daten[4] geschätzten Pfadmodell, das wie folgt spezifiziert ist (siehe Abbildung 1): Das soziale Umfeld der Kinder im Alter von 6 Jahren steht in Zusammenhang mit der kindlichen Kompetenzausstattung in diesem Alter und wirkt sich – teilweise darüber vermittelt – auf die Qualität des Schulübertritts mit 7 Jahren aus. Soziales Umfeld,

---

2 Die Stichprobengröße reduziert sich auf 963, weil zum einen eine geringe Panelmortalität bis zur dritten Welle (2009) von 12 % zu verzeichnen ist (N=1117) und zum anderen eine Minderheit an Kindern ausgeschlossen wurde, die verfrüht (ca. 3 %) eingeschult wurde.
3 15,6 % besuchten die 2. Klasse. Da die Schulleistungen mit 9 Jahren nicht signifikant von der Klassenzugehörigkeit abhängen, wurde ein entsprechender Kontrollindikator aus dem Endmodell ausgeschlossen.
4 Die Gewichtung korrigiert die unterschiedlichen Auswahl- und Teilnahmewahrscheinlichkeiten. Nähere Angaben finden sich in Sacchi (2006).

Kompetenzausstattung mit 6 Jahren und die Transitionsqualität in die Schule spielen eine Rolle für die Kompetenzen und schulischen Leistungen mit 9 Jahren.

Als Gütekriterien für das Modell (siehe Byrne 2001) verwenden wir neben dem die Passungsdiskrepanz pro Freiheitsgrad messenden RMSEA (Root Mean Square Error of Approximation)[5] den zwischen 0 und 1 liegenden CFI (Comparative Fit Index), wobei Modelle mit guter Passung einen Wert nahe 1 aufweisen. Dies gilt schließlich auch für den AGFI (Adjusted Goodness of Fit Index). Gemäß diesen Gütekriterien kann das vorliegende Pfadmodell als gut bezeichnet werden.

Die abhängige Variable *Schulleistungen* wurde in der dritten Befragungswelle (2009) bei der Hauptbetreuungsperson des Kindes (die Mutter in 95 % der Fälle) erhoben und besteht aus dem Notendurchschnitt in Mathematik und Deutsch bzw. Französisch (mit 6 als der besten und 1 der schlechtesten Leistung).[6] Als Maß für die *Transitionsqualität in die Schule* dient ein Index, der das Ausmaß der erfolgreichen Übernahme der Schülerrolle erfasst. Drei Einschätzungen der Hauptbetreuungsperson (HB) für deren 7-jähriges Kind liegen vor: Ob sich das Kind schnell ans Erledigen von Hausaufgaben gewöhnt, schnell eine gute Beziehung zur Lehrerin aufgebaut hat und problemlos mit dem Schulalltag zurechtkommt (α = .62). Die kindlichen Kompetenzen, die den Lern- und Sozialhabitus indizieren – *Gewissenhaftigkeit, schulrelevantes Vorwissen* (Einschätzungen HB) und das *soziale Selbstkonzept* (Angaben des Kindes) – beziehen sich auf den Zeitpunkt vor dem Schuleintritt, ebenso die *kognitiven Grundkompetenzen* (Angaben des Kindes). Gewissenhaftigkeit wurde mit drei Items operationalisiert (Asendorpf/Aken 2003; Rothbart/Ahadi/Hershey 1994)[7]. Das schulrelevante Vorwissen besteht aus einem Index aus den Elementen Mengenverständnis, Kenntnis von Zahlen und Buchstaben sowie sprachliche Ausdrucksfähigkeit.[8] Das soziale Selbstkonzept (Asendorpf/Aken 1993; Harter/Pike 1984) beruht auf einem Index aus vier Items, welche anhand von Bildergeschichten die

---

5   Perfekt passende Modelle hätten einen Wert von 0 als tiefstmöglichem Wert, gegen oben unterliegt er keiner Beschränkung.
6   Anhand von Noten gemessene Schulleistungen indizieren den Schulerfolg eines Kindes, weil Schulnoten als maßgebliche Selektionskriterien dienen und deshalb weitgehend den kindlichen Bildungsverlauf und damit die Chancen auf dem Ausbildungs- und Arbeitsmarkt bestimmen.
7   Es handelt sich um die folgenden Items (α = 0.6): 1) Mein Kind handelt überlegt und planvoll, 2) Mein Kind hat Ausdauer und gibt nicht leicht auf, 3) Mein Kind kann gut aufpassen und sich auf Dinge konzentrieren.
8   Es handelt sich um folgende Items (α = 0.5): 1) Er/sie* weiß, was Mengen sind: Er/sie* weiß zum Beispiel, dass eine Menge von 10 kleinen Steinchen gleichviel ist wie eine Menge von 10 großen Steinen; 2) Er/sie* erzählt Geschichten in einer sinnvollen Reihenfolge; 3) Er/sie* kann neben seinem/ihrem* Namen auch einfache Wörter (z. B. Auto) schreiben.

Wahrnehmung der eigenen sozialen Akzeptanz bei anderen Kindern erfasst.[9] Die *kognitiven Grundfähigkeiten* des Kindes wurden mit einer Subskala des sprachfreien Grundintelligenztests von Cattell, Weiss und Osterland (1977) erhoben. Im Alter von 9 Jahren wurde beim Kind die *akademische Selbstwirksamkeit* mit einem Index aus vier Items ($\alpha = .68$) basierend auf Asendorpf/Aken (1993) erhoben. Die soziale Herkunft des 6-jährigen Kindes wurde mit dem *höchsten Bildungsabschluss der Eltern* gemessen, und zwar in Form einer vierstufigen Intervallvariablen, die zwischen obligatorischer Schule, Berufslehre/Mittelschule, höherer Fachausbildung/Fachhochschule und Universitätsabschluss unterscheidet. Ein Maß aus der „Supportive Parenting"-Skala von Simons, Lorenz, Conger und Wu (1992) erfasst den familiären Sozialisationskontext anhand der *emotionalen Nähe* zwischen Eltern und dem 6-jährigen Kind.[10]

4 Ergebnisse

Deskriptive Ergebnisse zur Transitionsqualität in die erste Klasse (nicht dargestellt) belegen, dass Mädchen im Vergleich zu Knaben diesen Übergang signifikant besser meistern. Allerdings unterscheiden sich Mädchen und Knaben im Alter von 9 Jahren nicht hinsichtlich der im Durchschnitt erzielten Noten. An den Pfadkoeffizienten in Abbildung 1 lässt sich ablesen, wodurch die Transitionsqualität bei Mädchen und Knaben bestimmt ist und wie sich diese und andere Faktoren auf deren Schulleistungen auswirken. Direkt neben den Koeffizienten ist das Signifikanzniveau markiert, das angibt, ob der entsprechende Pfad für Mädchen oder Knaben signifikant ist. Signifikante Geschlechtsunterschiede sind mit fetten Pfadpfeilen indiziert. Wie angenommen, spielt die Qualität des Übertritts in die Schule eine direkte Rolle für die Schulleistungen im mittleren Primarschulalter: Je besser die Transitionsqualität, desto höher sind die Schulleistungen. Eine erfolgreichere Transition ermöglicht es diesen Kindern, sich besser auf die akademischen Anforderungen zu konzentrieren. Kinder mit hoher Transitionsqualität dürften auch von den Lehrpersonen positiver beurteilt werden, was sich wiederum auf die Notengebung auswirken könnte.

---

9   $\alpha = 0.54$. Ein Maß für prosoziales Verhalten, welches gemäß den theoretischen Überlegungen eine Rolle spielen sollte, wurde mangels statistischer Signifikanz aus dem Endmodell ausgeschlossen.
10 $\alpha = 0.50$. Ein Item-Beispiel: Wie oft zeigen Sie Ihrem Kind, dass Sie sich freuen, wenn es etwas tut, das Sie gut finden?

Abbildung 1: Direkte und indirekte Determinanten der Schulleistungen mit 9 Jahren[1]

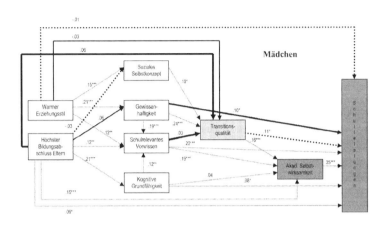

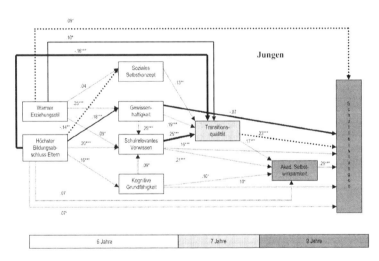

[1] Signifikanz der Geschlechterunterschiede:
→ *** (0.1 %)   → ** (1 %)   → * (5 %)   ⋯▶ + (10 %)   → n. s. (nicht signifikant)

Diese letztere Interpretation wird indirekt unterstützt durch die beobachtete Geschlechtsdifferenz bezüglich des Zusammenhangs zwischen Transitionsqualität und späteren Schulleistungen. Der Zusammenhang für Knaben ist doppelt so stark wie für Mädchen (Unterschied auf dem 10 %-Niveau signifikant). Die Noten bei Knaben im Alter von 9 Jahren hängen also stärker davon ab, wie gut der Schuleintritt gelungen ist. Lehrpersonen könnten sich mehr gewahr sein, wie der Schuleintritt Knaben gelingt, da ihre geschlechtsstereotypen Erwartungen in Richtung einer schlechteren Transitionsqualität von Jungen verzerrt sind. Wie gut Kindern der Schuleintritt gelingt, dürfte mit anderen Worten stärker bei Knaben als bei Mädchen wahrgenommen werden.

Weitere deskriptive Ergebnisse (nicht dargestellt) belegen, dass Mädchen im Vorschulalter von 6 Jahren gewissenhafter sind, mehr schulrelevantes Vorwissen, höhere kognitive Grundkompetenzen und ein positiveres soziales Selbstkonzept haben als Knaben. Diese Ergebnisse unterstützen unsere Annahme, dass der Lern- und Sozialhabitus von Mädchen, der in diesen Kompetenzen zum Ausdruck kommt, den im schulischen Kontext institutionalisierten Erwartungen besser entspricht. Die multivariaten Ergebnisse bestätigen diese Annahme. Sie zeigen, dass Knaben und Mädchen, die über ein positives soziales Selbstkonzept verfügen und eine gut entwickelte Gewissenhaftigkeit aufweisen, den Schuleintritt signifikant besser bewältigen. Mädchen sind hinsichtlich dieser Kompetenzen besser ausgestattet, was ihre bessere Bewältigung des Schuleintritts zum Teil erklärt.

Interessanterweise wirkt sich das schulrelevante Vorwissen nur auf die Transitionsqualität von Knaben aus: Der Schuleintritt gelingt ihnen umso besser, je mehr sie über solches Wissen verfügen. Dies lässt vermuten, dass die Voraussetzungen für einen gelingenden Schuleintritt bei Mädchen weniger komplex sind: Die wahrgenommene Akzeptanz bei den Mitschülern und ein hohes Maß an Gewissenhaftigkeit scheint zu genügen. Dies kann auch damit zu tun haben, dass die Schülerrolle in der ersten Primarklasse vorwiegend Erwartungen an angemessenes Verhalten wie die Erledigung von Hausaufgaben, gute Beziehungen zu Lehrern und Mitschülern oder störungsfreies Folgen des Unterrichts enthält. Mädchen können diese Erwartungen aufgrund ihrer vorschulischen Kompetenzausstattung besser erfüllen.

Kognitive Grundkompetenzen beeinflussen die Qualität des Schuleintritts nicht direkt. Dies deutet nochmals darauf hin, dass die Übernahme der Schülerrolle vorwiegend eine ‚soziale Aufgabe' ist, die von informellen produktiven und sozialen Kompetenzen des Kindes abhängt.

Eine bemerkenswerte Geschlechterdifferenz lässt sich mit Bezug auf die direkten Effekte von verschiedenen im Vorschulalter gemessenen Kompetenzen auf die Schulleistungen im Alter von 9 Jahren feststellen. Während sowohl Knaben wie Mädchen umso bessere Noten erzielen, je mehr sie im Vorschulalter über schulrelevantes Vorwissen und höhere kognitive Grundkompetenzen verfügen und je höher ihre selbst eingeschätzte akademische Selbstwirksamkeit im Alter von 9 Jahren ist, profitieren nur Mädchen von ihrer Gewissenhaftigkeit. Je gewissenhafter Mädchen schon vor Schuleintritt waren, desto bessere Noten erzielen sie mit 9 Jahren. Da Gewissenhaftigkeit eine weiblich stereotypisierte Tugend ist, wird sie womöglich von Lehrpersonen stärker bei Mädchen wahrgenommen und fließt nur in die akademische Beurteilung von Mädchen ein.

Die soziale Herkunft wirkt sich für Mädchen und Knaben zum Teil ähnlich und zum Teil unterschiedlich auf deren Kompetenzen, Transitionsqualität und Schulleistungen aus. Aus Platzgründen können nur die wichtigsten Ergebnisse diskutiert werden. Erwartungsgemäß hat der höchste elterliche Bildungsstatus einen positiven Einfluss auf das schulrelevante Vorwissen, die kognitiven Grundkompetenzen, die akademische Selbstwirksamkeit und die Noten von Mädchen und Knaben. Diese Ergebnisse unterstützen die gut dokumentierte Hypothese, dass Elternhäuser, die über viel kulturelles Kapital verfügen, besser in der Lage sind, ihren Söhnen und Töchtern diejenigen Kompetenzen beizubringen, die im schulischen Kontext erwartet und hoch bewertet werden. Interessanterweise hat der höchste elterliche Bildungsabschluss einen stärkeren Gesamteffekt (direkte und indirekte Effekte zusammengezählt) auf die schulischen Leistungen der Mädchen im Vergleich zu Knaben, während umgekehrt ein emotional warmer und unterstützender Erziehungsstil der Eltern bedeutsamer für die schulischen Leistungen der Knaben als für diejenigen der Mädchen ist. Das erstere Ergebnis lässt sich dahingehend interpretieren, dass im Zuge der höheren Bedeutung, welche der Bildung auch für Mädchen zukommt, insbesondere gut gebildete Eltern die Kompetenzentwicklung der Töchter fördern, was zu einer verstärkten diesbezüglichen sozialen Ungleichheit zwischen Mädchen aus verschiedenen sozialen Schichten hinsichtlich der schulischen Leistungen führt. Das letztere Ergebnis deutet darauf hin, dass die Kommunikations- und Interaktionsqualität im häuslichen Umfeld, eine funktionale Form des sozialen Kapitals, bedeutsamer ist für die Entwicklung eines erfolgreichen Lernhabitus bei Knaben als bei Mädchen. Mädchen sind mit anderen Worten resilienter gegenüber dem elterlichen Erziehungsstil. Des Weiteren ist darauf hinzuweisen, dass eher unerwartet das elterliche Bildungsniveau einen negativen Effekt auf das soziale Selbstkonzept von Knaben ausübt. Mit Bezug auf die Literatur (z. B. Lareau 2003) lässt sich allerdings argumentieren, dass insbesondere Eltern mit Hochschulabschluss eine hoch strukturierte und organisierte außerschulische Freizeit ihrer Kinder fördern, womit der informelle Kontakt und die entsprechenden sozialen Erfahrungen mit Gleichaltrigen eingeschränkt werden, was sich negativ auf das soziale Selbstkonzept auswirken kann, das ja insbesondere die soziale Akzeptanz unter Gleichaltrigen zum Ausdruck bringt. Schließlich zeigt sich ein signifikanter Geschlechtsunterschied in der Bedeutung der höchsten elterlichen Bildung für die Entwicklung von Gewissenhaftigkeit. Für Knaben spielt sie eine viel wichtigere Rolle als für Mädchen. Dies unterstützt unsere Annahme, dass geschlechtsspezifische Sozialisationspraktiken nach sozialem Milieu variieren. Gut gebildete Eltern wissen um die Wichtigkeit von produktiven Kompetenzen für den Schulerfolg und legen deshalb Wert darauf, dass auch Knaben die als typisch weiblich stereotypisierte Kompetenz der Gewissenhaftigkeit entwickeln.

5 Schlussfolgerungen

Der vorliegende Beitrag untersuchte, ob die Passung des im Vorschulalter von Mädchen und Knaben erworbenen Lern- und Sozialhabitus mit dem im schulischen Kontext erwarteten Lern- und Sozialverhalten einen Einfluss darauf hat, wie gut diese den Übertritt in die Schule meistern und wie dadurch deren Schulleistungen im mittleren Primarschulalter beeinflusst werden. Die Antworten auf diese Fragen leisten einen Beitrag, weshalb Mädchen bereits beim Eintritt in die Schule besser abschneiden als Knaben. Ob und gegebenenfalls inwieweit dieser initiale Vorteil der Mädchen geschlechtsspezifische Unterschiede in der späteren schulischen Laufbahn erklären kann, muss weiterer Forschung vorbehalten bleiben.

Unsere Ergebnisse zeigen, dass die Transitionsqualität in die Schule tatsächlich einen Einfluss auf die schulischen Leistungen von Mädchen und Knaben im mittleren Primarschulalter hat. Dieser Effekt ist für Knaben stärker als für Mädchen. Dies deutet möglicherweise darauf hin, dass Lehrpersonen aufgrund geschlechtsstereotyper Wahrnehmung kindlicher Kompetenzen und Verhaltensweisen mehr Probleme beim Schuleintritt für Knaben erwarten als für Mädchen. Deshalb nehmen Lehrpersonen stärker wahr, wie Knaben den Übertritt in die Schule meistern. Für eine solche Interpretation spricht auch das Ergebnis, dass Gewissenhaftigkeit, eine stark weiblich typisierte Kompetenz, nur bei Mädchen eine Rolle für die späteren schulischen Leistungen spielt. Allerdings braucht es weitere Untersuchungen, um besser verstehen zu können, ob geschlechterstereotype Vorstellungen der Lehrpersonen tatsächlich die Wahrnehmung und Bewertung von Kompetenzen bei Mädchen und Knaben beeinflussen und dadurch allenfalls auch in die Notengebung einfließen.

Dass Mädchen den Übergang in die Schule besser bewältigen, hängt gemäß unseren Ergebnissen mit der besseren Passung ihres Lern- und Sozialhabitus mit den in der Schülerrolle institutionalisierten Kompetenz- und Verhaltenserwartungen zusammen. Mädchen sind besser ausgestattet mit Wissen und Kompetenzen, die in der Schule ‚zählen' und hoch bewertet werden. Für eine gute Passung des kindlichem Lern- und Sozialhabitus mit den in der Schülerrolle institutionalisierten Erwartungen sorgt auch die soziale Herkunft. Bildungsmäßig gut ausgestattete Elternhäuser vermögen in höherem Maße, ihren Söhnen und Töchtern diejenigen Dispositionen zu vermitteln, die in der Schule erwartet werden. Damit helfen sie, den schulischen Erfolg ihrer Kinder vorzuspuren. Aus der Perspektive sozialer Ungleichheit legt dieser Befund nahe, dass vor allem Mädchen aus gut gebildeten Elternhäusern somit privilegiert und Knaben aus Elternhäusern mit wenig Bildungskapital benachteiligt sind. Weitere Ergebnisse deuten darauf hin, dass elterliche Sozialisationspraktiken, die in Abhängigkeit von der sozialen Schichtzugehörigkeit variieren, die unterschiedliche Kompetenzentwicklung bei Mädchen und Knaben aus verschiedenen sozialen Milieus erklären können. Die genauen Mechanismen, über welche solche Unterschiede hervorgerufen werden, konnten aber mit den vorliegenden Analysen nicht geklärt werden und bedürfen weiterer Forschung. Ebenso bedarf es weiterer Forschung, um besseren Aufschluss darüber zu gewinnen, weshalb ein emotional warmer und unterstützender Erziehungsstil der Eltern bedeutsamer für die Bewältigung des Schuleintritts und spätere Schulleistungen bei Knaben als bei Mädchen ist.

Literatur

Asendorpf, Jens B./Aken, Marcel A. G. van (1993): Pictorial Scale of Perceived Competence and Social Acceptance – deutsche Fassung (PSCA-D) und Instruktion Harter-Skala ab 3. Klasse. Berlin

Asendorpf, Jens B./Aken, Marcel A. G. van (2003): Validity of Big Five Personality Judgments in Childhood: A 9 Year Longitudinal Study. In: European Journal of Personality 17, 1: 1–17

Bacher, Johann/Beham, Martina/Lachmayr, Norbert (2008): Geschlechterunterschiede in der Bildungswahl. Wiesbaden

Baumert, Jürgen/Watermann, Rainer/Schümer, Gundel (2003): Disparitäten der Bildungsbeteiligung und des Kompetenzerwerbs. In: Zeitschrift für Erziehungswissenschaft 6, 1: 46–71

Bourdieu, Pierre/Passeron, Jean-Claude (1964): Die Illusion der Chancengleichheit. Untersuchungen zur Soziologie des Bildungswesens am Beispiel Frankreich. Stuttgart

Buchmann, Marlis (1989): The Script of Life: Entry into Adulthood in a Changing World. Chicago

Buchmann, Marlis/Fend, Helmut (2004): Context and Competence: Swiss Longitudinal Survey of Children and Youth. Research Proposal. Bern

Buhs, Eric S. (2005): Peer Rejection, Negative Peer Treatment, and School Adjustment: Self-Concept and Classroom Engagement as Mediating Processes. In: Journal of School Psychology 43, 5: 407–424

Buhs, Eric S./Ladd, Gary W. (2001): Peer Rejection as an Antecedent of Young Children's School Adjustment: An Examination of Mediating Processes. In: Developmental Psychology 37, 4: 550–560
Byrne, Barbara M. (2001): Structural Equation Modeling with AMOS. Basic Concepts, Applications, and Programming. Mahwah, N. J.
Cattell, Raymond B./Weiss, Rudolf H./Osterland, Jürgen (1977): Grundintelligenztest Skala 1 (CFT 1). Göttingen
Conger, Rand D./Ebert Wallace, Lora/Sun, Yumei/Simons, Ronald L./McLoyd, Vonnie C./Brody, Gene H. (2002): Economic Pressure in African American Families: A Replication and Extension of the Family Stress Model. In: Developmental Psychology 38, 2: 179–193
De Fruyt, Filip/Van Leeuwen, Karla/De Bolle, Marleen/De Clercq, Barbara (2008): Sex Differences in School Performance as a Function of Conscientiousness, Imagination and the Mediating Role of Problem Behaviour. In: European Journal of Personality 22, 3: 167–184
Duckworth, Angela Lee/Seligman, Martin E. P. (2006): Self-Discipline Gives Girls the Edge: Gender in Self-Discipline, Grades, and Achievement Test Scores. In: Journal of Educational Psychology 98, 1: 198–208
Elder, Glen H./Shanahan, Michael J. (1998): The Life Course and Human Development. In: Damon, William/Lerner, Richard M. (Hrsg.): Handbook of Child Psychology. New York: 939–991
Entwisle, Doris R./Alexander, Karl L./Olson, Linda S. (2003): The First-Grade Transition in Life Course Perspective. In: Mortimer, Jeylan T./Shanahan, Michael J. (Hrsg.): Handbook of the Life Course. New York: 229–250
Entwisle, Doris R./Alexander, Karl L./Olson, Linda S. (2007): Early Schooling: The Handicap of Being Poor and Male. In: Sociology of Education 80, 2: 114–138
Erpenbeck, John/Rosenstil, Lutz von (2003): Handbuch der Kompetenzmessung: Erkennen, Verstehen und Bewerten von Kompetenzen in der betrieblichen, pädagogischen und psychologischen Praxis. Stuttgart
Farkas, George (2003): Cognitive Skills and Noncognitive Traits and Behaviors in Stratification Processes. In: Annual Review of Sociology 29, 541–562
Faust, Gabriele/Rossbach, Hans-Günther (2004): Der Übergang vom Kindergarten in die Grundschule. In: Denner, Liselotte/Schumacher, Eva (Hrsg.): Übergänge im Elementar- und Primarbereich reflektieren und gestalten. Bad Heilbrunn: 91–105
Freudenthaler, Heribert H./Spinath, Birgit/Neubauer, Aljoscha C. (2008): Predicting School Achievement in Boys and Girls. In: European Journal of Personality 22, 3: 231–245
Gullo, Dominic F. (1991): The Effects of Gender, at Risk Status and Number of Years of Preschool on Children's Academic Readiness. In: Early Education and Development 2, 1: 32–39
Harter, Susan/Pike, Robin (1984): The Pictorial Scale of Perceived Competence and Social Acceptance for Young Children. In: Child Development 55, 6: 1969–1982
Hicks, Brian M./Johnson, Wendy/Iacono, William G./McGue, Matt (2008): Moderating Effects of Personality on the Genetic and Environmental Influences of School

Grades Helps to Explain Sex Differences in Scholastic Achievement. In: European Journal of Personality 22, 3: 247–268
Janus, Magdalena/Offord, David R. (2007): Development and Psychometric Properties of the Early Development Instrument (EDI): A Measure of Children's School Readiness. In: Canadian Journal of Behavioural Science 39, 1: 1–22
Kracke, Bärbel/Hofer, Manfred (2002): Familie und Arbeit. In: Hofer, Manfred/Wild, Elke/Noack, Peter (Hrsg.): Lehrbuch Familienbeziehungen. Eltern und Kinder in der Entwicklung. Göttingen: 94–123
Ladd, Gary W./Herald, Sarah L./Kochel, Karen P. (2006): School Readiness: Are There Social Prerequisites? In: Early Education and Development 17, 1: 115–150
Lareau, Annette (2003): Unequal Childhoods. Class, Race, and Family Life. Berkeley
Liben, Lynn S./Bigler, Rebecca S. (2002): The Developmental Course of Gender Differentiation: Conceptualizing, Measuring, and Evaluating Constructs and Pathways. In: Monographs of the Society for Research in Child Development 67, 2
Malti, Tina/Perren, Sonja (2011): Social Competences. In: Brown, B. Bradford/Prinstein, Mitchell J. (Hrsg.): Encyclopedia of Adolescence. Vol. 2. San Diego: 332–340
Papastefanou, Christiane/Hofer, Manfred (2002): Familienbildung und elterliche Kompetenzen. In: Hofer, Manfred/Wild, Elke/Noack, Peter (Hrsg.): Lehrbuch Familienbeziehungen. Eltern und Kinder in der Entwicklung. Göttingen: 168–191
Pfeffer, Fabian T. (2008): Persistent Inequality in Educational Attainment and its Institutional Context. In: European Sociological Review 24, 5: 543–565
Rothbart, Mary K./Ahadi, Stephan A./Hershey, Karen L. (1994): Temperament and Social Behavior in Childhood. In: Merrill Palmer Quarterly 40, 1: 21–39
Sacchi, Stefan (2006): Dokumentation der Stichprobengewichtung zur Erstbefragung der drei COCON-Kohorten. Zürich
Simons, Ronald L./Lorenz, Frederick O./Conger, Rand D./Wu, Chyi-In (1992): Support from Spouse as a Mediator and Moderator of the Disruptive Influence of Economic Strain on Parenting. In: Child Development 63, 5: 1282–1301
Urhahne, Detlef (2008): Sieben Arten der Lernmotivation. Ein Überblick über zentrale Forschungskonzepte. In: Psychologische Rundschau 59, 3: 150–166
Wentzel, Kathryn R. (2005): Peer Relationships, Motivation, and Academic Performance at School. In: Elliot, Andrew J./Dweck, Carol S. (Hrsg.): Handbook of Competence and Motivation. New York: 279–296

Der Übergang von der Grund- in die Sekundarschule bei Kindern in Heimen. Erste Ergebnisse zu ihren Orientierungen in Bezug auf die Schulfindung

Susanne Siebholz

Kinder, die in Heimen[11] und damit in stationären Einrichtungen der Kinder- und Jugendhilfe leben, befinden sich selten im Fokus erziehungswissenschaftlicher Forschung. Der folgende Beitrag betrachtet diese Kinder zu einem spezifischen Zeitpunkt in ihrer Biographie und fragt nach ihren Orientierungen am schulischen Übergang in die weiterführende Schule. Dabei geht es zunächst um den Gegenstand ‚Kinder in Heimen' und darum, welchen Erkenntnisgewinn es einbringt, sie im Kontext von schul- und ungleichheitsbezogenen Fragestellungen zu untersuchen. Nachfolgend werden die vorliegenden Forschungsergebnisse zur schulischen Verortung von Kindern in Heimen zusammengeführt. Im Zentrum des Beitrags stehen dann erste Ergebnisse einer rekonstruktiven Studie zur Frage, im Rahmen welcher Orientierungen Kinder in Heimen einen Teilaspekt des Übergangs, den Prozess der Schulfindung, thematisieren. Diese Ergebnisse sollen schließlich diskutiert und daraufhin befragt werden, welche Rückschlüsse in Bezug auf den Stellenwert und die Konsequenzen schulbezogener Entscheidungen am Übergang sie zulassen.

1 ‚Kinder in Heimen' und Ungleichheit – Gegenstand und Problemstellung

Mit Honig (1999, 2009) gehe ich von einem Begriff vom Kind aus, der es nicht schon voraussetzt, sondern als Resultat von Unterscheidungen auffasst (vgl. auch Alanen 2005; Kelle 2005). Dieser Begriff ermöglicht zum einen die Frage nach der Herstellung und Fortschreibung von Kindheit, zum anderen und damit einhergehend einen empirischen Zugang zum „Kindsein", der keinen substanziellen Begriff vom Kind voraussetzt. Kinder werden in diesem Verständnis als RepräsentantInnen von Kindheit empirisch beobachtbar. Honig (2009: 41) nach macht

---

11 Der § 34 SGB VIII spricht von „Heimen und sonstigen betreuten Wohnformen". Im Folgenden sind die „sonstigen betreuten Wohnformen" ebenfalls gemeint, wenn von „Heim" die Rede ist.

dieser Ansatz „eine empirische Kindheitsforschung möglich, die nicht immer schon weiß, was und wie Kinder sind, die vielmehr fragt, wie Kinder zu ‚Kindern' werden, wie sie ihre soziokulturelle Bestimmtheit erlangen."
Wenn es um die Prozesse der Herstellung und Fortschreibung von Kindheit geht, kommen auch pädagogische Institutionen wie Heime und Schulen in den Blick, die sich auf ‚Kinder' als ebensolche beziehen und sowohl historisch als auch gegenwärtig an diesen Prozessen, am „Kindheitsprojekt" (Hengst 1996: 118 ff.) beteiligt sind (vgl. Zeiher 2009). Für den vorliegenden Beitrag ermöglicht eine in diesem Sinne sozialwissenschaftlich inspirierte Kindheitsforschung, den Blick auf das Zusammenspiel zweier pädagogischer Institutionen im Zugriff auf die von ihnen als ‚Kinder' Verstandenen zu richten. Die Frage, wie ‚Kinder in Heimen' zu ebensolchen werden, wird dabei allerdings empirisch nicht im Sinne des handlungspraktischen oder interaktiven Vollzugs beantwortet. Es geht also nicht um die Konstituierung von Kindheit in pädagogischen Institutionen und durch diese (vgl. im Gegensatz dazu etwa Neumann in diesem Band). Vielmehr soll hier im Sinne der Gegenstandskonstitution bereits bei der Unterscheidbarkeit von ‚Kindern in Heimen' angesetzt werden, beim Resultat also einer Unterscheidungspraxis: Die Befragten gehören zu denjenigen, die gesellschaftlich als ‚Kinder in Heimen' verstanden werden. Es lassen sich in verschiedenen Arenen eine Reihe von Differenzierungen und Besonderungen finden, die sie als solche markieren und die für sie wirksam werden. Vier sollen hier exemplarisch aufgegriffen werden. Zum ersten unterscheiden sich ‚Kinder in Heimen' im rechtlichen Sinne insofern von anderen Minderjährigen, als sie zumindest zeitweise unter Bedingungen gelebt haben, die mit einer Kindeswohlgefährdung nach § 1666 BGB einher gingen und zur Herausnahme aus der Familie geführt haben. Dass sie in einer Einrichtung der Hilfen zur Erziehung leben, entzieht sie mindestens teilweise dem Zugriff der Familie, unterstellt sie im gleichen Zuge dem Zugriff wohlfahrtsstaatlicher Institutionen und versieht sie im Jugendhilferecht mit bestimmten, z. B. partizipativen Rechten. Zum zweiten sind ‚Kinder in Heimen' Gegenstand professioneller Bearbeitung im Rahmen wohlfahrtsstaatlicher und pädagogischer Institutionen. Die hier wirksame Differenzierung ist diejenige zu Kindern, die nicht – je nach bevorzugter Terminologie – zu KlientInnen, NutzerInnen oder AdressatInnen sozialer Arbeit werden. Zum dritten greift der wissenschaftliche Diskurs – zieht man exemplarisch Überblicksartikel zur Kinder- und Jugendhilfeforschung heran – diese professionelle Thematisierung auf und verhandelt ‚Kinder in Heimen' im „sozialpädagogischen Dreieck" zwischen Institutionen, Professionellen und AdressatInnen (vgl. etwa Flösser et al. 1998; Lüders 2003; Rosenbauer/Seelmeyer 2005).[12] Zum vierten thematisie-

---

12 Zur Kritik am AdressatInnenbegriff vgl. aber etwa Homfeldt/Schröer/Schweppe (2008).

ren sich auch die als Kinder Verstandenen selber – darauf verweist das empirische Material – über eine Differenz zu anderen, die ihre Lebenssituation als die nicht-normale markiert.[13]

Ausgehend von ‚Kindern in Heimen' als RepräsentantInnen einer Kindheit unter spezifischen Bedingungen stellt sich die Frage, wie die auf diese Weise besonderten Kinder im Verhältnis zu Schule stehen. Wo sind sie im Schulsystem zu finden, wie setzen sie sich in Beziehung zu Schule und wie thematisieren sie die Schulentscheidung am Ende der Grundschulzeit? Diese Fragen werden im Folgenden zunächst kurz über den – eher begrenzten – Forschungsstand und dann ausführlicher auf der Grundlage erster Ergebnisse aus einer qualitativen Studie beantwortet.[14] Mit der Schulfindung steht dabei ein bestimmter Gesichtspunkt des Übergangs von der Grund- in die Sekundarschule im Mittelpunkt. Es geht hier um die Frage, wie es dazu kommt, dass die bzw. der jeweilige Befragte eine bestimmte Schulform und eine konkrete Einzelschule besuchen wird. Dieser Aspekt war nicht von Vorneherein im Sinne einer Heuristik fokussiert. Vielmehr hat sich im Zuge der Rekonstruktionen gezeigt, dass dieser thematische Teilaspekt des Übergangs von der Grund- in die Sekundarschule höchst unterschiedlich verhandelt wird. Zum einen verweist er damit auf die unterschiedlichen Orientierungen der Untersuchten. Zum anderen lassen sich an die divergenten Weisen der Thematisierung des Schulfindungsprozesses Überlegungen zur Selektivität der „Schulentscheidung" anschließen: Die Art und Weise, wie der Prozess der Schulfindung thematisiert wird, trägt zur Antwort auf die Frage bei, wer warum auf welche Schule übergeht. Es geht so um Mechanismen und Prozesse, die beispielsweise eine quantitative Bildungsforschung nicht aufzuklären vermag. Fokussiert wird dabei ein Aspekt von schulischer Selektion – verstanden hier zunächst als ein Prozess der Verteilung von Schülern auf unterschiedliche Bildungsgänge –, der bisher noch nicht ausführlicher betrachtet wurde. In der bisherigen Forschung zum Übergang nach der Grundschule liegen nur wenige Studien zum Prozess der Schulfindung vor, insbesondere zur Sicht der Übergehenden, um die es bei der (Nicht-)Entscheidung geht. Einige Hinweise finden sich in der Studie „Erfolg und Versagen in der Schulkarriere" (Kramer et al. 2009) unter dem Begriff der „Anwahl" von Schulen. So wird dort für den Fall Ranja die The-

---

13 Es kann davon ausgegangen werden, dass ‚Kinder in Heimen' auch im medialen Diskurs spezifisch verhandelt werden. Die mediale Thematisierung von ‚Kindern in Heimen' sowie deren Beitrag zur Konstitution von Kindheit ist jedoch ein noch unbearbeitetes Feld.
14 Die Studie „Kinder in Heimen am Übergang von der Grund- in die Sekundarschule" wird seit 2008 an der Universität Halle durchgeführt. Bundesweit wurden 14 Kinder aus Heimen in der vierten Klasse der Regelgrundschule und elf von ihnen erneut in der fünften Klasse in narrativbiographischen Interviews befragt. Die Auswertung erfolgt mit der dokumentarischen Methode.

matisierung des „Prozess[es] der Anwahl der weiterführenden Schule" rekonstruiert und es heißt:

> „Auch im Prozess der Anwahl der weiterführenden Schule verdeutlicht sich Ranjas spezifische schulfremde Haltung, in der bestimmte institutionelle Abläufe und Entscheidungen fremd und nicht nachvollziehbar erscheinen, was zur Folge hat, dass sie keine Eigenaktivitäten bei der Schulanwahl entwickelt. Ranja wird somit sowohl institutionell, durch die Schullaufbahnempfehlung der Lehrerin, als auch familial, aufgrund der Schulentscheidung der Eltern, bei der Schulanwahl fremd platziert. Ranja opponiert nicht gegen diese Entscheidung, sondern akzeptiert diese Schulwahl ihrer Eltern und kann aufgrund einer minimalen Peerkontinuität dem Übergang an die neue Schule positiv entgegensehen." (Kramer et al. 2009: 113)

Die hier vorzustellenden Ergebnisse verweisen darauf, dass die Bezeichnungen „Anwahl" oder „Entscheidung" nicht in allen Fällen zutreffen. Damit sind diese Ergebnisse auch über die untersuchten ‚Kinder in Heimen' hinaus interessant und erweitern die bisherige Forschung zum Übergang, indem sie Bedingungen und Konstellationen der (Nicht-)Entscheidung verdeutlichen.

2 Schulische Verortung von Kindern in Heimen – Zum Stand der Forschung

Empirische Anhaltspunkte für die Position, die Kinder, die in Heimen leben, in Schule und Schulsystem einnehmen, gibt es bisher nur wenige.

Ein Beitrag von Jens Pothmann (2007), der auf Daten der Kinder- und Jugendhilfestatistik basiert, analysiert den Schulbesuch von 12- bis 17-Jährigen in Heimen und betreuten Wohnformen. Er betrachtet die dort lebenden Kinder zum Zeitpunkt des Hilfebeginns im Hinblick auf die besuchte Schulform und vergleicht dabei u. a. Kinder in Heimen mit der entsprechenden Altersgruppe in der Schulstatistik. Im Ergebnis wird deutlich, dass sich Kinder in Heimerziehung – zumindest am Beginn der Erziehungshilfe – zumeist in unteren Bildungsgängen und überproportional häufig in Schulen des Sonderschulwesens befinden. Diese ungleiche Verteilung von Bildungschancen habe Folgen für die Verteilung von Lebens- und sozialen Teilnahmechancen (vgl. Maykus 2003; Hradil 1999).

Die schulische Situation von Kindern in Heimen wurde weiterhin in Studien thematisiert, die ebenfalls auf einer soziostrukturellen Ebene ansetzen. Sie beschreiben die Lebenslage von Kindern in Heimen und deren Herkunftsfamilien und verdeutlichen die facettenreiche soziale und materielle Benachteiligung dieser Kinder als Gruppe sowie ihre Belastung durch familiäre Konflikte (Bürger 1990, 2003; Hamberger 1998). Auch Stefan Maykus (2003) weist so in seiner

Verhältnisbestimmung von Heimerziehung und Schule darauf hin, dass Kinder in Heimerziehung in der Regel aus multiproblembelasteten Milieus kämen. Die jeweils beobachteten Auffälligkeiten, Entwicklungsdefizite und ausgeprägten schulischen Probleme der Kinder werden in den vorliegenden Studien bisher als Effekte der soziostrukturellen Benachteiligungen und familiären Belastungen sowie der damit verbundenen mangelnden Förderung und Vernachlässigung interpretiert (vgl. Hamberger 1998; Maykus 2003).

Die Akteure und die Praxen der (Re-)Produktion von sozialen und dabei insbesondere Bildungsungleichheiten bei Kindern in Heimen wurden bislang noch nicht in den Blick genommen. Hier setzt das Projekt „Kinder in Heimen am Übergang von der Grund- in die Sekundarschule" an und fokussiert die Schulfindung am Ende der Grundschulzeit mit ihrer weichenstellenden Funktion für die weitere Schulkarriere. Die Schulfindung wird dabei als ein Teilaspekt des Übergangs von der Grund- in die Sekundarschule begriffen, der als eine zentrale „Selektionsschleuse" (Nittel 1992; Kramer et al. 2009) im deutschen Bildungssystem beschrieben wurde.

3 Die Thematisierung der Schulfindung – erste Ergebnisse

Im Folgenden nun wird anhand von zwei Interviews exemplarisch die Art und Weise skizziert, wie – d. h. in welchem Rahmen – die Schulfindung von den Untersuchten thematisiert wird. Im Anschluss werden bisherige Überlegungen zur Kontrastierung dieser und weiterer Fälle für den ausgewählten Aspekt der Schulfindung dargestellt.

3.1 Schulfindung bei Selena: Familiäre Gemeinschaft und hypothetische Optionen

Selena ist innerhalb des Samples insoweit besondert, dass sie die einzige ist, die auf ein Gymnasium übergeht. Sie lebt in einer familiennahen Heimform, einer sogenannten sozialpädagogischen Lebensgemeinschaft, gemeinsam mit den PädagogInnen Gudrun und Thomas, deren leiblichen Kindern Hanna und Leopold sowie bis zu vier weiteren dort betreuten Kindern und Jugendlichen.

Selena thematisiert die neue Schule selbstläufig zum ersten Mal in der Eingangserzählung. An die Eröffnung des Themas *„komm ich halt auch bald auf die neue schule"* schließt sie die Bewertung *„s find ich auch cool"* und dann eine Begründung an: Sie habe sich nämlich die Schule schon häufig angeschaut, denn – damit geht sie argumentativ weiter zurück – Hanna sei auch dort. Sie schließt eine Beispielerzählung in einem beschreibenden Modus zu einem Grillfest an, das kürzlich stattgefunden habe. Dort hätte sie mit Mitschülern von Hanna gespielt, gemeinsam („*wir*") hätten sie gegrillt und gegessen. „*Die*" hätten Tischtennisplatten gehabt und sie hätten zusammen dort gespielt. Die Vertrautheit des (damit schon nicht mehr) neuen schulischen Raums und der dortigen kulturellen Praxen sowie der soziale Anschluss stehen bei ihr im Mittelpunkt der Erzählung. Die Nachfrage danach, wie das mit der neuen Schule kam, beantwortet sie folgendermaßen:

    Iw: und ähm. (.) wie kam das dann ähm (.) mit der mit der neuen schule? wie habt ihr euch dafür entschiedn? wie- wie kam das?
    Sw: also da steht ja auch immer aufm zeugnis welche empfehlung wir bekomm? //ja,// und //°ah ja°// dann weil- (.) das ähm (.) hier wenn (.) ich=jetz=auch ich=äh=leopold=un=ich habn ja beide eine gymnasiumempfehlung bekomm //ja// ne? und hanna ja auch? un da is sie halt auch aufs WBG gekomm weil des irgendwie is ja auch so ne beliebte schule? //ja// und ähm weil da sin- sind hanna leopold und ich, (.) in einer gleichn schule und könn dann halt auch alle drei zusamm hinfahrn als //ja// ((da)) wenn ich jetz zum beispiel auf das (( )) geh hanna s WBG und leopold auf irgend n andres das is dann irgendwiie (.) unlogisch dann (.) müsste jeder in eine andere richtung //ja// fahrn und dann //ja// anstatt dass wir alle gleich losfahrn //ja// °ja°

Selena beginnt mit der Schullaufbahnempfehlung. Die Gymnasialempfehlung wird dabei nicht als das Ergebnis etwa von Anstrengungen oder guten Noten eingeführt, sondern zur Plausibilisierung dessen, dass sie und Leopold durch diese Empfehlung die Voraussetzung für den Besuch der Schule hatten, auf die Hanna bereits geht. Insgesamt bewegt sich Selena an dieser Stelle im argumentativen Modus: Sie begründet, warum auch sie und Leopold auf *diese* Schule gehen werden. Dabei führt sie pragmatische Argumente an („*zusamm hinfahrn*"), die für den gemeinsamen Schulbesuch mit ihren „Ziehgeschwistern" als eine logische Entscheidung sprechen – und gegen andere Gymnasien, die sie als nur hypothetische Vergleichsoption heranzieht.

Im weiteren Verlauf steht – forciert durch die Frage der Interviewerin – die so verargumentierte Schulwahl am Beginn eines weiteren Prozesses:

    Iw: und dann habt ihr die empfehlung bekomm, und dann (.)
    Sw: dann habn wir halt immer gekuckt welchee schule grade inner nähe is oder //°ja°// praktisch für uns is //ja// (3) dann hat gudrun uns dafür beworbn °un dann° //hm-hm// habn wir aba son habn wir ja son buch mitbekomm °uuhh warte?° ((wos is)) un da steht da ob wir teilgenomm wurdn also- ähm aufgenomm wurdn //ja// oder nich ob das jetz zu voll war oder so //ja// °ja° leopold und ich wurdn ja halt aufgenomm und so //hmm// (.)

Selena thematisiert zunächst erneut die Auswahl des betreffenden Gymnasiums anhand der weiteren Kriterien *„nähe"* und *„praktisch"* und im Anschluss die Formalia von Bewerbung, Aufnahme und deren Dokumentation. Dieser Prozess ist bei Selena semantisch ein durchgehend gemeinschaftlich konstruierter (*„wir"*, *„leopold und ich"*). In Bezug auf die formale Bewerbung erscheint hier auch die erwachsene Bezugsperson Gudrun.

Insgesamt thematisiert Selena den Prozess der Schulfindung im Rahmen einer Orientierung an familialer Gemeinschaft. Der Übergang auf das Gymnasium bekommt eine gemeinschaftsstiftende Funktion und sichert Selena den Anschluss an die Familie, mit der sie zusammen lebt.

Selena begründet die Schulwahl. Sie wägt dabei *„unlogische"*, eher hypothetische Optionen der Anwahl anderer Schulen des gleichen Schultyps für Leopold und sie selbst ab. Damit bringt sie sich – gerade angesichts der explizierten Unwahrscheinlichkeit einer anderen als der getroffenen Schulwahl – überhaupt erst in eine handlungs- und entscheidungsmächtige Position.

3.2 Schulfindung bei Stefan: Institutionelle Setzung und Alternativlosigkeit

Ganz anders wird demgegenüber von Stefan thematisiert, wie es dazu kam, dass er *„auf diese neue Schule"*, eine Kooperative Gesamtschule (KGS), geht. Stefan hat in seiner Grundschulzeit mehrere Wechsel seines Lebensortes erlebt, die jeweils mit Schulwechseln verbunden waren. Darüber hinaus ist er in der Zeit, in der er bereits in der Heimgruppe lebte, von der Regelgrundschule auf eine Förderschule umgeschult worden. In der zweiten Hälfte der vierten Klasse hat er gerade zurück gewechselt auf eine (wiederum andere) Regelgrundschule.

Auch Stefan thematisiert die zukünftige Schule das erste Mal selbstläufig, und zwar in einer Passage, die er an den ersten Durchgang durch seine Lebensgeschichte anschließt. Vor kurzer Zeit sei er auf *„ne andre"* Schule gekommen. Zuvor sei er *„auf=so=naar (.) andren"* Schule gewesen. Er sei von der Pestalozzischule auf eine Grundschule *„umgeschult"* worden. Jetzt sei er auf der Grundschule „Am Anger" zur Probe. Im nächsten Jahr dann komme er *„auf de kgs"*. Die neue Schule erscheint hier also zunächst im Kontext einer jüngeren „Schulwechselgeschichte". Wie es zu dieser neuen Schule gekommen ist, thematisiert er folgenderweise:

> Iw: und öhm (.) öh wie wie kam das dann öhm (.) du wechselst ja jetz auf auf die auf die kgs? //ja// (.) erzähl doch mal wie das dazu gekomm is dass du auf diese neue schule gehst (2)
>
> Sm: grundschule geht nur bis zur viertn (.) und ☺**deswegn**☺ (2) °un deswegn kommsch off de kgs°

Stefan stellt es als Selbstverständlichkeit und Setzung dar, dass nach dem Enden der Grundschule der Übergang auf die KGS folgt. Es gibt für ihn keine Optionen, Alternativen oder Abwägungen, sondern eine Setzung. Wie Selena argumentiert Stefan in Bezug auf die neue Schule. Er begründet den Besuch der neuen Schule damit, dass die Grundschule zu Ende ist. Es gibt für ihn – anders gesagt – keinen anderen Grund, auf die KGS zu wechseln, als diesen. Stefan orientiert sich damit an einer institutionellen Gegebenheit und Notwendigkeit, nicht an etwa einer differenzierten Schullandschaft in der Sekundarstufe oder an Leistung. Der Prozess der Schulfindung erhält mithin auch nicht den Charakter einer Entscheidung oder Wahl. Stefan setzt fort:

> (3) ja. (.) mehr darunter müssen sie unter (.) friedrich fragn (.)
> Iw: friedrich?
> Sm: nja friedrich kan- is ja auf der schule (.) wenn sie irgendwelche information ha- habn wolln wies auf dieser schule is //mhm// (.) wendn sie sich bitte unter w w w punkt friedrich d e
> Iw: ∟☺(3)☺ (.) ach der friedrich is schon auf der auf der kgs
> Sm: na der is jetz wird jetz siemte klasse //mhm// (.) und ich fünfte //mhm// (.) °haa fünfte klasse erst (.) na toll (.) verkackt° (2) nja. und des wars. noch irgendwelche fragn?

In einer ironisierenden und scherzhaften Art und Weise antizipiert Stefan weitere Fragen der Interviewerin und weist sie im gleichen Zug zurück, indem er auf den „Experten" Friedrich verweist. Homolog zu anderen Passagen zu Schule wird damit hier eine weitere Thematisierung der neuen Schule abgewehrt. Zugleich ermöglicht ihm diese Figur aber auch, nach der vorherigen Setzung überhaupt noch Weiteres zu dieser Schule zu sagen. Über seinen Freund Friedrich entwirft er eine minimale soziale Verbindung in den neuen schulischen Raum hinein: Er besuche diese Schule und habe *„informationen"* darüber. Der ältere Freund und Mitbewohner wird dabei als potentieller Informant für die Interviewerin entworfen. Im Unterschied dazu thematisiert Selena die ältere Hanna für sich selbst als Informantin sowie „Türöffnerin" in Bezug auf die neue Schule.

Mit der Thematisierung der Schulfindung als einer gesetzten institutionellen Gegebenheit kontrastiert Stefan zu Selena sowohl im Hinblick auf Entscheidungshaftigkeit und Handlungsmächtigkeit als auch in Bezug auf die soziale Rahmung.

3.3 Die Dimensionierung der Thematisierung der Schulfindung

In den bisherigen Rekonstruktionen dieser und weiterer Interviews deuten sich bei der Thematisierung der Schulfindung als eines Teilaspekts des Übergangs von der Grund- in die Sekundarschule drei Dimensionen als Kontrastlinien an.

Die erste Dimension bezieht sich auf die grundlegende *Sozialität* des Prozesses der Schulfindung: Sie wird von den Untersuchten immer im Zusammenhang mit einzelnen Personen, mit Gruppen oder Institutionen thematisiert und bekommt damit jeweils einen sozialen Ort. Dabei unterscheiden sich die Befragten in Bezug darauf, in welchen sozialen Zusammenhängen die Schulfindung für sie steht und wem dabei welche Position zugewiesen wird. Auf die Sozialität und den sozialen Ort der Schulfindung verweisen im Material

- die Thematisierung im Rahmen der Herstellung und Fortschreibung (quasi-) familiärer Gemeinsamkeit und – an anderer Stelle – auch im Peer-Kontext bei Selena,
- die Thematisierung als ein institutionelles Ereignis mit minimaler personaler Rahmung bei Stefan
- und in anderen Fällen die Thematisierung stärker im Rahmen von generationalen Bezügen oder als ausschließliches Peers-Ereignis.

Bei der Thematisierung der Schulfindung unterscheiden sich die Befragten zum zweiten im Hinblick auf die *Optionalität* der Schulfindung. Diese Dimension umfasst zwei Teilaspekte: zum einen die (Nicht-)Entscheidungshaftigkeit, d. h. die Schulfindung wird als eine Entscheidung oder Wahl versus eine Nicht-Entscheidung und damit einhergehend als gestaltbarer versus selbstläufiger Prozess thematisiert; zum anderen die Zuschreibung von *agency*, also die Verortung der Handlungsmächtigkeit bei der Schulfindung.[15] Auf die Optionalität der Schulfindung verweisen damit zum ersten divergente Thematisierungen zwischen Entscheidung und Wahl einerseits und der völligen Abwesenheit von Alternativen andererseits. Zum zweiten konkretisiert sich diese Dimension in der Thematisierung der eigenen Person als einem passiven Gegenstand von Entscheidungen Anderer versus einem aktiven Gestalter und Handlungsträger. Hier finden sich die Varianten der Schulfindung als unhinterfragter institutioneller Gegebenheit bei Stefan sowie als Abwägen von „unlogischen", eher hypothetischen Optionen der Anwahl anderer Schulen des gleichen Schultyps bei Selena, die sich selber damit in eine entscheidungsmächtige Position bringt.

---

15 Hier gibt es Übereinstimmungen zu den Ergebnissen von Kramer et al. (2009), die unterschiedliche Muster der Selbst- und Fremdplatzierung am Übergang rekonstruierten.

Stärker in anderen als den beiden hier ausgewählten Interviews werden schließlich auch Unterschiede entlang einer dritten Dimension von *Leistungs- und Statusdifferenzierung* deutlich: die Untersuchten unterscheiden sich bei der Thematisierung der Schulfindung darin, in welchem Ausmaß und in welcher Weise sie sich auf schulische Leistungen und auf die Zuordnung zu verschiedenen Schulformen beziehen. Das Spektrum reicht empirisch von der Irrelevanz dieses Aspektes bis hin zu seiner zentralen Stellung, etwa im Rahmen eines Beratungs- und Testverfahrens. In den Fällen, wo Leistung oder Statusdifferenzierung im Rahmen der Thematisierung der Schulfindung orientierungsgebend sind, treten sie vor allem als Unterscheidungskriterium zwischen Schulformen, weniger zwischen unterschiedlichen Einzelschulen auf.

4 Schlussfolgerungen für den Stellenwert und die Konsequenzen schulbezogener Entscheidungen am Übergang

Die vorgestellten Überlegungen ermöglichen, in viererlei Hinsicht Konsequenzen und Anschlüsse zu formulieren. Im Kontext der Übergangsforschung zunächst wurde die ganz unterschiedliche Thematisierung und dabei auch Relevanz der Schulfindung als Aspekt des Übergangs von der Grund- in die Sekundarschule bislang nicht ausführlich und systematisch empirisch betrachtet. Dieser Aspekt erweist sich jedoch als bedeutsam für das Verständnis dessen, wie der Schulübergang biographisch gerahmt und sozial eingebettet ist. Die Divergenz in der Thematisierung durch die Übergehenden verweist auf die unterschiedliche habituelle Rahmung der Schulfindung und erlaubt ein vertieftes Verständnis der Selektivität dieser „Entscheidung".

Deutlich wird in diesem Zuge zweitens auch, dass es erkenntnisversprechend ist, wenn die Thematisierung schulischer Übergänge seitens der Übergehenden selbst in die empirische Betrachtung aufgenommen wird. Ihre Perspektive und die Untersuchung ihrer Wahrnehmungen, Darstellungen sowie Orientierungen sind unerlässlich für das Verständnis dessen, was am Übergang von der Grund- in die Sekundarschule geschieht.

Drittens sind die hier vorgestellten ersten Ergebnisse im Kontext der Auseinandersetzung mit Herstellung und Reproduktion sozialer Ungleichheiten relevant. Es lässt sich vermuten, dass die schulische Selektionspraxis am Ende der vierten Grundschulklasse u. a. auch deswegen so effektiv ist, weil es Kinder gibt, die die Schulfindung nicht als ein Ereignis der Leistungs- oder Statusdifferenzierung verhandeln, sondern im Rahmen ihrer biographisch relevanten Orientierungen je anders begreifen. Indem sie auf diese Weise die Relevanz der (Nicht-)Entscheidung für die eigene Bildungslaufbahn entthematisieren – man könnte auch sagen: verkennen –, werden sie besonders effektiv selegierbar.[16] Dabei geht es nicht um intentionale Handlungsweisen. Vielmehr „funktioniert" dieser Mechanismus auch und gerade durch die biographie- und bildungsbezogenen Orientierungsrahmen, also die atheoretischen, handlungsleitenden Wert- und Welthaltungen der ‚Kinder' hindurch. Wenn es um die Mechanismen und Prozesse der Herstellung und Fortschreibung sozialer Ungleichheit geht, liegt hier in meinen Augen ein weiterführendes Erklärungspotential, das über die untersuchten ‚Kinder in Heimen' hinaus weist. Die Herstellung von *Selegierbarkeit* wird damit zu einem betrachtungswürdigen Aspekt von sozialer – und speziell schulischer – Selektion, der bislang nicht in dieser Form untersucht wurde. Hier eröffnen sich Möglichkeiten für weitere Überlegungen und Studien.

Über die dargestellten Rekonstruktionen hinaus lässt sich schließlich viertens ein weiteres Ergebnis festhalten. In jenen Fällen, in denen die Befragten im Rahmen des Schulfindungsprozesses eine Entscheidung thematisiert haben, sahen sie durchgehend ihre LehrerInnen, ErzieherInnen und Eltern als Akteure dieser Entscheidung.[17] Diese Untersuchten markieren damit nicht nur die Schulfindung als ein genuin generationales Ereignis, sie verorten in diesem Fall auch die Entscheidungsmacht eindeutig erwachsenenseitig und begreifen ihre eigene Handlungsmächtigkeit damit deutlich als begrenzt. Die vorliegenden Analysen können so auch in Richtung gesellschaftlicher Generationen- und in ihnen eingelagerter Machtverhältnisse weiter gedacht werden. Mit „Generation" ist dabei ein Aspekt von sozialer Ungleichheit angesprochen, der in der sozialen Ungleichheitsforschung keine prominente Stellung einnimmt. In intersektionalen Ansätzen wird er als solcher immerhin teilweise aufgenommen (als „Generation/Alter", vgl. etwa Leiprecht 2010; auch Budde in diesem Band). In der neueren Kindheitsforschung hingegen ist Generation unter dem Aspekt der Herstellung von Ungleichheit stärker ein Thema (vgl. auch Neumann in diesem Band). Damit scheint zukünftig eine systematische Zusammenführung von Ungleichheits- und Kindheitsforschung in diesem Punkt sinnvoll. Dies gilt auch, wenn es um den Aspekt der Herstellung von Selegierbarkeit geht, der sich als – mindestens teilweise – generational gerahmt andeutet. In den Blick kommt so etwa die Frage, inwieweit schulische Selektionsprozesse auch und gerade dadurch möglich sind, dass diejenigen, die als Schüler auf unterschiedliche Bildungsgänge verteilt werden sollen, gesellschaftlich als Kinder konstituiert sind.

---

16 Es gibt Beispiele, wie im Fall von Selena, wo dies nicht zu einer Selektion „nach unten" führt. Dies entschärft aber noch nicht die grundlegende Problematik.
17 Das bedeutet, dass in ihrer Perspektive immer auch auf sie bezogene Bildungsentwürfe von Erwachsenen wirksam werden.

Literatur

Alanen, Leena (2005): Kindheit als generationales Konzept. In: Hengst, Heinz/Zeiher, Helga (Hrsg.): Kindheit soziologisch. Wiesbaden: 65–82

Bürger, Ulrich (1990): Heimerziehung und soziale Teilnahmechancen. Eine empirische Untersuchung zum Erfolg öffentlicher Erziehung. Pfaffenweiler

Bürger, Ulrich (2003): Heimerziehung im Kontext sozialer Ungleichheit. In: Gabriel, Thomas/Winkler, Michael (Hrsg.): Heimerziehung. Kontexte und Perspektiven. München/Basel: 55–62

Flösser, Gaby/Otto, Hans-Uwe/Rauschenbach, Thomas/Thole, Werner (1998): Jugendhilfeforschung. Beobachtungen zu einer wenig beachteten Forschungslandschaft. In: Rauschenbach, Thomas/Thole, Werner (Hrsg.): Sozialpädagogische Forschung. Gegenstand und Funktionen, Bereiche und Methoden. Weinheim/München: 225–261

Hamberger, Matthias (1998): Erzieherische Hilfen im Heim. In: Thiersch, Hans/Baur, Dieter/Finkel, Margarete/Hamberger, Matthias/Kühn, Axel D. (Forschungsgruppe Jule): Leistungen und Grenzen von Heimerziehung. Ergebnisse einer Evaluationsstudie stationärer und teilstationärer Erziehungshilfen. Stuttgart/Berlin/Köln: 200–258

Hengst, Heinz (1996): Kinder an die Macht! Der Rückzug des Marktes aus dem Erziehungsprojekt der Moderne. In: Zeiher, Helga/Büchner, Peter/Zinnecker, Jürgen (Hrsg.): Kinder als Außenseiter? Umbrüche in der gesellschaftlichen Wahrnehmung von Kindern und Kindheit. Weinheim/München: 117–133

Homfeldt, Hans Günther/Schröer, Wolfgang/Schweppe, Cornelia (2008): Vom Adressaten zum Akteur – eine Einführung. In: Dies. (Hrsg.): Vom Adressaten zum Akteur. Soziale Arbeit und Agency. Opladen/Farmington Hills: 7–14

Honig, Michael-Sebastian (1999): Entwurf einer Theorie der Kindheit. Frankfurt a. M.

Honig, Michael-Sebastian (2009): Das Kind der Kindheitsforschung. Gegenstandskonstitution in den *childhood studies*. In: Ders. (Hrsg.): Ordnungen der Kindheit. Problemstellungen und Perspektiven der Kindheitsforschung. Weinheim/München: 25–51

Hradil, Stefan (1999): Soziale Ungleichheit in Deutschland. 7. Aufl. Opladen

Kelle, Helga (2005): Kinder und Erwachsene. Die Differenzierung von Generationen als kulturelle Praxis. In: Hengst, Heinz/Zeiher, Helga (Hrsg.): Kindheit soziologisch. Wiesbaden: 83–108

Kramer, Rolf-Torsten/Helsper, Werner/Thiersch, Sven/Ziems, Carolin (2009): Selektion und Schulkarriere. Kindliche Orientierungsrahmen beim Übergang in die Sekundarstufe I. Wiesbaden

Leiprecht, Rudolf (2010): Ist Intersektionalität ein nützliches Konzept, um unzulässigen Verallgemeinerungen und stereotypen Schubladenbildungen in der Jugendforschung vorzubeugen? In: Riegel, Christine/Scherr, Albert/Stauber, Barbara (Hrsg.): Transdisziplinäre Jugendforschung. Wiesbaden: 91–115

Lüders, Christian (2003): Qualitative Kinder- und Jugendhilfeforschung. In: Friebertshäuser, Barbara/Prengel, Annedore (Hrsg.): Handbuch Qualitative Forschungsmethoden in der Erziehungswissenschaft. Studienausgabe. Weinheim/München: 795–810

Maykus, Stefan (2003): Heimerziehung und Schule. In: Gabriel, Thomas/Winkler, Michael (Hrsg.): Heimerziehung. Kontexte und Perspektiven. München: 126–138
Nittel, Dieter (1992): Gymnasiale Schullaufbahn und Identitätsentwicklung. Weinheim/München
Pothmann, Jens (2007): ‚Bildungsverlierer' – eine Herausforderung für die Heimerziehung. In: Forum Erziehungshilfen 13, 3: 179–188
Rosenbauer, Nicole/Seelmeyer, Udo (2005): Was ist und was macht Jugendhilfeforschung? Theoretische Annäherungen und empirische Forschungsergebnisse. In: Schweppe, Cornelia/Thole, Werner (Hrsg.): Sozialpädagogik als forschende Disziplin. Weinheim/München: 253–275
Zeiher, Helga (2009): Ambivalenzen und Widersprüche der Institutionalisierung von Kindheit. In: Honig, Michael-Sebastian (Hrsg.): Ordnungen der Kindheit. Problemstellungen und Perspektiven der Kindheitsforschung. Weinheim/München: 103–126

Schulische Aufwärtsqualifizierungen bei Hauptschülern im Rahmen biografischer Prozessverläufe – Potentiale eines schülerbiografischen Zugangs

Edina Schneider

1 Einleitung

An die Strukturdebatte zum frühstratifizierten deutschen Bildungssystem schließt sich auch die Diskussion um die Abschaffung der Hauptschule an (Rösner 1998, 2000; Solga/Wagner 2004, 2010; Dohmen 2008), die immer mehr zu einem leistungsschwachen Bildungsort negativ selektierter Schüler degradiert, der keine Zukunftsperspektiven bereithält. Unter den Bedingungen eines stark selektiven Schulsystems gibt es aber auch Bildungsaufsteiger wie einzelne Hauptschüler, die an der Hauptschule über die Entkopplungsmöglichkeit zwischen Schulabschluss und besuchter Schulform den mittleren Schulabschluss erwerben, um anschließend die gymnasiale Oberstufe zu besuchen. Aus Sicht der Bildungspolitik scheinen diese aufsteigenden Hauptschüler als Beleg für das Prinzip der Durchlässigkeit des deutschen Schulsystems (Helsper/Hummrich 2005) und der meritokratischen Leistungslogik, jeder hätte die Chance zum Erfolg, er müsse sie nur nutzen (Engel/Hurrelmann 1989; kritisch dazu Vester 2004). Durch den institutionellen Öffnungsprozess ist zwar der Zugang zu höheren Bildungszertifikaten auch für Schüler niedriger Schulform (zumindest) auf struktureller Ebene gelockert. Aber wie kommt es zu diesen aufsteigenden Schulkarrieren und wie gelingt dem einzelnen Hauptschüler dieser Bildungserfolg im Sinne einer schulischen Aufwärtsqualifizierung? Die empirische Bildungsforschung diagnostiziert eine enge Kopplung zwischen Schulerfolg und sozialer Herkunft. Schulische Übergänge werden als Ergebnis einer herkunftsspezifischen rationalen Entscheidung betrachtet und der Übergang auf die Hauptschule vor allem dem milieubedingten Entscheidungsverhalten und fehlenden Bildungsinteressen der Eltern zugewiesen, die sich an den ökonomischen Ressourcen und Bildungsinvestitionen orientieren (Becker/Lauterbach 2010; Schuchart 2006; Maaz et al. 2006; kritisch dazu Kramer 2011). So evident der empirische Zusammenhang zwischen Bildung und sozialer Herkunft nach PISA auch ist, scheint der

Bildungserfolg neben den sozioökonomischen Merkmalen der Herkunftsfamilie auch von anderen bildungsrelevanten Determinanten geprägt zu werden. Beispielsweise wurde in verschiedenen qualitativen Studien sichtbar, welche große Bedeutung pädagogische Akteure wie Lehrer in der Rolle biografischer Berater (Nittel 1992; Helsper 2006; Wiezorek 2007) oder die Peers als biografischer Erfahrungsraum (Krüger et al. 2008; Krüger/Deppe 2010; Deppe in diesem Band) für die Entwicklung von Bildungskarrieren haben. Sie verweisen damit auf Wirkungsmechanismen, die in der aktuell dominierenden quantitativ ausgerichteten Bildungsforschung kaum in den Blick geraten.

Vor diesem Hintergrund drängt sich die Frage nach den Hintergründen zu Übergängen auf die Hauptschule von Jugendlichen mit hohen Bildungsorientierungen sowie nach Prozessen der Genese des Bildungserfolgs auf. Wie entstehen hohe Bildungsorientierungen bei Jugendlichen niedriger Schulformen und die Aspiration, an der Hauptschule den mittleren Schulabschluss und anschließend das (Fach-)Abitur zu erwerben, und wie gelingt den einzelnen Schülern an der Hauptschule eine schulische Aufwärtsqualifizierung? Ist der Besuch der Hauptschule die Folge verwehrter Bildungsbeteiligung (Solga/Wagner 2004, 2010; Baumert/Schümer 2001) oder das Ergebnis einer Sekundarschulwahlentscheidung, die erst in biografischer Hinsicht Sinn erhält (z. B. auch Wiezorek 2007)? Im Folgenden sollen exemplarisch anhand von zwei Fallanalysen die den schulischen Aufstieg ermöglichenden Prozesse und Dynamiken über eine Perspektive nachgezeichnet werden, die den einzelnen Schüler und seine biografische Entwicklung fokussieren.[18] Anschließend werden die zentralen Ergebnisse unter Rückbezug aktueller Forschungsbefunde diskutiert und die Erkenntnispotentiale des schülerbiografischen Zugangs resümiert. Die Ergebnisse werden deutlich machen, dass sich schulische Aufstiegskarrieren einzelner Hauptschüler, eingebettet in die verschiedenen biografischen Prozesse, viel komplexer und nicht allein über rationale Entscheidungen der Akteure gestalten. Daneben zeigen die biografischen Fallanalysen, wie sich der sozial abgewertete Bildungsort Hauptschule (Leschinsky 2003; Bauer/Bittlingmayer 2005) in der Perspektive des einzelnen Jugendlichen zwischen Erfahrungen biografischer Stabilisierung und Stigmatisierung aufspannt.

---

18 Die dargestellten Ergebnisse sind im Rahmen der laufenden Untersuchung „Hauptschüler auf dem Weg zum (Fach-)Abitur" entstanden. Diese Studie fokussiert den bislang empirisch wenig erforschten Übergang von der Hauptschule in die gymnasiale Oberstufe und ist als qualitativer Längsschnitt konzipiert. Datengrundlage sind autobiografisch-narrative Interviews mit 17 Hauptschülern am Ende der 10. Klasse vor dem Übergang in die gymnasiale Oberstufe und narrative Zweitinterviews mit den (nun ehemaligen) Hauptschülern zwei Jahre nach dem Schulwechsel. Die Auswertung orientiert sich an der Narrationsstrukturanalyse nach Schütze (1983).

2 Aufsteiger aus der Hauptschule – Zwei prozessanalytisch-biografische Fallrekonstruktionen

2.1 Der Fall Sunay – Ein biografischer Wandlungsprozess als dynamisierendes Element des Bildungsaufstiegs

Sunay ist 16 Jahre alt und kommt aus einer türkischen Familie, in der sich die Eltern und Großeltern stark in die alten Traditionen ihres Herkunftslandes zurückziehen. Diese Aufwachsbedingungen führen für Sunay zu einer marginalen Lebenssituation. Seit der Trennung ihrer Eltern, als sie sechs Jahre alt war, lebt Sunay allein mit ihrer Mutter und ihren beiden jüngeren Geschwistern. Ihre Mutter ist arbeitslos, hat den Hauptschulabschluss erworben und leidet seit der Scheidung an schweren Depressionen. Als überzeugte Muslimin orientiert sich ihre Mutter an den traditionellen Geschlechterrollenidealen, wobei die Schule für sie nur eine untergeordnete Rolle spielt.

Sunays Bildungsbiografie ist durch eine biografische Wandlung[19] geprägt, mit der eine hohe Bildungsorientierung und gleichzeitige Entfremdung von ihrem traditionell türkischen Herkunftsmilieu einhergeht. Für den Beginn des biografischen Wandlungsprozesses im Grundschulalter spielt ihr großes Hobby, die Mangas,[20] eine zentrale Rolle. Neben dem formellen Lernprozess der Verbesserung ihrer deutschen Sprachkenntnisse im Zuge des Lesens von Mangas auf Deutsch, eröffnet sich für Sunay über die Manga-Community eine soziale Welt, die außerhalb vom muslimisch traditionellen Milieu und ethnisierten Geschlechterrollen liegt. Hier lernt sie deutsche Jugendliche aus höheren Bildungsgängen (Gymnasiasten, Studenten) kennen, die ihr die in der Familie ausbleibenden hohen Bildungsorientierungen und -perspektiven vermitteln. Im Verlauf der Grundschulzeit, in der sie sich als eine mittelmäßige Schülerin beschreibt, die Schule kaum interessierte, entwickelt Sunay eine Bildungsorientierung, die über den handlungsschematischen, biografischen Entwurf ihrer Familie „also ein mädchen sollte auch früh heiraten kinder kriegen" (erstes Interview Sunay, Z. 282), hinausgeht. Damit setzt sie den Anfangspunkt ihrer biografischen Wandlung, welche mit dem Übergang auf die Hauptschule massiv zum Ausbruch kommt. Gegen Sunays Wunsch entscheidet ihre Mutter, dass sie im Anschluss an die 4. Klasse auf die Hauptschule gehen soll: „und dann w- ähm kam ich auf die hauptschule weil meine mutter das so wollte . //hmm// und . aber ich wollte das nich" (Z. 10–11). Über diese erfahrene Fremdbestimmung hinaus erlebt Sunay in

---

19   Schütze (1981, 1983) hat in der Rekonstruktion biografischer Interviews vier Prozessstrukturen des Lebensablaufs herausgearbeitet: Biografische Handlungsschemata, institutionelle Ablaufmuster, Verlaufskurven und Wandlungsprozesse.
20   Mangas sind japanische Comics.

einem Vergleich ihrer schulischen Leistungen mit denen ehemaliger Klassenkameraden aus der Grundschulzeit, die dabei deutlich schlechter abschneiden, aber trotzdem im Gegensatz zu ihr eine Real- oder Gesamtschule und damit eine höhere Schulform besuchen, die Hauptschulwahl als eine große Ungerechtigkeit. Neben den Erfahrungen der Fremd- und Deplatzierung fühlt sich Sunay durch die Zuteilung zur niedrigsten Schulform außerdem negativ selektiert und stigmatisiert:

> „jaja hauptschule halt diesss hat nisch ein schön ruf so sag ich ma //ja// und . wie man so sacht [...] ich man k- kommt sich dumm vor und hauptschüler werden ja sch- ständich so schlecht gamacht und so alles . //hmm// obwohl das ja nich alles so stimmt . und ähm .. ja . ch- wenn ich n kind hätte würd ich sie auf keinen fall auf die hauptschule schicken so" (Z. 554–561)

Bis zu diesem Moment ihrer Schulkarriere haben sich folgende lebensgeschichtlichen Komponenten in Sunays Leben zu einem Verlaufskurvenpotential aufgeschichtet: a) Sunays Kindheit ist stark durch die von ihrer Familie eingenommene Rückzugsposition in alte türkische Traditionen geprägt. Zu b) den familiären Destabilisierungsprozessen wie der Trennung der Eltern und der (wenn auch nur passiv) erlittenen Verlaufskurvendramatik der depressiven Mutter tritt c) mit dem Beginn ihrer Schulkarriere eine schulische Verlaufskurve hinzu, die mit dem Übergangsprozess in die Sekundarstufe I durch Erfahrungen der Fremdbestimmung, leistungsspezifischen Ungerechtigkeit und Stigmatisierung ihren Höhepunkt erreicht. Der Übergang in die Hauptschule wird für Sunay zu einer Verkettung ausweglosen Ereignisse und konstituiert sich zu einer biografischen Krise.

In dieser Situation nutzt Sunay ihre Kompetenz der Selbstreflexion und Perspektivenübernahme zur Bearbeitung der schulischen Verlaufskurve. Sunay lässt den Hauptschulbesuch nicht allein auf der mütterlichen Entscheidung beruhen, sondern erkennt über kritische Selbstreflexion, dass sie durch eine mangelhafte Lernhaltung in der Grundschule selbst dazu beigetragen hat. Sie beschließt, etwas an ihrer schulischen Situation (ihrem Hauptschulkarriereverlauf) zu ändern, indem sie selbst aktiv wird und ihre Einstellung zur Schule und zum Lernen ändert: „und ja ähm da hab ich beschlossen mehr mir mühe zu geben" (Z. 11–12). Der Wandlungsprozess, der durch die biografische Krise ausgelöst und durch das bildungsnahe Peermilieu angestoßen wird, generiert das bildungsbiografische Aufstiegsschema, über den Erwerb des mittleren Schulabschlusses, den Weg einer schulischen Aufwärtsqualifizierung zu gehen: „ja und äh seitdem hab ich den realabschluss angestrebt . und jetz mach ich das" (Z. 14–15). Dabei fungiert die Jugendkulturwelt der Mangas als Wandlungsfolie und symbolische Sinnwelt, mit der Sunay eine Transzendenz der familiären Grenzen gelingt.

2.2 Der Fall Martin – Ein von Anfang an geplanter Bildungsaufstieg im Rahmen eines berufsbiografischen Handlungsentwurfs

Martin ist 17 Jahre alt und wurde als maximaler Kontrastfall zu Sunay gewählt, da er aus einem materiell ressourcenstarken Herkunftsmilieu kommt und seine Bildungsaspiration, nach dem mittleren Schulabschluss an der Hauptschule die gymnasiale Oberstufe zu besuchen, bereits familiär tradiert wird. Seine Mutter hat das Abitur und arbeitet in einer Firma, die im Familienbesitz ist. Seine Eltern haben sich getrennt, als Martin sechs Jahre alt war, worauf seine Mutter nach kurzer Zeit mit einem anderen Mann eine neue Familie gegründet hat. Sein Stiefvater besitzt ein eigenes Unternehmen. Der leibliche Vater ist als Maurer beschäftigt.

Martins Bildungsbiografie ist durch folgende biografische Prozesse geprägt: Familiäre Destabilisierungsprozesse im Zuge der Trennung seiner Eltern und der damit einhergehende Verlust des leiblichen Vaters sowie des eigenen Wohnhauses, die zweite Familiengründung und der laufende Familienzuwachs durch die Geburt seiner zwei Halbbrüder gehen mit ständigen Umzugsaktivitäten einher und führen zu permanenten Veränderungen der Familienkonstellation und Wohnsituation. Sein materiell ressourcenstarker familiärer Hintergrund, seine frühe Einbindung in außerfamiliäre Kollektive (wie den Fußballverein) und die Kontinuität seines bisherigen Schulverlaufs wirken in der Form biografischer Ressourcen als Abfederungsmechanismen und Ausbalancierung der ständigen familiären Veränderungen, so dass diese sich nicht zu einem dominanten Erleidensprozess verdichten.

In der Grundschule erlebt sich Martin trotz seiner Leserechtschreibschwäche (LRS) als ein leistungsstarker und erfolgreicher Schüler. Dieses schulische Selbstbild steht allerdings im Widerspruch zu seinen mittelmäßigen Leistungen und dem Übergang in die Hauptschule am Ende der 4. Klasse. Der weitreichende Schulwahlentscheidungsprozess der Sekundarstufe I fällt bei Martin in die ereignisreiche biografische Phase gravierender familiärer Veränderungsprozesse (die zweite Familiengründung, die Geburt seines ersten Halbbruders sowie ein Wohnungswechsel). Für Martin gerät das Gymnasium in den Blick, da sein bester Grundschulfreund auf diese Schulform wechselt. Angesichts seiner schulischen Leistungen rät die Grundschullehrerin zur Realschule. Sein leiblicher Vater favorisiert die Gesamtschule, wird aber von Martins Mutter überstimmt, die als erste Wahl eine Hauptschule anvisiert: „und ich dann . halt hier . auf äh die hauptschule . obwohl mein papa mich auf die gesamtschule schicken wollte . //aber// na meine mama war dagegen" (erstes Interview Martin, Z. 1065–1067). Die Mutter wird zur alleinigen Entscheidungsträgerin. Die Hintergründe zu dieser paradoxen Konstellation, dass trotz hoher Bildungsaspiration eine Hauptschule gegenüber Schulen höherer Schulform (wie der Realschule) bevorzugt gewählt wird, plausibilisieren sich erst aus den rekonstruktiven Analysen im Rahmen biografischer Bezüge. Vor dem Hintergrund der familiären Destabilisierungsprozesse sollen Martin keine zusätzlichen Risiken und Belastungen zugemutet sowie die Gefahr einer Leistungsüberforderung minimiert werden. In Anbetracht dessen und angesichts seiner mittelmäßigen Leistungen und der LRS erscheint die Hauptschule als passförmige Schulform. Gleichzeitig wird auch die Möglichkeit der schulischen Aufwärtsqualifizierung berücksichtigt, und dass die zukünftige Schule von Martin einen guten Ruf[21] besitzt:

„weil die hauptschule eigentlich nen ganz guten ruf hat, durch auch durch den zehn b man kann da ja den realabschluss machen . //hmm// und die qualifikation . und die schule hat n eigentlich n richtich guten ruf" (Z. 1198–1201).

Martin entwickelt sich an der Hauptschule zum leistungsstarken Schüler. Erfahrungen sozialer Wertschätzung strukturieren sich für Martin dabei nicht allein über seine erbrachten Leistungen, sondern auch im Rahmen sozialer Beziehungen zu seinen Mitschülern und Lehrern, indem er sich als „immer einer der beliebtesten" erlebt. Gleichzeitig ist der Hauptschulbesuch neben den Erfahrungen schulischer Anerkennung für Martin aber auch mit Schwierigkeiten in Bezug auf sein Selbstbild und seinen berufsbiografischen Zukunftsentwurf einer zweifellos gelingenden beruflichen Erfolgskarriere verbunden. Das schulische Selbstbild eines erfolgreichen und intelligenten Schülers ist mit dem gesellschaftlich entwerteten Schülerstatus eines Hauptschülers unvereinbar. Im Hinblick auf diese Diskrepanz entwickelt Martin verschiedene Strategien, um die Inkonsistenz zwischen Selbstpräsentation und formaler Bildungsgeschichte zu bearbeiten und den Sachverhalt ‚Hauptschüler zu sein', zu entwerten. Zum einen versucht er seine Hauptschule über ihren guten Ruf gegenüber anderen Hauptschulen aufzuwerten. Zum anderen wird der Hauptschulbesuch in den Darstellungen von Martin symptomatisch entthematisiert.[22] In einer Form der Selbstkorrektur „aber in der . äh seit der weiterführenden schule sitz ich eigentlich immer neben dem" (Z. 179–

---

21 Der gute Ruf der katholischen Hauptschule erklärt sich zum großen Teil durch einen geringen Migrantenanteil in ihrer Schülerschaft im Verhältnis zu anderen Hauptschulen aus der Region, da nur Kinder und Jugendliche mit evangelischer oder katholischer Konfession zugelassen werden.

22 Die Entthematisierung zeigt sich auch an der Stelle, wenn Martin im Rahmen seiner lebensgeschichtlichen Erzählung symptomatisch seinen bisherigen Schulverlauf und damit den Hauptschulbesuch völlig auslässt, was überaus ungewöhnlich für eine biografische Erzählung eines Schülers in seinem Alter ist. So haben verschiedene Jugendbiografiestudien gezeigt, dass gerade Heranwachsende ihre Lebensgeschichte entlang der institutionellen Stationen des Schulsystems erzählen (vgl. Fuchs-Heinritz/Krüger 1991; Nittel 1992; Bohnsack et al. 1995).

180), wird deutlich, dass Martin zwar über seine Sekundarschulzeit zu erzählen beabsichtigt, ohne aber explizit zu machen, um welche Schulform es sich genau handelt. Darüber hinaus ist es nicht zuletzt seine Selbstgewissheit, später einmal die Familienfirma übernehmen zu können, die zur Aufrechterhaltung seines erfolgreichen Schülerbildes beiträgt und ihm das Gefühl des sicheren Erfolges garantiert.

Im Rahmen von Martins Schulkarriere, in deren Verlauf die Hauptschule von vornherein Ausgangspunkt eines antizipierten Bildungsaufstiegs darstellt, wird der Hauptschulbesuch nur marginal als Statusdegradierung wahrgenommen. Zudem besitzt der Hauptschulbesuch eine stabilisierende Wirkung auf Martins biografische Entwicklung, indem die Hauptschule einen beständigen Ort kontinuierlicher Anerkennungserfahrung darstellt und so als Gegenpol zu den familiären Unruhen fungiert.

3 Kontrastierende Überlegungen und Potentiale eines schülerbiografischen Zugangs

Die folgenden kontrastierenden Überlegungen zu den knapp dargestellten Ergebnissen zielen nicht auf generalisierende Schlussfolgerungen ab. Vielmehr soll exemplarisch gezeigt werden, welche Erkenntnisse sich aus der Berücksichtigung der schülerbiografischen Perspektive ergeben.

3.1 Bildungsrelevante biografische Prozesse des schulischen Aufstiegs

Zunächst lässt sich festhalten, dass beide Hauptschüler aus sehr unterschiedlichen familiären Herkunftsmilieus stammen und mit unterschiedlichen Ressourcen ausgestattet sind.[23] Martin wächst in einer ökonomisch ressourcenstarken Familie auf, eingebettet in ein soziales Netz bestehend aus vielfältigen, tragfähigen Beziehungen. Sunay kommt dagegen aus einer stark problembelasteten und ressourcenarmen Familie, von deren türkisch-kulturellem Hintergrund sie sich zu lösen versucht. Ähnlich different gestalten sich auch die Bildungsaspirationen der Eltern von Martin und Sunay. Während Martins Eltern von Beginn an einen höheren Bildungsgang für ihren Sohn geplant haben, ist bei Sunay das Ziel der schulischen Aufwärtsqualifizierung nicht familiär tradiert. In Martins Fall ist der Besuch der Hauptschule das Ergebnis einer gezielten Einzelschulwahlentscheidung für eine spezifische Hauptschule vor dem Hintergrund destabilisierender

---

23   Zu den verschiedenen sozialen Herkunftsmilieus siehe Vester (2004).

familienbiografischer Prozesse und stellt nur eine Zwischenstation auf dem Weg eines von Anfang an antizipierten Bildungsaufstiegs dar. Mit dem berufsbiografischen Handlungsentwurf, später die Familienfirma zu übernehmen, verläuft Martins Bildungsaufstieg in der Logik der Weitergabe des familiären sozio-ökonomischen Status (Vester 2004). Der Fall Sunay zeigt dagegen, wie sich der schulische Aufstieg entgegen den elterlichen Bildungsaspirationen entfaltet. Auch wird Sunays Erfolg nicht durch die sozio-ökonomischen Ressourcen der Familie getragen. Vielmehr setzt ein bereits in der Kindheit beginnender biografischer Wandlungsprozess kreative Potentiale und Bildungsprozesse frei und wird zum ausschlaggebenden Motor ihres schulischen Aufstiegs.[24] Solche transformatorischen Bildungsprozesse des Subjektes lassen sich aber nur begrenzt und am Rande mit standardisierten Verfahren quantitativer Bildungsforschung erheben (Oevermann 2004: 442) und können eben nur durch Untersuchungen der Mikrostrukturen solcher Bildungsprozesse in biografischen Kontexten analysiert werden (vgl. u. a. Marotzki 1990; Krüger et al. 2008; Kramer et al. 2009; Helsper/Kramer/Hummrich 2009). Die jugendkulturelle Welt der japanischen Mangas entwickelt sich dabei für Sunay zu einer biografischen Ressource und bietet ihr quasi als transformatorischer Impulsgeber viel Kraft und kulturelle Kreativität, mit der sie den Bildungsaufstieg umsetzen kann (vgl. dazu Krüger et al. 2008). Dieses Ergebnis schließt nicht nur an Befunde der genannten Studien zur Rolle der Peers für die bildungsbiografische Entwicklung an. Es offeriert überdies, die Relevanz biografischer Merkmale im Rahmen aktueller Forschung zu Bildungsentscheidungen und Ausbildungsprozessen von hohen Bildungsorientierungen stärker zu berücksichtigen, da sich daraus Hinweise über biografisch generierte Ressourcen und Hemmnisse und damit über Voraussetzungen und Bedingungen schulischer Erfolgskarrieren ergeben (siehe u. a. Nittel 1992; Hummrich 2002; Kramer et al. 2009; Busse 2010).

3.2 Die Hauptschule als Bildungsort mit biografischem Stabilisierungspotential

Während das Ankommen auf der Hauptschule für Sunay zu einem biografischen Schockerlebnis wird, erfährt Martin die gezielte Anwahl einer spezifischen Hauptschule nicht als Krise, sondern bei ihm konstituiert sich die Hauptschule zu einem sicheren Bildungsweg mit biografischem Stabilisierungspotential und der Option zur schulischen Aufwärtsqualifizierung. An dieser Stelle kann an Ergeb-

---

24 Bei Bildungsprozessen als Wandlungsprozessen erfolgt eine Transformation der Selbst- und Weltreferenz, die dem Subjekt einen Gewinn an Handlungs- und Orientierungspotentialen bringen (Schütze 1981,2000; Marotzki 1990). Schütze (2000: 63) spricht bei Wandlungsprozessen auch von einer „Kreativitätsentfaltung des Bildungsprozesses".

nisse von Studien angeschlossen werden, in denen die Hauptschule als Erfahrungsraum positiver Anerkennung konzipiert wird und die pädagogischen Akteure über eine Schulkultur der gegenseitigen Anerkennung Jugendliche in ihrer psychosozialen Entwicklung stabilisieren (Helsper 2006; Helsper/Wiezorek 2006; Wiezorek 2007; Zaborowski/Breidenstein 2010). Die biografischen Fallrekonstruktionen machen deutlich, dass aus Sicht der Schüler die Hauptschule nicht nur einseitig in einer Defizitperspektive erlebt wird, sondern in bestimmten Konstellationen (wie im Fall Martin) durchaus die Funktion übernimmt, Beständigkeit in der Biografie und Schutz vor schulischen Misserfolgserfahrungen zu gewährleisten. In Martins Fall gestaltet sich der biografische Stabilisierungseffekt des Hauptschulbesuches vor dem Hintergrund komplexer familiärer destabilisierender Prozesse und wird erst unter Berücksichtigung der gesamtbiografischen Situation deutlich. In weitergehenden Überlegungen weist Helsper (2006) auf die Gefahr hin, dass von der Konstruktion der Hauptschule als Raum positiver Erfahrungen aber auch eine Verschlechterung der Bildungsoptionen ausgehen kann, da einzelne Hauptschüler aufgrund der Anerkennungserfahrungen und positiven Sozialintegration die Möglichkeit einer schulischen Aufwärtsqualifizierung auslassen. Zaborowski und Breidenstein (2010: 142) nehmen sogar an, dass das „Entwicklungsmilieu der Schulform Hauptschule" eine „implizite Negierung von Entwicklung" bzw. eine „Abschwächung des Leistungsprinzips" beinhaltet, um nicht die besten Schüler regelmäßig an höhere Schulformen abzugeben und damit zur negativen Leistungshomogenisierung ihrer Schülerschaft beizutragen. Eine solche Vermutung lassen die Analysen der Schülerbiografien aufsteigender Hauptschüler nicht bekräftigen. Selbst wenn durch den Hauptschulbesuch eine biografisch stabilisierende Wirkung ausgeht, entfaltet die Hauptschule als Ort positiver Anerkennung nicht die Haltekraft, einen antizipierten Bildungsaufstieg in Frage zu stellen. Im Gegenteil gehen, wie die anschließende Argumentation zeigt, mit der Stigmatisierung der Hauptschule Belastungsmomente bei den Jugendlichen einher, die dazu beitragen, sich von diesem sozial abgewerteten Bildungsort abzugrenzen.

3.3 Die biografische Relevanz des Besuchs eines stigmatisierten Bildungsortes

Wie eben angedeutet, macht der schülerbiografische Zugang auf die Gefahren aufmerksam, die mit einer gesellschaftlichen Entwertung eines Bildungsortes einhergehen. Während Martin für den Fall steht, dass die Hauptschule als Bildungsoptionen schaffender Raum mit biografischem Stabilisierungspotential entworfen wird, ist bei Sunay die Hauptschule vor allem auch mit Erfahrungen der Stigmatisierung verbunden, die zu einer biografischen Krise beitragen. Auch bei Martin ist der Besuch einer unterprivilegierten Schulform, wenn auch nur marginal, mit Erfahrung von Abwertung des sozialen Status und schulischen Selbstbildes verbunden. Ihm gelingt es jedoch, über den guten Ruf seiner Schule und seine Konzeption der Hauptschule als einer Zwischenstation einer von Anfang an geplanten höheren Schulkarriere den entwerteten Status eines Hauptschülers nicht auf sich zu übertragen. Insgesamt wird deutlich, dass – obgleich der Übergang auf die niedrige Schulform mit einem Erleiden oder positiven Erfahrungen einhergeht – der Besuch eines sozial entwerteten Bildungsortes wie der Hauptschule für den einzelnen Schüler eine große biografische Relevanz besitzt und in Bezug auf seine Identitätsentwicklung als Belastung erlebt wird, der jeder Jugendliche mit sehr unterschiedlichen Bearbeitungsmustern begegnet (vgl. auch Schneider/Wirringa 2011). Dabei wirkt nicht der schlechte Ruf einer einzelnen Schule, sondern es handelt sich um ein mit negativen Etikettierungen beladenes Image einer gesamten Schulform, das sich über fortwährende Defizitprognosen aus der wissenschaftlichen, politischen und öffentlichen Diskussion zusammensetzt und in stigmatisierenden Kategorien wie der der leistungsschwachen Restschule (u. a. Solga/Wagner 2004, 2010) verdichtet. Der Besuch einer derart sozial entwerteten Schulform wird (wenn auch im weitesten Sinne) als Stigmatisierung der eigenen Person erlebt, kann in biografische Krisen münden und nicht zuletzt tiefe biografische Spuren negativer Art hinterlassen.

Damit liefert die schülerbiografische Perspektive wichtige Erkenntnisse, die es gilt, bei der Diskussion um die zukünftige Entwicklung der Hauptschule (z. B. Rösner 1998, 2000; Solga/Wagner 2004, 2010) mit einzubeziehen. Die dargestellten Ergebnisse und Argumentationen richten sich dabei nicht gegen die Einführung eines integrierten Schulsystems, sondern sollen vielmehr auf die Gefahren einer einseitigen Defizitperspektive auf die Hauptschule und der damit einhergehenden Stigmatisierung aufmerksam machen.

Literatur

Bauer, Ullrich/Bittlingmayer, Uwe (2005): Egalitär und emanzipativ: Leitlinien der Bildungsreform. In: APuZ 12/2005: 14–21
Baumert, Jürgen/Schümer, Gundel (2001): Familiäre Lebensverhältnisse, Bildungsbeteiligung und Kompetenzerwerb. In: Deutsches PISA-Konsortium (Hrsg.): PISA 2000. Opladen: 323–407
Becker, Rolf/Lauterbach, Wolfgang (2010): Bildung als Privileg – Ursachen, Mechanismen, Prozesse und Wirkungen. In: Dies. (Hrsg.): Bildung als Privileg. Wiesbaden: 11–51
Bohnsack, Ralf/Loos, Peter/Schäffer, Burkhard/Städtler, Klaus/Wild, Bodo (1995): Die Suche nach Gemeinsamkeit und die Gewalt der Gruppe. Opladen

Busse, Susann (2010): Bildungsorientierungen Jugendlicher in Familie und Schule. Wiesbaden
Dohmen, Dieter (2008): Ende der Hauptschule – Auswege aus der Bildungsmisere. In: FiBS-Forum Nr. 41. Berlin. Online verfügbar unter: http://nbn-resolving.de/urn:nbn: de:0168-ssoar-217983 [23.08.2011]
Engel, Uwe/Hurrelmann, Klaus (1989): Psychosoziale Belastungen im Jugendalter: Empirische Befunde zum Einfluss von Familie, Schule und Gleichaltrigengruppe. Berlin
Fuchs-Heinritz, Werner/Krüger, Heinz-Hermann (1991): Feste Fahrpläne durch die Jugendphase? Opladen
Helsper, Werner (2006): Zwischen Gemeinschaft und Ausschluss – die schulischen Integrations- und Anerkennungsräume im Kontrast. In: Helsper, Werner/Krüger, Heinz-Hermann/Fritzsche, Sylke/Sandring, Sabine (Hrsg.): Unpolitische Jugend? Wiesbaden: 293–317
Helsper, Werner/Hummrich, Merle (2005): Erfolg und Scheitern in der Schulkarriere: Ausmaß, Erklärungen, biografische Auswirkungen und Reformvorschläge. In: Sachverständigenkommission Zwölfter Kinder- und Jugendbericht (Hrsg.): Kompetenzerwerb von Kindern und Jugendlichen. Bd. 3. München: 95–175
Helsper, Werner/Kramer, Rolf-Torsten/Hummrich, Merle (2009): Qualitative Mehrebenenanalyse. In: Friebertshäuser, Barbara/Prengel, Annedore/Langer, Antje (Hrsg.): Handbuch qualitative Forschungsmethoden in der Erziehungswissenschaft. Weinheim: 119–135
Helsper, Werner/Wiezorek, Christine (2006): Zwischen Leistungsforderung und Fürsorge. Perspektiven der Hauptschule im Dilemma von Fachunterricht und Unterstützung. In: Die Deutsche Schule 98, 4: 436–455
Hummrich, Merle (2009): Bildungserfolg und Migration. Wiesbaden
Kramer, Rolf-Torsten (2011): Abschied von Bourdieu? Wiesbaden
Kramer, Rolf-Torsten/Helsper, Werner/Thiersch, Sven/Ziems, Carolin (2009): Selektion und Schulkarriere. Kindliche Orientierungsrahmen beim Übergang in die Sekundarstufe I. Wiesbaden
Krüger, Heinz-Hermann/Deppe, Ulrike (2010): Mikroprozesse sozialer Ungleichheit an der Schnittstelle von schulischen Bildungsbiografien und Peerorientierung. In: Krüger, Heinz-Hermann/Rabe-Kleberg, Ursula/Kramer, Rolf-Torsten/Budde, Jürgen (Hrsg.): Bildungsungleichheit revisited. Wiesbaden: 185–203
Krüger, Heinz-Hermann/Köhler, Sina-Mareen/Pfaff, Nicolle/Zschach, Maren (2008): Kinder und ihre Peers. Freundschaftsbeziehungen und schulische Bildungsbiographien. Opladen
Leschinsky, Achim (2003): Die Hauptschule – Sorgenkind im Schulwesen. In: Cortina, Kai S./Baumert, Jürgen/Leschinsky, Achim/Mayer, Karl Ulrich/Trommer, Luitgard (Hrsg.): Das Bildungswesen in der Bundesrepublik Deutschland. Reinbek: 392–429
Maaz, Kai/Baumert, Jürgen/Trautwein, Ulrich (2006): Stichwort: Übergänge im Bildungssystem. In: Zeitschrift für Erziehungswissenschaft 9, 3: 299–321
Marotzki, Winfried (1990): Entwurf einer strukturalen Bildungstheorie. Weinheim
Nittel, Dieter (1992): Gymnasiale Schullaufbahn und Identitätsentwicklung. Weinheim
Oevermann, Ulrich (2004): Die elementare Problematik der Datenlage in der quantifizierenden Bildungs- und Sozialforschung. In: Sozialer Sinn 5, 3: 413–476

Rösner, Ernst (1998): Hauptschule. Oder: Von der Schule für „mehr als die Hälfte aller Kinder" zum „Sorgenkind im Schulwesen". In: Pädagogik 50, 2: 46–51

Rösner, Ernst (2000): Abschied von der Hauptschule. Folgen einer verfehlten Schulpolitik. Frankfurt a. M.

Schneider, Edina/Wirringa, Mareke (2011): Perspektiven von Schülern mit auf- und absteigender Schulkarriere auf den Bildungsort Hauptschule. In: Diskurs Kindheits- und Jugendforschung 6, 2: 125–139

Schuchart, Claudia (2006): Die Bedeutung der Entkopplung von Schulart und Schulabschluss für die Schullaufbahn aus Elternsicht. In: ZSE 26, 4: 403–421

Schütze, Fritz (1981): Prozeßstrukturen des Lebenslablaufs. In: Matthes, Joachim/Pfeifenberger, Anna/Stosberg, Manfred (Hrsg.): Biografie in handlungswissenschaftlicher Perspektive. Nürnberg: 67–156

Schütze, Fritz (1983): Biographieforschung und narratives Interview. In: Neue Praxis 13, 3: 283–293

Schütze, Fritz (2000): Schwierigkeiten bei der Arbeit und Paradoxien des professionellen Handelns. In: Zeitschrift für qualitative Bildungs-, Beratungs- und Sozialforschung 1, 1: 49–96

Solga, Heike/Wagner, Sandra (2004): Die Bildungsexpansion und ihre Konsequenzen für das soziale Kapital der Hauptschule. In: Engler, Steffani/Krais, Beate (Hrsg.): Das kulturelle Kapital und die Macht der Klassenstrukturen. Weinheim: 71–97

Solga, Heike/Wagner, Sandra (2010): Die Zurückgelassenen – die soziale Verarmung der Lernumwelt von Hauptschülerinnen und Hauptschülern. In: Becker, Rolf/Lauterbach, Wolfgang (Hrsg.): Bildung als Privileg. Wiesbaden: 191–220

Vester, Michael (2004): Die Illusion der Bildungsexpansion. In: Engler, Steffani/Krais, Beate (Hrsg.): Das kulturelle Kapital und die Macht der Klassenstrukturen. Weinheim: 13–55

Vester, Michael (2006): Die ständische Kanalisierung der Bildungschancen. In: Georg, Werner (Hrsg.): Soziale Ungleichheit im Bildungssystem. Konstanz: 13–54

Wiezorek, Christine (2007): Bildungsentscheidungen und biografische Hintergründe von Hauptschülern. In: Kahlert, Heike/Mansel, Jürgen (Hrsg.): Bildung und Berufsorientierung. Weinheim: 101–119

Zaborowski Katrin U./Breidenstein, Georg (2010): „Geh lieber nicht hin! – Bleib lieber hier." Eine Fallstudie zu Selektion und Haltekraft an der Hauptschule. In: Krüger, Heinz-Hermann/Rabe-Kleberg, Ursula/Kramer, Rolf-Torsten/Budde, Jürgen (Hrsg.): Bildungsungleichheit revisited. Wiesbaden: 127–145

Selektion oder Öffnung am Übergang vom Bachelor- zum Masterstudium?

Teresa Falkenhagen

Schon mit der Einführung der neuen Studiengänge und -abschlüsse im Rahmen des Bologna-Prozesses war sehr konkret die Hoffnung auf einen Abbau sozialer und geschlechtsspezifischer Ungleichheiten verbunden.[25] Doch konnten sich diese Erwartungen in der Realität umsetzen lassen? Sind tatsächlich mehr Studierende bildungsferner Schichten bereit, ein Studium aufzunehmen bzw. dieses auch nach dem Bachelor-Abschluss weiterzuführen? Dass Übergänge im Bildungssystem in vielen Fällen eine hohe Schwelle für bestimmte soziale Gruppen darstellen, wurde in zahlreichen Studien belegt.[26] Besteht daher mit der neu etablierten Wahlmöglichkeit zwischen dem Beenden des Bildungsweges mit dem Bachelor-Abschluss und dem Streben nach einem noch höheren Bildungsabschluss wieder das Risiko, dass nur bestimmte Studierende sich für das Weiterstudieren entscheiden?

Im Zuge der vorliegenden Untersuchung ist die Gegenüberstellung der beiden Hochschultypen – Universität und Fachhochschule – besonders interessant, da bisher die soziale Selektivität an Fachhochschulen geringer ausfiel als an Universitäten.[27] Wird sich nach Einführung der Masterstufe die soziale Zusammensetzung der Gruppen, die sich für einen Master entscheiden, an Fachhochschulen und an Universitäten angleichen, oder werden sich die Fachhochschule und die Universität in dieser Hinsicht weiterhin voneinander unterscheiden?

Ziel des folgenden Beitrags ist es, erste Antworten auf diese Fragen zu finden. Die Annäherung an das Thema geschieht auf zwei Ebenen: In einem ersten

---

25 Auf Seiten der Initiatoren des Bologna-Prozesses wurde die soziale Dimension (u. a. die soziale Durchlässigkeit des Bildungssystems) nicht von Anfang an konkret einbezogen (vgl. Banscherus/Gulbins/Himpele/Staak 2009: 17 f.). Erst auf der ersten Folgekonferenz in Prag wurde die Bedeutung des sozialen Aspektes der Einführung neuer Studiengänge aufgenommen und auf späteren Konferenzen fortgeführt.
26 Siehe zur sozialen Selektivität beim Zugang zu Hochschulen: Ramm/Multrus 2010: 1; Heine/Willich/Schneider/Sommer (HIS-Studienanfängerbefragung) 2008: 12 f.; Becker/Hecken 2008.
27 Für die Aktualität dieser These sprechen zahlreiche Befunde, u. a. in der 19. Sozialerhebung des DSW (vgl. Isserstedt/Middendorff/Kandulla/Borchert/Leszczensky 2010: 131).

Schritt werden die gesetzlichen Rahmenbedingungen und geltenden Regelungen in Bezug auf den Zugang zu den Masterstudiengängen vor allem auf der Ebene der Landeshochschulgesetze untersucht.[28] Damit wird die strukturelle Seite des Masterzugangs in den Blick genommen und in ihrer Bedeutung für die soziale Selektivität analysiert. Der zweite Untersuchungsschritt erfolgt anhand ausgewählter Ergebnisse einer Befragung von Bachelor-Studierenden.

1 Die gesetzlichen Rahmenbedingungen und geltenden Regelungen beim Masterzugang

"Der Übergang vom Bachelor zum Master muss problemlos möglich sein. Studierende sollten selbst entscheiden können, ob sie einen Master machen wollen oder nicht. Ich bin gegen eine Quote." (Schavan, Bundesministerium für Bildung und Forschung 2009)

Diese Aussage der Bundesbildungsministerin im Zuge des Bildungsstreiks von 2009 könnte implizieren, dass nun der Übergang von Bachelor- zu Masterstudiengängen ohne Zulassungsbeschränkungen möglich sei. Die öffentlichen Debatten[29] darüber reißen allerdings nicht ab und auch folgende Untersuchungen zeigen, dass ein problemloser Übergang zwischen Bachelor- und Masterstudium noch in weiter Ferne ist.[30]

Besonders wichtig für die Regelung der Zulassungs- und Zugangsbedingungen zu Masterstudiengängen sind die „Ländergemeinsamen Strukturvorgaben" der Kultusministerkonferenz (KMK).[31] Sie wurden 2003 (nun bereits i. d. F. vom 04.02.2010) verabschiedet. Die Strukturvorgaben werden in den Landeshochschulgesetzen und den Zielvereinbarungen mit den Hochschulen umgesetzt. Zusätzlich sind diese Vorgaben der Akkreditierung der Bachelor- und Masterstudiengänge – und damit auch den Zugangsvoraussetzungen zum Mas-

---

28 Siehe hierzu auch Herrmann (2009).
29 Auch aktuell wurde darüber bei der Nationalen Bologna-Konferenz am 6. Mai 2011 wieder diskutiert. Thematisch ging es dabei um die Umsetzung des Hochschulreformprozesses und vor allem um den Übergang zwischen erstem und zweitem Studienabschnitt.
30 Zu diesem Ergebnis kam auch die Gewerkschaft Erziehung und Wissenschaft (GEW) während einer Tagung zur „Master-Frage" im April 2011. Der Rechtsanwalt Achelpöhler berichtete hier von seinem Rechtsgutachten für die GEW zur Frage „Die Gesetzgebungskompetenz des Bundes zur Regelung des Zugangs zum Masterstudium" (Achelpöhler 2011). Das Ergebnis dieses Gutachtens bietet interessante Denkanstöße für eine Neuordnung des Zulassungsrechts in Deutschland.
31 Ausgangspunkt dieser Vorgaben war die 5. Novelle des Hochschulrahmengesetzes (HRG) von 1998. Dort wurden erstmals bundesweit verbindliche Rahmenbestimmungen erlassen (§ 19 Bachelor- und Masterstudiengänge) (vgl. HRG 2004: 7).

terstudium – zu Grunde zu legen. Aus diesem Grund sind sie, was den strukturellen Masterzugang anbelangt, hier von großer Bedeutung. Eine für die Zugangsbedingungen zum Masterstudium wesentliche Strukturvorgabe ist: „Zugangsvoraussetzung für einen Masterstudiengang ist in der Regel ein berufsqualifizierender Hochschulabschluss. [...] Zur Qualitätssicherung oder aus Kapazitätsgründen können für den Zugang oder die Zulassung zu Masterstudiengängen weitere Voraussetzungen bestimmt werden" (KMK 2010: 4).[32] Einzelheiten zu den Übergängen zwischen verschiedenen Studiengängen sollen in den Prüfungsordnungen oder in landesrechtlichen Bestimmungen geregelt werden (vgl. ebd.).

Im Zuge der Entwicklung zu einem gemeinsamen europäischen Hochschulraum im Bologna-Prozess hat sich die Situation der Hochschulen auch in anderer Hinsicht verändert. Der nationale, gesetzliche Bezugsrahmen verlor durch die Föderalismusreform an Bedeutung und die Landeshochschulgesetze geben ihrerseits immer mehr Freiheiten und Autonomien in die Hände der Hochschulen.[33] Trotz dieser wachsenden Unabhängigkeit sind in einigen Hochschulgesetzen der Länder zum Masterstudium Vorgaben enthalten, die mehr oder weniger den Zugang regulieren. Tragen diese gesetzlichen Regulierungen zum Aufbau einer neuen Bildungshürde bei? Alle Bundesländer folgen in ihren Gesetzgebungen dem Beschluss der KMK und bestimmen, dass – neben dem Hochschulabschluss – weitere Zugangsvoraussetzungen von den Hochschulen selbst festgelegt werden sollen. Diese weiteren Voraussetzungen für den Zugang zu Masterstudiengängen können demnach auch das Bestehen von Eignungstest oder Auswahlgesprächen sein.[34] Durch diese gesetzlich geregelte Übertragung der Verantwortung für den Zugang zu ihren Masterstudiengängen wird der Autonomie der Hochschulen weiter Rechnung getragen. Eine gewisse Einschränkung erfährt diese jedoch durch die konkrete Formulierung, dass bestimmte Leistungsvoraussetzungen von den Hochschulen festgelegt werden müssen. Bei sechs Bundes-

---

32 Hierbei ist interessant, dass diese Formulierung seit der Fassung von 2008 verändert wurde. Dort hieß es noch, dass die Masterstudiengänge von weiteren Zugangsvoraussetzungen abhängig gemacht werden „sollen" (KMK 2008: 4 f.). Diese Veränderung der Wortwahl könnte ein Resultat des Bildungsstreiks von 2009 und ein Zeichen sein, dass – zumindest von Seiten der Länder – nun nicht mehr mit restriktiven Vorgaben in Bezug auf die Zulassung zu Masterstudiengängen zu rechnen ist.
33 An dieser Stelle sei auch auf die wachsende Bedeutung der Hochschulen als Wettbewerbsakteure um Reputation, Studierende, Drittmittel etc. hingewiesen (siehe zum Wettbewerb der Hochschulen im Rahmen der Exzellenzinitiative u. a. Winter/Kreckel 2010 und zum Wettbewerb auf einem weltweiten Hochschulmarkt Teichler 2003).
34 Die soziale Selektivität in Auswahlgesprächen konnte Michael Hartmann anhand von Bewerbungsprozeduren an Universitäten der USA überzeugend darstellen. Hier greift die Illusion einer meritokratischen Logik, da solche Prozeduren streng nach Leistungskriterien funktionieren sollen, Auswahlgespräche, und so auch andere subjektive Bewertungen seitens der Hochschullehrer, aber nach sozialer Herkunft variieren (Hartmann 2005: 88).

ländern[35] ist das der Fall, und meist bezieht sich dies auf die Ergebnisse der Bachelor-Prüfung. Da die Differenz von Universitäten und Fachhochschulen hier mit fokussiert werden soll, stellte sich bei der Analyse der Landeshochschulgesetze folgende Frage: Gibt es für Bachelor-Absolventen von Fachhochschulen – zumindest rein gesetzlich – besondere Selektionsmechanismen beim Zugang zu Masterstudiengängen an Universitäten? Das Ergebnis ist, dass nur im Landeshochschulgesetz von Schleswig-Holstein explizit der universitäre Master-Zugang von Fachhochschul-Bachelor-Absolventen erwähnt wird. Es wird hier ausdrücklich darauf verwiesen, dass Bachelor-Absolventen von Fachhochschulen einen freien Zugang zu universitären Masterstudiengängen haben müssen.[36]
Eine erste Antwort auf die Frage der (sozialen) Selektivität der oben genannten Zugangsbeschränkungen[37] lässt sich mit Schwarz-Hahn/Rehburg (2004: 57) formulieren:

> „Offenbar ist der Elitegedanke in diesen Programmen stärker ausgeprägt. Allein der Erwerb eines ersten akademischen Grades reicht nicht aus, um das betreffende Studium aufnehmen zu dürfen. Die Verantwortlichen behalten sich vor, weitere Zugangskriterien anzulegen und unter den am Studiengang Interessierten eine Auswahl zu treffen."

Die Voraussetzung von bestimmten Noten, „Eignungen" oder das positive Durchlaufen von Auswahlgesprächen – wie teilweise in den Landeshochschulgesetzen gefordert – birgt das Potential einer sozialen Selektivität in sich.[38] Noch vor dem Überwinden oder Nichtüberwinden dieser Hürden steht allerdings die Abschreckungsfunktion der Kriterien. Ob dieser Einfluss tatsächlich vorhanden ist, wird ein Bestandteil der empirischen Untersuchung der Studie sein.[39]

---

35 Diese Bundesländer sind Baden-Württemberg, Bayern, Mecklenburg-Vorpommern, Niedersachsen, Saarland und Thüringen.
36 Siehe hierzu HSG Schleswig-Holstein § 49 Abs. 5 Satz 2.
37 Zulassungsbeschränkungen sind generell selektiv. Eine Auswahl ist immer eine Entscheidung für oder gegen eine Person. Ob diese Auswahl einen sozial-selektiven Charakter hat, muss in der Untersuchung geklärt werden.
38 Wie oben erwähnt, können Bewertungen sozial selektiv sein – u. a. durch das Geschlecht des Bewerters, seinen Habitus oder die sozialen Hintergründe der Studierenden (siehe u. a. Hartmann 2005; Bourdieu/Passeron 2007).
39 Auch auf internationaler Ebene zeigt sich, dass viele Masterstudiengänge nicht frei zugänglich sind: „From a huge number of countries […] it has been reported that the accessibility of a Master programme is a major obstacle for students." (ESIB 2007: 40). Die Zugangsbeschränkungen sind sehr unterschiedlich und beinhalten z. B. „numerus clausus, entrance exams or interviews for Master programmes" (ebd.).

2 Befragung von Bachelorstudierenden – erste Ergebnisse

Entscheidend dafür, ob ein zusätzlicher Bildungsabschnitt zu einer Bildungshürde für bestimmte Bevölkerungsgruppen wird, sind – neben den hochschulinternen Auswahlverfahren und diesen meist vorgelagert – die individuellen Entscheidungen der Personen für oder gegen den weiteren Verbleib im Bildungssystem. Diese Entscheidungen der Bachelorstudierenden, hier für oder gegen ein Masterstudium, werden Bestandteil des folgenden Abschnittes sein.[40]

Eine erste Datenerhebung im Frühjahr 2009 erfolgte in Form einer Online-Befragung von Studierenden bestimmter Fächer und Hochschulen Sachsen-Anhalts.[41] Um diese Datenbasis hinsichtlich der Fallzahlen und der Studienrichtungen zu erweitern, wurde eine zweite Erhebung durchgeführt und es wurden alle Bachelor-Studierenden der Martin-Luther-Universität Halle-Wittenberg und der Fachhochschule Magdeburg-Stendal befragt.[42] Die Datensätze beider Befragungen – mit einer Gesamtfallzahl von 1535 – sind im Folgenden Grundlage der Berechnungen.

Es werden nun einige ausgewählte Ergebnisse zur sozialen Herkunft der befragten Studierenden, zu ihrem Studium und zu ihrer Entscheidung, ein Masterstudium machen zu wollen oder nicht, aufgeführt.

2.1 Die soziale Herkunft der Studierenden

Der am häufigsten genannte höchste Schulabschluss des Vaters und der Mutter der befragten Studierenden ist der Realschulabschluss[43] (46,5 % der Mütter und 44,7 % der Väter), gefolgt von der Hochschulreife. Die Zahlen deuten auf eine Bildungshomogenität des Elternhauses, und zudem besteht ein statistischer Zu-

---

40 Dabei beziehe ich mich auf den theoretischen Hintergrund von Bourdieu. In Bezug auf die hier interessierende Fragestellung bedeutet dies, dass die Frage, wie weit die Angehörigen einer sozialen Gruppe im „meritokratischen Wettbewerb" (Vester 2004: 19) kommen, entscheidend vom Startkapital an Bildung (kulturelles Kapital), Besitz (ökonomisches Kapital) und sozialen Beziehungen (soziales Kapital) abhängt.
41 Aus theoretischen Gründen sind die Probanden hier Studierende des dritten Semesters der Fächer Soziale Arbeit/Erziehungswissenschaften/Bildungswissenschaften, Betriebswirtschaftslehre sowie Elektrotechnik/Elektrotechnik und Informationstechnik. Es verblieben 275 auswertbare Datensätze, was einem Rücklauf von 50,1 % entspricht. Bei den einbezogenen Hochschulen handelt es sich um alle Universitäten und Fachhochschulen des Landes (einzige Ausnahme: Burg Giebichenstein Hochschule für Kunst und Design Halle).
42 Dazu wurde auf die zentral von den Hochschulen vergebenen Mailadressen zurückgegriffen. Es verblieben 1260 auswertbare Datensätze, wodurch sich (auf Grundlage der Einschreibungszahlen) ein Rücklauf von 15,4 % berechnen lässt.
43 Bzw. die mittlere Reife oder Abschluss der Polytechnischen Oberschule nach der 10. Klasse.

sammenhang zwischen dem höchsten Schulabschluss des Vaters und dem der Mutter.[44]

Ein Indikator für die soziale Herkunft der befragten Bachelor-Studierenden ist im Folgenden die soziale Herkunftsgruppe der Familie.[45] Es besteht ein Zusammenhang zwischen dem Hochschultyp und der sozialen Herkunftsgruppe.[46] An den Fachhochschulen stammen 34 % der Studierenden aus der Herkunftsgruppe „niedrig" und 20,5 % aus der Gruppe „hoch". An den Universitäten dreht sich dieses Verhältnis um: 34,4 % stammen aus der höchsten Herkunftsgruppe und 20,4 % aus der niedrigsten. In Bezug auf die akademische Reproduktion zeigt sich damit ein Bild, das den Ergebnissen aktueller Studien entspricht.[47]

45,9 % der Befragten an den Universitäten haben einen Vater mit eigener Hochschulerfahrung (Fachhochschulabschluss, Universitätsabschluss, Promotion), dagegen nur 31,1 % der befragten Studierenden an den Fachhochschulen. Diese Werte sind bei den Müttern der Befragten insgesamt etwas höher, aber in Bezug auf die Hochschultypen genauso verteilt. Demnach sind die Bildungsaufsteiger an den Fachhochschulen in dieser Untersuchung häufiger vertreten als an den Universitäten. Damit wird deutlich, dass die eingangs erstellte Hypothese der geringeren sozialen Selektivität an Fachhochschulen – trotz der formalen Angleichung der Abschlüsse – nach wie vor zuzutreffen scheint. Kinder mit niedrigerer sozialer Herkunft studieren demnach noch immer häufiger an Fachhochschulen als an Universitäten. Eine mögliche Erklärung liegt darin, dass die Studiengänge der Fachhochschulen weiterhin ein eher anwendungsorientiertes

---

44 Cramers-V beträgt 0,27 und ist statistisch höchst signifikant. Cramers-V ist ein Zusammenhangsmaß auf der Basis der Chi-Quadrat-Statistik. Dieses Maß kann zwischen 0 und 1 liegen. Je größer der Wert ist, desto stärker ist der Zusammenhang. Ist der Koeffizient größer/gleich 0,1 gibt es einen substantiellen Zusammenhang. Über die Richtung des Zusammenhangs kann keine Aussage gemacht werden.
45 Dieses Vorgehen orientiert sich an den regelmäßigen Sozialerhebungen des DSW, welche durch das HIS Hochschul-Informations-System durchgeführt werden. Für diese Untersuchung wurde die Herangehensweise vor allem durch die Verbindung der beruflichen Stellung der Eltern und deren Bildungsherkunft gewählt. Die Berücksichtigung der Bildung als kulturellen Kapitals der Familie ist hier unerlässlich. Die Verbindung bestimmter beruflicher Stellungen mit dem Fakt eines Hochschulabschlusses bzw. keines Hochschulabschlusses führt zur Zugehörigkeit zu einer der vier sozialen Herkunftsgruppen (mit den Ausprägungen „hoch", „gehoben", „mittel" und „niedrig"). Die Autoren der Studie haben die Hypothese, dass der Bildungserfolg der Eltern (HS-Abschluss) die Bildungsentscheidungen der Studierenden prägt. Daher wurde der höchstmögliche Ausbildungsabschluss, der Hochschulabschluss, als Korrekturfaktor berücksichtigt (vgl. Isserstedt/Middendorff/Kandulla/Borchert/Leszczensky 2010: 563 f.).
46 Das Zusammenhangsmaß Cramers-V beträgt 0,17 und ist höchst signifikant.
47 Siehe hierzu u. a.: 11. Studierendensurvey an Universitäten und Fachhochschulen (Ramm/Multrus 2010: 1); 19. Sozialerhebung des DSW (Isserstedt/Middendorff/Kandulla/Borchert/Leszczensky 2010: 130 ff.).

Profil besitzen.[48] Dieser noch immer vorherrschende größere Praxisbezug der Studiengänge an Fachhochschulen könnte demnach dazu führen, dass Studierende niedrigerer Schichten diese den eher forschungs- und theorieorientierten Studiengängen vorziehen und sich so die soziale Herkunft der befragten Studierenden an beiden Hochschultypen unterscheidet.

Die Ergebnisse der aktuellen KOAB-Absolventenbefragung verweisen darauf, dass in den neuen Studiengängen bei beiden Hochschultypen im Vergleich zu den alten Diplomstudiengängen der Anteil an Akademikerkindern sogar noch zunahm (Schomburg 2010: 8).

In Bezug auf die Studienfächer zeigen sich allerdings geringere Zusammenhänge zur sozialen Herkunft als vorab angenommen.[49] Ein Beispiel dafür sind die Studierenden der Fächer Soziale Arbeit/Erziehungswissenschaften, die zu 48,7 % aus den Herkunftsgruppen „hoch" und „gehoben" und zu 51,4 % aus den Gruppen „mittel" und „niedrig" stammen.

Unterschiede nach sozialer Herkunftsgruppe werden allerdings bei der hier wichtigen Frage „Planen Sie künftig einen Masterabschluss" – also der Entscheidung, nach dem Bachelorabschluss ein weiterführendes Studium anzuschließen – deutlich. Die Studierenden der Herkunftsgruppe „hoch" wollen zu 88,7 % (vermutlich) ein Masterstudium machen („ja" und „eher ja"). Weniger Angehörige der Gruppe „niedrig" (80,1 %) wollen nach ihrem Bachelorabschluss noch ein weiteres Studium anschließen.[50] Die Ursachen für diese etwas geringere Bereitschaft, einen Masterabschluss anzustreben, können vielfältig sein. An dieser Stelle sei nur eine spekulativ genannt: Um den Status der Familie zu erhalten, war früher eine abgeschlossene Lehre notwendig,[51] was heute nicht mehr ausreichend ist. Eine Ursache für diese Entwicklung kann in der „Umstellung auf kulturelles Kapital" (Vester 2004: 22) zu finden sein. Traditionelle Be-

---

48 So schrieb der Wissenschaftsrat bereits kurz nach Einführung des neuen Studiensystems in seiner „Empfehlung zur Einführung neuer Studienstrukturen und -abschlüsse […] in Deutschland": „Für die Gestaltung der Bakkalaureus-/Bachelorstudiengänge an Fachhochschulen ist folgender Aspekt zu berücksichtigen: Der ausgeprägte Praxisbezug der Fachhochschulen sollte in den Studieninhalten wie in den Vermittlungsformen der neuen Studiengänge erhalten bleiben." (Wissenschaftsrat 2000: 24).
49 In Anlehnung an Bourdieu/Passeron (1971) wurde angenommen, dass Kinder aus niedrigeren sozialen Schichten auch bestimmte Fächer – z. B. der Philosophischen Fakultät – „abgedrängt" werden. „Prestigereiche" Fächer wie Jura oder Medizin seien ihnen verwehrt (ebd.: 25).
50 Cramers-V beträgt zwar nur 0,1, ist aber hoch signifikant.
51 „Für sie (Arbeiterklassen, T. F.) reicht, auch wenn sie die Studienberechtigung erworben haben, die nichtakademische Berufsausbildung aus, um den Sozialstatus zu erhalten. In Bezug auf die Studienentscheidung wird für die Arbeiterklassen daher die Bildungsmotivation, d. h. vor allem der Statuserhalt, keine markante Rolle spielen, da für sie deutliche und sichere Statusabstiege unwahrscheinlich sind, wenn sie auf ein Hochschulstudium verzichten. Vielmehr sehen sie das Abitur als ein Patent an, das alle anderen Optionen für eine Ausbildungsentscheidung garantiert." (Becker/Hecken 2008: 7).

rufsbereiche, z. B. für Arbeiterfamilien, setzen nun ein höheres Bildungsniveau voraus. Nach Vester handelt es sich dabei aber nicht um einen sozialen Aufstieg, sondern um eine Sicherung des bisherigen Berufsstatus (vgl. ebd.: 22 f.). Der Bachelorabschluss dient nun dem Statuserhalt, macht dadurch aber den weiteren Bildungsaufstieg obsolet.

Diese Hypothese wird durch ein weiteres Ergebnis der Befragung unterstützt. Es gibt einen starken Zusammenhang zwischen den sozialen Herkunftsgruppen „hoch und gehoben", sowie „mittel und niedrig" und der Frage „Glauben Sie, dass Sie bei einem Bachelorstudium in Verbindung mit beruflicher Weiterbildung die gleichen beruflichen Chancen haben wie mit einem Masterabschluss?". Diese Frage beurteilt den Statusverlust bei Verzicht auf ein Master-Studium[52] und die Gruppen „hoch und gehoben" gehen häufiger davon aus, dass ein Masterabschluss beruflich weiter führt als ein Bachelor mit Weiterbildung.

2.2 Das Studium

Ein interessantes Auswertungsergebnis, welches hier exemplarisch dargestellt werden soll, ist das Resultat einer Faktorenanalyse mit den Items der Frage: „Wie wichtig sind die unten aufgeführten Gründe für die Wahl Ihres Studiums gewesen?" Die einzelnen Faktoren werden als unterschiedliche Studierenden-Typen interpretiert, die auf Grund von unterschiedlichen Motivationen und Vorstellungen von Bildung studieren. Die Faktoren wurden folgendermaßen benannt: „Motivation persönliche Entfaltung", „externe Motivation", „instrumentelle Motivation" und „soziale Motivation".[53] Im Folgenden werden einige Zusammenhänge der Faktoren mit anderen Variablen dargestellt.

Zwischen dem Hochschultyp und den Faktoren „instrumentelle Motivation" und „soziale Motivation" besteht ein – wenn auch nicht sehr großer – Zusammenhang. Der Mittelwert des ersten Faktors beträgt für die Universitäten 2,5 und für die Fachhochschulen 2,6. Da die Stärke der Motivation mit der Größe der Zahl abnimmt bedeutet das, dass bei den befragten Studierenden der Fachhochschulen eine geringere instrumentelle Motivation vorhanden ist. Umgekehrt stellt

---

52 Diese Annahme orientiert sich an dem werterwartungstheoretischen Entscheidungsmodell von Esser (siehe dazu Becker/Hecken 2008: 6).
53 Zum besseren Verständnis wird im Folgenden für jeden Faktor ein charakteristisches Item aufgeführt. Faktor „Motivation persönliche Entfaltung": „weil es meinen Neigungen und Begabungen entspricht"; Faktor „externe Motivation": „auf Anregung der Berufsberatung des Arbeitsamtes/der Studienberatung der Hochschule"; Faktor „instrumentelle Motivation": „um einen angesehenen Beruf zu bekommen"; Faktor „soziale Motivation": „um anderen zu helfen".

sich die Verteilung des Faktors „soziale Motivation" dar. An den Fachhochschulen ist diese stärker (2,5) ausgeprägt, als an den Universitäten (3,1).[54]

Die Motivation für ein Studium stellt auch eine Vorstellung von Bildung allgemein dar und ist in der Untersuchung besonders interessant, wird sie doch hier als ein Ausdruck des Habitus gedeutet. Stellvertretend für eine eher extrinsische Motivation steht das Item „um eine gesicherte Berufsposition zu erhalten", wohingegen das Item „um eine allgemein gebildete Persönlichkeit zu werden" hier mehr die intrinsische, an Bildung an sich orientierte Einstellung abbildet. Betrachtet man den Zusammenhang zur sozialen Herkunft, zeigt sich, dass mit sinkender Herkunftsgruppe die Bedeutung des Studiengrundes „gesicherte Berufsposition" steigt.[55] Dies entspricht der These, dass Studierende niedrigerer Schichten eher studieren, um einen (absichernden) Beruf zu erlernen. Die intrinsische Motivation spielt allerdings sowohl in den hohen als auch in den niedrigen sozialen Herkunftsgruppen eine große Rolle.

In Bezug auf die hier besonders interessante Frage nach der Entscheidung für oder gegen ein Masterstudium (siehe Abschnitt 2.3) werden zwischen den verschiedenen Studierenden-Typen Unterschiede deutlich. Studierende der Gruppe „nein/eher nein" haben bei der sozialen Motivation im Durchschnitt einen Wert von 2,8, wohingegen die Gruppe „ja/eher ja" einen Mittelwert von 3,0 aufweist. Das bedeutet, dass die Studierenden, welche kein Masterstudium anstreben, etwas stärker in ihrem derzeitigen Studium sozial motiviert sind. Die Gruppe derer, die ein weiterführendes Studium machen wollen, hat dagegen einen etwas höheren Mittelwert bei dem Faktor „Motivation persönliche Entfaltung", sowie auch beim Faktor „externe Motivation". Es kann also angenommen werden, dass sich die beiden Entscheidungsgruppen für oder gegen ein Masterstudium aus verschiedenen Studierenden-Typen zusammensetzten.

Für das Vorankommen im Studium bedeutsam sind auch die Unsicherheiten und Probleme, mit denen die Studierenden zu kämpfen haben.[56] Einen interessanten Zusammenhang gibt es hierbei z. B. zwischen der Häufigkeit akademischer Kontakte (als einer Operationalisierung sozialen Kapitals) und dem

---

54 Dieses Ergebnis wird allerdings durch das Fach Soziale Arbeit, was in dieser Befragung an den Fachhochschulen stark vertreten ist, beeinflusst.
55 Die Unterschiede zwischen den zwei höheren und den zwei niedrigeren sozialen Herkunftsgruppen sind signifikant.
56 Dieses „Vorankommen" bzw. der Erfolg im Studium wird in den meisten Fällen als ein „verdientes" Resultat der individuellen Begabung definiert (siehe zum Prinzip der Meritokratie u. a.: Hadjar 2008; Solga 2005). Hierzu ein interessantes, durch die Ergebnisse der Befragung gestütztes Zitat: „Da die Begabungsideologie vor allem auf Blindheit gegenüber der sozialen Ungleichheit der Bildungschancen beruht, hat die einfache Beschreibung der Relation zwischen Studienerfolg und sozialer Herkunft bereits kritische Sprengkraft." (Bourdieu/Passeron 1971: 86).

Gedanken an einen Abbruch des Studiums. Die Studierenden, die noch nicht ernsthaft daran gedacht hatten, das Studium abzubrechen, haben häufiger Kontakte zu Dozenten oder Professoren des Fachs und umgekehrt wünschen sich die Unsicheren mehr Kontakte zu diesen Personen.

Die Sicherheit der Studienaufnahme ist ebenfalls soziales Kapital und die Zusammenhänge zu der Entscheidungsfrage und zur sozialen Herkunftsgruppe sind sehr groß. Die Studierenden, die einen Master machen wollen, waren sich vor der Studienaufnahme wesentlich sicherer, dass sie überhaupt studieren wollen, und auch für die Angehörigen der beiden hohen sozialen Herkunftsgruppen gab es daran wenig Zweifel.[57]

Neben dem sozialen spielt hier vor allem auch das kulturelle Kapital eine große Rolle, das z. B. durch die Frage nach Schwierigkeiten bei schriftlichen Arbeiten, der Teilnahme an Weiterbildungen oder dem Bücherbesitz operationalisiert wurde. So haben Studierende der Herkunftsgruppen „niedrig" und „mittel" größere Schwierigkeiten damit, schriftliche Arbeiten zu verfassen, als Studierende der Gruppen „hoch" und „gehoben". Ein Prozessmerkmal familiärer Lebensverhältnisse ist der Besitz von Büchern im Elternhaus. Einen signifikanten Zusammenhang zur sozialen Herkunft gibt es auch hier. Bei Studierenden der höheren sozialen Herkunftsgruppen gibt es mehr Bücher im Elternhaus, also mehr kulturelles Kapital, als bei den niedrigeren Gruppen.

Die Zusammenhänge zwischen der Ressourcenausstattung der Studierenden und dem Elternhaus bestehen also nach wie vor und beeinflussen massiv das Vorankommen im Bildungssystem. Im folgenden Abschnitt wird darauf noch näher Bezug genommen.

2.3 Das Masterstudium

Auf die Frage, ob sie planen, künftig einen Master zu machen, antwortete die große Mehrheit der befragten Bachelor-Studierenden (82,6 %) mit „ja" und „eher ja", aber immerhin noch 17,4 % mit „nein" und „eher nein". Differenziert man das Ergebnis geschlechtsspezifisch, zeigen sich nur geringe Unterschiede. Für diesen Bildungsübergang scheint demnach noch nicht die Beobachtung zu gelten, der Frauenanteil nehme mit zunehmender „Höhe" im Bildungssystem ab, was bisher für den Verbleib im Wissenschaftsbetrieb nach dem Studienabschluss galt (Kreckel 2009).[58]

---

57 Die Ergebnisse beider Zusammenhänge sind höchst signifikant.
58 Laut der KOAB-Absolventenstudie (2009) ist der Anteil der Frauen, die einen Masterabschluss erworben haben, etwas geringer als der Männer (Jg. 2007: 4 % aller befragten Absolventen hatten einen Masterabschluss und davon war mehr als die Hälfte männlich; vgl. Schomburg

Einen eindeutigeren Unterschied gibt es beim Vergleich des Antwortverhaltens an den Universitäten und den Fachhochschulen: 12,1 % der Befragten an den Universitäten wollten (vermutlich) keinen Master machen („nein/eher nein"), wohingegen 29,1 % der Fachhochschulbefragten die Frage nach dem Masterstudium negativ beantworteten.[59] In Bezug auf diese Ergebnisse lässt sich stets der Einwand formulieren, es handele sich um eine in die Zukunft projizierte Frage, also eine Einschätzung, die sich unter Umständen wieder wandeln kann. Aus diesem Grund sind die tatsächlich vorgenommenen Übergänge als Vergleich interessant und bestätigen hier die Zusammenhänge. Tatsächlich befinden sich – 1,5 Jahre nach Studienabschluss – an den Universitäten 65 % der Bachelor-Absolventen in einem Masterstudium und an den Fachhochschulen nur 30 % (vgl. Schomburg 2010: 17). Die Ursache hierfür könnte bei der sozialen Herkunft liegen. Wie bereits erwähnt, gibt es zwischen der Frage nach dem geplanten Masterstudium und den sozialen Herkunftsgruppen sowie zwischen diesen Gruppen und dem Hochschultyp einen Zusammenhang, so dass hier die Erklärung für die genannten Unterschiede zu suchen wäre.

Interessant ist auch der Unterschied der beiden Gruppen in Bezug auf das ökonomische Kapital, was sich u. a. über die Finanzierung des Studiums durch BAFöG-Leistungen zeigt und einen Hinweis auf die geringere finanzielle Ausstattung des Elternhauses gibt. Die Befragten, die ihr Studium hauptsächlich durch BAFöG-Leistungen finanzieren, gehören seltener in die Gruppe, die plant, einen Masterstudiengang anzuwählen. Es deutet also einiges darauf hin, dass eine vorteilhafte ökonomische und kulturelle Ressourcenausstattung ein Weiterstudium begünstigt. Bei der Betrachtung weiterer Aspekte kulturellen Kapitals bestätigt sich diese Vermutung. Bei der Gruppe, die den Masterstudiengang anvisiert, gibt es mehr Bücher im Elternhaus und es wurde etwas häufiger eine Oper, ein Ballet oder ein klassisches Konzert besucht.

Auch bei anderen Aspekten des Studiums werden Unterschiede sichtbar. Die Einschätzung der eigenen Studienkompetenz fiel bei der Gruppe, die eher keinen Masterstudiengang plant, negativer aus als bei der Gruppe, die einen Master in den Blick nimmt. Studierende, die ein Masterstudium nach dem Bachelor-Abschluss anstreben, gaben seltener an, Schwierigkeiten bei der effizienten Vorbereitung von Prüfungen oder dem Verfassen von schriftlichen Arbeiten zu haben.

2009: 36). Einer Auswertung von Übergangsdaten aus Österreich zufolge ist dort ein deutlicherer Unterschied zwischen Männern und Frauen zu sehen. „Dabei zeigt sich, dass der Anteil der Frauen immer unter dem Anteil der Männer liegt und die Differenz über die Zeit hinweg zunimmt." (Gärtner/Himpele 2010: 749).

59 Der Zusammenhang zwischen den Variablen ist relativ hoch (Cramers-V = 0,2) und statistisch höchst signifikant.

In einem letzten Schritt wurde eine Faktorenanalyse für die Frage nach den Gründen für oder gegen ein Masterstudium durchgeführt. Das Ergebnis sind vier Faktoren, von denen zwei gegen ein weiterführendes Studium und zwei dafür plädieren. Die Faktoren gegen ein Masterstudium lauten „finanzielle/berufsorientierte Motivation" und „Unsicherheit" und die Faktoren für ein Masterstudium wurden „wissenschaftliche/berufliche Motivation" und „Motivationen durch sozialen Kontext" genannt. Diese verschiedenen Motivationen für oder gegen ein an den Bachelorabschluss anschließendes Studium – und auch die vorangegangenen Ergebnisse – weisen auf verschiedene Problematiken hin. Die ökonomische Ausstattung spielt häufig eine große Rolle auf dem Bildungsweg und deutet so darauf hin, dass es auch beim Übergang vom Bachelor- zum Masterstudium den Studierenden aus kapitalstärkeren Herkunftsmilieus leichter fällt, einen längeren Bildungsweg einzuschlagen. Die soziale Herkunft spielt also auch bei diesem Bildungsübergang eine Rolle. Eine weitere Problematik zeigt sich in dem Faktor „Unsicherheit". Einige Studierende werden von einem weiterführenden Studium dadurch abgeschreckt, dass es wenige Informationen und Beratungsangebote dazu gibt. Auch die Furcht vor Zulassungsbeschränkungen weist auf ein Problem hin, auf das bereits bei der Analyse der Landeshochschulgesetze im Abschnitt 1 hingewiesen wurde. Die Entscheidung gegen ein Masterstudium wird in einigen Fällen demnach auch allein auf Grund der Existenz von Beschränkungen des Masters getroffen. Die Möglichkeit besteht, dass nicht nur die Bewältigung der neuen Bildungshürde, sondern bereits die Angst davor sozial selektiv ist, d. h. bestimmte Bevölkerungsgruppen lassen sich eher von einem elitär anmutenden Bildungsabschnitt abschrecken als andere. An dieser Stelle greift dann der „doppelte Mechanismus von Selbsteliminierung und institutioneller Selektion" (Baumgart 2006: 310). Das heißt, vor allem an den Schnittstellen im Bildungssystem beeinflusst der Habitus der Familien und/oder der Studierenden als ein „System von Grenzen" die Bildungsentscheidungen (vgl. Bourdieu/Passeron 1971: 20 ff.; Bourdieu/Wacquant 1996: 167 f.). Der Habitus der Unterschicht führt an diesen Stellen häufiger zu einer Selbsteliminierung, wie auch das Beispiel der Bildungsvorstellung verdeutlicht hat. Demnach steht eine Berufsorientierung bei den Studierenden niedrigerer sozialer Herkunftsgruppen im Vordergrund.

Auf institutioneller Seite hat eine restriktive Begrenzung des Übergangs ebenfalls sozial selektive Folgen. Dass diese Begrenzungen rein gesetzlich auf Bundes- und Landesebene gefordert werden, konnte im Teil 1 dieses Artikels deutlich gezeigt werden. Auch die Forderungen zahlreicher hochschulpolitischer Akteure weisen in diese Richtung der Etablierung eines elitären Bereiches durch Zulassungsbeschränkungen zu den Masterstudiengängen.

Diese ausgewählten Ergebnisse führen also zu der Vermutung, dass die gestufte Studienstruktur nicht zu einer Verbesserung der Chancengleichheit insgesamt führt, sondern, im Gegenteil, eine neue Schwelle im deutschen Bildungssystem etabliert. Studierende niedrigerer Schichten werden an der Hürde zum Masterstudium eher von einer Bildungsentscheidung für den Master abgehalten, zum einen durch die objektiv bestehenden Auswahlmechanismen, die an sich schon sozial selektiv sein können, und zum anderen durch die „habituell bedingte Eliminierung" der Studierenden selber.

Literatur

Achelpöhler, Wilhelm (2011): Die Gesetzgebungskompetenz des Bundes zur Regelung des Zugangs zum Masterstudium. Ein Rechtsgutachten, erstattet für die GEW. Online verfügbar unter: http://www.gew.de/Binaries/Binary77310/Gutachten.pdf [15.04.2011]

Banscherus, Ulf/Gulbins, Annerose/Himpele, Klemens/Staak, Sonja (2009): Der Bologna-Prozess zwischen Anspruch und Wirklichkeit. Die europäischen Ziele und ihre Umsetzung in Deutschland. Eine Expertise im Auftrag der Max-Traeger-Stiftung. Gewerkschaft Erziehung und Wissenschaft. Coburg

Baumgart, Franzjörg (2006): Soziale Selektion in der Hochschule – Stufung, Modularisierung und Kreditierung auf dem Prüfstand. In: Friebertshäuser, Barbara/Rieger-Ladich, Markus/Wigger, Lothar (Hrsg.): Reflexive Erziehungswissenschaft. Forschungsperspektiven im Anschluss an Pierre Bourdieu. Wiesbaden: 309-322

Becker, Rolf/Hecken, Anna Etta (2008): Warum werden Arbeiterkinder vom Studium an Universitäten abgelenkt? Eine empirische Überprüfung der „Ablenkungsthese" von Müller und Pollak (2007) und ihrer Erweiterung durch Hillmert und Jacob (2003). In: Kölner Zeitschrift für Soziologie und Sozialpsychologie 60, 1: 3-29

Bourdieu, Pierre/Passeron, Jean-Claude (1971): Die Illusion der Chancengleichheit. Untersuchungen zur Soziologie des Bildungswesens am Beispiel Frankreichs. Stuttgart

Bourdieu, Pierre/Passeron, Jean-Claude (2007): Die Erben. Studenten, Bildung und Kultur. Konstanz

Bourdieu, Pierre/Wacquant, Loïc (1996): Die Ziele der reflexiven Soziologie. In: Dies.: Reflexive Anthropologie. Bd. 2. Frankfurt a. M.: 95–250

Bundesministerium für Bildung und Forschung (2009): Schavan: „Bologna-Reform gemeinsam weiterentwickeln". Pressemitteilung BMBF 171/2009. Online verfügbar unter: http://www.bmbf.de/press/2614.php [26.03.2011]

ESIB – The National Unions of Students in Europe (2007): Bologna with Students Eyes. 2007 Edition. Online verfügbar unter: http://www.esu-online.org/documents/publications/bwse2007.pdf [18.2.2008]

Gärtner, Kathrin/Himpele, Klemens (2010): Der Übergang von einem Bachelorstudium in ein Masterstudium. In: Statistische Nachrichten 9/2010: 744-751

Hadjar, Andreas (2008): Meritokratie als Legitimationsprinzip. Die Entwicklung der Akzeptanz sozialer Ungleichheit im Zuge der Bildungsexpansion. Wiesbaden
Hartmann, Michael (2005): Elite und Masse – Die Paradigmenverschiebung in der Hochschuldiskussion. In: Gützkow, Frauke/Quaißer, Gunter (Hrsg.): Jahrbuch Hochschule gestalten 2005. Denkanstöße zum Bologna-Prozess. Bielefeld: 85-96
Heine, Christoph/Willich, Julia/Schneider, Heidrun/Sommer, Dieter (2008): Studienanfänger im Wintersemester 2007/2008. Wege zum Studium, Studien- und Hochschulwahl, Situation bei Studienbeginn. HIS: Forum Hochschule 16/2008. Online verfügbar unter: http://www.his.de/pdf/pub_fh/fh-200816.pdf [04.05.2009]
Herrmann, Viola (2009): Sackgasse statt Übergang? Die neue Schnittstelle „Bachelor – Master". In: Forschung & Lehre 1/2009: 30-32
HRG (2004): Hochschulrahmengesetz in der Fassung der Bekanntmachung vom 19. Januar 1999 (BGBl. I S. 18), zuletzt geändert durch Artikel 1 des Gesetzes vom 28. August 2004 (BGBl. I S. 2298). Online verfügbar unter: http://www.bmbf.de/pub/HRG_20041001.pdf [18.2.2008]
HSG Schleswig-Holstein (2011): Gesetz über die Hochschulen und das Universitätsklinikum Schleswig-Holstein (Hochschulgesetz – HSG) vom 28.02.2007 i. d. F. vom 04.02.2011. Online verfügbar unter: http://www.gesetze-rechtsprechung.sh.juris.de/jportal/?quelle=jlink&query=HSchulG+SH+F%C3%BCnfter+Abschnitt%3A&psml=bsshoprod.psml&max=true [17.08.2011]
Isserstedt, Wolfgang/Middendorff, Elke/Kandulla, Maren/Borchert, Lars/Leszczensky, Michael (2010): Die wirtschaftliche und soziale Lage der Studierenden in der Bundesrepublik Deutschland 2009. 19. Sozialerhebung des Deutschen Studentenwerkes durchgeführt durch HIS Hochschul-Informations-System. Online verfügbar unter: http://www.studentenwerke.de/se/2010/Hauptbericht19SE.pdf [29.06.2010]
KMK – Sekretariat der Ständigen Konferenz der Kultusminister der Länder in der Bundesrepublik Deutschland (2008): Ländergemeinsame Strukturvorgaben gemäß § 9 Abs. 2 HRG für die Akkreditierung von Bachelor- und Masterstudiengängen. Beschluss der Kultusministerkonferenz vom 10.10.2003 i. d. F. vom 07.02.2008. Online verfügbar unter: http://www.kmk.org/fileadmin/pdf/dokumentation/BeschlKMK/Hochschulen_und_Wissenschaft/Laendergemeinsame_Strukturvorgaben.pdf [22.05.2009]
KMK – Sekretariat der Ständigen Konferenz der Kultusminister der Länder in der Bundesrepublik Deutschland (2010): Ländergemeinsame Strukturvorgaben für die Akkreditierung von Bachelor- und Masterstudiengängen. Beschluss der Kultusministerkonferenz vom 10.10.2003 i. d. F. vom 04.02.2010. Online verfügbar unter: http://www.kmk.org/fileadmin/veroeffentlichungen_beschluesse/2003/2003_10_10-Laendergemeinsame-Strukturvorgaben.pdf [15.03.2011]
Kreckel, Reinhard (2009): Aufhaltsamer Aufstieg. Karriere und Geschlecht in Bildung, Wissenschaft und Gesellschaft. In: Löw, Martina (Hg.): Geschlecht und Macht. Analysen zum Spannungsfeld von Arbeit, Bildung und Familie. Wiesbaden: 97-120.
Ramm, Michael/Multrus, Frank (2010): Studiensituation und studentische Orientierung. 11. Studierendensurvey an Universitäten und Fachhochschulen. Bundesministerium für Bildung und Forschung. Online verfügbar unter: http://www.bmbf.de/pub/studiensituation_studentetische_orientierung_elf.pdf [08.04.2011]

Schomburg, Harald (2010): Employability and mobility of Bachelor Graduates in Germany. Online verfügbar unter: http://www.uni-kassel.de/wz1/pdf/10EMBAC_ Beitrag_DE_Schomburg_2003.pdf [12.03.2011]
Schomburg, Harald (Hrsg.) (2009): Generation Vielfalt. Ausgewählte Ergebnisse des Projekts „Studienbedingungen und Berufserfolg" – Befragung des Jahrgangs 2007. Online verfügbar unter: http://www.uni-kassel.de/wz1/absolventen/INCHER_koab_ bericht_2009.pdf [01.03.2011]
Schwarz-Hahn, Stefanie/Rehburg, Meike (2004): Bachelor und Master in Deutschland – Empirische Befunde zur Studienstrukturreform. Münster
Solga, Heike (2005): Meritokratie – die moderne Legitimation ungleicher Bildungschancen. In: Berger, Peter A./Kahlert, Heike (Hrsg.): Institutionalisierte Ungleichheiten. Wie das Bildungswesen Chancen blockiert. Weinheim: 19-38
Teichler, Ulrich (2003): Europäisierung, Internationalisierung, Globalisierung – quo vadis, Hochschule? In: Die Hochschule 1/2003: 19-30. Online verfügbar unter: http://www.hof.uni-halle.de/journal/texte/03_1/dhs2003_1.pdf#page=19 [15.03.2011]
Vester, Michael (2004): Die Illusion der Bildungsexpansion. Bildungsöffnungen und soziale Segregation in der Bundesrepublik Deutschland. Engler, Steffani/Krais, Beate (Hrsg.): Das kulturelle Kapital und die Macht der Klassenstrukturen. Sozialstrukturelle Verschiebungen und Wandlungsprozesse des Habitus. Weinheim/München: 13-52
Winter, Martin/Kreckel, Reinhard (2010): Wettbewerbsfähigkeit durch Kooperation? Zur Zusammenarbeit von Universitäten und außeruniversitären Forschungseinrichtungen. In: Forschung 3, 1: 8-14
Wissenschaftsrat (2000): Empfehlungen zur Einführung neuer Studienstrukturen und -abschlüsse. Online verfügbar unter: http://www.wissenschaftsrat.de/download/ archiv/4418-00.pdf [10.11.2011]

II
Migration

Migration und (Aus-)Bildung. Einleitender Beitrag

Iris Bednarz-Braun

Die makrosoziologische Berufsbildungsforschung belegt, dass die Mehrheit der in Deutschland lebenden Jugendlichen im ausbildungsfähigen Alter innerhalb des dualen Berufsausbildungssystems ausgebildet wird und dort einen qualifizierten Berufsbildungsabschluss erhält (Konsortium Bildungsberichterstattung 2006: 79). Dies bedeutet aber keineswegs, dass der Zugang zu einer Ausbildungsstelle ohne Hürden verläuft. So ist das Verhältnis von Angebot und Nachfrage auf dem Ausbildungsstellenmarkt seit vielen Jahren ein alljährlich wiederkehrendes und politisch kontrovers diskutiertes Thema. Dabei wird auf der Grundlage von Berufsbildungsstatistiken erörtert, ob die Nachfrage Jugendlicher nach Ausbildungsstellen durch das betriebliche Angebot gedeckt wird und welchen Jugendlichen mit welchen Merkmalen es nicht gelingt, in Ausbildung einzumünden.

Seit Mitte der 1990er Jahre verweist die Übergangsforschung an der Schnittstelle Schule/Beruf auf ein anhaltendes Ungleichgewicht zwischen dem Angebot an und der Nachfrage nach Ausbildungsstellen. Dieses Mismatching hat zur Folge, dass der Konkurrenzdruck für Hauptschulabsolvent/inn/en gegenüber Jugendlichen mit höheren allgemeinbildenden Schulabschlüssen zunimmt und sie angesichts dieser Situation zu einer Revision ihrer Berufswegplanungen gezwungen sind. Dabei entwickeln sie vielfältige Ausweichstrategien, um ihr Ausbildungsziel gegebenenfalls doch noch zu erreichen (Reißig/Gaupp/Hofmann-Lun/Lex 2006).

Bei der Analyse von Einflussfaktoren, die die Hervorbringung sozialer Ungleichheitslagen zwischen Jugendlichen mit und ohne Migrationshintergrund erklären (können), werden Migrantenjugendlichen und ihren Familien vornehmlich Defizite unterstellt (Gogolin 2000: 63). So werden Schwierigkeiten beim Zugang zu Ausbildungsplätzen mit der unzureichenden Schulbildung der Migrantenjugendlichen selbst und/oder mit dem niedrigen Allgemeinbildungsstand der Eltern begründet. Auch Mängel in der Beherrschung der deutschen Sprache, das zu hohe Alter der Migrantenjugendlichen zum Zeitpunkt ihrer Zuwanderung (Troltsch 2000: 44), die geringe Eingebundenheit der Eltern berufssuchender Migrantenjugendlicher in bestehende betriebsinterne Kontakt- und Informationsnetzwerke (Schaub 1991: 70 ff.; Ooyen 2002: 9; Bommes 1999; Granato 2000: 13 f.) und die durch den Einfluss der Eltern bedingte stärkere Familien- als Berufsorientierung von Mädchen (Bundesministerium für Bildung und Forschung 1999: 37) verdichten sich zu einem Erklärungszusammenhang von sozialer Ungleichheit, der Defizite auf Seiten von Migrantenjugendlichen und deren Eltern/Familien in den Vordergrund stellt. Insbesondere fehlende oder niedrige allgemeinbildende Schulabschlüsse sowie unzureichende deutsche Sprachkenntnisse von Jugendlichen aus sozioökonomisch ungünstig ausgestatteten Zuwanderungsfamilien werden als eine prekäre Merkmalskombination hervorgehoben und zu einem dominanten Erklärungsmuster für bestehende Zugangsprobleme zu Ausbildungsstellen gebündelt. Ein solcher auf die Gruppe aller Jugendlichen mit Migrationshintergrund übertragener Argumentationszusammenhang wird jedoch der Bildungssituation und Heterogenität innerhalb dieser konstruierten Großgruppe nicht gerecht und suggeriert darüber hinaus, dass sich die Einmündungschancen in einen qualifizierten Ausbildungsplatz verbessern würden, wenn – gemäß dem meritokratischen Leistungsprinzip – gute Schulabschlüsse erreicht werden. Dass „Durchschnittswerte die große Bandbreite unterschiedlicher Bildungserfolge" (Stürzer/Täubig/Uchronski 2011: 38) verdecken, wird sichtbar, wenn die natio-kulturelle Herkunft der auf die verschiedenen Schularten des allgemeinbildenden Schulwesens verteilten Jugendlichen berücksichtigt wird. Beispielhaft sei auf vietnamesische Schüler/innen verwiesen, die nicht nur im Vergleich zu anderen Schüler/inne/n mit Migrationshintergrund, sondern auch im Vergleich zu jenen ohne Zuwanderungsgeschichte im Schuljahr 2009/10 zu einem außergewöhnlich hohen Anteil (61 %) ein Gymnasium besuchen. Weiterhin ist hinreichend belegt, dass Jugendliche mit ausländischem Pass bzw. mit Migrationshintergrund im Vergleich zu deutschen Jugendlichen ohne Zuwanderungsgeschichte vor deutlich höheren Hürden beim Übergang von der Schule in eine Berufsausbildung stehen, und zwar selbst dann, wenn sie über gleiche oder höhere Schulabschlüsse als deutsche Jugendliche verfügen (Beicht/Granato 2009; Boos-Nünning 2006).

Vor diesem Hintergrund erodieren vorrangig meritokratisch begründete Erklärungsmuster sowie individualisierende Defizitansätze zur Analyse misslingender bzw. sich schwierig gestaltender Übergangsprozesse. Demgegenüber und im Kontext der (Re-)Produktion von sozialer Ungleichheit rückt die Bedeutung struktureller Gegebenheiten des Bildungssystems und Ausbildungsstellenmarktes in den Vordergrund. Institutionelle Entscheidungsmuster wie z. B. Vorbehalte seitens der einstellenden Ausbildungsbetriebe gegenüber der Rekrutierung von Jugendlichen mit Migrationshintergrund sind bisher vergleichsweise selten in den Blick genommen worden (Bundesministerium für Bildung und Forschung 2008: 132). Es müsste demzufolge stärker danach gefragt werden, ob und in welcher Weise Selektionsmechanismen zulasten von Jugendlichen mit Migrationshintergrund wirksam werden, die dem Handeln von über Entscheidungsmacht verfügenden Akteuren in für Ausbildungszugänge wichtigen Institutionen zugrunde liegen. Dementsprechend besteht ein dringender Forschungsbedarf, der sowohl Aufschluss über (latente) Ausschlussmechanismen im Rahmen betrieblicher Rekrutierungspraktiken gibt als auch strukturell angelegte Verfahren im Berufsberatungsprozess (Stichwort: Feststellung der Berufsreife von Ausbildungssuchenden mit abgeschlossener Schulbildung) auf ihre inkludierenden bzw. exkludierenden Wirkungen hin untersucht.

Die Beiträge im Einzelnen

In seinem Beitrag analysiert Joachim Gerd Ulrich Einstiegsprozesse Jugendlicher in die Berufsausbildung aus institutioneller Perspektive und nimmt dabei besonders die Optionen von ausbildungsbereiten Jugendlichen in den Blick, die trotz vorhandener Eignung keinen betrieblichen Berufsausbildungsplatz erhalten. In den alten Bundesländern werden geeignete Bewerber/innen, die keine betriebliche Lehrstelle erhalten haben, sehr häufig in teilqualifizierende Bildungsgänge umgelenkt, die oft in Ausbildungslosigkeit enden. In den neuen Bundesländern ist demgegenüber die Chance des Übergangs in eine vollqualifizierende berufliche Ausbildung höher, da nach der Wiedervereinigung in Förderprogrammen für „marktbenachteiligte Jugendliche" eine Vielzahl außerbetrieblicher Berufsausbildungsstellen geschaffen wurde. Dieser unterschiedliche Umgang mit ausbildungsbereiten Bewerber/inne/n führt zu einer institutionellen Diskriminierung, von der insbesondere Jugendliche mit türkischem, kurdischem oder arabischem Migrationshintergrund betroffen sind, die besonders häufig in den alten Bundesländern leben.

Dass individuelle, defizitorientierte Erklärungsansätze nicht ausreichend für die Erklärung schlechterer Übergangsraten von Jugendlichen mit unterschiedlichen Migrationshintergründen in eine berufliche Ausbildung sind, zeigt auch Jörg Eulenberger in seinem Beitrag. Ausgehend von einer kurzen Darstellung des Forschungsstandes entwickelt er ein Analysemodell, das neben den individuellen Leistungsmerkmalen und Indikatoren zu Suchstrategien auch Aspekte der familialen, schulischen und regionalen Umwelt berücksichtigt. Seine Analysen anhand der Daten des DJI-Übergangspanels zeigen, dass auch diese Erweiterung der Analyseperspektive nicht zu einer Aufklärung der negativen Effekte führt, die mit dem Merkmal des Migrationshintergrundes verbunden sind.

Der Beitrag von Susann Busse fokussiert neben den empirischen und theoretischen Ergebnissen zum Zusammenhang von Bildung und Migration in den neuen Bundesländern die Frage, wie sich forschungspraktisch und aus der Perspektive der reflexiven Migrationsforschung die Bildungsbeteiligung von Jugendlichen mit vietnamesischem Migrationshintergrund untersuchen lässt, ohne sie vorab als „bildungserfolgreiche Asiaten" zu stigmatisieren. Um zu detaillierten Aussagen zur Bildungsbeteiligung von Jugendlichen mit vietnamesischem Migrationshintergrund zu gelangen, wird das heuristische Konzept der individuellen Bildungsorientierung vorgeschlagen.

Literatur

Beicht, Ursula/Granato, Mona (2009): Übergänge in eine berufliche Ausbildung. Geringere Chancen und schwierige Wege für junge Menschen mit Migrationshintergrund. In: Friedrich-Ebert-Stiftung (Hrsg.): WISO Diskurs. Bonn

Bommes, Michael (1999): Probleme der beruflichen Eingliederung von Zuwanderern – Migranten in Organisationen. In: Friedrich-Ebert-Stiftung (Hrsg.): Integration und Integrationsförderung in der Einwanderungsgesellschaft. Gesprächskreis Arbeit und Soziales, Nr. 91. Bonn: 91–111

Boos-Nünning, Ursula (2006): Berufliche Bildung von Migrantinnen und Migranten. Ein vernachlässigtes Potenzial für die Wirtschaft. In: Friedrich-Ebert-Stiftung (Hrsg.): Kompetenzen stärken, Qualifikation verbessern, Potenziale nutzen. Bonn: 6–30

Bundesministerium für Bildung und Forschung (Hrsg.) (1999): Jugendliche ohne Berufsausbildung. BIBB/EMNID-Untersuchung. Bonn

Bundesministerium für Bildung und Forschung (Hrsg.) (2008): Berufsbildungsbericht 2008. Bonn

Gogolin, Ingrid (2000): Bildung und ausländische Familien. In: Sachverständigenkommission 6. Familienbericht (Hrsg.): Familien ausländischer Herkunft in Deutschland. Lebensalltag. Materialien zum 6. Familienbericht. Bd. II. Opladen: 61–106

Granato, Mona (2000): Jugendliche ausländischer Herkunft in der beruflichen Ausbildung. In: Bundesinstitut für Berufsbildung (Hrsg.): Ausbildungschancen Jugendlicher ausländischer Herkunft. Ergebnisse, Veröffentlichungen und Materialien aus dem BIBB. Bonn: 9–16

Konsortium Bildungsberichterstattung (2006): Bildung in Deutschland. Ein indikatorengestützter Bericht mit einer Analyse zu Bildung und Migration. Bielefeld

Ooyen, Monika (2002): Die „Initiativstelle Berufliche Qualifizierung von Migrantinnen und Migranten (IBQM)" im Bundesinstitut für Berufsbildung. In: Initiativstelle Berufliche Qualifizierung von Migrantinnen und Migranten (IBQM) (Hrsg.): Occasional Papers. Bundesinstitut für Berufsbildung. Bonn: 1–9

Reißig, Birgit/Gaupp, Nora/Hofmann-Lun, Irene/Lex, Tilly (2006): Schule – und dann? Schwierige Übergänge von der Schule in die Berufsausbildung. Deutsches Jugendinstitut. München/Halle

Schaub, Günther (1991): Betriebliche Rekrutierungsstrategien und Selektionsmechanismen für die Ausbildung und Beschäftigung junger Ausländer. Herausgegeben vom Bundesinstitut für Berufsbildung. Berlin/Bonn

Stürzer, Monika/Täubig, Vicki/Uchronski, Mirjam (2011): Wegweisend im Datendschungel. Die Befunde zur Bildungssituation Jugendlicher mit Migrationshintergrund sind unübersichtlich. Über die Herausforderung, einen Jugend-Migrationsreport zu erstellen. In: Deutsches Jugendinstitut e.V. (Hrsg.): DJI Bulletin 3/2011, Heft 95. München: 35–38

Troltsch, Klaus (2000): Jugendliche ohne abgeschlossene Berufsausbildung. Struktur- und Biographiemerkmale. In: Bundesinstitut für Berufsbildung (Hrsg.): Ausbildungschancen Jugendlicher ausländischer Herkunft. Ergebnisse, Veröffentlichungen und Materialien aus dem BIBB. Bonn: 43–48

Institutionelle Mechanismen der (Re-)Produktion von Ausbildungslosigkeit

Joachim Gerd Ulrich

Vorwort

In Deutschland bleibt etwa jeder siebte Jugendliche ohne Berufsausbildungsabschluss. In vielen Fällen liegt die Ursache darin, dass sich die Jugendlichen zwar für eine Ausbildung interessierten, ihnen der Einstieg aber über einen längeren Zeitraum nicht gelingt und sie irgendwann ihre Versuche einstellen. Zu den besonderen Risikogruppen zählen Jugendliche mit unterdurchschnittlichen Schulabschlüssen, die selbst wiederum gehäuft aus sozial schwachen Familien stammen. Oft liegt ein Migrationshintergrund vor. Als Risikofaktoren werden neben einem unzureichenden kulturellen Kapital auch fehlende Netzwerke sowie verschiedene Formen der Diskriminierung diskutiert. Der nachfolgende Beitrag lenkt den Blick auf institutionelle Aspekte und auf die Frage, nach welchen Logiken und Regeln in Deutschland überhaupt Ausbildungsplätze bereitgestellt werden. Am Beispiel der alternativen Verbleibsmöglichkeiten von Jugendlichen, die trotz attestierter Eignung nicht in eine betriebliche Berufsausbildung einmünden, wird gezeigt, dass sich die Verhältnisse in Deutschland keinesfalls einheitlich darstellen. Während insbesondere ostdeutsche Jugendliche der Ausbildungslosigkeit trotz fehlender betrieblicher Lehrstelle oft noch entgehen können, fallen die Chancen ihrer Altersgenossen in Westdeutschland deutlich schlechter aus. Die Ost-West-Unterschiede im institutionellen Umgang mit erfolglosen Bewerbern liefern eine Teilerklärung dafür, warum bestimmte Migrantengruppen in Deutschland signifikant geringere Ausbildungschancen haben. Denn die betroffenen Jugendlichen leben überwiegend dort, wo es für erfolglose Bewerber nur relativ wenig vollqualifizierende Ersatzangebote gibt.

1 Einleitung: Vom Primat der Institutionen

Jeder soziologische Erklärungsversuch muss auf einer Analyse der Institutionen aufbauen, schrieb Hartmut Esser (2000: 4), also auf einer Analyse jener Vorgaben und Regeln, die in einer bestimmten Situation Geltung beanspruchen und somit auch die Logik dessen bestimmen, was aus Sicht des Individuums getan werden muss oder getan werden kann.[60] Essers Forderung gilt natürlich auch für die Erforschung der Geschehnisse an der „ersten Schwelle" (Eberhard 2012), denn der Übergang von der Schule in die Berufsausbildung ist vielfältig geordnet, geregelt und reglementiert. Es gelten gesetzliche Bestimmungen, Verwaltungsvorschriften und nicht zuletzt die Auswahlregeln der Ausbildungsstätten. Sie geben z. B. vor, ob Bildungsgänge Personen mit bestimmter schulischer Vorbildung vorbehalten sind, welche Kriterien erfüllt sein müssen, um von der Berufsberatung als Ausbildungsstellenbewerber anerkannt zu werden, oder welchem Bewerber im Zweifelsfall der Vorzug zu geben ist.

Alle erfolgversprechenden Strategien der Jugendlichen, ihrer Eltern und Berater, eine Ausbildungsmöglichkeit zu erschließen, müssen sich an diesen Vorschriften und Regeln ausrichten. Denn die „Institutionen legen die erwünschten und unerwünschten, die angemessenen und die weniger zu empfehlenden Arten, die sinnvollen und die sinnlosen Ziele, die erlaubten und die illegitimen Mittel und Linien des Handelns fest" (Esser 1999: 53). Welche Mittel von den Jugendlichen überhaupt genutzt werden können, um sich einen Ausbildungszugang zu schaffen, hängt somit allein von den Institutionen ab. Gäbe es z. B. in Deutschland die Regel, dass alle vollqualifizierenden Ausbildungsplätze über eine zentrale Vergabestelle vermittelt würden und dass dabei allein die Ergebnisse eines obligatorischen standardisierten schriftlichen Eignungstests zählten, dann wären z. B. die Schulnoten der Jugendlichen, ihr Äußeres, ein fremdländisch klingender Name oder die soziale Vernetzung der Eltern (vgl. hierzu Akman et al. 2005; Imdorf 2005; Diehl/Friedrich/Hall 2009; Eberhard 2012) bedeutungslos; wichtig wären allein eine gute Vorbereitung auf den Test und eine ausreichende seelische Belastbarkeit, um ein gutes Testergebnis zu erzielen.

2 Regeln des Zugangs in duale Berufsausbildung

Die tatsächlichen Zugangsregeln in die duale Berufsausbildung sind jedoch andere. Zwei Merkmale treten dabei besonders hervor und heben sie von den Zugängen in das Schulberufs- bzw. Hochschulsystem ab. Zum einen wird der Zutritt in die duale Berufsbildung gesetzlich durch *keinerlei* qualifikationsbezogene Aufnahmebedingungen beschränkt (vgl. Lakies/Nehls 2007). Und zum anderen werden die Ausbildungsplätze über den Markt verteilt. Beide Regeln sind darauf zurückzuführen, dass der Staat den Betrieben die Hauptaufgabe der Berufsausbildung übertragen und dabei darauf verzichtet hat, deren Freiheitsgrade bei der

---

60 In Anlehnung an Esser (2000: 5) seien hier Institutionen als „Regeln mit erwartetem Geltungsanspruch" definiert.

Bewerberauswahl einzuengen. Die Betriebe entscheiden somit selbst, ob sie einen Bedarf an Auszubildenden haben. Ist dies der Fall, definieren sie die Zugangsvoraussetzungen und wählen unter den sich anbietenden Jugendlichen die aus ihrer Sicht passenden Kandidaten aus. Abgesehen von allgemeinen Vorgaben, die unter anderem aus dem Jugendarbeitsschutz- oder dem Allgemeinen Gleichbehandlungsgesetz resultieren, sind sie bei der Festlegung der Auswahlregeln weitgehend frei.

Eine solche Zugangsordnung ist zumindest in einer Hinsicht auch für die Jugendlichen von Vorteil: Selbst wenn sie über keinen Schulabschluss verfügen, dürfen sie in *allen* Berufen des dualen Systems ausgebildet werden. Faktisch aber kann die Eintrittsschwelle sehr hoch sein. Denn die Jugendlichen müssen die Betriebe als „Eingangswächter" (Hillmert 2007: 87) davon überzeugen, dass sie in die jeweilige Welt des Betriebes hineinpassen (Imdorf 2010), und sie stehen hierbei im direkten Wettbewerb mit anderen Bewerbern. Zugleich haben sie mit einem relativ hohen Grad an Intransparenz zu kämpfen. Denn sie können meist vorab nicht genau überblicken, welche konkreten Zugangsregeln in welchem Betrieb bei welcher Marktlage aktuell gelten und ob sich eine Bewerbung überhaupt lohnt (Eberhard 2011). Dies führt zu beträchtlichen Informationskosten, die die Jugendlichen oft in Gestalt einer großen Zahl von erfolglosen Anlaufversuchen zu tragen haben (Friedrich 2009: 68 ff.).

3   Gefahr der Unterversorgung bei marktförmiger Inklusion

Zudem steht eine marktförmige Inklusion, wie sie im dualen Berufsbildungssystem vorherrscht, stets in der Gefahr, einen Teil des Angebots an ausbildungsinteressierten Jugendlichen *nicht* abzufragen. Denn die Betriebe richten ihre Nachfrage vor allem am personalwirtschaftlichen Bedarf aus, der u. a. konjunkturellen Schwankungen unterliegt und mit der aktuellen Zahl der sich anbietenden Ausbildungsstellenbewerber nicht oder nur bedingt korreliert (Troltsch/Walden 2010: 119 f.).

Somit stellt sich die Frage, was mit ausbildungsbereiten Jugendlichen geschieht, die trotz vorhandener Eignung keine betriebliche Berufsausbildungsstelle erhielten. Welche Regelungen greifen in diesem Fall, um ihnen dennoch einen Zugang in eine vollqualifizierende Berufsausbildung zu eröffnen? Auf diese Frage gibt es, wie im Folgenden gezeigt wird, keine bundeseinheitliche Antwort. Vielmehr brachten es die Teilung und spätere Wiedervereinigung Deutschlands mit sich, dass sich der institutionelle Umgang mit erfolglosen betrieblichen Ausbildungsstellenbewerbern in West- und Ostdeutschland unterschiedlich entwickelte.

4 Vom Umgang mit erfolglosen betrieblichen Lehrstellenbewerbern

4.1 Die Praxis in Westdeutschland

Dass eine Marktinklusion, wie sie im dualen Berufsbildungssystem vorherrscht, zu Problemen bei der Versorgung von Jugendlichen mit vollqualifizierender Berufsausbildung führen kann, war in Westdeutschland nie strittig. Gleichwohl sieht sich die Wirtschaft stets mit der Forderung konfrontiert, sie habe dennoch für eine ausreichende Zahl an Ausbildungsmöglichkeiten zu sorgen. Die Rechtmäßigkeit dieses Anspruchs wurde am 10.12.1980 in einem Urteil des Bundesverfassungsgerichts bestätigt:

> „Die praktische Berufsausbildung war also nie in einem engeren Sinne der staatlichen Sphäre überantwortet. Bestrebungen, sie ‚staatsnäher' zu organisieren, sind von den Arbeitgebern, die sich immer zu der geschichtlich gewachsenen Aufgabenteilung zwischen staatlicher und privater Verantwortung im Berufsausbildungswesen bekannt haben, stets abgelehnt worden. Wenn der Staat in Anerkennung dieser Aufgabenteilung den Arbeitgebern die praxisbezogene Berufsausbildung der Jugendlichen überläßt, so muß er erwarten, daß die gesellschaftliche Gruppe der Arbeitgeber diese Aufgabe nach Maßgabe ihrer objektiven Möglichkeiten und damit so erfüllt, daß grundsätzlich alle ausbildungswilligen Jugendlichen die Chance erhalten, einen Ausbildungsplatz zu bekommen. Das gilt auch dann, wenn das freie Spiel der Kräfte zur Erfüllung der übernommenen Aufgabe nicht mehr ausreichen sollte" (BVerfG 2 BvF 3/77).

Nach dem Urteil des Bundesverfassungsgerichts ist das Prinzip der Marktinklusion bzw. des „freien Spiels der Kräfte" keinesfalls sakrosankt. Folgerichtig erklärte das Gericht eine gesetzlich geregelte, zeitlich befristete betriebliche Umlage zur Überwindung von temporären Lehrstellendefiziten grundsätzlich für verfassungskonform (Kath 1999: 102 f.). Mit einer solchen finanziellen Umlage sollen zum einen für die Betriebe Anreize geschaffen werden, der Sanktion zu entgehen und sich an Ausbildung zu beteiligen, und zum anderen sollen Mittel eingefahren werden, um zusätzliche vollqualifizierende Ausbildungsplätze finanzieren zu können.

Ein solcher Eingriff in die Entscheidungsautonomie der Betriebe gilt beim weit überwiegenden Teil der Wirtschaft allerdings keinesfalls als willkommen. Nichtsdestotrotz befinden sich die Institutionen des marktförmigen Zugangs in duale Berufsausbildung seit dem 1980er-Urteil auch unter verfassungsrechtlich abgeklärtem Legitimationsdruck: Sie müssen den Jugendlichen effiziente und gerechte Zugänge ermöglichen, kurz: jedem „ausbildungswilligen und -fähigen" Jugendlichen eine Ausbildungsgelegenheit eröffnen. Wird dies nicht erreicht, steigt die Gefahr einer Gesetzesinitiative zur Einführung einer Berufsausbildungsabgabe (Heimann 1984; Lakies/Nehls 2007: 24 f.). Dem Druck kann nur so lange standgehalten werden, wie das Verhältnis von Angebot und Nachfrage weitgehend ausgeglichen erscheint. Dabei kommt es entscheidend darauf an, nach welcher Formel die Zahl der ausbildungswilligen Jugendlichen berechnet wird. Es verwundert nicht, dass die Wirtschaft stets für eine sehr restriktive Messung plädierte und in diesem Sinne durchaus erfolgreich war. Bereits seit den 1970er Jahren werden zu den erfolglosen Ausbildungsinteressierten nur jene Personen gezählt, die als Bewerber registriert sind und auch noch zum Stichtag 30. September zu den noch suchenden Bewerbern gehören. Da die Arbeitsverwaltung nur zur Ausbildung befähigten Jugendlichen den Status eines „Ausbildungsstellenbewerbers" verleiht und die Bilanzierung gesetzlich auf einen Tag terminiert wurde, an dem das neue Ausbildungsjahr bereits mehrere Wochen alt ist, ist die verbleibende Zahl der noch suchenden Bewerber stets relativ niedrig. Viele Bewerber haben ihre Suche zu diesem Zeitpunkt bereits aufgegeben (Bundesminister für Bildung und Wissenschaft 1977: 24). Dadurch wird wiederum eine statistisch ausgeglichene Bilanz zwischen der Zahl der bereitgestellten Ausbildungsplätze und der Zahl der ausbildungsinteressierten Jugendlichen begünstigt (Behringer/Ulrich 1997).

Dies gilt umso mehr, als es jahrelange Praxis war und im Rahmen der offiziellen Bilanzierung zum Teil auch noch ist, bei den erfolglosen Bewerbern zum Stichtag 30. September jene Jugendlichen außer Acht zu lassen, die zwar auch noch zu diesem Zeitpunkt weiterhin suchen, aber über irgendeine alternative Verbleibsmöglichkeit verfügen. Somit werden auch die Jugendlichen im teilqualifizierenden „Übergangssystem" als „versorgte Bewerber" geführt. Damit verkleinert sich nochmals die Zahl der in die Bilanzierung eingehenden erfolglosen Bewerber und setzt sich im Wesentlichen aus älteren Bewerbern zusammen, für die ein Ausweichen auf teilqualifizierende Bildungsgänge nicht mehr in Frage kommt (Eberhard/Ulrich 2010b).

Das „Übergangssystem" dient damit nicht nur als ein Auffangbecken für Bewerber ohne Lehrstelle (Bosch 2008: 243). Es erweist sich vielmehr als wichtige *institutionelle* Stütze der bestehenden Zugangsregeln in das betriebliche Berufsbildungssystem. Indem es die in die Bilanzierung eingehende Zahl der erfolglosen Ausbildungsmarktteilnehmer stark reduziert, begünstigt es einen rechnerisch ausgeglichenen Ausbildungsmarkt und legitimiert damit die bestehende Ordnung (Esser 2000: 97 ff.).[61] Forderungen der Gewerkschaften nach Einfüh-

---

61 Das Übergangssystem trug maßgeblich dazu bei, dass im letzten Vierteljahrhundert rechnerisch in jedem Jahr stets mehr als 95 Lehrstellenangebote auf 100 offiziell registrierte Ausbildungsplatznachfrager entfielen (obwohl im Schnitt noch nicht einmal die Hälfte aller registrierten Ausbildungsstellenbewerber in eine Berufsausbildung einmündeten). Zugleich verdop-

rung einer Umlagefinanzierung bzw. Einführung einer finanziellen Abgabe für nichtausbildende Betriebe konnten somit unter Verweis auf den (statistisch) hohen Versorgungsgrad „ausbildungsgeeigneter" und „ausbildungswilliger" Jugendlicher abgewehrt werden.

Dieses hier beschriebene „institutionelle Bündnis" zwischen dualem Berufsausbildungssystem und „Übergangssystem" hat in Westdeutschland bis heute überlebt und führte dazu, dass die Bildungsalternativen erfolgloser betrieblicher Lehrstellenbewerber vor allem *teil*qualifizierender Natur sind.

4.2 Die Praxis in Ostdeutschland

Mit der Wiedervereinigung wurde das westdeutsche Berufsausbildungssystem auf den Osten Deutschlands übertragen – und damit auch die Praxis der Ausbildungsmarktbilanzierung. Infolge der gewaltigen ökonomischen Transformation galt es jedoch als selbstverständlich, dass die sich erst neu entwickelnde ostdeutsche Wirtschaft längere Zeit nicht genügend betriebliche Ausbildungsplätze bereitstellen konnte (Troltsch/Walden/Zopf 2009: 3 f.). So genannte „Konkurslehrlinge" (Auszubildende, die nach Abwicklung der Kombinate ihre Lehrstelle verloren) und erfolglose betriebliche Ausbildungsstellenbewerber wurden in Ostdeutschland deshalb auch nicht als Zeichen für ein grundsätzliches institutionelles Versagen des Berufsbildungssystems betrachtet, sondern als unvermeidliche Nebenfolge des sehr schwierigen Transformationsprozesses (Bundesminister für Bildung und Wissenschaft 1992: 1 ff.).[62]

Deshalb erschien es auch folgerichtig, „Konkurslehrlinge" bzw. Bewerber ohne betriebliche Lehrstelle über eine außerbetriebliche Ausbildung zum Berufsabschluss zu führen. Ein quantitativ vergleichbarer Ausbau des „Übergangssystems" wie im Westen erübrigte sich damit. Zunächst unter Bezugnahme auf § 40c Abs. 4 AFG/DDR (Arbeitsförderungsgesetz/DDR), später im Kontext der Bund-Länder-Gemeinschaftsinitiativen und Ausbildungsprogramme Ost wurde anfangs für bis zu 35.000, später für bis zu 15.000 „marktbenachteiligte" Ausbildungsstellenbewerber jährlich eine außerbetriebliche Berufsausbildungsstelle eröffnet. Flankierend wurden die Regelungen zur Bereitstellung außerbetrieblicher Berufsausbildungsstellen für sozial benachteiligte bzw. lernbeeinträchtigte

---

pelten sich die Einmündungszahlen in das „Übergangssystem", die wiederum von der Wirtschaft mit der stark gesunkenen „Ausbildungsreife" der Jugendlichen in Verbindung gebracht wurden.

62 Dass die Lage in den neuen Ländern grundsätzlich anders zu interpretieren sei als im restlichen Deutschland, fand seine symbolische Anerkennung auch darin, dass bis heute in allen relevanten Ausbildungsmarktstatistiken neben den bundesweiten Zahlen stets auch gesonderte Zusammenfassungen für die alten und neuen Länder ausgewiesen werden.

Jugendliche bzw. für Jugendliche mit Behinderungen (vgl. § 242 SGB III und § 100 SGB III) sehr offensiv ausgelegt, um auch auf diesem Wege außerbetriebliche Ausbildungsmöglichkeiten zu schaffen. Dies brachte den betroffenen Jugendlichen zwar eine entsprechende Stigmatisierung ein, ermöglichte ihnen aber, auch ohne Ausbildungsbetrieb einen Berufsabschluss zu erlangen (Ulrich 2003).

Seit der Wiedervereinigung sind inzwischen mehr als 20 Jahre vergangen, und die Chancen der ostdeutschen Jugendlichen auf eine betriebliche Lehrstelle haben sich inzwischen deutlich verbessert, vor allem auch deshalb, weil sich die Zahl der ostdeutschen Bewerber infolge des demografischen Einbruchs bereits mehr als halbierte. Dennoch sind die institutionell bedingten West-Ost-Unterschiede in den Ausbildungschancen von Bewerbern, die nicht in eine betriebliche Lehrstelle einmündeten, bis in die jüngste Vergangenheit hinein spürbar. Dies soll im Folgenden anhand des Verbleibs der Bewerber des Jahres 2010 belegt werden.

5 Verbleib der Lehrstellenbewerber, die 2010 nicht in eine betriebliche Berufsausbildungsstelle einmündeten: ein West-Ost-Vergleich

2010 registrierte die Bundesagentur für Arbeit in Westdeutschland insgesamt 457.260 Ausbildungsstellenbewerber. Von ihnen mündeten 272.103 (59,5 %) bis zum Bilanzierungsstichtag 30. September *nicht* in eine ungeförderte (betriebliche) Berufsausbildungsstelle ein (Bundesagentur für Arbeit 2010b). Die Gesamtzahl der in Ostdeutschland registrierten Bewerber betrug 94.738. Davon zählten 52.151 (55,0 %) zu denjenigen, für die bis zum Stichtag *keine* Einmündung in eine betriebliche Lehrstelle festgestellt werden konnte (Bundesagentur für Arbeit 2010a).

Tabelle 1 gibt wieder, wie die Betroffenen, die *nicht* in eine betriebliche Lehrstelle einmündeten, stattdessen offiziell verblieben waren. Demnach befanden sich im Osten rund 30 % dennoch in einer vollqualifizierenden Berufsausbildung, jedoch nur 17 % im Westen. Im Westen absolvierten dagegen deutlich mehr Personen (39 %) einen teilqualifizierenden Bildungsgang als im Osten (21 %). Wie in den Vorjahren, so war also auch 2010 der Versorgungsgrad der Bewerber mit vollqualifizierender Ausbildung im Osten höher als im Westen.

Die offizielle Ausbildungsmarktstatistik der Arbeitsverwaltung kontrolliert allerdings nicht interindividuelle Differenzen in zugangsrelevanten Bewerbermerkmalen (z. B. schulische Vorbildung), die für den West-Ost-Unterschied verantwortlich sein könnten. Zudem kann sie für einen großen Teil der Bewerber keine Aussage treffen, da diese unbekannt verblieben sind (West: 29 %, Ost: 32 %; siehe erneut Tabelle 1). Deshalb wurden auf Basis einer repräsentativen

Befragung von Bewerbern (binäre logistische) Regressionsmodelle zum Verbleib Ende des Jahres 2010 gerechnet, die entsprechende Informationen integrieren (Tabelle 2).[63]

Tabelle 1: Offizieller Verbleib der Bewerber des Jahres 2010, die nach Kenntnis der Arbeitsverwaltung bis zum Stichtag 30. September nicht in eine ungeförderte (betriebliche) Berufsausbildungsstelle einmündeten

	West		Ost	
	absolut	in %	absolut	in %
Vollqualifizierende Berufsausbildung/Studium	47.162	17,3	15.464	29,7
dar.:				
Einmündung in außerbetriebliche Berufsausbildung	29.182	10,7	10.791	20,7
Fortsetzung einer betrieblichen Berufsausbildung	3.740	1,4	769	1,5
Fortsetzung einer außerbetrieblichen Berufsausbildung	9.096	3,3	2.241	4,3
Studium	5.144	1,9	1.663	3,2
Sonstige, i. d. R. teilqualifizierende Bildungsgänge	105.021	38,6	11.056	21,2
dar.:				
Schulbildung	58.728	21,6	5.496	10,5
Berufsvorbereitungs-, -grundbildungsjahr	6.033	2,2	913	1,8
Praktikum	8.457	3,1	842	1,6
Einstiegsqualifizierung (EQ)	5.386	2,0	373	0,7
Fördermaßnahmen (ohne EQ)	26.417	9,7	3.432	6,6
Verbleib außerhalb von Bildung	32.278	11,9	5.155	9,9
dar.:				
Erwerbstätigkeit	25.337	9,3	3.578	6,9
Bundeswehr/Zivildienst, freiwilliges soziales/ökol. Jahr	6.941	2,6	1.577	3,0
Unbekannt verblieben	79.148	29,1	16.716	32,1
Unversorgte Bewerber (ohne alternativen Verbleib)	8.494	3,1	3.760	7,2
Personen insgesamt	272.103	100,0	52.151	100,0

Quellen: Bundesagentur für Arbeit (2010a, 2010b); eigene Berechnungen

---

63 Bei der sog. „BA/BIBB-Bewerberbefragung" handelt es sich um eine schriftlich-postalische Erhebung, die zum Jahreswechsel 2010/2011 stattfand. Der Umfang der Bruttostichprobe mit Zufallsauswahl betrug n = 13.714; die Nettostichprobe umfasste bei einer Rücklaufquote von 34 % 4.621 Probanden. Nachfolgend werden nur jene gut 2.000 Probanden berücksichtigt, die bis zum 30.09. offiziell nicht in eine betriebliche Lehrstelle eingemündet waren (vgl. auch Ulrich 2011).

Institutionelle Mechanismen der (Re-)Produktion von Ausbildungslosigkeit 101

Tabelle 2: Effekte (e^β) verschiedener Einflussgrößen auf die Verbleibschancen in verschiedenen Varianten vollqualifizierender Berufsausbildung bei Bewerbern, die bis zum 30.09.2010 nicht in eine ungeförderte (betriebliche) Berufsausbildungsstelle eingemündet waren

	vollqualifizierende Ausbildung (insgesamt)	darunter: (hoch-) schulische Ausbildung	duale Berufsausbildung	darunter: betrieblich	außerbetrieblich
	Sp. 1	Sp. 2	Sp. 3	Sp. 4	Sp. 5
Bildungskapital					
• Hauptschulabschluss	1,562 ***	,599 *	1,881 ***	,746 +	2,943 ***
• Studienberechtigung	2,664 ***	8,083 ***	,969	1,707 *	,430 *
• (bessere) Deutschnote	1,106 +	1,307 *	1,033	1,097	,969
• (bessere) Mathematiknote	1,091 +	1,053	1,079 *	1,178 *	1,004
Erfahrungen im Übergangssystem					
• Einstiegsqualifizierung	1,123	,795	1,295	2,798 ***	,759
• Berufsvorbereitungsjahr	1,829 ***	,372 **	2,363 ***	,815	3,473 ***
• Berufsgrundbildungsjahr	,765	,525	,802	,665	,868
• mehrmonatiges Praktikum	,958	1,765 *	,793 +	,752	,879
Institutionelle Unterstützung					
• sehr gute schulische Vorbereitung	1,197 *	1,073	1,203 +	1,573 **	,944
• Begleitung durch einen Mentor	2,596 ***	,478 +	3,288 ***	1,387	4,390 ***
Soziale Unterstützung					
• intensiver Austausch mit Eltern	1,157 +	1,161	1,138	1,343 *	,994
Individuelle Merkmale					
• weibliches Geschlecht	,751 **	,942	,719 **	,766 +	,726 *
• noch nicht volljährig	,643 ***	1,919 ***	,493 ***	,795	,404 ***
• über 21 Jahre alt	1,244 +	,770	1,414 *	1,268	1,518 *
• Aussiedler	1,015	1,062	,973	1,309	,714
• türk./kurd./arabischer Herkunft	,627 **	1,616 +	,458 ***	,581 +	,404 ***
• sonstige Anwerbestaaten (West)	1,175	1,150	1,157	1,629 +	,905
• sonstiger Migrationshintergrund	,709 *	,546	,762	1,197	,563 *
Physische Konstitution					
• keine körperliche Einschränkung	,797	2,147	,703 *	2,178 +	,583 **
Region					
• Ostdeutschland	1,448 **	1,491 +	1,344 *	,612 *	1,918 ***
R^2 (Nagelkerke)	,121	,197	,170	,066	,279

n = 2.143 + p < ,100 * p < ,050 ** p < ,010 *** p < ,001 (einseitiger Test)
Quelle: BA/BIBB-Bewerberbefragung 2010

Wie nun Spalte 1 der Tabelle 2 zeigt, bleibt der positive Effekt zugunsten des Ostens auch unter Kontrolle diverser Bildungsvoraussetzungen, Unterstützungsformen und weiterer individueller Merkmale bestehen: Die Verbleibschance in vollqualifizierender Berufsausbildung war hier signifikant höher. Dies gilt insbesondere für die außerbetriebliche duale Berufsausbildung (Spalte 5), tendenziell auch für den Verbleib in schulisch oder hochschulisch organisierter Berufsausbildung (Spalte 2).

Lediglich beim (i. d. R. nachträglichen) Verbleib in betrieblicher Ausbildung war die Chance im Westen größer. Allerdings profitierten davon grundsätzlich nur sehr wenige Personen, so dass der Vorteil des Ostens – was den Verbleib in dualer Ausbildung insgesamt (Spalte 3) angeht – nicht verlorenging.

6 Diskussion

Angesichts der hohen Zahl an Bewerbern, die 2010 weder in eine betriebliche Berufsausbildungsstelle einmündeten noch in sonstiger Form in einer vollqualifizierenden Berufsausbildung verblieben, ist die Kritik, es mangele an einer klaren institutionellen Übergangskonzeption (Münk 2010), nachvollziehbar. Dies gilt insbesondere für den Westen. Als geeignet befundene Bewerber werden bei fehlender betrieblicher Lehrstelle zu oft in teilqualifizierende Bildungsgänge des „Übergangssystems" umgelenkt, um dort jene „Ausbildungsreife" zu erwerben, die ihnen die Arbeitsverwaltung längst attestiert hat (Eberhard/Ulrich 2010a: 13). Ausbildungslosigkeit wird auf diese Weise auch institutionell (re-)produziert. Viele der betroffenen Jugendlichen zeigen sich unzufrieden, und es besteht die Gefahr, dass sie irgendwann resignieren und dauerhaft zu den Jugendlichen ohne Berufsabschluss zählen.[64]

Die West-Ost-Unterschiede im Umgang mit erfolglosen Bewerbern liefern auch eine Teilerklärung für die schlechteren Ausbildungschancen der Jugendlichen mit Migrationshintergrund (vgl. auch Eberhard/Ulrich 2011). Wie die in Tabelle 2 aufgeführten Regressionsmodelle zeigen, zählen insbesondere Migranten mit türkischer, kurdischer oder arabischer Herkunft zu jenen, die beim Übergang Benachteiligungen erfahren, welche durch potenzielle Einschränkungen beim von ihnen eingebrachten kulturellen und sozialen Kapital alleine nicht zu erklären sind. Eine spezifische Benachteiligung besteht aber allein darin, dass sie nahezu ausschließlich in jener Region leben (Westdeutschland), in denen erfolglosen Bewerbern ohne betriebliche Lehrstelle nur wenige vollqualifizie-

---

64 Mit steigendem Alter der Bewerber wächst die Gefahr, dass die erfolglosen Bewerber den Kontakt zu den Beratungs- und Vermittlungsdiensten abbrechen. Dies gilt verstärkt für Jugendliche mit Migrationshintergrund, die häufig in großstädtischen Räumen leben.

rende Alternativen eröffnet werden. Rein rechnerisch ergibt sich z. B. aus der in Spalte 1 aufgeführten Regressionsgleichung für einen noch nicht volljährigen, männlichen Bewerber türkischer Herkunft, der über einen mittleren Schulabschluss mit befriedigenden Deutsch- und Mathematiknoten verfügt und bereits ein Berufsvorbereitungsjahr absolviert hat, eine Verbleibswahrscheinlichkeit von 33 % in vollqualifizierender Berufsausbildung, sofern dieser Jugendliche eine sehr gute schulische Vorbereitung auf die Ausbildungssuche erfahren hatte, über einen Mentor verfügte und sich mit seinen Eltern intensiv ausgetauscht hatte. Dies gilt nun für den Fall, dass dieser Jugendliche in Westdeutschland lebt. Ein Wohnort im Osten hätte bei denselben Merkmalsbedingungen dagegen zu einer Verbleibswahrscheinlichkeit von 41 % geführt.[65]

Ein Vergleich der in Tabelle 2 aufgeführten Regressionsergebnisse macht weiterhin deutlich, dass sich die Zugangslogiken in die verschiedenen Varianten vollqualifizierender Berufsausbildung bisweilen stark unterscheiden. So befördert es die Verbleibswahrscheinlichkeit in *betriebliche* Berufsausbildung, über einen höheren Schulabschluss und gute Noten zu verfügen, während der Zugang in eine *außerbetriebliche* Berufsausbildung aufgrund der in Deutschland vorherrschenden Institutionalisierung im Wesentlichen defizitorientiert ist und somit z. B. Bewerbern mit durchschnittlichen Schulleistungen kaum offensteht.[66] Dies gilt wiederum vor allem für den Westen, wo es kein breit angelegtes außerbetriebliches Ergänzungsprogramm für *markt*benachteiligte Jugendliche gibt, sondern außerbetriebliche Plätze fast ausschließlich für sozial Benachteiligte, Lernbeeinträchtigte oder für Jugendliche mit Behinderungen vorgesehen sind.

Gerade für Jugendliche, die weder zu den besonders leistungsstarken noch zu den besonders schwachen Bewerbern zählen und am Markt scheitern, sind somit nur wenig Perspektiven vorhanden. Ein westdeutscher Proband aus der Bewerberbefragung brachte die Problematik auf den Punkt: „Ohne meine Eltern

---

65 Da es fast keine Bewerber türkischer Herkunft in den neuen Ländern gibt, kann eine solche Berechnung hier nur auf Basis der Regressionsgleichung, nicht jedoch auf Basis von Ist-Daten erfolgen.

66 Eine künftig stärkere Berücksichtigung der institutionellen Rahmenbedingungen erscheint im Kontext der Ungleichheitsforschung zum Übergang Schule-Berufsausbildung wünschenswert. Auf der Makroebene wären dies vor allem die der systemischen Besonderheiten betrieblich und nichtbetrieblich organisierter dualer Berufsausbildung. Auf der Mesoebene stellen die regionale bzw. berufsspezifische Ausbildungsmarktlage sowie das Ausmaß an außerbetrieblichen (d. h. nicht marktförmig bereitgestellten) Ausbildungsplätzen wichtige Determinanten dar, darüber hinaus institutionalisierte Übergangshilfen in der Region (wie z. B. Einstiegsbegleiter). Schließlich sind auf der Mikroebene die Auswahllogiken der Betriebe bei der Einstellung von Auszubildenden zu nennen, welche die Regeln des Zugangs in Berufsausbildung determinieren (Hupka-Brunner et al. 2011: 63), darüber hinaus auch die Handhabung der Vorschriften bei der Vergabe außerbetrieblicher Ausbildungsplätze durch die zuständigen Verwaltungsmitarbeiter (vgl. dazu auch Eberhard 2012; Ulrich 2011).

wäre ich nicht zurechtgekommen. Es wird sich nur um Problemfälle gekümmert. Normal Benotete (Schulnoten) müssen selber sehen, wie sie klarkommen".

Ein rascher Ausbildungseinstieg dieser „ausbildungsreifen" Jugendlichen wäre nur möglich, wenn ihnen bei fehlgeschlagener Marktinklusion nichtbetriebliche Ausbildungsplätze bereitgestellt würden. Entsprechende Reformvorschläge (Euler/Severing/Wieland 2010: 2) wurden bislang allerdings nicht umgesetzt, zumal die Wirtschaft eine damit einhergehende „Verschulung" der Berufsausbildung grundsätzlich ablehnt (Ebner/Nikolai 2010). Zudem besteht angesichts der zur Zeit günstigen Konjunktur und der demografischen Entwicklung die Aussicht auf eine deutliche Entspannung der Ausbildungsmarktlage. Die Realisierbarkeit von grundlegenden institutionellen Reformen des Ausbildungszugangs wird deshalb von den meisten Berufsbildungsexperten als gegenwärtig sehr gering eingeschätzt (Gei/Krewerth/Ulrich 2011).

Literatur

Akman, Saro/Gülpinar, Meltem/Huesmann, Monika/Krell, Gertraude (2005): Auswahl von Fach- und Führungsnachwuchskräften: Migrationshintergrund und Geschlecht bei Bewerbungen. In: Personalführung 38, 10: 72–75

Behringer, Friederike/Ulrich, Joachim Gerd (1997): Die Angebotsabhängigkeit der Nachfrage nach Ausbildungsstellen als Problem bei der Vorausschätzung der zukünftigen Nachfrage. In: Mitteilungen aus der Arbeitsmarkt- und Berufsforschung 30, 3: 612–619

Bosch, Gerhard (2008): Zur Zukunftsfähigkeit des deutschen Berufsbildungssystems. In: Arbeit 17, 4: 239–253

Bundesagentur für Arbeit (2010a): Arbeitsmarkt in Zahlen. Ausbildungsstellenmarkt. Bewerber und Berufsausbildungsstellen. Ostdeutschland. September 2010. Nürnberg

Bundesagentur für Arbeit (2010b): Arbeitsmarkt in Zahlen. Ausbildungsstellenmarkt. Bewerber und Berufsausbildungsstellen. Westdeutschland. September 2010. Nürnberg

Bundesminister für Bildung und Wissenschaft (Hrsg.) (1992): Berufsbildungsbericht 1992. Bonn

Bundesminister für Bildung und Wissenschaft (Hrsg.) (1997): Berufsbildungsbericht 1997. Bonn

Diehl, Claudia/Friedrich, Michael/Hall, Anja (2009): Jugendliche ausländischer Herkunft beim Übergang in die Berufsausbildung: Vom Wollen, Können und Dürfen. In: Zeitschrift für Soziologie 38, 1: 48–67

Eberhard, Verena (2012): Der Übergang von der Schule in die Berufsausbildung – ein ressourcentheoretisches Modell zur Erklärung der Übergangschancen von Ausbildungsstellenbewerbern. Bielefeld

Eberhard, Verena/Ulrich, Joachim Gerd (2010a): Ins „Übergangssystem" oder ersatzweise in geförderte Berufsausbildung? Regionale Unterschiede im Umgang mit Bewerbern ohne betriebliche Lehrstelle. In: Berufsbildung in Wissenschaft und Praxis 39, 6: 10–14

Eberhard, Verena/Ulrich, Joachim Gerd (2010b): Übergänge zwischen Schule und Berufsausbildung. In: Bosch, Gerhard/Krone, Sirikit/Langer, Dirk (Hrsg.): Das Berufsbildungssystem in Deutschland. Aktuelle Entwicklungen und Standpunkte. Wiesbaden: 133–164

Eberhard, Verena/Ulrich, Joachim Gerd (2011): „Ausbildungsreif" und dennoch ein Fall für das Übergangssystem? Institutionelle Determinanten des Verbleibs von Ausbildungsstellenbewerbern in teilqualifizierenden Bildungsgängen. In: Krekel, Elisabeth M./Lex, Tilly (Hrsg.): Neue Jugend? Neue Ausbildung? Beiträge aus der Jugend- und Bildungsforschung. Bielefeld: 97–112

Ebner, Christian/Nikolai, Rita (2010): Duale oder schulische Berufsausbildung? Entwicklungen und Weichenstellungen in Deutschland, Österreich und der Schweiz. In: Swiss Political Science Review 16, 4: 617–648

Esser, Hartmut (1999): Soziologie. Spezielle Grundlagen. Band 1: Situationslogik und Handeln. Frankfurt a. M./New York

Esser, Hartmut (2000): Soziologie. Spezielle Grundlagen. Band 5: Institutionen. Frankfurt a. M./New York

Euler, Dieter/Severing, Eckart/Wieland, Clemens (2010): Eckpunkte der Initiative „Übergänge mit System". Gütersloh

Friedrich, Michael (2009): Berufliche Pläne und realisierte Bildungs- und Berufswege nach Verlassen der Schule. Bielefeld

Gei, Julia/Krewerth, Andreas/Ulrich, Joachim Gerd (2011): Reformvorschläge zum Übergang Schule–Berufsausbildung nur bedingt konsensfähig. Ergebnisse einer Expertenbefragung. In: Berufsbildung in Wissenschaft und Praxis 40, 2: 9–13

Heimann, Klaus (1984): Die Illusion von den Selbstheilungskräften des Marktes – Unternehmerstrategien in der Ausbildungskrise. In: Verlag Moritz Diesterweg (Hrsg.): Keine Arbeit – keine Zukunft? Die Bildungs- und Beschäftigungsperspektiven der geburtenstarken Jahrgänge. Frankfurt a. M.: 103–119

Hillmert, Steffen (2007): Soziale Ungleichheit im Bildungsverlauf: zum Verhältnis von Bildungsinstitutionen und Entscheidungen. In: Becker, Rolf/Lauterbach, Wolfgang (Hrsg.): Bildung als Privileg. Erklärungen und Befunde zu den Ursachen der Bildungsungleichheit. 2., akt. Auflage. Wiesbaden: 71–98

Hupka-Brunner, Sandra/Gaupp, Nora/Geier, Boris/Lex, Tilly/Stalder, Barbara Elisabeth (2011): Chancen bildungsbenachteiligter Jugendlicher: Bildungsverläufe in der Schweiz und in Deutschland. In: Zeitschrift für Soziologie der Erziehung und Sozialisation 31, 1: 62–78

Imdorf, Christian (2005): Schulqualifikation und Berufsfindung. Wie Geschlecht und nationale Herkunft den Übergang in die Berufsbildung strukturieren. Wiesbaden

Imdorf, Christian (2010): Die Diskriminierung ‚ausländischer' Jugendlicher bei der Lehrlingsauswahl. In: Hormel, Ulrike/Scherr, Albert (Hrsg.): Diskriminierung. Grundlagen und Forschungsergebnisse. Wiesbaden: 197–219

Kath, Folkmar (1999): Finanzierung der Berufsausbildung im dualen System. Probleme und Lösungsvorschläge. In: Vorstand der Arbeitsgemeinschaft Hochschultage Berufliche Bildung (Hrsg.): Hochschultage Berufliche Bildung 1998. Workshop Kosten, Finanzierung und Nutzen beruflicher Bildung. Neusäß: 99–110

Lakies, Thomas/Nehls, Hermann (2007): Berufsbildungsgesetz. Basiskommentar. Frankfurt a. M.

Münk, Dieter (2010): Berufliche Bildung im Labyrinth des pädagogischen Zwischenraums: Von Eingängen, Ausgängen, Abgängen – und von Übergängen, die keine sind. In: Münk, Dieter/Rützel, Josef/Schmidt, Christian (Hrsg.): Labyrinth Übergangssystem: Forschungserträge und Entwicklungsperspektiven der Benachteiligtenförderung zwischen Schule, Ausbildung, Arbeit und Beruf. 2. Aufl. Bonn: 31–52

Troltsch, Klaus/Walden, Günter (2010): Beschäftigungsentwicklung und Dynamik des betrieblichen Ausbildungsangebots. In: Zeitschrift für Arbeitsmarktforschung 43, 2: 107–124

Troltsch, Klaus/Walden, Günter/Zopf, Susanne (2009): Im Osten nichts Neues? 20 Jahre nach dem Mauerfall steht die Berufsausbildung vor großen Herausforderungen. BIBB REPORT 12/09. Bonn

Ulrich, Joachim Gerd (2003): Benachteiligung – was ist das? Theoretische Überlegungen zu Stigmatisierung, Marginalisierung und Selektion. In: Lappe, Lothar (Hrsg.): Fehlstart in den Beruf? Jugendliche mit Schwierigkeiten beim Einstieg ins Arbeitsleben. München: 21–35

Ulrich, Joachim Gerd (2011): Übergangsverläufe von Jugendlichen aus Risikogruppen. Aktuelle Ergebnisse aus der BA/BIBB-Bewerberbefragung 2010. In: bwp@ Spezial 5 – Hochschultage Berufliche Bildung 2011, Workshop 15. Hrsg. v. Dieter Münk und Christian Schmidt. 1–21. Online verfügbar unter: http://www.bwpat.de/ht2011/ws15/ulrich_ws15-ht2011.pdf [26.09.2011]

Quellen

Arbeitsförderungsgesetz (AFG/DDR) i. d. F. v. 03.10.–31.12.1990, § 40c. In: JURIS [13.07.2011]

Sozialgesetzbuch Drittes Buch (SGB III) Arbeitsförderung § 100 i. d. F. vom 19.06.2001. In: JURIS [14.07.2011]

Sozialgesetzbuch Drittes Buch (SGB III) Arbeitsförderung § 242 i. d. F. vom 19.06.2001. In: JURIS [14.07.2011]

Zur Verfassungsmäßigkeit des Bundesausbildungsplatzförderungsgesetzes. Urteil des BVerfG 2. Senat vom 10.12.1980, AZ BvF 3/77. In: JURIS [14.07.2011]

Erklärungsversuche für die schlechteren Übergangschancen in Ausbildung von Aussiedler/innen

Jörg Eulenberger

1 Einleitung und Problemstellung

Obwohl es durchaus Gruppen von Kindern und Jugendlichen mit Migrationshintergrund gibt, die sich im deutschen Bildungssystem erfolgreich durchsetzen können (vgl. Hummrich 2002), ist die durchschnittliche schlechtere Platzierung von Kindern und Jugendlichen mit Migrationshintergrund mittlerweile ein gut dokumentierter Tatbestand. Sie sind in niederen Bildungsgängen über- und in höheren unterrepräsentiert. Sie weisen den höchsten Anteil an Schulabgänger/innen ohne Schulabschluss und ohne Berufsausbildung auf (vgl. Herwartz-Emden 2005; BMBF 2006; Alba/Handl/Müller 1994; Diefenbach 2010; Granato 2011; Boos-Nünning 2006). Empirisch ebenfalls belegt ist der Umstand, dass die Kinder und Jugendlichen mit Migrationshintergrund keine homogene Gruppe darstellen. So wurde z. B. in mehreren Studien festgestellt, dass die Gruppe der Aussiedler/innen bezüglich der Bildungsbeteiligungen eine Zwischenposition zwischen den Jugendlichen ohne Migrationshintergrund und denjenigen mit einem anderen Migrationshintergrund einnimmt (vgl. Kristen 2002; Fuchs/Sixt 2008; Eberhard/Ulrich 2010). Die Ursachenstruktur für diese sozialen Tatbestände konnte bis heute nicht restlos geklärt werden (vgl. Granato 2011). Zur Verringerung dieser Forschungslücke soll im Folgenden ein Beitrag geleistet werden. Anhand der Daten des DJI-Übergangspanels,[67] in denen sich deutliche ethnische Disparitäten beim Übergang von der Schule in die Ausbildung gezeigt haben (vgl. Eulenberger 2011), sollen in der wissenschaftlichen Diskussion zu ethnischen Disparitäten in der Bildungsbeteiligung häufig artikulierte Hypothesen mittels multivariater Verfahren simultan geprüft werden. Es wird der Frage nachgegangen, ob die statistisch negativen Effekte des Merkmals Migrationshintergrund mittels Kontrolle von Drittvariablen aufgelöst werden können. Dabei soll nicht nur zwischen Jugendlichen mit und ohne Migrationshintergrund unterschieden werden, sondern der Heterogenität der Gruppe der Jugendlichen mit

---
67 Zur Anlage und Durchführung der Studie vgl. Lex/Gaupp/Reißig 2008.

Migrationshintergrund, soweit wie es die Daten zulassen, Rechnung getragen werden.
In einem ersten Schritt wird eine Gegenstandsbestimmung stattfinden und ein Konzept für eine integrierende Analyse vorgestellt werden, in das anschliessend die verschiedenen in der wissenschaftlichen Diskussion vertretenen Thesen eingeordnet werden. Nach einer kurzen Vorstellung der Daten und Überlegungen zur Methodenwahl erfolgt abschließend die Vorstellung und Diskussion der Ergebnisse.

2 Forschungsstand und Modellbildung

Der Übergang Schule–Beruf – einer der zentralsten Übergänge im Lebensverlauf – ist primär als eine altersspezifische Entwicklungsaufgabe (vgl. Havighurst 1961) zu verstehen, bei der verschiedene Belastungen und Konflikte zu erwarten sind. Diese müssen von den betroffenen Individuen mit Hilfe ihrer personalen und sozialen Ressourcen bewältigt werden (vgl. Dreher/Dreher 1985). Ressourcen wiederum sind das Ergebnis eines Prozesses, der nicht erst mit dem Übergang von der Schule in den Beruf beginnt, sondern von vorgelagerten Sozialisationsprozessen und damit einhergehenden Ressourcenakkumulationen beeinflusst ist (Bourdieu 1983). Vor allem die Familie, aber auch der schulische Kontext als differenzielles Lern- und Entwicklungsmilieu (Baumert/Stanat/Watermann 2006) sind dabei zu berücksichtigen. Die Verfügbarkeit von sozialen, kulturellen und ökonomischen Kapitalien entscheidet maßgeblich über die soziale Positionierung (vgl. Bourdieu 1983). Diese Ressourcen bzw. Kapitalien sind jedoch kontextsensitiv, d. h. die Möglichkeiten ihrer Verwertung hängen vom sozialen Kontext ab. Eine abgeschlossene Berufsausbildung ist sowohl in Deutschland als auch in Kasachstan ein gutes Fundament, um in stabile Erwerbsarbeit einzutreten. Dieses Gefüge verändert sich, wenn versucht wird, den kasachischen Abschluss in Deutschland zu verwerten.

Zentrale Akteure beim Übergang in eine Ausbildung, die wesentlich bestimmen, welche Ressourcen und Kapitalien verwertbar sind und welche nicht, sind die Ausbildungsgeber. Diese wiederum handeln ebenfalls nicht kontextfrei, sondern sind den Gesetzen des Marktes unterworfen. „Die Begründung hierfür ist, dass der größte Sektor im deutschen Berufsbildungssystem, die duale Berufsausbildung, hauptsächlich von Marktakteuren – den Unternehmen, die nutzenmaximierend operieren – bestimmt wird und somit auch dieser Bereich der Dynamik von Angebot und Nachfrage unterliegt" (Eberhard/Ulrich 2010: 101). Damit sind kontextuelle Effekte – z. B. die Ausbildungsmarktlage – unbedingt zu berücksichtigen.

Grob zusammengefasst lassen sich in diesem Rahmen vier Ansätze zur Erklärung der schlechteren Übergangschancen von Jugendlichen mit Migrationshintergrund in Ausbildung unterscheiden.

Die erste Kategorie von Ansätzen sind diejenigen, die die schlechteren Chancen auf Defizite der Jugendlichen selbst zurückführen, z. B. schlechtere schulische Leistungen, unzureichende Sprachkenntnisse oder kulturell bedingte, nicht mit dem deutschen (Aus-)Bildungssystem konforme Aspirationen und Orientierungen (vgl. z. B. Leenen/Grosch/Kreidt 1990).

Die zweite Kategorie von Ansätzen rekurriert darauf, dass die schlechteren Chancen vor allem auf eine schlechtere Ressourcen- bzw. Kapitalausstattung zurückzuführen sind. Es wird argumentiert, dass zum einen migrationsbedingt und zum anderen aufgrund der durchschnittlich deutlich schlechteren Marktpositionen der Menschen mit Migrationshintergrund (vgl. Granato 2003; Kalter 2008) ein Mangel an Ressourcen und Kapital besteht, welcher wiederum zu den schlechteren Chancen führt.

Die dritte Kategorie von Ansätzen versucht, die ethnischen Disparitäten anhand von Selektionsweisen von Ausbildungsgebern zu begründen (vgl. Imdorf 2007; Seibert/Solga 2005).

Weil das Handeln der Ausbildungsgeber, wie oben beschrieben, selbst wiederum durch die jeweilige Marktlage kontextuiert ist, rücken viertens auch zunehmend die regionalen Rahmenbedingungen in den Blick der Forschung (Seibert/Hupka-Brunner/Imdorf 2009; Eberhard/Ulrich 2010).

Für die simultane Berücksichtigung dieser unterschiedlichen Hypothesen bedarf es eines Ordnungs- bzw. Strukturierungsrahmens. Hierfür wird im Folgenden neben der ineinander geschachtelten Mikro-Meso-Makrostruktur auf die von Jürgen Baumert, Rainer Watermann und Gundel Schümer eingeführte Unterscheidung in Struktur- und Prozessmerkmale zurückgegriffen (vgl. Baumert/Watermann/Schümer 2003). Somit ergibt sich eine Heuristik, die zwischen Prozess- und Strukturmerkmalen einerseits sowie zwischen Individuum, soziokulturellem/soziostrukturellem Familienkontext, schulischem Kontext und regionalem Kontext andererseits unterscheidet.

2.1 Individuelle Strukturmerkmale

Individuelle Strukturmerkmale sind askriptive Eigenschaften des Individuums. Neben dem Migrationshintergrund ist dies das Geschlecht. Beide Merkmale stellen zentrale Differenzierungslinien sozialer Ungleichheit dar. Auch das Alter gilt es zu berücksichtigen. „Betriebe bevorzugen in der Regel nicht zu alte Bewerber" (Ulrich 2005: 22). Unterschiedliche Altersstrukturen können somit zu unterschiedlichen Übergangsraten führen. Weiter ist davon auszugehen, dass durch Quereinstiege in das deutsche Bildungssystem Komplikationen und Belastungen entstehen, die sich unter Umständen vermittelt über schlechtere Schulleistungen auch auf die Übergangschancen im Anschluss an die Schule auswirken können. Um zu kontrollieren, ob der Zeitpunkt der Migration wirkmächtig ist, soll zwischen Bildungsinländern[68] und denjenigen, die erst nach Beginn der Grundschulzeit in das deutsche Bildungssystem eingestiegen sind, unterschieden werden.

2.2 Individuelle Prozessmerkmale

Schulabschlüsse und Noten sind zentrale Signale, anhand derer Ausbildungsplatzgeber ihre Auswahl treffen. Da diese Merkmale von den Jugendlichen selbst erworben werden, werden sie als Indikator für ihre Produktivität verwendet (Spence 1973). Schlechtere Noten und Abschlüsse führen demnach zu schlechteren Übergangsraten in Ausbildung. Ein weiterer wichtiger Aspekt ist die Selbstselektion. „Um [...] Erfahrungen des Scheiterns zu vermeiden, entwickeln benachteiligte Schüler/innen häufig Coping-Strategien, sich nicht mehr in jene Situationen zu begeben, in denen sie potenziell ‚scheitern' könnten [...]. Ein Indikator für eine derartige Vermeidungsstrategie ist das Schwänzen, d. h. das Fernbleiben vom Unterricht" (Solga/Kohlrausch/Kretschmann/Fromm 2010: 21). In diesem Kontext wären auch geringere Bewerbungs- und Praktikaaktivitäten sowie ebenfalls eine geringere Mobilitätsbereitschaft, für einen Ausbildungsplatz in eine andere Stadt zu wechseln, zu verorten. So könnten vorangegangene negative Erfahrungen – seien sie selbst erlebt oder über generalisiertes Wissen von sozialen Gruppen vermittelt – dazu führen, dass verstärkt Jugendliche mit Migrationshintergrund sich selbst aus dem Wettbewerbsprozess um eine Ausbildung selektieren.

2.3 Soziokulturelle Strukturmerkmale

Die kapitaltheoretischen Ansätze – sei es die Humankapitaltheorie von Gary Becker (1993) oder die Kapitaltheorie nach Pierre Bourdieu (1999) – gehen davon aus, dass Eltern unter Aufwendung von ökonomischem Kapital (Geld) und Zeit in die Kapitalien ihrer Kinder investieren können. Je mehr Kapital die Kin-

---

68   Bildungsinländer/innen sind Menschen, die ihre bisherige Schullaufbahn vollständig in Deutschland absolviert haben und demnach nicht von Komplikationen durch Quereinstiege betroffen sind.

der inkorporieren können, desto bessere Positionen in der sozialen Hierarchie können sie erreichen. Vor allem die Investition in die Bildung der Kinder spielt dabei eine wesentliche Rolle. Schlechtere soziale Positionierungen von Menschen mit Migrationshintergrund bedeuten geringere finanzielle Mittel, welche zu geringeren Investitionen in das Kapital der Kinder führen, was wiederum die schlechteren Chancen der Kinder verursacht. Hierfür spricht, dass Menschen mit Migrationshintergrund durchschnittlich bedeutend schlechtere Marktpositionen einnehmen (vgl. Granato 2003; Kalter 2008).

2.4 Soziokulturelle Prozessmerkmale

Pierre Bourdieu legte in seinen Forschungen dar, dass nicht nur ökonomische Aspekte bei der intergenerationalen Vererbung von sozialen Positionierungen wirkmächtig sind, sondern ebenso weitere familiale Aspekte wie z. B. das kulturelle Kapital (vgl. Bourdieu 1999). Erhoben wurde dieser Aspekt durch Fragen nach der familialen Praxis von regelmäßigen Gesprächen über Politik, dem Lesen von Tageszeitungen und dem Besuchen von Museen und Ausstellungen. Der Eltern-Kind-Beziehung kommt bei intergenerationalen Transmissionen eine zentrale Rolle zu, indem sie quasi die Grundlage für familiale Transferprozesse von Wissen, Werten und Handlungsmustern liefert (vgl. Grundmann/Fuss/ Suckow 2000: 31).

Ein weiterer, in der Forschung zu ethnischen Disparitäten diskutierter Aspekt, der sich hier einordnen lässt, ist die Rolle der in der Familie gesprochenen Sprache. So fasst Hartmut Esser (vgl. 2006) die Beherrschung der Umgangssprache als Ressource auf. Fehlende Kompetenz in der Umgangssprache führt zu eingeschränkten Möglichkeiten der Kapitalakkumulation bzw. -verwertung. Dies wiederum geht mit schlechteren Positionen im Sozialgefüge einher. Ein Indikator, inwiefern die Umgangssprache zur sozialen Praxis des Familienlebens gehört, ist, in welcher Sprache ferngesehen wird (vgl. Skrobanek 2009: 25).

2.5 Merkmale der Schulumwelt

Der Übergang an der ersten Schwelle beginnt nicht erst mit dem Verlassen der Schule, sondern bereits deutlich eher. „Schule [...] bereitet auf die Berufswelt vor, indem sie arbeitsbezogene Informationen und Orientierungen gleichsam aus zweiter Hand vermittel[t]" (Heinz 2010: 663). Schulklassen sind als differenzielle Lernumwelten und -milieus aufzufassen, von denen festgestellt wurde, dass sie den Bildungserfolg der Schüler/innen stark beeinflussen (vgl. Baumert/

Stanat/Watermann 2006). So hat Cornelia Kristen (2002) festgestellt, dass die Chancen des Wechsels auf die Realschule oder das Gymnasium desto geringer ausfallen, je höher die ethnische Konzentration in den Klassen ist. Dies ist auch für den Übergang in Ausbildung denkbar. Werden Jugendliche mit Migrationshintergrund in spezielle „Förder"-Klassen kanalisiert, um die Reibungsfreiheit der Durchsetzung des Organisationsziels zu gewährleisten, kann von institutioneller Diskriminierung gesprochen werden (vgl. Gomolla/Radtke 2009). Auch das durchschnittliche Leistungsniveau der Klasse sowie die Schulformen als differenzielle Lernumwelten müssen kontrolliert werden.

2.6 Regionale Kontextmerkmale

Regionale Gegebenheiten beeinflussen unmittelbar das Übergangsgeschehen. Bewerber in großstädtischen Regionen und/oder Regionen mit einer schlechteren Angebots-Nachfrage-Relation (ANR) der dualen Ausbildung haben schlechtere Ausbildungschancen als Bewerber in ruralen Regionen und/oder mit besseren Angebots-Nachfrage-Relationen (vgl. Eberhard/Ulrich 2010). Auch die regionale ethnische Konzentration gilt es zu kontrollieren (vgl. Granato 2011). Leider konnte dies nur auf Regierungsbezirksebene (RBZ) realisiert werden.

3 Daten und Methoden

Die Datengrundlage für die folgenden Analysen bilden die Basiserhebung und die ersten drei Wellen des DJI-Übergangspanels (März 2004 – November 2005). Nach der Datenbereinigung (listwise deletion) verbleiben 1.458 Probanden in der Stichprobe.[69] Davon sind 238 Aussiedler/innen. Als Aussiedler/innen werden im Folgenden diejenigen Jugendlichen bezeichnet, welche selbst oder bei denen mindestens ein Eltern- und/oder Großelternteil die deutsche Volkszugehörigkeit[70] besitzt und aufgrund dieser Umstände nach Deutschland eingereist ist. Als Jugendliche mit türkischem Migrationshintergrund werden Jugendliche benannt, die entweder selbst oder deren Vater und/oder Mutter in der Türkei geboren sind bzw. die türkische Staatsbürgerschaft besitzen (N=212). 385 Jugendliche weisen einen anderen und 623 keinen Migrationshintergrund auf.

---

69 Die Gruppe der Praxisschüler/innen wurde aufgrund ihrer spezifischen Förderung aus der Analyse ausgeschlossen (zur Wirkungsweise und Beschreibung der Praxisklassen vgl. Gaupp/Lex/Reißig 2008).
70 Vgl. Bundesvertriebenengesetz (BVFG) § 6 Abs. 1 sowie Grundgesetz (GG) Art. 116.

Die Basiserhebung 2004 fand im Klassenverband statt. Damit handelt sich um eine Klumpenstichprobe mit hierarchischer Datenstruktur. Aus diesem Grund werden Mehrebenenmodelle zur Schätzung herangezogen. Sie ermöglichen es, die Varianz in Komponenten innerhalb der und zwischen den Einheiten – hier Klassen – aufzuteilen und somit der Datenstruktur auch in der statistischen Modellbildung Rechnung zu tragen.

Der zentrale Untersuchungsgegenstand ist der realisierte direkte Übergang in eine Ausbildung nach der Pflichtschulzeit. Dies ist jedoch nicht der einzig mögliche Übergang. Nicht wenige Schüler/innen streben einen Weiterbesuch einer allgemeinbildenden Schule an. Diese wären somit nicht „at risk" für Analysen zum Übergang in Ausbildung. Auf der anderen Seite kann ein Weiterbesuch der Schule auch eine Ausweichstrategie sein, wenn kein Ausbildungsplatz gefunden wurde. Je nachdem, ob entschieden wird, die Jugendlichen, die weiter die Schule besuchen, auszuschließen oder nicht, kann es zu einer systematischen Unter- bzw. Überschätzung der Übergangschancen kommen. Aus diesem Grund sollen zwei separate Modelle geschätzt und einander gegenüber gestellt werden. In einem Modell (A-Modell) sollen alle Jugendlichen berücksichtigt werden. Im zweiten Modell (B-Modell) sollen hingegen diejenigen ausgeschlossen werden, die weiter eine allgemeinbildende Schule besuchen.

4 Ergebnisse

Ausgangspunkt einer jeden Mehrebenenanalyse ist das sogenannte Nullmodell (A-Modell 0 bzw. B-Modell 0). Darin wird in einem ersten Schritt überprüft, wie viel Varianz auf die Zugehörigkeit zu den Einheiten – hier Klassen – beim Übergang in eine Ausbildung direkt nach der Pflichtschulzeit zurückzuführen ist. Im Modell A gehen allein 12 % der Gesamtvarianz auf die Klassenzugehörigkeit zurück. Im Modell B sind es 7 %. Diese Werte machen eine Verwendung von Mehrebenenverfahren notwendig. Im nächsten Schritt werden nur die individuellen Strukturmerkmale berücksichtigt. Es zeigt sich, dass sowohl im A-Modell 1 wie im B-Modell 1 alle Gruppen von Jugendlichen mit Migrationshintergrund im Vergleich zu den Jugendlichen ohne Migrationshintergrund bedeutend schlechtere Übergangschancen aufweisen. Bei allen Gruppen liegt der Odds-ratio[71] weit unter dem Wert von eins. Ebenso werden erhebliche Unterschiede zwischen den Jugendlichen mit Migrationshintergrund deutlich. Die Jugendlichen mit türki-

---

71 Stark vereinfacht bedeutet ein Odds-ratio unter eins schlechtere Übergangschancen in Bezug zur Referenzgruppe. Ein Wert über eins bedeutet bessere Übergangschancen in Bezug zur Referenzgruppe. Zur genaueren Herleitung und Erklärung von Odds-ratios sei auf die Arbeit von Ulrich Kohler und Frauke Kreuter (2006: 270 ff.) verwiesen.

schem Migrationshintergrund haben die schlechtesten Chancen, gefolgt von den jugendlichen Aussiedler/innen. Jugendliche mit einem anderen Migrationshintergrund haben zwar bedeutend schlechtere Chancen als Jugendliche ohne Migrationshintergrund, aber nicht so schlechte wie Aussiedler/innen oder Jugendliche mit türkischem Migrationshintergrund. Dies ist ein Muster, das aus anderen Untersuchungen bekannt ist (siehe Einleitung und Problemstellung). In den Modellen A-Modell 2 und B-Modell 2 wurde getestet, ob der statistisch negative Effekt des Migrationshintergrundes mittels Kontrolle von Drittvariablen aufgelöst werden kann. Dies ist eindeutig nicht der Fall. Werden alle anderen Faktoren ebenfalls in das Modell aufgenommen – und somit statistisch kontrolliert –, fällt auf, dass die Wahrscheinlichkeit bei den Aussiedler/innen, in Ausbildung überzuwechseln, nicht etwa besser wird, sondern bedeutend schlechter, und dies in beiden Modellvarianten A und B.

Ihre Chancen sinken im Modell B sogar unter die der Jugendlichen mit türkischem Migrationshintergrund. Mit Ausnahme der Klassen- und Schulmerkmale zeigen sich in allen Bereichen signifikante Effekte, was für die Sinnhaftigkeit eines solchen integrierenden Ansatzes spricht. Die Tatsache, dass die Varianz zwischen den Klassen dennoch in großen Teilen aufgeklärt wird (Modell A 2 rho=0,04; Modell B 2 rho=0,02) geht auf die Berücksichtigung der regionalen Kontextmerkmale zurück, die bei den Schüler/innen einer Klasse ebenfalls gleich sind. Dies deckt sich mit den Ergebnissen von Joachim Gerd Ulrich (in diesem Band).

Der überraschende Effekt in Modell A, dass sich kulturelles Kapital signifikant negativ auf den Übergang auswirkt und Noten keine Wirkung zeigen, ist nur auf den ersten Blick verwunderlich. Wie der Vergleich zu Modell B nahelegt, verbleiben Jugendliche, die über die entsprechenden Zensuren verfügen und mit kulturellem Kapital ausgestattet sind, eher in der Schule. Dies führt dazu, dass die Noten in Modell A nicht signifikant sind, weil Schüler/innen mit guten Noten in Ausbildung wechseln, aber ebenso auf der Schule verbleiben. Werden, wie in Modell B, die Schüler/innen, die weiter die Schule besuchen, aus der Analyse ausgeschlossen, erreichen die Noten ein Signifikanzniveau von $p < 0,001$ und der negative Effekt des kulturellen Kapitals verschwindet.

Tabelle 1: Binärlogistische Random-Intercept-Modelle (alle Jugendlichen)

AV Übergang in Ausbildung (ja/nein)	A-Modell 0 e^β	A-Modell 1 e^β	A-Modell 2 e^β
individuelle Strukturmerkmale			
Mighint. Aussiedler (Ref. ohne Mighint.)		0,42***	0,35***
türkischer Mighint. (Ref. ohne Mighint)		0,34***	0,32***
anderer Mighint. (Ref. ohne Mighint.)		0,48***	0,54***
weiblich (Ref. männlich)		0,78+	0,82
Bildungsinländer (Ref. kein Bildungsinländer)		1,69+	1,56
Alter bei Basiserhebung (Jahre)		1,25**	1,25**
individuelle Prozessmerkmale			
kein Schulabschluss (Ref. Hauptschulabschluss)			0,30***
Realschulabschluss (Ref. Hauptschulabschluss)			1,44*
guter Leistungsschnitt (Ref. mittlerer Leistungsschnitt)			1,19
schlechter Leistungsschnitt (Ref. mittlerer Leistungsschnitt)			1,09
Anzahl der Bewerbungen			1,05***
Anzahl der Praktika			1,04+
Mobilitätsbereitschaft (Ref. ja)			0,77+
Schwänzverhalten (Ref. kein Schwänzverh.)			0,84
soziokulturelle Strukturmerkmale			
aufgrund von Nichtsignifikanz und hohem Missinganteil ausgeschlossen			
soziokulturelle Prozessmerkmale			
Eltern-Kind-Beziehung (1–4)[1]			1,29*
familiale kulturelle Praxis (0–8)[2]			0,91*
Fernsehsprache (Ref. mind. teilweise deutsch)			2,32+
schulische Kontextmerkmale			
Leistungsniveau Klasse (Klassendurchschnitt)			0,90
Gesamtschule (Ref. Hauptschule)			0,69
ethnische Konzentration (Klasse %)			0,97
regionale Kontextmerkmale			
Anteil Migrationshintergrund (RBZ %)			0,97*
betriebliche ANR (%)			1,00
Urbanisierungsgrad (Ref. rural)			0,69+
Konstante	0,33***	0,36***	0,29*
SD	0,66	0,59	0,35
rho	0,12	0,10	0,04
Log likelihood	−828,00	−796,18	−728,53
$R^{2-dicho}$	0,00	0,07	0,23
N	1458	1458	1458

Exponentiated coefficients
+ $p < 0.10$, * $p < 0.05$, ** $p < 0.01$, *** $p < 0.001$
[1] Wertebereich 1–4; 4 = sehr gute Eltern-Kind-Beziehung
[2] Wertebereich 0–8; 8 = sehr hohe kulturelle Praxis

Tabelle 2: Binärlogistische Random-Intercept-Modelle (nur Jugendliche, die die Schule verlassen haben)

AV Übergang in Ausbildung (ja/nein)	B-Modell 0 e^β	B-Modell 1 e^β	B-Modell 2 e^β
individuelle Strukturmerkmale			
Mighint. Aussiedler (Ref. ohne Mighint.)		0,47**	0,36***
türkischer Mighint. (Ref. ohne Mighint)		0,34***	0,38***
anderer Mighint. (Ref. ohne Mighint.)		0,51***	0,57*
weiblich (Ref. männlich)		0,82	0,84
Bildungsinländer (Ref. kein Bildungsinländer)		1,61	1,45
Alter bei Basiserhebung (Jahre)		1,05	1,01
individuelle Prozessmerkmale			
kein Schulabschluss (Ref. Hauptschulabschluss)			0,55+
Realschulabschluss (Ref. Hauptschulabschluss)			1,64*
guter Leistungsschnitt (Ref. mittlerer Leistungsschnitt)			1,16
schlechter Leistungsschnitt (Ref. mittlerer Leistungsschnitt)			2,07***
Anzahl der Bewerbungen			1,04***
Anzahl der Praktika			1,04
Mobilitätsbereitschaft (Ref. ja)			0,96
Schwänzverhalten (Ref. kein Schwänzverh.)			0,82
soziokulturelle Strukturmerkmale			
aufgrund von Nichtsignifikanz und hohem Missinganteil ausgeschlossen			
soziokulturelle Prozessmerkmale			
Eltern-Kind-Beziehung (1-4)[1]			1,38*
familiale kulturelle Praxis (0-8)[2]			0,99
Fernsehsprache (Ref. mind. teilweise deutsch)			2,73*
schulische Kontextmerkmale			
Leistungsniveau Klasse (Klassendurchschnitt)			0,75
Gesamtschule (Ref. Hauptschule)			0,80
ethnische Konzentration (Klasse %)			1,02
regionale Kontextmerkmale			
Anteil Migrationshintergrund (RBZ %)			0,99
betriebliche ANR (%)			1,00
Urbanisierungsgrad (Ref. rural)			0,62+
Konstante	0,87	0,95	0,41
SD	0,51	0,45	0,26
rho	0,07	0,06	0,02
Log likelihood	−510,24	−491,97	−452,23
$R^{2-dicho}$	0,00	0,06	0,21
N	742	742	742

Exponentiated coefficients
+ $p < 0.10$, * $p < 0.05$, ** $p < 0.01$, *** $p < 0.001$
[1] Wertebereich 1–4; 4 = sehr gute Eltern-Kind-Beziehung
[2] Wertebereich 0–8; 8 = sehr hohe kulturelle Praxis

Auch wenn es nicht unproblematisch ist, bei verbleibenden Residualeffekten des Migrationshintergrundes auf Diskriminierung zu schließen (vgl. Kalter 2006), so weisen die Ergebnisse meiner Meinung nach doch eher in Richtung der betrieblichen Logiken, die Christian Imdorf für die schlechteren Übergangschancen von Jugendlichen mit Migrationshintergrund identifiziert hat (vgl. Imdorf 2008). Auch nach Kontrolle von Leistungsmerkmalen, Indikatoren zu Suchstrategien, soziokulturellen Merkmalen und Kontextvariablen, werden die negativen Residualeffekte des Migrationshintergrundes nicht aufgelöst. Gleich wohl ist Frank Kalter zu zustimmen, dass, bevor Diskriminierung unterstellt wird, zunächst nach anderen plausiblen Erklärungen zu suchen ist (vgl. Kalter 2006). Vor allem die sozialen Netzwerke und Ressourcen müssen in künftigen Analysen noch stärkere Berücksichtigung finden.

Literatur

Alba, Richard D./Handl, Johann/Müller, Walter (1994): Ethnische Ungleichheit im deutschen Bildungssystem. In: Kölner Zeitschrift für Soziologie und Sozialpsychologie 46, 2: 209–237

Baumert, Jürgen/Stanat, Petra/Watermann, Rainer (2006): Schulstruktur und die Entstehung differenzieller Lern- und Entwicklungsmilieus. In: Dies. (Hrsg.): Herkunftsbedingte Disparitäten im Bildungswesen. Differenzielle Bildungsprozesse und Probleme der Verteilungsgerechtigkeit. Vertiefende Analysen im Rahmen von PISA 2000. Wiesbaden: 95–188

Baumert, Jürgen/Watermann, Rainer/Schümer, Gundel (2003): Disparitäten der Bildungsbeteiligung und des Kompetenzerwerbs. In: Zeitschrift für Erziehungswissenschaft 6, 1: 46–71

Becker, Gary. S. (1993): Human Capital. A Theoretical and Empirical Analysis with Special Reference to Education. Chicago/London

BMBF (Hrsg.) (2006): Berufsbildungsbericht 2006. Berlin/Bonn

Boos-Nünning, Ursula (2006): Berufliche Bildung von Migrantinnen und Migranten. Ein vernachlässigtes Potenzial für Wirtschaft und Gesellschaft. In: Friedrich-Ebert-Stiftung (Hrsg.): Kompetenzen stärken, Qualifikationen verbessern, Potenziale nutzen. Berufliche Bildung von Jugendlichen und Erwachsenen mit Migrationshintergrund. Bonn: 6–29

Bourdieu, Pierre (1983): Ökonomisches Kapital, kulturelles Kapital, soziales Kapital. In: Kreckel, Reinhard (Hrsg.): Soziale Ungleichheiten. Göttingen: 183–198

Bourdieu, Pierre (1999): Die feinen Unterschiede. Kritik der gesellschaftlichen Urteilskraft. Frankfurt a. M.

Diefenbach, Heike (2010): Kinder und Jugendliche aus Migrantenfamilien im deutschen Bildungssystem. Erklärungen und empirische Befunde. Wiesbaden

Dreher, Eva/Dreher, Michael (1985): Entwicklungsaufgaben im Jugendalter. Bedeutsamkeit und Bewältigungskonzepte. In: Liepmann, Detlev/Stiksrud, Hans-Arne (Hrsg.):

Entwicklungsaufgaben und Bewältigungsprobleme in der Adoleszenz. Göttingen: 56–70

Eberhard, Verena/Ulrich, Joachim Gerd (2010): Übergänge zwischen Schule und Berufsausbildung. In: Bosch, G./Krone, S./Langer, D. (Hrsg.): Das Berufsbildungssystem in Deutschland. Wiesbaden: 133–164

Esser, Hartmut (2006): Migration, Sprache und Integration. AKI-Forschungsbilanz 4. Berlin

Eulenberger, Jörg (2011): Aussiedlerjugendliche an der ersten Schwelle. Eine deskriptive Längsschnittanalyse. In: Diskurs Kindheits- und Jugendforschung 6, 2: 151–166

Fuchs, Marek/Sixt, Michaela (2008): Die Bildungschancen von Aussiedlerkindern. Online verfügbar unter: http://ideas.repec.org/p/diw/diwsop/diw_sp105.html [17.10.2008]

Gaupp, Nora/Lex, Tilly/Reißig, Birgit (2008): Ohne Schulabschluss in die Berufsausbildung. Ergebnisse einer Längsschnittuntersuchung. In: Zeitschrift für Erziehungswissenschaft 11, 3: 388–405

Gomolla, Mechthild/Radtke, Frank-Olaf (2009): Institutionelle Diskriminierung. In: Dies. (Hrsg.): Institutionelle Diskriminierung. Wiesbaden: 35–58

Granato, Mona (2011): Bildungsungleichheit im Übergang Schule – Ausbildung. In: Marschke, Britta/Brinkmann, Heinz Ulrich (Hrsg.): Handbuch Migrationsarbeit. Wiesbaden: 143–155

Granato, Nadia (2003): Ethnische Ungleichheit auf dem deutschen Arbeitsmarkt. Opladen

Grundmann, Matthias/Fuss, Daniel/Suckow, Jana (2000): Sozialökologische Sozialisationsforschung: Entwicklung, Gegenstand und Anwendungsbereiche. In: Grundmann, Matthias/Lüscher, Kurt (Hrsg.): Sozialökologische Sozialisationsforschung. Konstanz: 17–76

Havighurst, Robert J. (1961): Human development and education. New York

Heinz, Walter R. (2010): Jugend, Ausbildung und Beruf. In: Krüger, Heinz-Hermann/Grunert, Cathleen (Hrsg.): Handbuch Kindheits- und Jugendforschung. Wiesbaden: 661–682

Herwartz-Emden, Leonie (2005): Migrant/-innen im deutschen Bildungssystem. In: BMBF (Hrsg.): Migrationshintergrund von Kindern und Jugendlichen. Wege zur Weiterentwicklung der amtlichen Statistik. Bonn/Berlin: 7–24

Hummrich, Merle (2002): Bildungserfolg trotz Schule. Über pädagogische Erfahrungen junger Migrantinnen. In: Liegle, Ludwig/Treptow, Rainer (Hrsg.): Welten der Bildung in der Pädagogik der frühen Kindheit und in der Sozialpädagogik. Freiburg i. B.: 140–153

Imdorf, Christian (2007): Die relative Bedeutsamkeit von Schulqualifikationen bei der Lehrstellenvergabe in kleineren Betrieben. In: Eckert, Thomas (Hrsg.): Übergänge im Bildungssystem. Münster: 183–197

Imdorf, Christian (2008): Der Ausschluss „ausländischer" Jugendlicher bei der Lehrlingsauswahl – ein Fall von institutioneller Diskriminierung? In: Rehberg, Karl-Siegbert (Hrsg.): Die Natur der Gesellschaft. Verhandlungen des 33. Kongresses der Deutschen Gesellschaft für Soziologie in Kassel 2006. Frankfurt a. M.: 2048–2058

Kalter, Frank (2006): Auf der Suche nach einer Erklärung für die spezifischen Arbeitsmarktnachteile von Jugendlichen türkischer Herkunft. Zugleich eine Replik auf den Beitrag von Holger Seibert und Heike Solga „Gleiche Chancen dank einer abgeschlossenen Ausbildung?" (ZfS 5/2005). In: Zeitschrift für Soziologie 35, 2: 144–160

Kalter, Frank (2008): Ethnische Ungleichheit auf dem Arbeitsmarkt. In: Abraham, Martin/Hinz, Thomas (Hrsg.): Arbeitsmarktsoziologie. Wiesbaden: 303-332

Kohler, Ulrich/Kreuter, Frauke (2006): Datenanalyse mit Stata. Allgemeine Konzepte der Datenanalyse und ihre praktische Anwendung. München/Wien

Kristen, Cornelia (2002): Hauptschule, Realschule oder Gymnasium? In: Kölner Zeitschrift für Soziologie und Sozialpsychologie 54, 3: 534–552

Leenen, Wolf Rainer/Grosch, Harald/Kreidt, Ulrich (1990): Bildungsverständnis, Platzierungsverhalten und Generationenkonflikt in türkischen Migrantenfamilien. Ergebnisse qualitativer Interviews mit „bildungserfolgreichen" Migranten der Zweiten Generation. In: Zeitschrift für Pädagogik 36, 4: 753–771

Lex, Tilly/Gaupp, Nora/Reißig, Birgit (2008): Das DJI-Übergangspanel. Anlage einer Längsschnittuntersuchung zu den Wegen von der Hauptschule in die Arbeitswelt. In: Reißig, Birgit/Gaupp, Nora/Lex, Tilly (Hrsg.): Hauptschüler auf dem Weg von der Schule in die Arbeitswelt. München: 22–32

Seibert, Holger/Hupka-Brunner, Sandra/Imdorf, Christian (2009): Wie Ausbildungssysteme Chancen verteilen. In: Kölner Zeitschrift für Soziologie und Sozialpsychologie 61, 4: 595–620

Seibert, Holger/Solga, Heike (2005): Gleiche Chancen dank einer abgeschlossenen Ausbildung? Zum Signalwert von Ausbildungsabschlüssen bei ausländischen und deutschen jungen Erwachsenen. In: Zeitschrift für Soziologie 34, 5: 364–382

Skrobanek, Jan (2009): Migrationsspezifische Disparitäten im Übergang von der Schule in den Beruf. München

Solga, Heike/Kohlrausch, Bettina/Kretschmann, Claudia/Fromm, Sabine (2010): Evaluation des Projekts „Abschlussquote erhöhen – Berufsfähigkeit steigern". Nürnberg

Spence, Michael (1973): Job Market Signaling. In: The Quarterly Journal of Economics 87, 3: 355–374

Ulrich, Joachim Gerd (2005): Ausbildungschancen von Jugendlichen mit Migrationshintergrund. Ergebnisse aus der BIBB-Berufsbildungsforschung. In: INBAS (Hrsg.): Werkstattberichte. Frankfurt a. M./Berlin: 1–26

Bildungsorientierungen Jugendlicher mit vietnamesischem Migrationshintergrund zwischen Stigmatisierung und Entthematisierung

Susann Busse

1 Einleitung

Mit Blick auf den Titel des Bandes ist hier sicher ein ungewöhnlicher Fokus gewählt, wenn in Bezug auf „Bildung und Migration" im Folgenden die Bildungsorientierungen Jugendlicher mit vietnamesischem Migrationshintergrund in den neuen Bundesländern im Zentrum dieses Beitrages stehen. Denn diese – so der Konsens in den Medien und in der Wissenschaft – gehören zu den bildungsambitionierten Migrantinnen und Migranten in Deutschland, deren Bildungserfolg für eine gelungene Integration steht. Das heißt, die objektiven Benachteiligungsstrukturen für Migrantinnen und Migranten im deutschen Bildungssystem, wie sie in den Studien bei PISA (Baumert/Schümer 2001; Schümer 2004; Ramm et al. 2004) und IGLU herausgearbeitet wurden, scheinen sich hinsichtlich der Bildungserfolge der jungen Vietnamesinnen und Vietnamesen nicht zu bestätigen und liegen somit quer zu den Erklärungszusammenhängen, die im Rahmen quantitativer Studien für den Zusammenhang von Bildungsbeteiligung und Migration konstatiert werden.

Die Wahrnehmung in der Presse ist ähnlich ambivalent: So wird sowohl in dem Spiegelbeitrag von Mai (2008) „Schlaue Zuwanderer. Ostdeutsche Vietnamesen überflügeln ihre Mitschüler" als auch in dem Artikel aus der Zeit von Spiewak (2009) „Das vietnamesische Wunder" der Bildungserfolg vietnamesischer Schülerinnen und Schüler in den neuen Bundesländern als „Wunder" – und somit als übernatürliches Phänomen – bezeichnet. Dieses besteht darin, dass zum Beispiel in Sachsen über 50 % der vietnamesischen Schülerinnen und Schülern das Gymnasium besuchen (vgl. Weiss 2010: 52) und somit ihre deutschen Altersgenossen „überflügeln", so die mystische Metaphorik, die in den Medien präsent ist, wenn es um die Bildungsbeteiligung dieser Schülerinnen und Schüler geht.

Mit diesen Thematisierungen in der Presse zeigt sich nicht nur ein steigendes gesellschaftliches Interesse an dieser ‚bildungsambitionierten Migrantengruppe', sondern noch deutlicher die Hegemonie von kulturalistischen Erklärungsmustern in der medialen Öffentlichkeit, die in den ethnischen Unterscheidungen zum Ausdruck kommen. Diese schließen an die aktuell geführten Diskurse innerhalb der Migrationsforschung an, in denen schulischer Erfolg und Misserfolg entweder aus einer defizitorientierten oder aus einer chancenorientierten Perspektive diskutiert bzw. thematisiert wird. In beiden Diskurslinien wird das Dilemma innerhalb der Migrationsforschung deutlich: Mit der Aufrechterhaltung der Differenz zwischen Einheimischen und Zugewanderten, selbst wenn es sich dabei um ungenaue, diffundierende oder ideologische Unterscheidungen handelt (vgl. Hamburger 2005: 9; Hummrich 2010), werden Migrantenjugendliche als „Nichtzugehörige", als „Migrationsandere" (Mecheril 2005) festgeschrieben. So bleibt auch die hohe Bildungsbeteiligung der Jugendlichen mit vietnamesischem Migrationshintergrund in den neuen Bundesländern nicht nur in den Rational-Choice-Studien auf Grund ihrer „Nichtsignifikanz"[72] unbeachtet, sondern auch ihre individuellen Leistungen, die zum Bildungserfolg führen, werden mit ethnischen Zuschreibungen als eine (leistungs-)homogene Gruppe, die der ‚bildungserfolgreichen Asiaten', verkannt.

Die damit zum Ausdruck kommende fehlende Anerkennung der individuellen Bildungserfolge der Jugendlichen mit diesem spezifischen Migrationshintergrund in den neuen Bundesländern steht nicht nur für die Missachtung dieser, sondern auch für die Festschreibung gesellschaftlicher Machtstrukturen (Schäffter 1991; dazu auch Hummrich 2010). Denn sofern man als bestehende soziale Ungleichheit fasst, dass bestimmten sozialen Gruppen die Möglichkeiten zur Nutzung gesellschaftlicher Ressourcen ungleichmäßig zur Verfügung stehen (vgl. Frerichs 2000), wird mit der positiven Stigmatisierung bildungsambitionierter Vietnamesinnen und Vietnamesen deutlich, dass in den kulturalistischen Erklärungsmustern nicht die Rolle der Institution Schule, die der Peers im Zusammenhang mit dem Anregungsmilieu der Familie betrachtet werden, sondern ausschließlich die ‚Vorteilsstrukturen' der Familie, die scheinbar deutschen Schülerinnen und Schülern und Jugendlichen mit einem anderen Migrationshintergrund nicht zur Verfügung stehen.

Um dem Dilemma von Zuschreibung und Entthematisierung in Untersuchungen zu Migrantenjugendlichen oder Jugendlichen mit Migrationshintergrund zu entkommen, ist es, der Perspektive von Mecheril (2005), Hamburger, Badawia und Hummrich (2005), Hummrich (2010) folgend, nötig, eine reflexive Haltung innerhalb der Migrationsforschung einzunehmen, die nicht selbst zum Katalysator der Reproduktion sozialer Ungleichheit wird (vgl. ebd.; dazu auch Filsinger 2010). Denn „das Problem der Ansprache, der Wahrnehmung, der

---

72 Signifikant sind zum Beispiel für die PISA-Studie die nach Nationalität ausgewählten Migranten dann, wenn ihr Anteil zehn Prozent eines Jahrganges ausmacht, und dies ist auch in keinem der neuen Bundesländer der Fall (vgl. Prenzel et al. 2004).

Einbeziehung und Anerkennung des Migrationsanderen in seiner Andersheit besteht darin, dass sie im Akt der Anerkennung die Logik, die das Anderssein und das Nicht-Anderssein produziert, wiederholt und bestätigt" (Mecheril 2004: 219). Eine reflexive Migrationsforschung muss demnach weder die kulturellen Differenzen nivellieren noch den Migrationsstatus, z. B. von Jugendlichen, als besondere Problem- oder Chancenstruktur stilisieren, da sie sonst Gefahr läuft, subsumtionslogisch zu werden und damit die individuellen komplexen Lebensgeschichten der Jugendlichen mit ihren spezifischen Bewältigungsstrategien aus dem Blick zu verlieren (vgl. Hummrich 2010).

Der vorliegende Beitrag fokussiert neben den spezifischen Migrationsbedingungen der Vietnamesinnen und Vietnamesen in den neuen Bundesländern die Frage, wie sich forschungspraktisch aus der Perspektive einer reflexiven Migrationsforschung die Bildungsbeteiligung der Jugendlichen dieser Migrantengruppe untersuchen lässt, ohne sie vorab als ‚bildungserfolgreiche Asiaten' zu stigmatisieren. Um zu detaillierten Aussagen zur Bildungsbeteiligung der Jugendlichen mit vietnamesischem Migrationshintergrund zu gelangen, kann das heuristische Konzept der individuellen Bildungsorientierung (Busse 2010) Aufschluss geben.

2 Forschungsperspektiven in Bezug auf Bildung und Migration

Betrachtet man die Diskurse der Migrationsforschung in Bezug auf Bildung und Migration, so lassen sich diese grob in zwei Linien unterscheiden: Entweder werden aus einer Defizitperspektive die Integrationsprobleme auf Grund von psychosozialen Belastungen der Jugendlichen betrachtet und die Problembelastungen durch die Migrationserfahrungen thematisiert (Poustka 1984; Hämmig 2000); oder sie beziehen sich auf die Chancenhaftigkeit von Migration als biografische Ressource als Ausdruck von Modernisierung (Apitzsch 1999), die sich als Kritik an dem so genannten „Elenddiskurs" (Hamburger 1994; Gogolin 2005) in den 1980er Jahren entwickelte. In den aktuell geführten Debatten und Diskussionen innerhalb der Migrationsforschung wird, aus der defizitorientierten Perspektive, die Integrationsbereitschaft oder -fähigkeit, Sprachbeherrschung, Familienkultur (Leenen et al. 1990; Hämmig 2000; Dollmann/Kristen 2010) für den schulischen Misserfolg verantwortlich gemacht. Oder das schlechte Abschneiden der Migrantenjugendlichen im deutschen Schulsystem wird aus einer chancenorientierten Sicht auf „institutionelle Diskriminierung" (Gomolla/Radke 2002; Auernheimer 2003), den „monolingualen Habitus" der Schule (Gogolin 2005) oder auf den Bildungsvorteil der Migrantenjugendlichen als biografische Ressource (Apitzsch 2002; Tietze 2003) bezogen. Zusammenfassend fällt im

Gang durch die unterschiedlichen Diskurse zur Migrationsforschung auf, dass Migration als ein soziales Ungleichheitsrisiko diskutiert wird, das zu Benachteiligung führen kann (Gogolin 2005; Geißler 2005; Solga 2005).

In Bezug auf die schulische Bildung scheint sich die erste Linie durch die Ergebnisse von PISA zu bestätigen, bei denen Migrantenjugendliche unterdurchschnittlich bei der Kompetenzentwicklung abschneiden (Prenzel et al. 2004; Schümer 2004; Konsortium Bildungsberichterstattung 2006) und die Schulabbrecherquote überdurchschnittlich hoch ist (Krohne/Meier 2004). Das schlechte Abschneiden der Migrantenjugendlichen innerhalb des deutschen Bildungssystems wird in der Wissenschaft, aber auch in der medialen Öffentlichkeit kontrovers diskutiert: Während Vertreter der Defizitperspektive die ungleiche Bildungsbeteiligung auf die mangelnde Integration der Migranten beziehen, verweisen andere auf die hier wirksam werdenden Mechanismen sozialer Ungleichheit (vgl. Kronig et al. 2000; Gogolin 2005).

Obgleich die Befunde von PISA die gestiegene Bildungsbeteiligung der Kinder und Jugendlichen mit Migrationshintergrund im deutschen Bildungssystem konstatieren, schneiden diese schlechter ab als die Gleichaltrigen ohne Migrationshintergrund (vgl. Ramm et al. 2004: 267).

Die Risikolagen, die die Bildungschancen der Kinder und Jugendlichen beeinträchtigen, werden mit dem geringen Ausbildungsniveau der Eltern (als Risiko der Bildungsferne), dem geringen Einkommen der Eltern (als ökonomischem Risiko) und der geringen Beteiligung der Eltern am Erwerbsleben (als sozialem Risiko) bestimmt. Unter Hinzunahme der mangelnden Sprachkompetenz werden diese Risikofaktoren als Erklärungsmuster für die Benachteiligungsstrukturen der Migrantinnen und Migranten im deutschen Bildungssystem herangezogen. Diefenbach (2006) nimmt genau diese Aspekte mit Hilfe der Daten aus der Zusatzerhebung des Kinderpanels in ihrer Untersuchung auf, um die Effekte familialer und schulischer Sozialisation in Bezug auf den Bildungserfolg von Schülerinnen und Schülern mit türkischem und russlanddeutschem Migrationshintergrund zu vergleichen und stellt nach ihrer Analyse heraus, dass die Bedeutung des familialen Hintergrundes[73] in Bezug auf den Bildungserfolg überschätzt wird. Die Frage bleibt: „was es denn sein könne, das die Kinder allgemein und von nicht-deutschen Kindern im Unterschied zu deutschen Kindern speziell beeinflusst" (ebd.: 256). Um diese Frage zu beantworten, schlägt sie einen Perspektivenwechsel vor, der die individuellen Merkmale der Kinder und Jugendlichen mit ihrem Herkunftsmilieu vernachlässigt und stattdessen die institutionelle Ebene mit ihren Mechanismen und das berufliche Handeln von Leh-

---

73 Die abhängige Variable „Bildungserfolg" prüft Diefenbach (2006) in Bezug auf den familialen Hintergrund, die schulische Sozialisation und anhand des elterlichen Engagements für die Kinder.

rerinnen und Lehrern einbezieht (vgl. ebd.). Diese Lösung birgt mehrere Schwierigkeiten, denn zum einen lässt sich „Bildungserfolg" nicht operationalisiert auf Schulabschlüsse verkürzen und zum anderen können Bildungsprozesse von Kindern und Jugendlichen nicht losgelöst von Familie, Schule und den Peers betrachtet werden.

Die Analyse des DJI-Survey (2009) „Aufwachsen in Deutschland mit fremden Wurzeln – Alltagswelten von Kindern und Jugendlichen mit Migrationshintergrund", kurz AID:A, kommt hingegen zu folgenden Befunden:

- Nicht der Migrationshintergrund, sondern die soziodemografischen Unterschiede erhöhen das Risiko der Bildungsbeteiligung der Kinder und Jugendlichen.
- Das Armutsrisiko der Familien mit Migrationshintergrund ist trotz hoher Bildungsabschlüsse und Erwerbsarbeit der Eltern hoch.
- Die im Elternhaus gesprochene Sprache und die Peerkontakte haben Einfluss auf die schulischen Leistungen.
- Die Lehrerinnen und Lehrer sind neben den Geschwistern bei den Kindern mit Migrationshintergrund wichtige Bezugspersonen.
- Kinder und Jugendliche passen sich innerhalb der Familien an und gehen Konflikte eher defensiv an.
- Die Daten weisen darauf hin, dass in der dritten Generation (Enkelgeneration) in allen Bereichen eine Angleichung an die Lebensverhältnisse der Kinder und Jugendlichen ohne Migrationshintergrund erfolgt.

2.1 Forschungsergebnisse in Bezug auf Bildung, Migration und neue Bundesländer

Betrachtet man dazu die Zahlen des Statistischen Bundesamtes (Destatis 2010), dann fällt hinsichtlich der Bildungsbeteiligung der Migrantinnen und Migranten auf, dass der Anteil der ausländischen[74] Kinder und Jugendlichen, die ein Gymnasium besuchen oder das Abitur erreichen, in den neuen Bundesländern deutlich höher als im bundesdeutschen Schnitt ist (vgl. ebd.; dazu auch Weiss 2005, 2010). So erreicht zum Beispiel in Sachsen jeder fünfte ausländische Ju-

---

74 Ohne den Verdienst der statistischen Erhebungen in Abrede stellen zu wollen, zeigt sich hier mit der Formulierung „ausländische Kinder und Jugendliche" die Unschärfe der berechneten Faktoren. Nimmt man die Definition von Destatis (2010) ernst, in der als Ausländerinnen und Ausländer alle Personen bestimmt werden, die im Sinne des Art. 116, Abs. 1 des Grundgesetzes keine Deutschen sind, also nicht die deutsche Staatsbürgerschaft besitzen (vgl. ebd.), dann sind in dieser Berechnung Migrantinnen und Migranten und Personen mit Migrationshintergrund nicht eingeschlossen.

gendliche das Abitur, d. h. über die Hälfte aller ausländischen Schülerinnen und Schüler besuchte in diesem Bundesland ein Gymnasium (vgl. ebd.). Unter vietnamesischen Kindern und Jugendlichen sind es sogar mehr als zwei Drittel, bei russischen und ukrainischen Kindern sieht es ähnlich aus. Die Zahl der an den Schulen lernenden ausländischen Schüler hat sich im Gegensatz zur insgesamt deutlich gesunkenen Schülerzahl in den vergangenen zehn Jahren versechsfacht. Dabei hat sich die Struktur der ausländischen Schüler nach der Schulart weiter zugunsten der Gymnasien verschoben und etwa die Hälfte aller ausländischen Schülerinnen und Schüler kommt aus Vietnam (vgl. ebd.).

Wenngleich die Bildungserfolge der Migrantinnen und Migranten, insbesondere die der Vietnamesinnen und Vietnamesen, verstärkt in den Fokus der medialen Öffentlichkeit geraten, stellen jedoch Studien, die Bildung und Migration ostdeutscher Migrantinnen und Migranten zum Thema machen, ein Forschungsdesiderat dar (vgl. auch Rieker 2006; Beuchling 2003). Lediglich in Untersuchungen zu Fremdenfeindlichkeit in Ostdeutschland (Behrends et al. 2003), zu deskriptiven Analysen von Lebensweisen junger Vietnamesinnen und Vietnamesen (Beth/Tuckermann 2008) oder in Beschreibungen zur Situation ehemaliger vietnamesischer Vertragsarbeiter in der DDR (Beuchling 2003; Berger 2005; Weiss 2005, 2010) findet man Ansätze der Auseinandersetzung mit der größten in Ostdeutschland vertretenen Migrantengruppe. In diese lässt sich auch die Studie von Marion Gemende (2002) einordnen, die anhand von Interviews[75] mit ehemaligen Vertragsarbeiterinnen und Vertragsarbeitern aus Vietnam die Bewältigungsstrategien des Migrationsprozesses und -status untersucht: Sie stellt heraus, jedoch ohne das empirisch zu belegen, dass die dominante Bewältigungsstrategie der von ihr untersuchten Vietnamesinnen und Vietnamesen in der Figur der „interkulturellen Zwischenwelten" aufgeht. „Interkulturelle Zwischenwelten", so Gemende, „sind eigenständige, multiple, ambivalente und veränderliche Wahrnehmungs- und Handlungsmuster, die MigrantInnen in einem widerständigen Wechselspiel zwischen sich und ihrer Umwelt entwickeln. Sie sind Ausdruck der Bewältigung der Verbundenheit eines Menschen mit mindestens zwei ethnisch-kulturellen Kontexten und seines Vermögens, sich in ein produktives Verhältnis zu den sich daraus ergebenden kollektiven sozialen Anforderungen (...) und ihren strukturellen Bedingungen zu setzen" (Gemende 2002: 30). Ein Lebensbereich, auf den sie diese These, wenn auch nicht explizit, bezieht, ist die Teilhabe der Migrantinnen und Migranten am ostdeutschen Arbeitsmarkt nach der Wiedervereinigung, die sie als „ethnische Ökonomie der Vietnamesen"

---

75 Gemendes Hauptaugenmerk innerhalb der Studie liegt in der Betrachtung von Lebensweisen aller in den neuen Bundesländern lebenden Migrantinnen und Migranten (wie z. B. Männer und Frauen aus Polen, der ehemaligen Sowjetunion, Angola), wobei die Vietnamesinnen und Vietnamesen zahlenmäßig die stärkste Gruppe darstellen.

fasst. Genau dort ist die Schnittstelle zur Studie von Schmiz (2011), die detailliert die sozialen Netzwerke vietnamesischer Migrantinnen und Migranten zwischen Berlin und Vietnam als transnationale Ressource für die Bewältigung der strukturellen Benachteiligung auf dem Arbeitsmarkt nach der Wiedervereinigung untersucht und in eine Typologie überführt (vgl. ebd.: 230 ff.). Das heißt, während Gemende mit ihrem Ansatz der „interkulturellen Zwischenwelten" eher die Kultur-Konflikt-These vertritt, stellt Schmiz die Chancenhaftigkeit der Migrationserfahrung als Ressource für den Arbeitsmarkt dar. Beide Studien bieten, auch wenn die Darstellung des empirischen Materials vornehmlich illustrierend erfolgt, interessante Einblicke in die Bearbeitungs- und Bewältigungsstrategien von Migrationsprozessen vietnamesischer Migrantinnen und Migranten in den neuen Bundesländern. Sie markieren jedoch zugleich das Forschungsdesiderat hinsichtlich rekonstruktiver, biografischer Untersuchungen in Bezug auf die zweite Generation, für die in beiden Studien auf Grund ihrer Anlage nur Ableitungen und Vermutungen aufgestellt werden konnten.

2.2 Erklärungsansätze für die hohe Bildungsbeteiligung junger Vietnamesinnen und Vietnamesen in den neuen Bundesländern

Aus den wenigen Studien zu vietnamesischen Schülerinnen und Schülern lässt sich an dieser Stelle zusammenfassen, dass:

- vietnamesische Schülerinnen und Schüler größtenteils unter prekären wirtschaftlichen Bedingungen aufwachsen, so dass eine Erklärung über den Zusammenhang von Herkunftsmilieu und Bildungserfolg in Bezug auf ökonomisches Kapital hier nicht trägt (vgl. auch Weiss 2005).
- die meisten der Kinder und Jugendlichen mit vietnamesischem Migrationshintergrund, anders als ihre Eltern, die deutsche Sprache besser als die vietnamesische beherrschen. Somit scheint der Zusammenhang von der im Elternhaus gesprochenen Sprache und den schulischen Leistungen, wie auch in der AID:A-Studie (DJI-Survey 2009) herausgearbeitet wurde, in dieser Migrantengruppe weniger von Bedeutung zu sein.
- die meisten unter ihnen Vorschuleinrichtungen besucht haben, die nicht nur den Spracherwerb gefördert, sondern auch den Eltern die hohe Erwerbsarbeitsquote ermöglicht haben.
- sie im Vergleich zu anderen Jugendlichen mit Migrationshintergrund überdurchschnittlich hoch an Gymnasien repräsentiert sind.

Die hohe Bildungsbeteiligung der Schülerinnen und Schüler mit vietnamesischem Migrationshintergrund steht im Widerspruch zu den Ergebnissen des Bildungsberichtes 2010, die zeigen, dass bestimmte Risikolagen die Bildungschancen der Kinder und Jugendlichen mit Migrationshintergrund beeinträchtigen. Damit wird deutlich, dass zum einen für diese ‚bildungserfolgreiche' Migrantengruppe andere Dimensionen für die hohe Bildungsbeteiligung zum Tragen kommen und zum anderen, dass sich die Migrantinnen und Migranten nicht als homogene Gruppe fassen lassen. Welche Erklärungsansätze lassen sich diesbezüglich finden?

- Die hohe Bildungsbeteiligung wird erklärt mit der Zuschreibung dieser ethnischen Gruppe als ‚bildungserfolgreiche Asiaten', in deren Herkunftskultur per se hohe Bildungsaspirationen angelegt sind (Weiss 2005, 2010; Gemende 2002).
- Auf Grund der niedrigen Migrantenzahlen werden zum einen geringere Homologieanforderungen an die Migrantinnen und Migranten gestellt und zum anderen ist eine Ghettoisierung, wie in westlichen Ballungsgebieten, nicht vorhanden und begünstigt somit die Integration in die „Aufnahmekultur" (Rieker 2003).
- Durch das fast flächendeckende Netz von Angeboten in der Vorschulbetreuung können diese von Migrantinnen und Migranten in Anspruch genommen werden und durch diesen frühen Besuch von Vorschuleinrichtungen erwirbt insbesondere die zweite Generation eine hohe Sprachkompetenz, die den Schulerfolg begünstigt (Weiss 2005, 2010).

Die verschiedenen Erklärungsansätze, die in den wenigen vorhandenen Studien und in der deutschen Bildungsberichterstattung in Bezug auf die ‚bildungserfolgreichen' Migrantinnen und Migranten vorherrschen, sind wenig aufschlussreich. Denn sie sind nicht vermittelt zu den Befunden, die z. B. für die Bildungsbenachteiligung junger Migrantinnen und Migranten in den alten Bundesländern konstatiert werden. Das heißt, während bei der Betrachtung von Benachteiligung von Migrantinnen und Migranten in Bezug auf Schule sich die Erklärungen auf die Defizite der Familien, der Schülerinnen und Schüler und auf das Defizit der Schule beziehen (vgl. dazu Diefenbach 2006, 2009), werden in diesen Erklärungsansätzen fast ausschließlich die kulturalistischen Vorteilsstrukturen,[76] die der Familie, der Kultur inhärent sind, bemüht.

---

76 Diese sind anschlussfähig an die Ergebnisse US-amerikanischer Studien z. B. von Chen/Stevenson (1995), Feagin/Feagin (1996), in denen die positiven Auswirkungen des kulturellen Hintergrunds auf den Bildungserfolg der asiatischen Schülerinnen und Schüler empirisch belegt wurden (vgl. dazu auch Diefenbach 2009).

Diese Perspektive ist noch in einer weiteren und umfassenderen Weise kritikwürdig. Denn diese Erklärung für den Bildungserfolg, der hier vornehmlich auf schulische Abschlusszertifikate reduziert wird, vernachlässigt zum einen die Schülerinnen und Schüler, die nicht das Gymnasium besuchen und dennoch ‚bildungserfolgreich' sein können und zum anderen die Rolle der Schule und der Peers, deren Einfluss auf die Bildungsorientierungen der Jugendlichen evident ist (vgl. Krüger et al. 2008; Helsper et al. 2009; DJI-Survey 2009; Busse 2010).

3 Fazit

Die Migrantinnen und Migranten der zweiten Generation sind in Deutschland einem erhöhten Druck zur Anpassung ausgesetzt, der sich u. a. auch in den aktuellen Integrationsdebatten, in den Diskussionen um Parallelgesellschaften und in der Bildungsbeteiligung zeigt. Erfolgreiche Bildungsprozesse lassen sich jedoch nicht nur an Schulabschlüssen festmachen, sondern müssen dahingehend untersucht werden, inwieweit es den Jugendlichen vor dem Hintergrund ihrer biografischen Ressourcen gelingt, interkulturelle Kompetenzen zu entwickeln, ihre Selbst-, Welt- und Sachbezüge zu entfalten und ihre Autonomie zu generieren.

Vor allem qualitative Untersuchungen in Bezug auf Bildung und Migration ostdeutscher Migrantinnen und Migranten stellen ein Forschungsdesiderat dar (vgl. auch Rieker 2006; Beuchling 2003; Weiss 2010). Vor dem Hintergrund der unzulänglichen empirischen und theoretischen Ergebnisse, insbesondere zur zweiten Generation von Migrantinnen und Migranten in den neuen Bundesländern, sind qualitative Untersuchungen notwendig. Solche qualitativen Studien wären anschlussfähig an Studien zu Schülerbiografien (vgl. Kramer 2002), die die Jugendlichen selbst in den Blick nehmen und im Sinne einer reflexiven Migrationsforschung Bildungserfolge oder Misserfolge nicht generalisierend und vorab als migrantenspezifisch fassen. Aufschluss über fallspezifische Konstellationen können qualitative Studien geben, die (Selbst-)Bildungsprozesse rekonstruieren und somit

- nicht die Migrationsgeschichten unter ethnische Herkunft subsumieren.
- Migration nicht per se als Benachteiligungs- oder Vorteilsstrukturen fassen.
- Dimensionen von sozialer Ungleichheit nicht singulär betrachten.
- dafür Möglichkeitsräume für Bildungsprozesse analysieren, die sich im Zusammenspiel mit Familie, Peers und der Schule ausgestalten.

Eine Untersuchung zu den Bildungsorientierungen der Jugendlichen kann dies leisten und empirisch aufzeigen, wie diese sich fallkonkret in der Auseinandersetzung mit der Familie, Milieu, Schule und den Peers ausgestalten (vgl. ausführlich dazu Busse 2010). Der Fokus auf die Bildungsorientierungen der Jugendlichen erfolgt zum einen, weil der Begriff, anders als der der Bildungsaspiration, nicht nur den antizipierten Schulabschluss, sondern die fallspezifischen Selbst-, Welt- und Sachbezüge der Jugendlichen beinhaltet, die in den Narrationen bezüglich ihrer Biografie deutlich werden, und zum anderen, weil damit die Thematisierung des Migrationshintergrundes nicht vorab an die Schülerinnen und Schüler herangetragen wird. Sollte der Migrationshintergrund für diese Jugendlichen eine zentrale Bedeutung innerhalb ihrer Biografie einnehmen, dann würde das in Form von Erzählungen über Auseinandersetzungen, Konflikte oder auch Potentiale fallkonkret zur Sprache gebracht werden. Damit bietet diese Fokussierung die Möglichkeit, die statistisch erwartungswidrigen Fälle, insbesondere die der ‚bildungserfolgreichen' Migrantinnen und Migranten, analytisch zugänglich zu machen, indem Ressourcen und Barrieren von Bildungsbiografien gleichermaßen mit einbezogen werden. Denn im Sinne der reflexiven Migrationsforschung muss es darum gehen, die spezifischen Bildungsorientierungen der Jugendlichen mit vietnamesischen Migrationshintergrund in ihrer Strukturlogik zu rekonstruieren und diese nicht von Anfang an als migrantenspezifisch, z. B. als ‚bildungsambitionierte Asiaten', zu verorten. Kanalisiert man Bildungserfolg oder Misserfolg nicht ausschließlich auf schulische Kompetenzentwicklung oder Abschlusszertifikate, dann rücken die fallkonkreten, individuellen Selbstbildungsprozesse der Jugendlichen in den Blick, die – als Teil der Individuationsleistungen in der Adoleszenz – Ausdruck ihrer Selbst-, Welt- und Sachbezüge (vgl. King/Koller 2006) und damit nicht per se migrantenspezifisch sind.

Zudem lässt sich das Wirksamwerden von sozialer Ungleichheit in Bezug auf Migration nicht nur in den unterschiedlichen Bildungsbeteiligungen von Jugendlichen mit und ohne Migrationshintergrund feststellen, sondern auch entlang von Ordnungen hegemonialer Differenz und damit in Zugehörigkeitsordnungen, die sich in den Erfahrungen der Zuschreibung von Andersheit niederschlagen. In dieser Perspektive lassen sich die Reproduktionsprozesse sozialer Ungleichheit mit Blick auf Migration demaskieren.

Literatur

Apitzsch, Ursula (2002): Ausländische Kinder und Jugendliche. In: Krüger, Heinz-Hermann/Grunert, Cathleen (Hrsg.): Handbuch der Kindheits- und Jugendforschung. Opladen: 819–836
Apitzsch, Ursula (Hrsg.) (1999): Migration und Traditionsbildung. Opladen
Auernheimer, Georg (2003): Schieflagen im Bildungssystem. Die Benachteiligung der Migrantenkinder. Opladen

Baumert, Jürgen/Schümer, Gundel (2001): Familiäre Lebensverhältnisse, Bildungsbeteiligung und Kompetenzerwerb. In: Deutsches PISA-Konsortium (Hrsg.): PISA 2000. Basiskompetenzen von Schülerinnen und Schülern im internationalen Vergleich. Opladen: 323–411
Behrends, Jan C./Lindenberger, Thomas/Poutrus, Patrice G. (2003): Fremde und Fremd-Sein in der DDR. Zu historischen Ursachen der Fremdenfeindlichkeit in Ostdeutschland. Berlin: 9–21
Berger, Almuth (2005): Nach der Wende: Die Bleiberechtsregelung und der Übergang in das vereinte Deutschland. In: Weiss, Karin/Dennis, Mike (Hrsg.): Erfolg in der Nische. Die Vietnamesen in der DDR und in Ostdeutschland. Münster: 69–76
Beth, Uta/Tuckermann, Anja (2008): „Heimat ist da, wo man verstanden wird." Junge Vietnamesen in Deutschland. Berlin
Beuchling, Olaf (2003): Vom Bootsflüchtling zum Bundesbürger. Migration, Integration und schulischer Erfolg in einer vietnamesischen Exilgemeinschaft. Münster
Busse, Susann (2010): Bildungsorientierungen Jugendlicher in Familie und Schule. Die Bedeutung der Sekundarschule als Bildungsort. Wiesbaden
Destatis (2010): Migration. Online verfügbar unter: http://www.destatis.de/ Fachveroeffentlichungen/Bevoelkerung/MigrationIntegration [23.08.2011]
Diefenbach, Heike (2006): Die Bedeutung des familialen Hintergrunds wird überschätzt. In: Alt, Christian (Hrsg.): Kinderleben – Integration durch Sprache? Band 4: Bedingungen des Aufwachsens von türkischen, russlanddeutschen und deutschen Kindern. Wiesbaden: 219–258
Diefenbach, Heike (2009): Der Bildungserfolg von Schülern mit Migrationshintergrund im Vergleich zu Schülern ohne Migrationshintergrund. In: Becker, Rolf (Hrsg.): Lehrbuch der Bildungssoziologie. Wiesbaden: 433–558
DJI-Survey (2009): Aufwachsen in Deutschland mit fremden Wurzeln – Alltagswelten von Kindern und Jugendlichen mit Migrationshintergrund. Online verfügbar unter: http://www.destatis.de/jetspeed/portal/cms/Sites/destatis/Internet/DE/Content/ Publikationen/Fachveroeffentlichungen/Bevoelkerung/MigrationIntegration/ Migrationshintergrund2010220097004,property=file.pdf [05.05.2010]
Dollmann, Jörg/Kristen, Cornelia (2010): Herkunftssprache als Ressource für den Schulerfolg. Das Beispiel türkischer Grundschulkinder. In: Zeitschrift für Pädagogik. 55. Beiheft. Weinheim/Basel: 123–146
Feagin, Joe R./Feagin, Clairece B. (1996): Racial and Ethnic Relations. Englewood Cliffs
Filsinger, Dieter (2010): Ethnische Unterscheidungen in der Einwanderungsgesellschaft. Eine kritische Analyse. Reihe: WISO Diskurs. Expertisen und Dokumentationen zur Wirtschafts- und Sozialpolitik. Bonn
Frerichs, Petra (2000): Klasse und Geschlecht als Kategorien sozialer Ungleichheit. In: Kölner Zeitschrift für Soziologie und Sozialpsychologie 52, 1: 36–59
Geißler, Rainer (2005): Die Metamorphose der Arbeitertochter zum Migrantensohn. Zum Wandel der Chancenstruktur im Bildungssystem nach Schicht, Geschlecht, Ethnie und deren Verknüpfungen. In: Berger, Peter A./Kahlert, Heike (Hrsg.): Institutionalisierte Ungleichheiten. Wie das Bildungswesen Chancen blockiert. Weinheim/München: 71–100

Gemende, Marion (2002): Interkulturelle Zwischenwelten. Bewältigungsmuster des Migrationsprozesses bei MigrantInnen in den neuen Bundesländern. Weinheim/München

Gogolin, Ingrid (2005): Kinder und Jugendliche mit Migrationshintergrund: Herausforderungen für Schule und außerschulische Bildungsinstanzen. In: Sachverständigenkommission Zwölfter Kinder- und Jugendbericht (Hrsg.): Kooperationen zwischen Jugendhilfe und Schule. Bd. 4. München: 301–388

Gomolla, Mechthild/Radke, Frank-O. (2002): Institutionelle Diskriminierung. Die Herstellung ethnischer Differenzen in der Schule. Opladen

Hamburger, Franz/Badawia, Tarek/Hummrich, Merle (Hrsg.) (2005): Migration und Bildung. Über das Verhältnis von Anerkennung und Zumutung in der Einwanderungsgesellschaft. Wiesbaden: 311–329

Hämmig, Oliver (2000): Zwischen zwei Kulturen. Spannungen, Konflikte und ihre Bewältigung bei der zweiten Ausländergeneration. Opladen

Helsper, Werner/Kramer, Rolf-Torsten/Hummrich, Merle/Busse, Susann (2009): Jugend zwischen Familie und Schule. Eine Studie zu pädagogischen Generationsbeziehungen. Wiesbaden

Hummrich, Merle (2010): Bildungserfolg und Migration. Biografien junger Frauen in der Einwanderungsgesellschaft. 2. Aufl. Wiesbaden

King, Vera V./Koller, Hans-C. (2006): Adoleszenz – Migration – Bildung. Bildungsprozesse Jugendlicher und junger Erwachsener mit Migrationshintergrund. Wiesbaden

Konsortium Bildungsberichterstattung (2006): Bildung in Deutschland. Ein indikatorengestützter Bericht mit einer Analyse zu Bildung und Migration. Im Auftrag der Ständigen Konferenz der Kultusminister der Länder in der Bundesrepublik Deutschland und des Bundesministeriums für Bildung und Forschung. Online verfügbar unter: http://www.bildungsbericht.de/daten/gesamtbericht.pdf [05.02.2010]

Krohne, Julia A./Meier, Ulrich (2004): Sitzenbleiben, Geschlecht und Migration. In: Schümer, Gundel/Tillmann, Klaus-J./Weiß, Manfred (Hrsg.): Die Institution Schule und die Lebenswelt der Schüler. Vertiefende Analysen der PISA-2000-Daten zum Kontext von Schülerleistungen. Wiesbaden: 117–148

Kronig, Winfried/Haeberlein, Urs/Eckart, Michael (2000): Immigrantenkinder und schulische Selektion. Pädagogische Visionen, theoretische Erklärungen und empirische Untersuchungen zur Wirkung integrierender und separierender Schulformen in den Grundschuljahren. Bern/Stuttgart/Wien

Krüger, Heinz-Hermann/Köhler, Sina/Zschach, Maren/Pfaff, Nicole (2008): Kinder und ihre Peers. Freundschaftsbeziehungen und schulische Bildungsbiografien. Opladen

Leenen, Wolf R./Grosch, Harald/Kreidt, Ulrich (1990): Bildungsverständnis, Platzierungsverhalten und Generationenkonflikt in türkischen Migrantenfamilien. Ergebnisse qualitativer Interviews mit bildungserfolgreichen Migranten der zweiten Generation. In: Zeitschrift für Pädagogik 36, 5: 753–771

Mai, Marina (2008): Schlaue Zuwanderer. Ostdeutsche Vietnamesen überflügeln ihre Mitschüler. In: Spiegel Online vom 07.10.2008. Online verfügbar unter: www.spiegel.de/schulspiegel/wissen/0,1518,582545,00.html [10.04.2009]

Mecheril, Paul (2004): Einführung in die Migrationspädagogik. Weinheim

Mecheril, Paul (2005): Pädagogik der Anerkennung. Eine programmatische Kritik. In: Hamburger, Franz/Badawia, Tarek/Hummrich, Merle (Hrsg.): Migration und Bildung. Über das Verhältnis von Anerkennung und Zumutung in der Einwanderungsgesellschaft. Wiesbaden: 311–328
Poustka, Fritz (1984): Psychiatrische Störungen bei Kindern ausländischer Arbeitnehmer. Eine epidemiologische Untersuchung. Stuttgart
Prenzel, Manfred/Baumert, Jürgen/Blum, Werner/Lehmann, Rainer/Leutner, Detlef/Neubrand, Michael/Pekrun, Reinhard/Rolff, Hans.-G./Rost, Jürgen/Schiefele, Ulrich (2004): PISA 2003. Der Bildungsstand der Jugendlichen in Deutschland – Ergebnisse des zweiten internationalen Vergleichs. München
Ramm, Gesa/Prenzel, Manfred/Heidemeier, Heike/Walter, Oliver (2004): Soziokulturelle Herkunft: Migration. In: PISA-Konsortium Deutschland (Hrsg.): PISA 2003. Der Bildungsstand der Jugendlichen in Deutschland – Ergebnisse des zweiten internationalen Vergleichs. Münster/New York/München/Berlin: 254–272
Rieker, Peter (2003): Migration, Bildung und Identität – Der biografische Ansatz in der Migrationsforschung. In: Badawia, Tarek/Hamburger, Franz/Hummrich, Merle (Hrsg.): Wider die Ethnisierung einer Generation. Beiträge zur qualitativen Migrationsforschung. Frankfurt a. M.: 53–65
Rieker, Peter (2006): Interethnische Beziehungen von Migranten in Ostdeutschland. In: Diskurs Kindheits- und Jugendforschung 1, 1: 145–148
Schäffter, Ortfried (1991): Modi des Fremderlebens. Deutungsmuster im Umgang mit Fremdheit. In: Ders. (Hrsg.): Der Fremde. Erfahrungsmöglichkeiten zwischen Faszination und Bedrohung. Opladen: 11–42
Schmiz, Antonie (2011): Transnationalität als Ressource? Netzwerke vietnamesischer Migrantinnen und Migranten zwischen Berlin und Vietnam. Bielefeld
Schümer, Gundel (2004): Zur doppelten Benachteiligung von Schülern aus unterprivilegierten Gesellschaftsschichten im deutschen Schulwesen. In: Schümer, Gundel/Tillmann, Klaus-J./Weiß, Manfred (Hrsg.): Die Institution Schule und die Lebenswelt der Schüler. Vertiefende Analysen der PISA-2000-Daten zum Kontext von Schülerleistungen. Wiesbaden: 73–116
Solga, Heike (2005): Jugendliche ohne Schulabschluss und ihre Wege in den Arbeitsmarkt. In: Cortina, Kai S./Baumert, Jürgen/Leschinsky, Achim/Mayer, Karl U./Trommer, Luitgard (Hrsg.): Das Bildungswesen in der Bundesrepublik Deutschland. Strukturen und Entwicklungen im Überblick. 2. Aufl. Reinbek: 710–754
Spiewak, Martin (2009): Integration. Das vietnamesische Wunder. In: Zeit Online vom 03.08.2009. Online verfügbar unter: http://www.zeit.de/2009/05/B-Vietnamesen [05.05.2010]
Tietze, Nikola (2003): Muslimische Selbstbeschreibungen und soziale Positionierung in der deutschen und französischen Gesellschaft. In: Badawia, Tarek/Hamburger, Franz/Hummrich, Merle (Hrsg.): Wider die Ethnisierung einer Generation. Beiträge zur qualitativen Migrationsforschung. Frankfurt a. M.: 194–204
Weiss, Karin (2005): Nach der Wende: Vietnamesische Vertragsarbeiter und Vertragsarbeiterinnen in Ostdeutschland heute. In: Weiss, Karin/Dennis, Mike (Hrsg.): Erfolg in der Nische. Die Vietnamesen in der DDR und in Ostdeutschland. Münster: 77–96

Weiss, Karin (2010): Migration, Integration und Bildung im Land Brandenburg. In: Weiss, Karin/Roos, Alfred (Hrsg.): Neue Bildungsansätze für die Einwanderungsgesellschaft. Erfahrungen und Perspektiven aus Ostdeutschland. Freiburg im Breisgau: 37-66

III
Bildungsorte

Orte der (Re-)Produktion sozialer Ungleichheiten. Einleitender Beitrag

Heinz-Hermann Krüger/Ursula Rabe-Kleberg

Während in der Schulforschung die Bedingungen und Ursachen für soziale Ungleichheiten inzwischen auch an den Übergangsschwellen zwischen verschiedenen Schulstufen und Schulformen relativ umfassend untersucht worden sind (vgl. im Überblick Baumert/Maaz/Trautwein 2009), gilt dies nicht so für die Bereiche der vor- und außerschulischen Bildung. Diese wurden erst in der Nach-Pisa-Debatte um die andere Seite der Bildung (vgl. Münchmeier/Otto/Rabe-Kleberg 2002; Otto/Rauschenbach 2004) als Orte der Bildung entdeckt. Dies gilt sowohl für den Kindergarten, der auch in Gestalt von Bildungsplänen einen Bildungsauftrag erhielt bzw. in den neuen Bundesländern wieder bekam, als auch für die informellen Bildungsprozesse in der Familie, der Gleichaltrigengruppe oder der Welt der Vereine und Verbände. Insbesondere im zwölften Kinder- und Jugendbericht wurde dann ausgehend von einem umfassenden Bildungsbegriff, der instrumentelle, kulturelle, soziale und personale Kompetenzen mit berücksichtigt, eine Topographie unterschiedlicher Bildungsorte entwickelt, wozu neben dem klassischen formellen Bildungsort der Schule und dem neu entdeckten Kindergarten auch die basale Bildungswelt der Familie sowie etwa die Bildungsorte der Peers oder der Vereine und Verbände gehören (vgl. Krüger/Rauschenbach 2006: 101).

Verlässliche empirische Ergebnisse in Bezug auf die Bildungsleistungen der außerschulischen sowie vorschulischen Bildung liegen in der deutschen Bildungsforschung jedoch kaum vor. Diese Diagnose gilt in ähnlicher Weise auch für Studien, die die Prozesse der Herstellung von Ungleichheit im Rahmen der informellen Bildungsprozesse an diesen Bildungsorten in den Blick nehmen oder das Wechselverhältnis der verschiedenen Bildungsorte unter einer Ungleichheitsperspektive untersuchen. Erste Hinweise für die Weitergabe eines milieuspezifischen Bildungshabitus von einer zur nächsten Generation im Rahmen informeller Bildungsprozesse in der Familie liefert die qualitative Studie von Büchner und Brake (2006). Widersprüchliche Ergebnisse zeigen hingegen einige quantitative Studien aus der Ungleichheitsforschung im Hinblick auf den Stellenwert des Kindergartenbesuchs für die weitere Bildungslaufbahn. Während etwa Büchner und Spieß (2007) einen dauerhaften positiven Einfluss des Kindergartens auf spätere Schulleistungen besonders für Kinder aus benachteiligten Familien verdeutlichen, wurde in der Untersuchung von Roßbach (2005) der Einfluss der Herkunftsfamilie im Vergleich zum Einfluss des Kindergartens als bedeutsamer herausgestellt. Erste Ergebnisse im Hinblick auf den Stellenwert von Peergroups für die Reproduktion oder Transformation schulischer Bildungskarrieren liegen inzwischen auch in der qualitativen Längsschnittstudie von Krüger et al. vor (vgl. Krüger/Köhler/Zschach/Pfaff 2008; Krüger/Köhler/Zschach 2010). Die wenigen Studien zum informellen Lernen und zu Ungleichheitsaspekten in Vereinen und Verbänden und zum zivilgesellschaftlichen Engagement (vgl. im Überblick Grunert 2011) zeigen bisher, dass hier vor allem kulturelle, soziale und personale Kompetenzen erworben werden und dass stärker Kinder und Jugendliche aus höheren Bildungsmilieus an diesen Aktivitäten beteiligt sind.

Insgesamt gesehen stellt sich die Forschungssituation zu den Bedingungen und Prozessen der Herstellung sozialer Ungleichheit in den vorschulischen und außerschulischen Bildungsorten jedoch immer noch recht bescheiden dar. Die folgenden Beiträge im dritten Teil dieses Bandes knüpfen an diese Forschungsdefizite an und richten den Blick ausgehend von einer qualitativen Forschungsperspektive vor allem auf die Prozesse der Herstellung von Ungleichheit an den verschiedenen Bildungsorten. Dabei wird in zwei Beiträgen von Neumann und Beyer untersucht, wie Erzieherinnen in Kindertagesstätten in Deutschland bzw. Luxemburg mit sozialer oder kultureller Differenz umgehen. In dem Beitrag von Winter wird analysiert, wie Kinder sich mit dem Materiellen in ihrer familialen und außerschulischen Lebenswelt auseinandersetzen. Ein weiterer Beitrag von Canstein richtet den Blick auf die Bildungsungleichheitsdiskussion in Japan und fragt, inwieweit zivilgesellschaftliche Gruppen Ungleichheit in der Schule kompensieren. Und der Beitrag von Deppe untersucht sogar den Stellenwert informeller Bildungsprozesse im Interdependenzverhältnis mehrerer Bildungsorte, indem die Bedeutung der Familie und der Peers für die Bildungschancen und -karrieren von 13-Jährigen analysiert werden.

Die Beiträge im Einzelnen

Sascha Neumann skizziert in seinem Artikel eine neue Perspektive auf das Thema Kindheit und soziale Ungleichheit, indem er darauf hinweist, dass dabei der generationale Faktor, die institutionelle Differenz zwischen Kindern und Erwachsenen als Erklärungsursache mit in den Blick genommen werden muss und es um die Analyse der Verflechtungen von generationalen Unterschieden mit milieuspezifischen, ethnischen und geschlechtsbezogenen Differenzen geht.

In einem empirischen Beispiel aus einem ethnographischen Forschungsprojekt in Luxemburg macht er dann deutlich, wie Erzieherinnen mit ethnisch-kultureller Differenz in der Kindertagesbetreuung umgehen. Seine Analyse mündet in dem Fazit, dass die anerkennende Herstellung von kulturellen Differenzen vielleicht eher zur Reproduktion sozialer Ungleichheit mit beiträgt, als dass sie diese kompensiert.

Ulrike Deppe beschäftigt sich in ihrem Beitrag mit einem in der Bildungsforschung bislang nur selten untersuchten Thema, mit der Bedeutung der Familie und der Peers als informellen Bildungsorten für die Bildungsbiografien von 13-jährigen jüngeren Jugendlichen. Nach der Darstellung des Standes der Forschung und des komplexen Forschungsdesigns ihrer Studie, die sich auf qualitative Interviews mit zehn Heranwachsenden, deren Eltern und Gruppendiskussionen mit deren Freundschaftsgruppen stützt, stellt sie zwei Fälle ausführlicher dar, um exemplarisch Aussagen über den Einfluss der Anerkennung schulischer Leistungen in Familie und Freundschaftsgruppen auf die Schulkarrieren von 13-Jährigen vorzunehmen. In ihrer Analyse zeigt sie auf, dass nicht nur die individuelle Leistungsorientierung der Heranwachsenden allein entscheidend für eine erfolgreiche Bildungskarriere ist, sondern auch die bestehenden Anerkennungsverhältnisse in der Schule und in außerschulischen Bildungsorten.

Mit der Frage, wie Kinder mit dem Materiellen umgehen, setzt sich Daniela Winter in ihrem Artikel auseinander. Dabei knüpft sie an vier Forschungslinien in der kultursoziologischen Forschung, der Kinderarmutsforschung und der Entwicklungspsychologie zu diesem Thema an und definiert in Anlehnung an Bosch das Materielle durch die Merkmale der Stofflichkeit und der Symbolhaftigkeit. Im Weiteren werden dann erste Ergebnisse ihrer qualitativen Studie vorgestellt, in der insgesamt siebzehn Interviews mit Kindern im Alter zwischen sechs und zehn Jahren durchgeführt wurden. Am Beispiel von drei Fällen zeigt sie exemplarisch auf, wie unterschiedlich die Kinder sich auf das Materielle beziehen. Dabei zeichnen sich zwei Typen ab: zum einen gibt es Kinder, die Materielles als Möglichkeit der tätigen Auseinandersetzung verhandeln, zum anderen nehmen Kinder Materielles zum Ausgangspunkt, um Reflexionen über sich selbst zu initiieren.

Beate Beyer stellt in ihrem Beitrag ausgewählte Ergebnisse aus einer mikroanalytisch orientierten qualitativen Studie vor, die durch Verknüpfung von Videografie und qualitativen Interviews untersucht hat, wie Erzieherinnen im Kindergarten mit Differenzen umgehen und in welchem Zusammenhang die individuellen Werthaltungen der Erzieherinnen zum Thema Diversität und Chancengleichheit mit alltäglichen Handlungsmustern stehen. Unter Bezug auf die Anerkennungstheorie von Honneth werden drei Typen von Orientierungen und Handlungspraxen herausgearbeitet und es wird insgesamt aufgezeigt, das bisher bei den untersuchten Erzieherinnen nur ein unzureichendes Verständnis hinsichtlich der eigenen Rolle im Entstehungs- und Aufrechterhaltungsprozess sozialer Ungleichheiten feststellbar ist.

Julia Canstein beschäftigt sich in ihrem Beitrag mit der Frage, inwieweit sich zivilgesellschaftliche Gruppen in Japan für die Kompensation sozialer Ungleichheiten in der Schule engagieren. Nach einer Einführung in den Stand der Bildungsungleichheitsdebatte in Japan stellt sie die Ziele und das methodische Design ihrer qualitativen Studie vor, bei der sechs Gruppen, die sich in Schulen ehrenamtlich engagieren, auf der Basis von Interviews untersucht wurden. Die exemplarisch vorgestellten Ergebnisse zeigen, dass die Gruppen zwar nicht explizit das Ziel verfolgen, soziale Ungleichheit in der Bildung zu kompensieren, sie jedoch durch ihre Engagement in der Schule indirekt mit dazu beitragen, das schulische Wohlbefinden von sozial benachteiligten Lernenden zu verbessern.

Literatur

Baumert, Jürgen/Maaz, Kai/Trautwein, Ulrich (Hrsg.) (2009): Bildungsentscheidungen. Sonderheft 12 der Zeitschrift für Erziehungswissenschaft. Wiesbaden

Büchner, Charlotte/Spieß, Katharina (2007): Die Dauer vorschulischer Betreuungs- und Bildungserfahrungen – Ergebnisse auf der Basis von Paneldaten. Online verfügbar unter: http://hdl.handle.net/10419/18419 [06.08.2010]

Büchner, Peter/Brake, Anna (Hrsg.) (2006): Bildungsort Familie. Wiesbaden

Grunert, Cathleen (2011): Möglichkeitsräume des Kompetenzerwerbs. Theoretische und empirische Annäherungen an Fragen des Kompetenzerwerbs von Kindern und Jugendlichen in außerschulischen Handlungsfeldern. Unv. Habilitationsschrift. Halle

Krüger, Heinz-Hermann/Köhler, Sina/Zschach, Maren (2010): Teenies und ihre Peers. Freundschaftsgruppen, Bildungsverläufe und soziale Ungleichheit. Opladen

Krüger, Heinz-Hermann/Köhler, Sina/Zschach, Maren/Pfaff, Nicole (2008): Kinder und ihre Peers. Freundschaftsbeziehungen und schulische Bildungsbiografien. Opladen

Krüger, Heinz-Hermann/Rauschenbach, Thomas (2006): Bildung im Schulalter – Ganztagsbildung als eine neue Perspektive? In: Krüger, Heinz-Hermann/Rauschenbach, Thomas/Sander, Uwe (Hrsg.): Bildungs- und Sozialberichterstattung. 6. Beiheft der Zeitschrift für Erziehungswissenschaft. Wiesbaden: 97–108

Münchmeier, Richard/Otto, Hans-Uwe/Rabe-Kleberg, Ursula (Hrsg.) (2002): Bildung und Lebenskompetenz. Opladen

Otto, Hans-Uwe/Rauschenbach, Thomas (Hrsg.) (2004): Die andere Seite der Bildung. Wiesbaden

Roßbach, Hans-Günther (2005): Effekte qualitativ guter Betreuung, Bildung und Erziehung im frühen Kindesalter auf Kinder und ihre Familien. In: Sachverständigenkommission Zwölfter Kinder- und Jugendbericht (Hrsg.): Bildung, Betreuung und Erziehung von Kindern unter sechs Jahren. Bd. 1. München: 55–174

Kindheit und soziale Ungleichheit. Perspektiven einer erziehungswissenschaftlichen Kindheitsforschung

Sascha Neumann

1 Kind, Kindheit, Kindsein: Zum Programm erziehungswissenschaftlicher Kindheitsforschung

Kinder kommen bereits als sozial ungleiche Personen zur Welt. Anders gesagt: Als ungleich kommt man schon deswegen zur Welt, weil man es als Kind tut. Der Fall ist dies nicht allein wegen der vermeintlichen Individualität von Kindern, wie es ein (früh-)pädagogisch-romantisierender Blick auf Kinder und Kindheit nahe legt, sondern weil Kinder als Nicht-Erwachsene in die Welt eintreten. Von Anbeginn von Erwachsenen unterschieden zu sein, dafür garantieren bereits vor der Geburt eine Vielzahl gesellschaftlicher Institutionen und Professionen. Die biologische Tatsache der Entwicklung ist damit von vorne herein eine, die nur als soziale Tatsache zu existieren beginnt. Sie ist in diesem Sinne kein Wesensmerkmal, sondern eine Differenz (Nemitz 1996, 2001; Luhmann 1991), nämlich die Differenz, die sich aus der unablässigen Unterscheidung von Kindern und Erwachsenen ergibt. Pointierter formuliert: Kinder sind, was sie sind, nur weil sie sind, was sie nicht sind, nämlich Erwachsene.

Mit der sozialkonstruktivistisch inspirierten „new sociology of childhood" (vgl. James/Prout 1990; Qvortrup 1993) wurde nicht zuletzt diese Einsicht zum Programm. Spricht sie von Kindheit, so hat sie nicht Kinder als Einzelwesen vor Augen, sondern eine eigenständige Lebensphase, der eine spezifische Form der Vergesellschaftung entspricht, in deren Horizont wiederum die Unterscheidung von Kindern und Erwachsenen organisiert wird (vgl. Honig 1999). Damit wird zugleich eine Unterscheidung zwischen Kindern als biologischen Einzelwesen und Kindheit als Vergesellschaftungsform eingeführt (Honig 2009: 26 ff.). Im Unterschied zur Kategorie „Kind" beschreibt „Kindheit" die institutionalisierte Form der Differenz zwischen Kindern und Erwachsenen und damit jene soziale Umgebung, in der sich „Kindsein" je historisch ereignet.

Die soziale Unterscheidung von Kindern und Erwachsenen, wie sie in einer Vergesellschaftungsform „Kindheit" auf unterschiedlichen Dimensionen eines „kulturellen Moratoriums" zum Ausdruck kommt (vgl. hierzu Zinnecker 1995), ist nicht lediglich von sozialisationstheoretischer Bedeutung. Vielmehr verweist sie zugleich auf den gesellschaftlichen Status von Kindern (vgl. Fog Olwig/Gulløv 2003). Was das Kindsein in diesem Sinne ausmacht, ist für die neuere Kindheitssoziologie keine Frage nach dem „Wesen des Kindes", sondern etwas, das sich aus der sozialstrukturellen Positionierung von Kindern innerhalb einer Ordnung der Generationen ergibt (vgl. Honig 1999; Hengst/Zeiher 2005). Damit eröffnen sich wiederum Räume für eine ungleichheitstheoretische Thematisierung von Kindheit. Studien zur sozialen Ungleichheit von Kindern im Verhältnis zu Erwachsenen leisten damit aus differenztheoretischer Perspektive gerade auch einen Beitrag dazu, sich einen Begriff vom „Kindsein" zu machen. Jens Qvortrup (2005) geht in dieser Hinsicht von Kindern als einer analytisch eigenständigen sozialen Gruppe aus, die sich mit anderen generationalen Einheiten hinsichtlich ihrer Lebensumstände, sozialen Chancen und sozioökonomischen Ressourcen vergleichen lässt. Wird Kindern auf diese Weise eine „konzeptionelle Autonomie" (Thorne 1987) als Untersuchungsgegenstand der Ungleichheitsforschung zugestanden, so führt dies zu der Konsequenz, dass die generationale Zugehörigkeit genauso als bedingender Faktor bei der Beschreibung und Erklärung sozialer Ungleichheitsphänomene in Betracht gezogen werden muss, wie dies für die herkömmlichen Kategorien *class*, *gender* und *race* auch gilt. Anders gesagt: Sozial ungleich sind Kinder nicht allein aufgrund unterschiedlicher Familienkindheiten oder qua herkunftsbedingter Merkmale, vielmehr sind sie dies bereits als Kinder selbst, und zwar insofern, als sie dies nur sein können, da sie von Erwachsenen immer schon unterschieden worden sind.

Allein aus dieser Einsicht ließen sich jedoch unterschiedliche ungleichheitstheoretische Schlussfolgerungen ziehen: Einerseits könnte die Positionierung von Kindern innerhalb der generationalen Ordnung entweder als einzige oder eben als eine unter mehreren Dimensionen sozialer Ungleichheit aufgefasst werden. Andererseits aber könnte sie auch als ein vermittelndes Moment verstanden werden, dass nicht von Klassen-, Geschlechts- oder ethnischen Differenzen einfach begleitet oder von diesen überlagert wird, sondern das gerade dazu beiträgt, dass diese sich auf die soziale Lage und die Lebenschancen von Kindern in besonderer Weise auswirken (vgl. etwa Bühler-Niederberger 2009; dagegen: Honig 2009: 48). Schon aus logisch-systematischen Gründen liegt vor allem die zweite Schlussfolgerung nahe: Ungleichheit unter Kindern zu thematisieren ist nämlich nur plausibel, wenn man die generationale Unterscheidung von Kindern und Erwachsenen immer schon mit vollzieht. Erst vor diesem Hintergrund wird Ungleichheit von Kindern und unter Kindern überhaupt zu einem relevanten Thema, erst dann zu einem genuinen Gegenstand von Kindheitsforschung (vgl. in diesem Sinne auch: Betz 2010: 37). Eine Ungleichheitsforschung, die dies übersieht, vergibt sich die Möglichkeit, jene Unterscheidung von Kindern und Erwachsenen, die sie immer schon voraussetzt, selbst zum Gegenstand ihrer

Analysen zu machen und kann daher nicht anders als die angenommenen Unterschiede lediglich zu ratifizieren. Im Grunde würde es für sie dann auch genügen, sich schlicht auf die Erforschung von sozialen Ungleichheiten zu konzentrieren. Sieht sie hingegen in der generationalen Ordnung ihren ersten Bezugspunkt – und nicht lediglich ihren Ausgangspunkt – dann geht sie dabei über das, was in den letzten Jahren als „Ungleiche Kindheiten" (Betz 2008; Bühler-Niederberger 2009; Bühler-Niederberger/Mierendorff 2009) in den Fokus von Sozialberichterstattung und empirischer Forschung geraten ist, hinaus, dies aber ohne es zugleich aus ihrem Blickfeld auszuschließen. Programmatisch geht es einer kindheitssoziologischen Ungleichheitsforschung also gerade darum, die Verflechtung von generationalen Unterscheidungen mit klassen- oder milieuspezifischen, ethnischen und geschlechtsbezogenen Differenzen empirisch zu beschreiben (vgl. Betz 2008: 17). Oder als Frage formuliert: Was sind die spezifischen Formen von Ungleichheit, denen Kinder als Kinder unterliegen?

Die allgemeine Frage, wie Kinder gerade als Kinder zu Ungleichen werden, verlangt mit Blick auf einen möglichen Beitrag, den insbesondere die Erziehungswissenschaft dazu leisten kann, nach einer weiteren Spezifizierung. Geht man davon aus, dass die Unterscheidung von Kindern und Erwachsenen zwar eine pädagogisch belangvolle, aber keineswegs eine nur pädagogische ist (vgl. in diesem Sinne Honig 1999: 214), so bietet sich vor allem ihre besondere pädagogische Gestalt als Thema einer „erziehungswissenschaftlichen Kindheitsforschung" (vgl. hierzu etwa Grunert/Krüger 2006; Andresen/Diehm 2006) im engeren Sinne an. Sie grenzt sich als solche nicht nur von einer pädagogischen Kinderforschung (vgl. hierzu Flitner 1978) ab, sondern kann damit auch als etwas anderes in Erscheinung treten als „nur" als eine Kindheitsforschung, die von Erziehungswissenschaftlerinnen und Erziehungswissenschaftlern betrieben wird. Im Mittelpunkt einer solchen erziehungswissenschaftlichen Kindheitsforschung steht weniger die Frage danach, was Kindsein als spezifische Seinsweise des Menschen auszeichnet und was dies im Horizont von Ambitionen bedeutet, die auf eine Verbesserung der pädagogischen Praxis gerichtet sind. Vielmehr geht es zugleich um die Frage, wie das Kind als solches überhaupt erst im Medium des Pädagogischen konstituiert wird (vgl. Honig 1996: 338). In diesem Sinne schließt eine erziehungswissenschaftliche Kindheitsforschung an das Programm einer sozialwissenschaftlichen Kindheitsforschung an und legt es als Theorie und Empirie der pädagogischen Institutionalisierung von Kindheit aus.

Der Pädagogik geht es jedoch nicht vornehmlich oder gar allein um Kinder (vgl. Winkler 2006). Vielmehr steht im pädagogischen Feld – begreift man es in einem bourdieuschen Sinne (vgl. Neumann 2008) – vor allem auf dem Spiel, was als Pädagogik gelten soll und was nicht. Insofern ist „das Kind" in Form der Unterscheidung von Kindern und Erwachsenen, so sie denn als solche im pädagogischen Feld überhaupt „vorkommt", weniger der Adressat gutgemeinter Absichten und Interventionen als ein „Medium der Erziehung" (Luhmann 1991). Gemeint ist damit, dass das Kind im Sinne der Unterscheidung von Kindern und Erwachsenen seine soziale und kommunikative Bedeutsamkeit erst im Horizont von Bemühungen gewinnt, die darauf gerichtet sind, eine jeweils vorgängige Praxis als „pädagogisch" auszuweisen. Lapidar und mit Luhmann gesprochen ist das Kind „eine soziale Konstruktion", die der Pädagogik ermöglicht daran zu glauben, sie könne erziehen (Luhmann 2002: 91). Nimmt man dies zum Ausgangspunkt für eine erziehungswissenschaftliche Kindheitsforschung, dann macht sie zum Thema, wie die soziale Tatsache des Kindseins im Sinne der Unterscheidung von Kindern und Erwachsenen sich als pädagogische Tatsache konkretisiert, ohne damit schon zu einem außergesellschaftlichen Tatbestand zu werden bzw. als eine ausschließlich pädagogische Unterscheidung gelten zu müssen. Welche Rolle spielt die Konstitution des Kindes als Kind bei der Selbstbeobachtung der Pädagogik als „pädagogisch"? Eine sozialwissenschaftlich informierte erziehungswissenschaftliche Kindheitsforschung, die Fragen der (Re-)produktion sozialer Ungleichheit in diesem Horizont aufgreift, interessiert sich dann vornehmlich für jene Phänomene ungleichheitsrelevanter Unterscheidungsproduktion, mit denen zugleich eine Unterscheidung von „Pädagogischem" und „Nicht-Pädagogischem" vollzogen wird. Wie lässt sich auf empirischem Wege dieser Herausforderung nachkommen?

2 „Solche" und „solche" Kinder – Ungleiche Unterscheidungen

Methodologisch kann sich eine ungleichheitstheoretisch interessierte erziehungswissenschaftliche Kindheitsforschung durchaus auf beobachtungstheoretische Implikationen des Konzepts „generationaler Ordnungen" stützen. Sie muss also, zumindest in dieser Hinsicht, das Rad nicht für sich neu erfinden. Wie nun aber ermöglicht sich das Konzept der „generationalen Ordnung" eine Beobachtbarkeit von Differenz als seiner zentralen analytischen Voraussetzung, letztlich also seinen Anschluss an Empirie? Die Antwort auf diese Frage steckt im methodologischen Stellenwert, den im Konzept der „generationalen Ordnung" die analytische Fokussierung auf das sogenannte „generationing" einnimmt (vgl. Alanen 2005; Kelle 2005). In einer nicht bloß gegenstandstheoretischen, sondern gegenstandskonstituierenden Variante des Konzepts „generationaler Ordnungen" werden Unterschiede in der Gestalt von Unterscheidungen angesprochen. Sie lassen sich somit lesen als Differenzen, die nicht lediglich bestimmte makrostrukturelle Relationen bezeichnen, sondern je konkret und lokal durch latenten bzw. symbolischen Unterscheidungsgebrauch hergestellt werden (vgl. hierzu

Helsper et al. 2009: 47). Die analytischen Voraussetzungen, die das Konzept der "generationalen Ordnungen" macht, werden dabei nicht einfach unterstellt, sondern sie müssen sich an einer Vollzugswirklichkeit bewähren. Das Konzept zieht also einen empirischen Blick geradezu an. Ausgehend von dieser Lesart des Konzepts "generationaler Ordnungen" kann die Produktion sozial ungleicher Kinder schließlich gefasst werden als eine besondere Variante des "generationing" und wäre als solche empirisch zu beschreiben. Wie die Unterscheidung von Kindern mit derjenigen zwischen "solchen" und "solchen Kindern" im Horizont des "Pädagogischen" amalgamiert, soll im Folgenden exemplarisch anhand des Umgangs mit ethnisch-kultureller Diversität in einem pädagogischen Feld, nämlich dem der Kindertagesbetreuung, illustriert werden. Bezug genommen wird dabei auf ein Projekt zur Ethnographie der Frühpädagogik, das derzeit an der Universität Luxemburg durchgeführt wird.[77]

Blickt man auf die fachliche und politische Auseinandersetzung zum Umgang mit sprachlicher und kultureller Heterogenität in der Kindertagesbetreuung, so stellt Luxemburg im Vergleich zu Deutschland zunächst keine Ausnahme dar. Migrationsbedingte Chancenungleichheit im Bildungswesen ist auch in Luxemburg ein Thema. Der im Sommer 2010 erstmals erschienene "Rapport national sur la situation de la jeunesse au Luxembourg" (Ministère de la Famille et de l'Intégration 2010) bestätigt in dieser Hinsicht noch einmal, was die PISA-Studien auch für Luxemburg gezeigt haben (vgl. Ministerium für Erziehung und Berufsbildung 2007), nämlich, dass von herkunftsbedingter Chancenungleichheit im Bildungssystem vor allem Jugendliche mit niedrigem sozioökonomischen Status, Migrationshintergrund und fremdsprachigen Elternhäusern betroffen sind. Vor diesem Hintergrund wurden 2008 Betreuungsgutscheine ("chèques-service accueil") als ein Instrument zum Abbau von Bildungsbenachteiligung eingeführt, die allen Kindern möglichst früh einen Zugang zu Bildungs- und Betreuungseinrichtungen ermöglichen sollen (vgl. Ministère de la Famille et de l'Intégration 2010: 81). Dies zeigt nicht zuletzt die Diskussion im Kontext der 2005 als neuer Einrichtungstypus im Sektor der Kinderbetreuung geschaffenen "Maison Relais pour Enfants" (MRE). Aus den Beschreibungen ihres Aufgabenprofils geht ausdrücklich hervor, dass sich mit der Etablierung dieses Einrichtungstypus auch die Erwartung verbindet, er möge einen Beitrag zur sozialen Kohäsion einer plurilingualen und – wie es in Luxemburg immer noch heißt – "multikulturellen" Gesellschaft leisten (vgl. Majerus 2009). Fragen der Repro-

---

77 Die Studie "Betreuungswirklichkeit und Bildungswirklichkeit – Die Pädagogik der ‚Maison Relais pour Enfants' (MRE)" wird von der Forschungsachse "Early Childhood: Education and Care" der Universität Luxemburg durchgeführt und mit Mitteln aus dem Forschungsfonds der Universität sowie des luxemburgischen Ministère de la Famille et de l'Intégration gefördert (Laufzeit: 08/2009-12/2012).

duktion sozialer Ungleichheit im Kontext des Umgangs mit kultureller und ethnischer Heterogenität gehören also in Luxemburg zum gesellschafts- und bildungspolitischen Kontext der Forschung zur Kindertagesbetreuung. Als solche werden sie auch fast zwangsläufig im Rahmen der derzeit laufenden ethnographischen Studie in Kindertageseinrichtungen für 0–12-jährige Kinder erfasst. Was kann man nun darüber erfahren, wie in diesem pädagogischen Feld jene sozialen Unterscheidungen zwischen Kinder und Erwachsenen sich auch in Unterschieden zwischen einzelnen Kindern niederschlagen? Anders gefragt: Welche Rolle spielen diese Unterschiede für eine Selbstbeobachtung der Praxis in diesem Feld als „pädagogisch"? Dazu ein kurzer Einblick in die ethnographische Forschung.

Bereits die pädagogischen Rahmenkonzepte der beforschten Maison Relais pour Enfants machen zweierlei deutlich: Zum einen werden Unterschiede als gegeben vorausgesetzt; „Vielfalt", „kulturelle Heterogenität" und „sprachliche Diversität" werden als unumgängliche Herausforderung der pädagogischen Arbeit thematisiert. Dies ist zunächst die konzeptionell-programmatische Seite, der Blick auf das Geschehen aber zeigt, dass der vermeintlich so harmonische Einklang des Verschiedenen auch seine bestimmten, regelmäßig anzutreffenden Grenzen hat. Eindrücklich ist in diesem Sinne etwa der Fall von Jos, dem „Jungen ohne Schuhe". Die Ethnographen begegnen dieser Geschichte, als die Fachkräfte einer MRE gerade dabei sind, sich auf den Weg zu einem Ausflug zu machen:

> „Laureen steht in der Tür zum Gruppenraum und schaut mich an. Jos klammert sich um ihre Beine, zieht ihre Hose zu seinen Augen und wimmert. Laureen sagt zu mir: „Ich kann das nicht!" Ihre Kollegin Luzia, die etwa einen Meter neben mir steht, erwidert: „Nimm ihn mit!". Laureen antwortet darauf energisch: „Er kann aber nicht, wenn wir zu Fuß gehen". Luzia will nicht aufgeben: „Komm, nimm ihn mit". Laureen nimmt daraufhin seine Hand und geht mit ihm zur Tür hinaus auf den Flur. Luzia erklärt mir, dass Jos einfach keine Schuhe hat. Seine Mutter sei bereits mehrfach darauf angesprochen worden, aber stets reagiere sie mit Ausreden. Angeblich, so Luzia, habe sie keine Zeit, um mit ihm ins Schuhgeschäft zu gehen. „Ich frage mich, ob es vielleicht am Geld liegt", sagt Luzia „und ob wir Schuhe anschaffen sollen… Sie kommen aus Madagaskar, sie ist Studentin und er… weiß ich nicht, das weiß Magdalena". Ich sage zu ihr: „Nun, das ist vielleicht eine Möglichkeit…" Luzia fährt fort: „Ja, das war gestern auch Thema in der Teamversammlung, weil er wegen der Schuhe von so vielen Aktivitäten ausgeschlossen wird. Vielleicht schaffen wir Schuhe an, wenn die Mutter nichts dagegen hat… ja, vielleicht machen wir das so, nur für hier."

Neben der Merkwürdigkeit, dass Jos tatsächlich seit mehreren Wochen ohne Schuhe in die MRE kommt, fällt zunächst einmal auf, dass die Erzieherin die zeitökonomische Erklärung der Mutter nicht akzeptiert. Sie gilt ihr als eine Ausflucht, der sie keinen Glauben schenken will. Stattdessen bemüht sie eine finanzielle und nicht zuletzt eine kulturalistische Erklärung („Die Studentin aus Madagaskar"). In der Tatsache, dass Jos keine Schuhe hat, manifestiert sich für sie seine Verschiedenheit als ein herkunftsbedingter Unterschied. Damit bestätigt sich für sie aber auch, was sie voraussetzt, nämlich dass Familien aus Madagaskar einen anderen Umgang mit Kindern pflegen, als man dies in Luxemburg gewohnt ist. Tatsächlich aber war sie es selbst, die diese herkunftsbedingte Unterscheidung ins Spiel gebracht hat. Bemerkenswert ist ferner, dass der „Junge ohne Schuhe" erst dadurch zum Problem wird, dass er die Pädagogisierung des Organisationsalltags stört, insofern dabei auf eine Gleichbehandlung von Verschiedenen gesetzt wird, die wiederum gleichsam einen unterschiedslosen Gebrauch von Unterscheidungen voraussetzt. Vor diesem Hintergrund denken die Erzieherinnen darüber nach, ihm Schuhe zu besorgen, dies aber nur für den Gebrauch in der MRE und auch nur dann, wenn die Mutter damit einverstanden ist. Dies bedeutet aber nichts anderes, als dass man die Motive und familiären Gepflogenheiten, die für das Fehlen der Schuhe als ausschlaggebend angenommen werden, nicht kritisiert, sondern gerade respektiert. Die Schuhe sollen angeschafft werden, aber „nur für hier".

Bei genauerer Betrachtung zeigt sich, dass es sich hier um einen unheilvollen Zirkel handelt, in dem das pädagogische Personal sich in seinen Vorannahmen über die kulturellen Unterschiede zwischen Kindern gleichsam performativ selbst bestätigt und dazu beiträgt, dass Unterscheidungen sich in Unterschieden manifestieren. Dies vollzieht sich im Horizont einer kulturalistischen Unterscheidung, die wiederum an eine generationale Unterscheidung anschließt. Das Schuhproblem ist in erster Linie eines, weil es sich um ein Kind einer Kindertageseinrichtung handelt. Daran wird wiederum deutlich, dass Kinder und Erwachsene vermittelt über ihre je differentielle Bezogenheit von kulturalistisch orientierten Unterscheidungspraktiken in tatsächlich unterschiedlicher Weise betroffen sind. Die sich im Zuge dessen als Ausgeschlossensein und Abweichung objektivierenden Unterscheidungen können dabei aus Sicht der pädagogischen Fachkräfte als Zeichen des Kindseins von Kindern in Erscheinung treten und die Differenz als ein Ausdruck ihres Noch-nicht-Erwachsenseins gelesen werden, welches aus dieser Perspektive aber keinen Entwicklungszustand, sondern ein herkunftsbedingtes Problem beschreibt, das durch Kompensation im pädagogischen Feld bearbeitet werden soll. Das Entscheidende dabei ist aber, dass der pädagogische Umgang mit Differenz diese nicht einfach nur kompensiert, sondern sie hervorruft, während sie kompensiert wird. Die Praxis wird für sich selbst als „pädagogisch" erfahrbar, weil sie dabei als kompensatorische Lösung in Erscheinung treten kann für Probleme, an deren Erzeugung sie sich in der Gestalt von Unterscheidungen selbst beteiligt.

3 Fazit: Welche Unterscheidungen machen einen Unterschied?

Generationale Unterscheidungen wie die zwischen Kindern und Erwachsenen oder älteren und jüngeren Kindern spielen eine zentrale Rolle, wenn es darum geht, dem Geschehen im Kindergarten eine pädagogische Relevanz zuzuschreiben. In diesem Sinne zeichnen sich Praktiken des „generationing" als Formen des *doing difference* dadurch aus, dass sie jene sozialen Unterschiede zwischen Kindern und Erwachsenen sowie älteren und jüngeren Kindern erst hervorbringen, die sie als immer schon gegeben voraussetzen. Erst damit werden pädagogische Ambitionen adressierbar und Personenveränderungen als solche überhaupt auffällig. Die Frage, wie kulturell-ethnische Unterschiede eine pädagogische Bedeutsamkeit gewinnen, ist nun vor diesem Hintergrund gleichbedeutend mit der Frage danach, wie in der frühpädagogischen Praxis generationale Unterscheidungen mit kulturell-ethnischen Unterscheidungen amalgamieren. Eine Ethnographie des institutionellen Alltags von Kindertageseinrichtungen kann dabei nicht nur zeigen, dass angenommene ethnisch-kulturelle Unterschiede in der Population der Kinder unablässig und auf vielfache Weise die Ausgestaltung und Organisation dieses Alltags bestimmen. Sie gibt auch zu erkennen, inwiefern die Referenz auf die unterschiedlichen kulturell-ethnischen Herkünfte der Kinder unmittelbar mit deren sozial bedeutsamer Klassifizierung als Noch-nicht-Erwachsene einhergeht. Kinder sind unterschiedlich, dies aber nur insoweit, als sie immer schon von Erwachsenen unterschieden worden sind. Ethnisch-kulturelle Unterschiede transformieren sich dabei zu gleichermaßen „naturhaften" wie „behandlungsbedürftigen" Abweichungen. Anders gesagt: Die Anerkennung von ethnisch-kulturellen Unterschieden und ihre pädagogische Bearbeitung sind offenbar überhaupt nicht voneinander zu trennen. Dies wirft wichtige Fragen für eine weiterführende Diskussion auf. Sie betreffen unmittelbar die inkludierenden bzw. exkludierenden Wirkungen des frühpädagogischen *doing difference*. Kann eine sich als interkulturell apostrophierende Pädagogik überhaupt auf ethnisch und kulturell orientierte Unterscheidungen verzichten, ohne die Möglichkeiten ihrer Selbstbeobachtung als einer pädagogischen Praxis Preis zu geben? Pointierter formuliert: Trägt die anerkennende Herstellung von Unterschieden nicht vielleicht viel eher zur (Re-)produktion sozialer Ungleichheit bei, als dass sie sie beseitigt? Oder konstruktiv gefragt: Entsteht Integration nicht erst dort, wo sich Unterscheidungshindernisse durchsetzen (vgl. hierzu Giesen 2010)? Eine zweite Frage, die daraus resultiert, betrifft die theoriearchitektonischen Grundlagen der

Ungleichheitsforschung. Wenn es so ist, dass die soziale Unterscheidung von Kindern als Kindern sowie diejenige zwischen „solchen" und „solchen" Kindern eine wichtige Rolle für die Selbstbeobachtung der Pädagogik als pädagogisch spielt, so ist anzunehmen, dass dies für andere gesellschaftliche Sphären ebenso der Fall ist. Dies würde aber bedeuten, dass Kinder sich nicht nur untereinander unterscheiden, sondern sie auch als Personen vielfach von sich selbst unterschieden sind, je nachdem in welchen sozialen Feldern sie gerade als Kinder positioniert sind. Anders gesagt: So wie Kinder nicht alle gleichermaßen ungleich sind, sind auch die Formen der Ungleichheit, denen ein und dieselbe Person unterliegt je nach sozialem Feld verschieden. Am Beispiel gesprochen: Das Kind der Pädagogik beruht auf anderen Unterscheidungsleistungen als das Kind des Marktes, das der Medizin, das der Medien oder der Justiz. Insofern ist es in der Tat ein großes Versäumnis der Kindheitsforschung gewesen, zu lange die Wirklichkeit des Kindseins nur an solchen Orten studiert zu haben, die man – wie etwa frühpädagogische Einrichtungen und Schulen – als vermeintliche „Orte für Kinder" betrachtete (Fog Olwig/Gulløv 2003). Um dies in Zukunft zu vermeiden, müsste die Ungleichheitsforschung von einem monolithischen Gesellschaftsbegriff Abstand nehmen und sich selbst mit einem differenzierungstheoretischen Vokabular ausstatten. Anders gesagt: Sie müsste statt von der Gesellschaft von Gesellschaften ausgehen, deren Gesellschaftlichkeit sich gerade darin erweist, dass sie nur in spezifischen Ausprägungen von Sozialität vorkommt. Für eine in diesem Sinne ungleichheitstheoretisch ambitionierte Kindheitsforschung würde dies wiederum bedeuten, das Kind nicht nur unspezifisch als Differenz von Kindern und Erwachsenen zu denken, sondern auch eine besondere Aufmerksamkeit für die differenten Formen dieser Differenz zu entwickeln. Eine erziehungswissenschaftliche Kindheitsforschung, die sich für die pädagogische Bedeutsamkeit der sozialen Unterscheidung von Kindern und Erwachsenen interessiert, knüpft genau daran an.

Literatur

Alanen, Leena (2005): Kindheit als generationales Konzept. In: Hengst, Heinz/Zeiher, Helga (Hrsg.): Kindheit soziologisch. Wiesbaden: 65–82
Andresen, Sabine/Diehm, Isabell (Hrsg.) (2006): Kinder, Kindheiten, Konstruktionen. Erziehungswissenschaftliche Perspektiven und sozialpädagogische Verortungen. Wiesbaden
Betz, Tanja (2008): Ungleiche Kindheiten. Theoretische und empirische Analysen zur Sozialberichterstattung über Kinder. Weinheim/München
Betz, Tanja (2010): Die Kindergesellschaft. Wie Kindheit und Ungleichheit zusammenhängen. In: Sozial Extra 34, 3: 37–41

Bühler-Niederberger, Doris (2009): Ungleiche Kindheiten – alte und neue Disparitäten. In: Aus Politik und Zeitgeschichte 17/2009: 3–8
Bühler-Niederberger, Doris/Mierendorff, Johanna (2009): Ungleiche Kindheiten – eine kindheitssoziologische Annäherung. In: Diskurs 4, 4: 449–456
Flitner, Andreas (1984): Über die Schwierigkeit und das Bedürfnis, Kinder zu verstehen. In: Schwartländer, Johannes (Hrsg.): Die Verantwortung der Vernunft in einer friedlosen Welt. Tübingen: 183–129
Fog Olwig, Karen/Gulløv, Eva (Hrsg.) (2003): Children's Places: Cross-cultural Perspectives. London
Giesen, Bernd (2010): Zwischenlagen. Das Außerordentliche als Grund der sozialen Wirklichkeit. Weilerswist
Grunert, Cathleen/Krüger, Heinz-Hermann (2006): Kindheit und Kindheitsforschung in Deutschland. Forschungszugänge und Lebenslagen. Opladen
Helsper, Werner/Kramer, Rolf-Torsten/Hummrich, Merle/Busse, Susann (2009): Jugend zwischen Familie und Schule. Eine Studie zu pädagogischen Generationenbeziehungen. Wiesbaden
Hengst, Heinz/Zeiher, Helga (Hrsg.) (2005): Kindheit soziologisch. Wiesbaden
Honig, Michael-Sebastian (1996): Probleme der Konstituierung einer erziehungswissenschaftlichen Kindheitsforschung. Ein Überblick über Fragestellungen, Konzepte und Befunde. In: Zeitschrift für Pädagogik 42, 3: 325–345
Honig, Michael-Sebastian (1999): Entwurf einer Theorie der Kindheit. Frankfurt a. M.
Honig, Michael-Sebastian (2009): Das Kind der Kindheitsforschung. Gegenstandskonstitution in den *childhood studies*. In: Ders. (Hrsg.): Ordnungen der Kindheit. Problemstellungen und Perspektiven der Kindheitsforschung. Weinheim/München: 25–51
James, Allison/Prout, Alan (Hrsg.) (1990): Constructing and Reconstructing Childhood. Contemporary Issues in the Sociological Study of Childhood. London
Kelle, Helga (2005): Kinder und Erwachsene. Die Differenzierung von Generationen als kulturelle Praxis. In: Hengst, Heinz/Zeiher, Helga (Hrsg.): Kindheit soziologisch. Wiesbaden: 83–108
Luhmann, Niklas (1991): Das Kind als Medium der Erziehung. In: Zeitschrift für Pädagogik 37, 1: 19–40
Luhmann, Niklas (2002): Das Erziehungssystem der Gesellschaft. Frankfurt a. M.
Majerus, Mill (2009): Ziele der Maison Relais. In: Achten, Manuel/Baltes-Löhr, Christel/Deville, Laurent/Lanners, Michel/Majerus, Mill/Oestreicher, Yves, Ramponi, Aloyse/Reuter-Angelsberg, Dagmar/Rocha, Viviana (Hrsg.): Maison Relais pour Enfants. Le Manuel – Das Handbuch. Luxemburg: 27–35
Ministère de la Famille et de l'Intégration (2010): Rapport national sur la situation de la jeunesse au Luxembourg. Luxemburg
Ministerium für Erziehung und Berufsbildung (Hrsg.) (2007): PISA 2006. Nationaler Bericht Luxemburg. Luxemburg
Nemitz, Rolf (1996): Kinder und Erwachsene. Zur Kritik der pädagogischen Differenz. Hamburg
Nemitz, Rolf (2001): Frauen/Männer, Kinder/Erwachsene. In: Lutz, Helma/Wenning, Norbert (Hrsg.): Unterschiedlich verschieden. Differenz in der Erziehungswissenschaft. Opladen: 179–196

Neumann, Sascha (2008): Kritik der sozialpädagogischen Vernunft. Feldtheoretische Studien. Weilerswist

Qvortrup, Jens (1993): Childhood as a Social Phenomenon. Lessons from an International Project. Eurosocial Report 47. Wien

Qvortrup, Jens (2005): Kinder und Kindheit in der Sozialstruktur. In: Hengst, Heinz/Zeiher, Helga (Hrsg.): Kindheit soziologisch. Wiesbaden: 27–47

Thorne, Barrie (1987): Re-Visioning Women and Social Change: Where are the Children? In: Gender and Society 1, 1: 85–109

Winkler, Michael (2006): Weder Hexen noch Heilige – Bemerkungen zum Verhältnis von Pädagogik und der neueren soziologischen Kindheitsforschung. In: Andresen, Sabine/Diehm, Isabell (Hrsg.): Kinder, Kindheiten, Konstruktionen. Erziehungswissenschaftliche Perspektiven und sozialpädagogische Verortungen. Wiesbaden: 109–134

Zinnecker, Jürgen (1995): Kindheitsort Schule – Kindheitsort Straße. In: Reiß, Gunter (Hrsg.): Schule und Stadt. Weinheim: 47–68

Schulische Anerkennungsverhältnisse zwischen 13-Jährigen, ihren Eltern und Freunden und die Konstruktion von Bildungsungleichheit. Ein exemplarischer Fallvergleich

Ulrike Deppe

Ein Großteil der prominenten empirischen Bildungsforschung nähert sich dem fortwährenden Problem des Zusammenhangs zwischen sozialer Herkunft und Bildungsbeteiligung mit großangelegten repräsentativen Schulleistungs- und Kompetenzuntersuchungen (z. B. PISA; TIMMS; IGLU), mit denen inzwischen auch ungleichheitsverstärkende Orte außerhalb der Institution Schule identifiziert werden konnten (im Überblick Maaz/Baumert/Trautwein 2010: 85 ff.). Allerdings bleibt der Fokus dieser Studien auf das *Wo* und das *Was* sozial ungleicher Bildungsbeteiligung und Kompetenzentwicklung beschränkt.

In meinem Beitrag möchte ich nun anhand zweier ausgewählter Fälle aus meiner Promotionsstudie[78] zeigen, auf welche Weise sich die Zugehörigkeit zu einem bestimmten Milieu und dessen Anerkennungsstrukturen auf die Chancen, eine höhere Schullaufbahn einzuschlagen, auswirken, und damit einen Beitrag zu einer Erklärung leisten, *wie* Bildungsungleichheit reproduziert wird. Dazu werde ich im Folgenden die relevante Forschungsliteratur referieren, anschließend Ausschnitte aus zwei der komplexen Fallrekonstruktionen meiner Forschungsarbeit vorstellen und abschließend die Ergebnisse diskutieren.

---

78 In meiner Studie untersuche ich mit qualitativen Methoden die außerschulischen Bildungsorte Familie und Peers im Zusammenhang mit den Bildungsbiografien von ca. 13-Jährigen. Dafür wurden zehn Schüler und Schülerinnen der 7. Klasse unterschiedlicher allgemeinbildender Schulformen aus unterschiedlichen Regionen Deutschlands mit unterschiedlicher sozialer Herkunft sowie ihre Eltern interviewt und Gruppendiskussionen mit den Heranwachsenden und ihren Freunden geführt. Die Studie entstand in enger Kooperation mit dem Forschungsprojekt „Peergroups und schulische Selektion" unter der Leitung von Prof. Dr. Heinz-Hermann Krüger an der Universität Halle.

1 Interdependenzen zwischen Schülerbiografien, Familie und Peers bei der (Re-)Produktion von Bildungsungleichheit

Erst seit kurzer Zeit wird den Sozialisationsinstanzen Familie und Gleichaltrigen auch eine Bildungsfunktion zugeschrieben (BMFSFJ 2005: 104 ff.). In der Betrachtung der „subjektgebundenen Seite der Bildung" sind „als Aggregatebene der Beobachtung nicht vorrangig Bildungsinstitutionen in den Mittelpunkt zu stellen, sondern die ‚Bildungsbiografie' von Lernenden" (ebd.). Bei der Untersuchung der Interdependenzen zwischen den Bildungsbiografien von Heranwachsenden und den Bildungsorientierungen ihrer Eltern und Freunde sind insbesondere Studien zum Wechselverhältnis zwischen Bildungsbiografien von Heranwachsenden und Familie, Peers und Schule von Interesse (mit unterschiedlichen Untersuchungsfoki: Böhme 2000; Helsper et al. 2001; Kramer 2002; Lareau 2003; Büchner/Brake 2006; Krüger et al. 2008, 2010; Helsper et al. 2009; Busse 2010).

Ausgehend von der Annahme, dass der Heranwachsende gerade durch das alltägliche Miteinander in der Familie entscheidend in seinem Bildungshabitus (vor-)geprägt wird und milieuspezifische Variationen vorliegen (z. B. Grundmann/Huinink/Krappmann 1994; Grundmann et al. 2003), wird der Familie eine „Gatekeeper"-Funktion (z. B. Grunert 2005: 73 ff.) zugeschrieben. Es liegt eine Vielzahl von Studien vor, die bereits unterschiedliche Teilbereiche des familialen Alltags und dessen Bildungsrelevanz untersucht haben (im Überblick BMFSFJ 2005: 192 ff.; Hagen-Demszky 2006). Mit zunehmendem Alter und insbesondere beim Übergang der Heranwachsenden in die Jugendphase wird davon ausgegangen, dass der in der Familie erworbene milieuspezifische Habitus durch Erfahrungen in anderen Alltagswelten wie Schule, Gleichaltrige und Freizeitangebote „ergänzt, modifiziert und überlagert" wird (BMFSFJ 2005: 192, nach Lauterbach 2000; auch Lettke 2000; Stecher 2001). In der Welt der Gleichaltrigen finden dabei wichtige Bildungsprozesse statt, die zur Ausbildung neuer Orientierungen beitragen und die schulischen und familiären ergänzen können (Gerris/Grundmann 2002; Zinnecker et al. 2002; Rauschenbach et al. 2004; Fend 2005; Harring 2010). Allerdings stehen systematische Untersuchungen zur Rolle der Peergroup für die Reproduktion von Bildungsungleichheit auch weiterhin weitgehend aus (Krüger/Pfaff 2008; Krüger et al. 2010). Besonders das Wechselverhältnis zwischen Familie und Freunden ist selten Gegenstand theoretischer oder empirischer Auseinandersetzungen (Brake 2010: 386). Es bleibt offen, wie die familialen und peerbezogenen Bildungswelten und darin wirksam werdenden Handlungsrationalitäten aufeinander bezogen sind. In meinen Überlegungen stellt die Biografie der Heranwachsenden den Kulminationspunkt der elterlichen und Peerorientierungen dar und ihre Schulkarrieren werden vor dem Hintergrund dieser Erfahrungsräume und Orientierungen betrachtet.

2 Fallvergleich unter dem Aspekt der Anerkennung schulischer Leistungen in Familie und Freundesgruppen

In diesem Abschnitt werden die Fälle Nadja Tafel und Victoria Axt[79] aus meiner Studie verglichen, um auf exemplarische Aussagen über die Interdependenzen zwischen der Anerkennung schulischer Leistungen in Familie, Freundesgruppen und den Bildungsbiografien der 13-Jährigen zu treffen. Die beiden Mädchen unterscheiden sich bezüglich ihres familialen Herkunftsmilieus, ihrer Wohnsituation, -ort und -region in Deutschland sowie Schulformzugehörigkeit. Beide Mädchen wachsen jedoch als zweites leibliches Kind in einer Mehrkindfamilie auf und zeichnen sich durch eine Zentrierung auf Schule in ihren Orientierungen aus. In den folgenden Fallskizzen beginne ich jeweils mit der Vorstellung der Heranwachsenden, einer kurzen Skizze ihrer Lebensumstände und Schulleistungen, um dann die zentralen schulbezogenen Orientierungen aufzuzeigen. Anschließend werden die schulbezogenen Orientierungen des befragten Elternteils und der Freundesgruppe(n) vorgestellt. Der Fall konstruiert sich jeweils aus dem Verhältnis der schulbezogenen Orientierungen aller Akteure (Heranwachsende, Eltern, Freunde).

2.1 Der Fall Nadja Tafel

Nadja Tafel, 13 Jahre alt, besucht ein Gymnasium mit sehr guten Noten. Das Mädchen lebt mit ihrem Vater und ihren fünf Geschwistern in einer mitteldeutschen Großstadt. Nadja geht vielen organisierten Freizeitaktivitäten nach: das Streichorchester der Geigen- und Klavierunterricht sowie der Musiktheorie- und der Konfirmandenunterricht. Ihre informelle Freizeit verbringt Nadja kaum außerhalb der Familie; ihre Freundinnen trifft sie fast ausschließlich in der Schule und im Rahmen der organisierten Freizeitaktivitäten. Mit den Geschwistern verbringt sie viel Zeit.

Nadjas bisherige Schullaufbahn ist von kontinuierlich sehr guten Schulleistungen geprägt. Bereits in der reformpädagogischen Grundschule konnte sie eine Klasse überspringen. Auch im Gymnasium behauptet sie sich trotz thematisierter Schwierigkeiten und ist regelmäßig Klassenbeste. Die Schule nimmt in den indi-

---

79 Alle Namen und Ortsangaben sind anonymisiert.

viduellen Orientierungen einen hohen Stellenwert ein. In der Darstellung ihrer aktuellen Situation am Gymnasium bewegt sich Nadja in der Ambivalenz zwischen latenter Kritik an den derzeitigen Schulstrukturen und dem Verbürgen der Logik der Schule.

> also vor zwei Jahr da war ich in der fünftn (.) lange her [holt Luft] tja das war da noch am Anfang und da hab ich dann ebnd erst ma so (.) Schule kenngelernt sag ich jetz mal weil (.) am Anfang anner Kreativ da war das ja immer noch so [holt Luft] da konnt man sich dann aussuchen was mach ich jetz was- w-worauf ha ich jetz keine Lust? und so und dann fing das da eben an, da standn die Lehrer vorn und ham eim was erzählt (.) ham was ab- ein- an die Tafel angeschrieben und man musst das dann abschreiben und dann musst man sehn wie man das versteht und so ☺
> (I: Nadja, 28–37)[80]

Das selbstbestimmte Lernen in der Grundschule stellt den positiven Gegenhorizont zum lehrerzentrierten Lernen im Gymnasium dar. Nadja arbeitet sich an ihrer Schülerrolle ab und versucht den veränderten Anforderungen am Gymnasium gerecht zu werden. Es zeigt sich neben dem Gefühl des Alleingelassenseins, dass es Nadja selbst um das Verstehen und nicht nur um die reine Leistungserbringung geht. Für Nadja sind aber auch die Klassenlehrerin als Bezugsperson sowie außerunterrichtliche Aktivitäten in der Klassengemeinschaft zentral. Diese gemeinschaftliche Orientierung ist auch in Bezug auf die Familie dominant, in der sich Nadja verstärkt um die Bildung und Wissensvermittlung ihrer jüngeren Geschwister, insbesondere ihres jüngsten Bruders, bemüht, indem sie bspw. mit ihm puzzelt oder Bücher liest. Ihre ältere Schwester dient als Gefährtin für Unternehmungen und bietet ihr Anhaltspunkte für den Umgang mit den Lehrenden am Gymnasium, das auch sie besucht.

Nadjas Vater ist von Beruf studierter und promovierter Historiker, der an der Universität tätig ist. Zum Zeitpunkt des Interviews befand er sich in Elternzeit und war alleinerziehend. Herr Tafel steht für einen nicht-restriktiven Umgang mit Noten, indem er einen „pädagogischen Schonraum" (Nittel 1992: 355 ff.) konstruiert, der sich von schulischer Praxis zu unterscheiden hat:

> also ich- (.) persönlich bin auch der Meinung dass es (.) also (2) mhhhh ja (.) genügt wenn die Schule sozusagen die Kinder an den Leistungen misst. das is f- einleuchtend das das mhhh [hm] ja (.) das es eben solche Maßstäbe gibt. [hm] wie Zensuren

---

[80] Zitate aus den transkribierten Interviews und Gruppendiskussionen werden mit Angabe der Zeilennummern des Transkripts wie folgt abgekürzt: Interview der Jugendlichen: I (z. B. I: Nadja, 23–25), Elterninterview: EI; Gruppendiskussion: GD. Sprecher werden mit dem Anfangsbuchstaben des Codenamens und dem Kürzel zum Geschlecht angegeben (z. B. Nadja: Nw usw.)

als- und Zeugnisse da als mhhhh ja möglichst objektive Messkriterien. mhhhh (.) aber (.) ja ich (2) sehe da nich so das sozusagen ich als Elternteil dann sozusagen das noch da noch ähähhh eins drauf geben muss oder so.
(EI: Herr Tafel, 366–376)

Das konstruierte Leistungsmoratorium endet jedoch mit dem Übergang auf die Sekundarstufe II, denn die zu erbringenden Leistungen und das Abitur bilden für ihn die Grundlage für die „Bewerbungsaussichten" (393), um den gewünschten Studienplatz zu erhalten. Zudem erkennt er die sehr guten Leistungen seiner Tochter Nadja an, indem er ihr zu ihren sehr guten Zeugnissen gratuliert, womit auch Differenzierungen innerhalb des Geschwisterzusammenhangs nach Leistung vorgenommen werden. Herr Tafel wählt die Bildungsinstitutionen seiner Kinder aktiv aus. So begründet er z. B. die Wahl der reformpädagogischen Grundschule für Nadja mit der Möglichkeit, eine Klasse zu überspringen zu können, ohne die Klassengemeinschaft verlassen zu müssen. Die höhere Gewichtung der familialen Bildungspraxis gegenüber der schulischen dokumentiert sich auch darin, dass seine Kinder nicht um die Anerkennung schulischer Leistungen, sondern um das gemeinsame Üben der Instrumente mit dem Vater konkurrieren. In der Familie spielt die musikalische Praxis eine zentrale Rolle, alle Familienmitglieder spielen klassische Instrumente wie Geige, Kontrabass und Klavier.

Während Herr Tafel in der Familie die Kinder auf der kommunikativen Ebene entlastet, unterwerfen sich die Schulfreundinnen Nadjas einem selbsterzeugten Leistungsdruck, den sie aber durch den gemeinsamen Orientierungsrahmen der Gruppe konstruktiv für sich wenden, indem sie ihre erreichten Leistungen gegenseitig anerkennen.

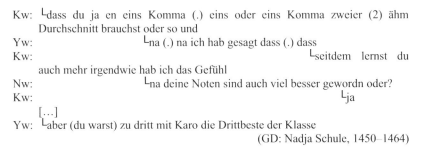

Die gegenseitige Anerkennung von guten Schulleistungen wird noch ergänzt durch gegenseitige Motivation, indem die Sinnhaftigkeit ihrer Aufwendungen für die Schule offensiv nicht in Frage gestellt wird: „klar dass man oft keine Lust hat und so und jetzt [...] irgendwo (hat) das schon alles einen Sinn und ☺" (1486–1493).

Im Fall Nadja wird deutlich, wie sich in den biografischen schulbezogenen Orientierungen das Wechselspiel zwischen der Verinnerlichung der wahrgenommenen schulischen Ansprüche, die im Widerspruch zu den bereits vorhandenen Erfahrungen in Grundschule und Familie stehen, widerspiegeln und zu den Leistungsorientierungen der Freundesgruppe in ein potentiell konstruktives Verhältnis in Bezug auf die Schulkarriere treten.

2.2 Der Fall Victoria Axt

Victoria Axt, zwölf Jahre alt, besucht eine Hauptschule in einer nordrhein-westfälischen Großstadt. Victoria lebt mit ihren Eltern und ihren drei leiblichen Schwestern sowie einer Halbschwester in einer Wohnung. Ihre Freizeit verbringt Victoria hauptsächlich im Ganztagsbetrieb der Schule, mit den jüngeren Schwestern oder mit ihrer besten Freundin Maxima.

Während Victoria in ihrer Grundschulzeit zum Ende hin große Leistungsschwierigkeiten hatte, gehört sie seit der fünften Klasse regelmäßig zu den Klassenbesten und besucht mit ihrer besten Freundin Maxima die angebotenen Kurse, die einen erweiterten Hauptschulabschluss ermöglichen. Victoria handelt ihre Biografie im Rahmen der Schule ab, die für sie den zentralen Lebens- und Anerkennungsort darstellt, was sich u. a. in Belohnungen für gute Leistungen manifestiert: „jedes Jahr bekommen die drei Besten ähm etwas was gut für's nächste Schuljahr is [hm] damit ähm die sich auch schon vorbereiten können [ja] und ich bin jetzt ähm das schon das zweite Mal dabei gewesen mit meiner Freundin" (I: Victoria, 69–74). Aufgrund ihrer Leistungen erschien ihrer Klassenlehrerin ein Wechsel auf eine Realschule empfehlenswert, allerdings wurde dieser aufgrund von Ambivalenzen in Victorias Handlungsorientierung nicht realisiert:

ich ähm mach ziemlich viel für die Schule in meiner Freizeit mit meiner Freundin [ja] weil ähm bei mir in der Familie ähm hat meine eine Schwester n Realabschluss gemacht [hm] ähm meine andere Schwester ist jetzt in der achten Klasse und versucht den realen Abschluss auch und ähm aber a- sie ist nicht so gut in der Schule und deswegen ähm versuche ich das jetzt auch und dann könnte ich ähm auf die Realschule wechseln [mh] hatte meine Lehrerin gesagt aber ich bleib lieber hier (.) wegen meiner Freundin weil die ähm möchte auch hier bleiben und da haben wir ähm entschieden dass wir erstmal eine Probewoche machen [mh] und wenn das bei mir gut klappt ähm darf ich dann da zur Schule gehen und dann hab ich aber nicht mehr so viel Zeit für meine Freundin [ja] weil ich dann ja viel mehr lernen
(I: Victoria, 327–345)

Der Empfehlung der Lehrerin und den z. T. realisierten höheren Abschlüssen der älteren Schwestern steht das für Victoria wichtige Verhältnis zur Freundin entgegen. Victoria antizipiert für eine Realschulkarriere einen größeren zeitlichen Lernaufwand, der mit der Freundschaftsbeziehung nicht zu vereinbaren wäre, da die Freundin keine schulischen Aufstiegsambitionen hegt.

Auch auf der elterlichen Ebene gibt es wenig Handlungspotential, Victoria bei einem Aufstieg in die Realschule zu unterstützen. Victorias Mutter arbeitete zum Zeitpunkt des Interviews als „Kassenspringerin" für eine Supermarktkette. Victorias Vater war damals arbeitssuchend gemeldet und krankheitsbedingt nur noch eingeschränkt arbeitsfähig. Im Interview mit Frau Axt zeigt sich, dass die sehr guten schulischen Leistungen Victorias keine Entsprechung im Orientierungsrahmen der Mutter haben: „so also da so auch mit den Zeugnissen an solchals solches haben wa keine Probleme [hm] dass das jez schlechte Schüler sind °oder so°'" (EI: Frau Axt, 126–129). Dementsprechend externalisiert Frau Axt die Gründe für die verpasste Chance, den schulischen Aufstieg ihrer Tochter zu realisieren, indem sie auf die Schulleitung, die kein Interesse am Abgang guter Schüler habe, und die dauerhafte Erkrankung der ehemaligen Klassenlehrerin verweist. Auch zeigt sich, dass Frau Axt das Bedürfnis ihrer Tochter nach Anerkennung wahrnimmt, aber vor dem Horizont des unproblematischen Schülers wertet sie dieses als unbegründet:

> Elternsprechtage musst ich bei Victoria eigentlich nie hin [hm (.)] wobei sie dann imma beleidicht war un un gesagt hat ja die andern gehen ja auch aba die <u>mussten</u> ja ☺ dann meistens auch [☺] un (....) hab ich gesagt gut dann mach ich das eben auch so da geh ich eben hin wir ham uns da über alles Mögliche unterhalten aba nich übers Kind weil brauchte man nich musste man auch gar nich
> (EI: Frau Axt, 356–364)

Durch die Art und Weise, wie sich Frau Axt zu Elternsprechtagen der Schule verhält, ist es nicht möglich, ihre Tochter zu fördern. Frau Axt hält zwar weiterhin an der Vorstellung fest, Victoria könnte auch nach der Hauptschule noch das Abitur erreichen und ein Studium beginnen, verweist aber die Umsetzung vollständig in die Verantwortung der Tochter: „ach ich denk mal sie wird ihren Weg machen" (515).

Da Victoria von ihren Eltern kaum Unterstützung für ihre schulische Laufbahn erwarten kann, stellt ihre Freundin Maxima eine unverzichtbare Begleiterin in ihrer Biografie und im schulischen Alltag dar. Doch in der Freundschaftsdyade wird Schule vorrangig als Ort konstruiert, der Peeraktivitäten und -beziehungen in und außerhalb der Schule ermöglicht. Die auf der Ebene des kommunikativen Wissens von Victoria formulierte Aussage, in der Schule würde für den Beruf gelernt, ist für Maxima nicht anschlussfähig und auch sonst zeigen sich

Unterschiede hinsichtlich der Bereitschaft, sich für die schulischen Leistungen zu engagieren: „Mw: man ich vergess immer das üben☺[Vw: ja du übst ja nich] Mw: ja" (GD Victoria, 744–746). Zwar helfen sich die Mädchen und lernen auch miteinander, aber für die freundschaftliche Praxis ist es vielmehr von Bedeutung, dass Maximas Familie Versorgungsaufgaben übernimmt, die bis in den schulischen Alltag hineinreichen: „Vw: oder wenn einer Essen vergessen hat auchhh ähm dann kriegt der was ab °das bin immer ich° [Mw: oder trinken] Vw: ☺das bin immer ich☺" (GD Victoria, 674–682).

Zusammenfassend wird am Fall Victoria Axt ebenfalls deutlich, dass sich die biografische Bedeutung von Schulleistung durch den Zusammenhang zwischen Schule als Ort von Leistungserbringung und damit persönlicher Anerkennung ergibt, die Victoria zuvor nicht erfahren konnte. Diese findet jedoch in den familialen und freundschaftlichen Beziehungen keine Entsprechung, wo die Orientierung an der Ausgestaltung sozialer und familialer Beziehungen Priorität haben.

3 Diskussion und Ausblick

Sozialstrukturell betrachtet stehen beide Fälle im Zeichen einer Reproduktionslogik, die auf der Ebene von Untersuchungen zur Bildungsbeteiligung von Familien unterschiedlicher sozialer Milieus bereits häufig nachgewiesen wurde (z. B. Vester 2004). Während Herr und Frau Tafel das Abitur abgelegt haben und Herr Tafel Akademiker ist, verfügen Herr und Frau Axt über niedrige Bildungsabschlüsse und befinden sich seit längerer Zeit in einer beruflich und finanziell unsicheren Situation. Es lässt sich an den Fällen jedoch zeigen, wie eng die Bildungsbeteiligung der Heranwachsenden auch an die Anerkennungsleistungen in Familie und Peerbeziehungen geknüpft ist (Grundmann et al. 2003). Zugleich deutet sich in den hier stark verkürzt dargestellten Ergebnissen die Komplexität eines Bildungsgeschehens an, das eben nicht nur durch unbewusstes Handeln in strukturell vorgegebenen Rahmenbedingungen oder durch rationale Entscheidungen der Akteure (z. B. Becker/Lauterbach 2007) geprägt ist (vgl. auch Lareau 2003; Büchner/Brake 2006). So konstruieren sich zwar beide Mädchen als gute Schülerinnen und strukturieren ihre Erzählung über die Schulbiografie, aber ihrem Bedürfnis nach eben jener Anerkennung wird sehr unterschiedlich entsprochen. Herr Tafel stellt mit seinem Orientierungsrahmen einen Schonraum (Nittel 1992) in der Familie für Nadja zur Verfügung, in dem er zwar die exzellenten schulischen Leistungen seiner Tochter anerkennt, sie jedoch nicht Teil seiner persönlichen Beziehung zur Tochter werden lässt. Dagegen ist es in Frau Axts Orientierungsrahmen nicht möglich, die Leistungen ihrer Tochter Victoria ihrem

Bedürfnis nach Anerkennung entsprechend zu würdigen oder sie zu einer höheren Schullaufbahn zu fördern (ähnlich Wild 2001; Grundmann et al. 2003; Busse 2010). Zudem stellt die elterliche Handlungspraxis Victoria vor materielle und fürsorgerische Begrenzungen, die nur durch die Sorge von Maximas Familie kompensiert werden und sie damit an den Besuch der Hauptschule binden. Bei Nadja stellt die schulische Freundesgruppe einen Raum zur Verfügung, in dem sie die von ihr individuell wahrgenommenen Diskrepanzen zwischen ihrer Bildungsorientierung und dem gymnasialen Lehr-Lern-Modus produktiv für sich verarbeiten kann und ihre Leistungen anerkannt werden (ähnlich z. B. Helsper et al. 2001).

Auch im Hinblick auf die Geschwisterbeziehungen der Mädchen zeigen sich deutliche bildungsrelevante Unterschiede (Liegle 2000; Teubner 2005), die die bisherigen Forschungsergebnisse zum Zusammenhang von Mehrkindfamilien, Schulbildung (BMFSFJ 2007: 5) in Abhängigkeit von sozialer Herkunft, Bildungsstatus und auch der Religiosität der Eltern (Blume/Ramsel/Graupner 2006) bestätigen. Gleichzeitig dokumentieren die Einzelfälle schon die Komplexität des interdependenten Bildungs- und Sozialisationsgeschehens. Während Nadja insbesondere den jüngsten Bruder im Rahmen der geschwisterlichen Spielaktivitäten ‚fördert', nimmt Victoria die Versorgung und Betreuung der jüngeren Geschwister hauptsächlich als Pflicht wahr. Auch die Beziehung zur älteren Schwester ist unterschiedlich ausgestaltet. Das Verhältnis zwischen Victoria und ihrer älteren Schwester Linda ist von Konkurrenz geprägt, die zwar dazu führt, dass sie ebenfalls den Realschulabschluss anstrebt, sich aber in der Hauptsache von ihrer Schwester (und auch von der Mutter) zurückgewiesen fühlt (z. B. Stecher 2001; Grundmann 2003). Nadja thematisiert die Beziehung Nadjas zu ihrer älteren Schwester dagegen als eine Ressource. Hier stellen die Erfahrungsräume der Familien ganz unterschiedliche Weichen für die Bildungsorientierungen und -praktiken. Die prekären Lebensverhältnisse der Familie Axt sind höchstwahrscheinlich auch ein Grund für die hohe Bedeutung des Materiellen bei Victoria. Dagegen zeigt sich bei Nadja, dass nicht nur die privilegierte Situation (in Hinsicht auf kulturelles und Bildungskapital) der Familie, sondern auch der Erfahrungshorizont des Vaters und die familiären Praktiken Nadjas erfolgreiche Schulkarriere ermöglichen (Grundmann et al. 2003). Obwohl beide Mädchen eine hohe Leistungsorientierung aufweisen, unterscheiden sich die schulischen Kulturen bezüglich der Anerkennungsformen und -leistungen gegenüber den Lernenden deutlich voneinander. Hier können Studien zum Verhältnis zwischen Lernenden und Schulkulturen herangezogen werden, die z. B. nachweisen, dass Schule und Familie in Bezug auf die Lernenden ein nicht immer positives „Arbeitsbündnis" eingehen (Helsper/Hummrich 2005: 133; Helsper et al. 2009; Busse 2010). Zudem können am Beispiel Victoria über die Schule hinaus

(Solga/Wagner 2007; Zaborowski/Breidenstein 2010) auch die Familie und die Freundin als „Haltekräfte" in einer spezifischen Konstellation identifiziert werden. Für eine erfolgreiche Bildungskarriere sind also neben der Leistungsfähigkeit und der individuellen Leistungsorientierung der Heranwachsenden auch immer die bestehenden Anerkennungsverhältnisse in Schule und den außerschulischen Sozialisations- und Bildungsinstanzen zentral. Es deutet sich an, dass es bei der empirischen Untersuchung von Ursachen und Herstellungsprozessen bildungsbezogener Ungleichheiten nicht nur darum gehen kann, schulische Kompetenzen im Rahmen von Institutionen in den Blick zu nehmen. Vielmehr müssten sich einerseits mehr empirische Untersuchungen auch mit der Konzeption und Durchführung der Messung von außerschulischen bildungsrelevanten Kompetenzen beschäftigen (vgl. Thole/Höblich 2008: 73) und das Verhältnis zu den bislang fokussierten schulischen kognitiven Kompetenzen bestimmen. Zum anderen gilt es auch in den eher mikroanalytischen Studien, die Akteure an verschiedenen Scharnierstellen des Bildungssystems und die Entstehungsorte außerschulischer Kompetenzen in den Blick nehmen, Verbindungslinien und Interdependenzen zum schulischen Bildungserwerb zu rekonstruieren.

Literatur

Becker, Rolf/Lauterbach, Wolfgang (2007): Bildung als Privileg. Ursachen, Mechanismen, Prozesse und Wirkungen. In: Dies. (Hrsg.): Bildung als Privileg. 2., akt. Aufl. Wiesbaden: 9–41

Blume, Michael/Ramsel, Carsten/Graupner, Sven (2006): Religiosität als demographischer Faktor – Ein unterschätzter Zusammenhang? In: Marburg Journal of Religion 11, 1. Online verfügbar unter: http://archiv.ub.uni-marburg.de/mjr/art_blume_germ_2006. html [17.06.2010]

BMFSFJ (Hrsg.) (2005): Zwölfter Kinder- und Jugendbericht. Bericht über die Lebenssituation junger Menschen und die Leistungen der Kinder- und Jugendhilfe in Deutschland. Berlin

BMFSFJ (Hrsg.) (2007): Monitor Familienforschung. Ausg. Nr. 10: Kinderreiche Familien in Deutschland. Berlin

Böhme, Jeanette (2000): Schulmythen und ihre imaginäre Verbürgung durch oppositionelle Schüler. Bad Heilbrunn

Brake, Anna (2010): Familie und Peers: zwei zentrale Sozialisationskontexte zwischen Rivalität und Komplementarität. In: Harring, Marius/Böhm-Kasper, Oliver/Rohlfs, Carsten/Palentien, Christian (Hrsg.): Freundschaften, Cliquen und Jugendkulturen. Wiesbaden: 385–405

Büchner, Peter/Brake, Anna (Hrsg.) (2006): Bildungsort Familie. Wiesbaden

Busse, Susann (2010): Bildungsorientierungen Jugendlicher in Familie und Schule. Wiesbaden
Fend, Helmut (2005): Entwicklungspsychologie des Jugendalters. Wiesbaden
Gerris, Jan R. M./Grundmann, Matthias (2002): Reziprozität, Qualität von Familienbeziehungen und die intergenerationale Transmission von Beziehungskompetenz. In: Zeitschrift für Soziologie der Erziehung und Sozialisation 22, 1: 3–24
Grundmann, Matthias/Huinink, Johannes/Krappmann, Lothar (1994): Familie und Bildung. In: Büchner, Peter (Hrsg.): Kindliche Lebenswelten, Bildung und innerfamiliale Beziehungen. Materialien zum 5. Familienbericht. Bd. 4. München: 41–104
Grundmann, Matthias/Samberg-Groh, Olaf/Bittlingmayer, Uwe H./Bauer, Ullrich (2003): Milieuspezifische Bildungsstrategien in Familie und Gleichaltrigengruppe. In: Zeitschrift für Erziehungswissenschaft 6, 1: 25–45
Grunert, Cathleen (2005): Kompetenzerwerb von Kindern und Jugendlichen in außerunterrichtlichen Sozialisationsfeldern. In: Sachverständigenkommission Zwölfter Kinder- und Jugendbericht (Hrsg.): Kompetenzerwerb von Kindern und Jugendlichen im Schulalter. München: 9–94
Hagen-Demszky, Alma von der (2006): Familiale Bildungswelten. München
Harring, Marius (2010): Freizeit, Bildung und Peers. In: Ders./Böhm-Kasper, Oliver/Rohlfs, Carsten/Palentien, Christian (Hrsg.): Freundschaften, Cliquen und Jugendkulturen. Wiesbaden: 21–59
Helsper, Werner/Böhme, Jeanette/Kramer, Rolf-Torsten/Lingkost, Angelika (2001): Schulkultur und Schulmythos. Rekonstruktionen zur Schulkultur. Opladen
Helsper, Werner/Hummrich, Merle (2005): Erfolg und Scheitern in der Schulkarriere. In: Sachverständigenkommission Zwölfter Kinder- und Jugendbericht (Hrsg.): Kompetenzerwerb von Kindern und Jugendlichen im Schulalter. München: 95–173
Helsper, Werner/Kramer, Rolf-Torsten/Hummrich, Merle/Busse, Susann (2009): Jugend zwischen Familie und Schule. Eine Studie zu pädagogischen Generationsbeziehungen. Wiesbaden
Kramer, Rolf-Torsten (2002): Schulkultur und Schülerbiographien. Opladen
Krüger, Heinz-Hermann/Grunert, Cathleen/Pfaff, Nicolle/Köhler, Sina-Mareen (2010): Der Stellenwert von Peers für die präadoleszente Bildungsbiografie – Einleitung. In: Krüger, Heinz-Hermann/Köhler, Sina-Mareen/Zschach, Maren: Teenies und ihre Peers. Opladen/Farmington Hills: 11–30
Krüger, Heinz-Hermann/Köhler, Sina-Mareen/Zschach, Maren/Pfaff, Nicolle (2008): Kinder und ihre Peers. Opladen/Farmington Hills
Krüger, Heinz-Hermann/Pfaff, Nicolle (2008): Peerbeziehungen und schulische Bildungsbiografien. In: Krüger, Heinz-Hermann/Köhler, Sina-Mareen/Zschach, Maren/Pfaff, Nicolle: Kinder und ihre Peers. Opladen/Farmington Hills: 11–31
Lareau, Annette (2003): Unequal Childhoods. Berkeley/Los Angeles/London
Lauterbach, Wolfgang (2000): Kinder in ihren Familien. In: Lange, Andreas/Lauterbach, Wolfgang (Hrsg.): Kinder in Familie und Gesellschaft zu Beginn des 21sten Jahrhunderts. Stuttgart: 155–186
Lettke, Frank (2000): Es bleibt alles anders. In: Lange, Andreas/Lauterbach, Wolfgang (Hrsg.): Kinder in Familie und Gesellschaft zu Beginn des 21sten Jahrhunderts. Stuttgart: 131–151

Liegle, Ludwig (2000): Geschwisterbeziehungen und ihre erzieherische Bedeutung. In: Lange, Andreas/Lauterbach, Wolfgang (Hrsg.): Kinder in Familie und Gesellschaft zu Beginn des 21sten Jahrhunderts. Stuttgart: 105–130

Maaz, Kai/Baumert, Jürgen/Trautwein, Ulrich (2010): Genese sozialer Ungleichheit im institutionellen Kontext der Schule. In: Krüger, Heinz-Hermann/Rabe-Kleberg, Ursula/Kramer, Rolf-Torsten/Budde, Jürgen (Hrsg.): Bildungsungleichheit revisited. Wiesbaden: 69–103

Rauschenbach, Thomas/Leu, Hans Rudolf/Lingenauber, Sabine/Mack, Wolfgang/Schilling, Matthias/Schneider, Kornelia/Züchner, Ivo (2004): Non-formale und informelle Bildung im Kindes- und Jugendalter. Konzeptionelle Grundlagen für einen Nationalen Bildungsbericht. Bonn

Solga, Heike/Wagner, Sandra (2007): Die Zurückgelassenen – die soziale Verarmung der Lernumwelt von Hauptschülerinnen und Hauptschülern. In: Becker, Rolf/Lauterbach, Wolfgang (Hrsg.): Bildung als Privileg. 2., akt. Aufl. Wiesbaden: 187–215

Stecher, Ludwig (2001): Die Wirkung sozialer Beziehungen. Weinheim/München

Teubner, Markus J. (2005): Brüderchen, komm tanz mit mir… In: Alt, Christian (Hrsg.): Kinderleben. Aufwachsen zwischen Familie, Freunden und Institutionen. Bd. 1. Wiesbaden: 63–98

Thole, Werner/Höblich, Davina (2008): „Freizeit" und „Kultur" als Bildungsorte – Kompetenzerwerb über non-formale und informelle Praxen von Kindern und Jugendlichen. In: Rohlfs, Carsten/Harring, Marius/Palentien, Christian (Hrsg.): Kompetenz-Bildung: Soziale, emotionale und kommunikative Kompetenzen von Kindern und Jugendlichen. Wiesbaden: 69–93

Vester, Michael (2004): Die Illusion der Bildungsexpansion. In: Engler, Steffani/Krais, Beate (Hrsg.): Das kulturelle Kapital und die Macht der Klassenstrukturen. Weinheim/München: 13–54

Zaborowski, Katrin U./Breidenstein, Georg (2010): „Geh lieber nicht hin! – Bleib lieber hier." In: Krüger, Heinz-Hermann/Rabe-Kleberg, Ursula/Kramer, Rolf-Torsten/Budde, Jürgen (Hrsg.): Bildungsungleichheit revisited. Wiesbaden: 127–144

Zinnecker, Jürgen/Behnken, Imbke/Maschke, Sabine/Stecher, Ludwig (2002): null zoff & voll busy. Opladen

Kinder und ihre Bezüge auf das Materielle: Welchen Sinn und welche Bedeutungen Kinder Artefakten geben

Daniela Winter

1 Einleitung

„Was spielt sich ab zwischen uns und den Dingen? Was lernen wir von ihnen, wie verändern sie uns? Ohne die Dinge können wir nicht überleben. Aber auch die Dinge brauchen uns. Ohne uns gibt es sie nicht. Nicht nur, weil die Dinge, die wir vorfinden, von anderen Menschen erdacht und gemacht sind. Sondern auch, weil wir von Kind an die Dinge erst entstehen lassen müssen, sie erfahren, bedenken, mit Gesten und Wörtern." (Elschenbroich 2010: 13).

Anhand des Zitates wird deutlich, dass sich dieser Beitrag mit den Dingen, ich bezeichne diese als Materielles bzw. Artefakte, und Kindern auseinandersetzt. Etwas anders als in dem Zitat von Elschenbroich, das vor allem auf die Entwicklung des Umganges mit Dingen fokussiert, beschäftigt sich der Beitrag mit der Art und Weise wie sich Kinder auf Materielles in Interviews beziehen. Es geht um das Verhältnis der Individuen (hier der Kinder) und der Dinge/des Materiellen, insbesondere um die Modi der Bezugnahme auf diese/s durch die Kinder. Unter Materiellem verstehe ich nach Aida Bosch (2010) stofflich Beschaffenes, das angefasst und besessen werden kann. In der Analyse der Interviews stehen nicht die konkreten Artefakte (wie z. B. ein spezielles Buch oder Skateboard) und die von außen herangetragenen Bedeutungen dieser im Zentrum, sondern die Bezugnahme auf diese in den geschilderten Erfahrungen und Praxen der Kinder, und damit einhergehend, welche Bedeutungen und welchen Sinn Kinder Artefakten geben.

Im diesem Beitrag wird damit die Frage bearbeitet, in welcher Art und Weise sich Kinder in ihren Interviews auf das Materielle beziehen. Die Art und Weise herauszuarbeiten, bedeutet im Sinne der dokumentarischen Methode, zu analysieren, in welchem Orientierungsrahmen[81] Materielles verhandelt wird.

---

81 Als Orientierungsrahmen wird in der dokumentarischen Methode der Rahmen bezeichnet, in dem ein Thema verhandelt, bearbeitet wird. Es geht dabei um die Art der Konstruktion des je-

Durch die Rekonstruktionen werden unterschiedliche Modi der Bezugnahme auf das Materielle herausgearbeitet. Anhand der kurzen einleitenden Worte wird deutlich, dass dieser Beitrag weder Prozesse sozialer Ungleichheit noch Bildungsorte in den Blick nimmt, sondern sich einem anders ausgerichteten Thema widmet.[82]

Zur Struktur des Beitrages: In einem ersten Schritt lege ich in diesem Beitrag den Forschungsstand zum Materiellen dar. Danach richtet sich der Fokus auf die Erarbeitung eines adäquaten Begriffsverständnisses des Materiellen. Es folgt die Darstellung der ersten Ergebnisse aus der dem Artikel zugrundeliegenden Promotion, in deren Zentrum drei Interviews von Kindern im Alter von sieben Jahren stehen. Ausgehend von dem Thema „was ich/wir machen", das sich als eines erwiesen hat, aus dem sich die Bezüge auf das Materielle rekonstruieren lassen, werden die ersten abstrahierten Ergebnisse und drei spezifische Bezugnahmen von Kinder auf das Materielle dargelegt. Am Ende des Beitrages wird eine erste vorläufige Abstrahierung der Bezüge auf das Materielle erarbeitet.

2 Forschungsstand zum Materiellen

Als erster Forschungsstrang sind für den hier zu untersuchenden Gegenstand Studien relevant, die sich mit persönlichen bzw. Lieblingsobjekten sowohl aus einer theoretischen als auch aus einer empirischen Perspektive auseinander setzen (Habermas 1996; Bosch 2010). Als zweiten Forschungsstrang lassen sich die Kinderarmutsstudien Anfang des 21. Jahrhunderts betrachten (vgl. Chassé et al. 2010; AWO/ISS-Studien;[83] Richter 2000). Ein weiteres Forschungsfeld findet sich in der entwicklungspsychologischen Forschung zur Bedeutung von Gegenständen für die Entwicklung von Kindern und Jugendlichen (vgl. Wygotski 1987; Winnicott 1969). Einen vierten Forschungsstrang stellen sowohl theoretische als auch empirische Arbeiten aus der Kultursoziologie dar, die Materialität von sozialen Praktiken analysieren (z. B. Hörning 2001; Wieser 2004; Latour 2007).

---

weiligen Textes und die sich darin dokumentierenden Orientierungen (vgl. Bohnsack 2007: 137).

82 Die beschriebenen Modi der Bezugnahme auf Materielles können auch hinsichtlich der Prozesse sozialer Ungleichheit betrachtet werden. Da dieser Beitrag einen Zwischenstand der Ergebnisse meiner Promotion darstellt, möchte ich diese Fokussierung jedoch nicht vornehmen. Es geht in diesem Beitrag zunächst einmal um die Darstellung der Modi der Bezugnahme auf Materielles.

83 Einige ausgewählte Publikationen zu diesem Forschungsprojekt, welches über mehrere Jahre durchgeführt wurde, sind: Hock/Holz/Simmedinger et al. (2000); Holz/Skoluda (2003).

Ingesamt kann man festhalten, dass bisher erstens dem Materiellen bestimmte (von außen messbare) Funktionen für die Identitätsbildung oder Entwicklung von Kindern und Jugendlichen zugewiesen wurden (vgl. Habermas 1996). Zweitens analysierte Bosch (2010) ihre Symbolik in Bezug zu den erwachsenen Individuen und zur Sozialstruktur, um darüber soziale Inklusion und Exklusion zu betrachten. Drittens betrachten Armutsstudien aus der Perspektive der Grundbedürfnisse heraus die materielle Versorgung von Kindern. Viertens gibt es auch in der Kultursoziologie bisher wenige Auseinandersetzungen mit dem Materiellen bei Kindern.

Aus der Auseinandersetzung mit diesen Studien heraus gilt es festzuhalten, dass der Blick auf das Materielle in diesem Beitrag weder ausschließlich auf Lieblingsobjekte noch auf Kinder in Armut gerichtet ist. Vielmehr rückt die Art und Weise, wie sich Kinder auf Materielles beziehen, in den Fokus. Der Bezug auf das Materielle wurde bisher nicht systematisch aus den Erzählungen und Beschreibungen von Kindern rekonstruiert. Dies stellt das Anliegen des Beitrages dar, was ich im Folgenden weiter ausführen werde.

3 Konzeption des Materiellen

Gegenstand des Beitrages sind Kinder und ihre Bezüge auf das Materielle. Für das Materielle werden in verschiedenen Studien und theoretischen Auseinandersetzungen (vgl. Habermas 1996; Hörning 2001; Wieser 2004; Bosch 2010) unterschiedliche Begriffe verwendet, die Ähnliches meinen, zum Teil auch synonym gebraucht werden. Somit muss an dieser Stelle geklärt werden, was zum einen unter Materiellem verstanden wird und welche Begriffe zum anderen dafür verwendet werden.

Für den Beitrag und die zugrundeliegende Promotion ist es ein entscheidender Ausgangspunkt, dass das Materielle in seiner Funktion und Gestaltung sozial konstituiert ist, d. h. sowohl Materielles der Konsumwelt als auch Materielles der Natur (z. B. der Wald, der Baum) werden vom Menschen bearbeitet, hervorgebracht und der Mensch interagiert damit. Analytisch betrachtet kann der Mensch Materielles praktisch, aber auch symbolisch benutzen, wie dies Habermas und auch Hörning konzipiert haben (vgl. Habermas 1996: 180; Hörning 2001: 9 ff.). Der praktische Bezug meint die Verwendung, Benutzung, den Gebrauch von Materiellem (vgl. Bosch 2010: 26) und die symbolische Nutzung verweist auf die Verwendung von Deutungsmustern, die mit dem Materiellem verbunden sind. Darüber hinaus ist Materielles auch an der Konstitution, Reproduktion und Aufrechterhaltung des Sozialen und sozialer Ordnung beteiligt, was z. B. in der Kultursoziologie ein Thema ist (vgl. Hörning/Reuter 2004).

Ich gehe mit Aida Bosch (2010: 14) davon aus, dass Materielles zum einen stofflich beschaffen ist und zum anderen gesellschaftliche Ideen und Zeichen transportiert. Materielles ist demnach durch zwei Charakteristika gekennzeichnet: erstens durch *Stofflichkeit* und zweitens durch *Symbolhaftigkeit*. Ich gehe nicht davon aus, dass das Materielle als „Umwelt" in Wechselbeziehung zum Menschen steht und diese somit voneinander getrennt zu betrachten sind, sondern dass Materielles in sozialen Praxen inhärent ist und durch diese Praxen soziale Ordnung und Sozialität ständig hervorgebracht wird. Für die Konzeption des Materiellen bedeutet dies, dass der Bezug auf das Materielle in den Interviews aus den Erzählungen und Beschreibungen von Praxen rekonstruiert werden kann, was ich im empirischen Teil des Beitrags darstellen werde.

In den folgenden Ausführungen verwende ich sowohl den Begriff des Materiellen als auch den Begriff des Artefaktes synonym in der von mir hergeleiteten Art und Weise.

4 Wie sich Kinder beim Thema, „was ich/wir mache(n)", auf das Materielle beziehen

Im empirischen Teil des Beitrags werde ich drei Kinder aus meinem Sample von siebzehn Interviews mit Kindern[84] in den Mittelpunkt stellen. Die drei Kinder sind sieben Jahre alt. Es sind zwei Mädchen, Constancia und Nele, sowie ein Junge mit dem Namen Paul.[85] Diese drei Fälle wurden ausgewählt, da sie zum einen alle sieben Jahre alt sind und somit zunächst die Vergleichbarkeit in Bezug auf das Alter gegeben ist. Zum anderen wurden sie auf Grund minimaler und maximaler Kontraste in den Fokus genommen.

Ausgehend von dem Thema, „was ich/wir mache(n)", wird die Art und Weise, in der sich die Kinder auf Materielles beziehen, rekonstruiert. In einem ersten Schritt erfolgt die Darstellung der Bezüge auf das Materielle anhand einiger Interviewausschnitte der Kinder. Anschließend werden die Erkenntnisse aus den drei Fällen zusammengefasst und abstrahiert.

Die folgenden Abschnitte sind nach der spezifischen Art und Weise des Bezuges auf das Materielle gegliedert. Bei Nele lässt sich ein Bezug auf das Materielle herausarbeiten, der durch Präferenzen charakterisiert ist, wohingegen Paul und Constancia Bezüge auf das Materielle über Tätigkeiten vornehmen.

---

84 Die Kinder meines Samples sind sechs bis zehn Jahre alt.
85 Alle Namen, die in diesem Artikel in Bezug auf die Interviews verwendet werden, sind kodiert und stellen keine Originalnamen dar.

4.1 Materielles und Präferenzen: „am liebsten mag ich chicken wings" – der Fall Nele

Ich beziehe mich bei Nele auf eine Sequenz, in der sie auf Nachfrage durch die Interviewerin thematisiert, was sie in ihrer Freizeit nach der Schule macht. Hierbei wird deutlich, dass Nele verschiedene Praxen des Verbringens ihrer Zeit darstellt. Sie macht damit zum Thema, was sie alleine sowie gemeinsam mit ihren Brüdern und ihrer Mutter in der freien Zeit nach der Schule macht. Bei ihr wird eine individuelle Praxis (das Malen) kurz genannt, um dann kollektive Praxen zu beschreiben. Darin eingebettet sind die Vorlieben des Kindes beim Essen:

> „da mal ich (3) uund uund da machen wir manchmal spieleabend dann machn wir nämlich alle vier//hm-hm//also mit meiner mutter ähm hä dann ebent so spiele lustige ☺ spiele ☺ //hm-hm//uund [atmet geräuschvoll ein] es gibt leckeres äsen//hm-hm//und und manchmal auch ekliches uund dann gucken wir ebent noch fernsehn und so am liebsten mag ich die chicken wings oder ei mit ke (3) kno-blauch//hm-hm//oder schnittlauch? weiß ich grad nich knoblauch oder schnittlauch aber ich glaub mehr schnittlauch"(Interview Nele: 296–304).

Betrachtet man hier das Materielle, so lässt sich rekonstruieren, dass sich Nele bei den Beschreibungen ihrer Aktivitäten nach der Schule im Gegensatz zu Paul und Constancia (siehe 4.2) auf keine Artefakte wie z. B. Bücher bezieht, sondern die jeweiligen Aktivitäten, die sie alleine macht (das Malen) und die im Rahmen der Familie ablaufen, sowie die Anwesenheit der Mutter im Vordergrund stehen. Sie führt also bei den Aktivitäten keine Artefakte ein, über die sie diese Aktivitäten beschreibt. Es lässt sich rekonstruieren, dass sie sich im kollektiven Rahmen mit ihren zwei Brüdern verortet, so dass sie in dieser Sequenz auch vom „wir" spricht. Der Spielabend wird als gemeinschaftliches Ereignis eingeführt, an dem alle vier Personen der Familie teilnehmen würden.[86] Bei diesem sogenannten „spieleabend" steht nicht das besondere Spiel mit seinen materiellen Aspekten, z. B. Beschaffenheit, Spielaufbau oder eine bestimmte Art von Spiel, im Vordergrund, sondern das kollektive Ereignis und die Anwesenheit der Mutter. Nele verhandelt das Thema, was sie mit anderen macht, im Rahmen von sozialen Beziehungen und bei ihr speziell im Rahmen von Gemeinschaft. Im Vordergrund stehen die Beziehungen und das Zusammensein bzw. die gemeinsame Gestaltung von Zeit. In der Beschreibung der kollektiven Praxen (Spielen, Fernsehen) wird das „leckere" Essen eingeführt, das vom „ekligen" Essen abgrenzt wird. Nele elaboriert ausführlich, welches Essen sie mag. Die Nahrungsmittel werden im kollektiven Rahmen der Familie eingeführt und über diese beschribt

---

86 Nele lebt mit ihrer Mutter und den beiden Brüdern zusammen.

sie sich selbst. Nele formuliert Präferenzen hinsichtlich der Nahrungsmittel, die mit Genuss verbunden werden. Dies zeigt sich auch besonders deutlich an einer weiteren Stelle, bei der sie elaboriert, weshalb sie Softeis lieber als Kugeleis mag. Auch in dieser Sequenz wird deutlich, dass der Genuss (hier der Nahrungsmittel) im Orientierungsrahmen von Nele verankert ist.

Zusammenfassend kann man festhalten, dass Nele in kollektiven Praxen der Familie und mit ihren Brüdern Materielles einführt. Die kollektiven Praxen der gemeinsamen Gestaltung von Zeit werden nicht über Artefakte beschrieben, aber in der Beschreibung der kollektiven Praxen der Familie elaboriert Nele ihre Präferenzen beim Essen, die genau dargestellt werden. Nele charakterisiert dabei über ihre Präferenzen bei den Nahrungsmitteln sich selbst und verhandelt *Materielles im Rahmen von sozialen Beziehungen* und *in Form von Präferenzen*.

4.2 Materielles und Tätigkeiten

Eine andere Form der Bezugnahme auf Materielles lässt sich bei Paul und Constancia finden, die beide auf Materielles im Rahmen von Tätigkeiten Bezug nehmen.

4.2.1 „manchmal kuck ich mir comics an" – der Fall Paul

Paul verhandelt das Thema, „was ich mache", in seiner Eingangserzählung in der folgenden Art und Weise: Er führt aus, was er manchmal in seiner freien Zeit macht. Ausgehend von „manchmal kuck ich auch bauarbeiter" (Interview Paul: 155) benennt Paul z. B. verschiedene Filme, die er sich anschaut. In dieser Art und Weise führt er auch die Praxis des Lesens ein: „manchmal les ich n paar gebrüder grimm" (Interview Paul: 164). In diese von ihm eingeführten Praxen, freie Zeit zu verbringen, die er benennt und in einem beschreibenden Modus darstellt, bindet er verschiedenste Artefakte ein, wie anhand des folgenden Zitates deutlich wird:

„manchmal kuck ich mir auch (5) [pustet Luft aus] bücher an wo archeologen und so sind//hm-hm//manchmal kuck ich mir comics an (.) [...] manchmal bau ich etwas ich hab schon n n insektenhotel gebauut//hm-hm//und (3) manchma kuck ich mir auch lené im garten des malers bei monet//hm-hm//" (Interview Paul: 178).

Das Materielle ist bei ihm durch vielfältige Artefakte und Materialien gekennzeichnet. In der Beschreibung von Paul lassen sich aus verschiedenen Praxen der Beschäftigung Bezüge zum Materiellen rekonstruieren. Die Aktivitäten, etwas anzuschauen oder zu bauen, werden selbstverständlich mit Artefakten (Bücher, Bilder, Comics) verbunden. Paul führt konkrete Artefakte ein, die er genau benennt. Materielles wird im Rahmen von Praxen der Beschäftigung, die er alleine durchführt, eingeführt. Dabei dominiert über das gesamte Interview hinweg eine Tätigkeit – das Bauen –, was deutlich macht, dass er sich auf Materielles im Modus der Gestaltung und Erschaffung bezieht.

Paul beschreibt ebenfalls Aktivitäten, die er mit anderen gemeinsam macht. Dabei verortet er sich im „wir" und auch hier bettet er z. B. in die Beschreibung eines konkreten Ereignisses – nämlich des Umbaus des Wochenendhauses – Materielles ein: „wir haben da im container der da war für schutt ähm aus stein etwas gebaut//hm-hm//" (Interview Paul: 128–129). In den Praxen, alleine Zeit zu verbringen, als auch in Praxen gemeinsamer Aktivitäten kann ein Bezug auf Materielles im Rahmen von Tätigkeiten rekonstruiert werden. Als negativer Horizont für Paul lässt sich aus dem gesamten Interview die Wahrnehmung von Langeweile rekonstruieren. Dabei bezieht er sich sowohl in der Beschreibung der Praxen, die er alleine macht, als auch der Praxen, die er gemeinsam mit anderen vollzieht, auf Langeweile. Der positive Gegenhorizont stellt das Tätigsein dar, worauf auch seine gesamte Eingangserzählung in ihrem *modus operandi*[87] hinweist, da er in dieser verschiedene Aktivitäten auf diese Art und Weise beschreibt.

Insgesamt kann festhalten werden, dass Paul Materielles im Rahmen von Praxen verhandelt. In die Beschreibung von sich wiederholenden Praxen bindet er Materielles selbstverständlich ein. Materielles wird bei Paul *im Rahmen von Tätigkeiten – sowohl individuellen als auch kollektiven Tätigkeiten –* verhandelt. Zudem dominiert bei ihm der Bezug auf Materielles im Sinne einer *Gestaltung mit und Erschaffung von Materiellem.*

4.2.2 „ich wollte immer probieren da hoch zu komm" – der Fall Constancia

Constancia bezieht sich ähnlich wie Paul auf Materielles, das heißt, ein Bezug auf Materielles im Rahmen von Tätigkeiten lässt sich auch aus dem Interview von Constancia rekonstruieren. Constancia bezieht sich in ihrer Eingangserzählung ebenfalls auf das Thema, „was ich/wir mache(n)". Dies geschieht auch bei ihr auf eine bestimmte Art und Weise: Sie kommt über eine Bewertung von Or-

---

87 Die dokumentarische Methode setzt an der handlungspraktischen, habituellen Herstellung von Realität an. Zentraler Gegenstand ist der „modus operandi, die generative Formel, welche als handlungspraktisches Wissen der Herstellung der Praxis insgesamt zugrunde liegt" (Bohnsack 2009: 53). Diese generative Formel kann man aus der Art und Weise, wie Themen im Interview abgehandelt werden, analysieren.

ten, wie z. B. eines Spielplatzes, zu Möglichkeiten der Beschäftigung. Ich greife die Sequenz des Spielplatzes auf, bei der Constancia über die Bewertung des Spielplatzes zu einer Darstellung der Praxis auf dem Platz kommt, in der sie sowohl auf ihre Inliner als auch die Beschaffenheit des Spielplatzes Bezug nimmt:

> „und da wars ganz schön fande ich und da war ich manchmal mit mein inlinern [...] und ich wollte immer probiern mit mein inliner da hoch zu komm//hm-hm//auf die blatte da und da bin ich einmal bin ich hab ich <u>alle geschafft</u> [laut gesprochen] außer einer" (Interview Constancia: 255–259).

Anhand dieser Sequenz wird deutlich, dass in der Beschreibung von Constancia das Materielle in eine Praxis der Eroberung des Platzes mit den Inlinern eingebettet ist und sie sowohl auf persönliche Artefakte – also „meine inliner" – als auch auf die Artefakte des Spielplatzes Bezug nimmt. Ausgangspunkt für die Praxis auf dem Platz waren für sie zum einen die Skateboards, die auf dem Platz herumgefahren sind, und zum anderen die Herausforderung, die Rampen mit Inlinern zu befahren. Ihren Erfolg, einmal alle Rampen befahren zu haben, beschreibt Constancia mittels des Weges, den sie auf dem Platz genommen hat, worin sie die Beschaffenheit des Platzes einbettet:

> „also da gabs so das so n so groß [deutet mit den Armen an] war das//hm-hm//also das war erst musste man hochfahrn und dann war das so grade//hm-hm//und dann musste man wieder runterfahren" (Interview Constancia: 259–262).

Insgesamt kann man festhalten, dass die Beschaffenheit des Spielplatzes von Constancia in die Darstellung des Erfolgs, einmal alle Rampen befahren zu haben, eingebettet wird. Auf Materielles bezieht sich Constancia als Herausforderung, der sie sich stellt. Constancia verweist an einer weiteren Stelle des Interviews auf Artefakte wie eine Tafel und eine Kletterwand in ihrem Zimmer, die sie ebenfalls wie den Spielplatz positiv bewertet und an denen sie sich ebenfalls abarbeitet, das heißt an denen bzw. mit denen sie ihre Fähigkeiten und Fertigkeiten verbessern kann. Eine weitere Sequenz macht diesen Bezug noch einmal deutlich:

> „in der schule da habn wir auch eine fibel und ich kann schon ganz gut lesn//hm-hm//also ich hab papa letztens aus diesem buch [deutet auf das Regal] hexe lili und die s//hm-hm [dreht den Kopf zum Regal]//die verzauberten hausaufgaben hab ich papa letztens was vorgelesn und papa hat gesagt gut und dann hab ich letztens die drei kleinen schweinchen auch gelesn und da hab ich drei seiten de- die warn ganz klein die buchstaben nur//hm-hm//ganz viele zeilen ebend//hmm//und die hab ich ebend gelesen und papa hatte gar nich gedacht dass ich das lesen kann" (Interview Constancia: 295–302).

In dieser Sequenz dokumentiert sich, dass Constancia ein Artefakt aus der Schule – die Fibel – mit ihrer Fähigkeit des Lesens in Beziehung setzt. Anschließend werden Vorlesepraxen beschrieben, innerhalb derer auf Bücher Bezug genommen wird. Dabei wird eine Differenzierung der Bücher über die Größe der Buchstaben vorgenommen und diese werden durch die mit ihnen verbundenen Fähigkeiten gerahmt. Zudem dokumentiert sich die Anerkennung des Vaters für die Leistung des Lesens. Auch hier zeigt sich ein Bezug auf Materielles im Rahmen der Verbesserung von Fähigkeiten und Fertigkeiten. Der Bezug auf Materielles ist durch *Herausforderung im Gegensatz zu Präferenzen (Nele) und Erschaffung und Gestaltung (Paul)* charakterisiert. Dies betrifft sowohl das Skaten als auch das Lesen. Insgesamt kann man festhalten, dass *Materielles ebenfalls im Rahmen von Tätigkeiten* verhandelt wird.

Zudem weist die Eingangserzählung von Constancia darauf hin, dass sie sich positiv am „etwas machen" orientiert. Auch bei ihr lässt sich aus der narrativ dichten Eingangserzählung heraus Langeweile als negativer Gegenhorizont rekonstruieren.

4.3 Zusammenfassung der Ergebnisse

Gemeinsam ist allen drei Kindern, dass Materielles in Beschreibungen von Praxen der Gestaltung gemeinsamer Zeit bzw. Praxen der Beschäftigung inhärent ist. Eine erste Kontrastierungslinie hinsichtlich der drei Interviews kann im Sinne der Fragestellung über den Orientierungsrahmen, in dem Materielles verankert ist, herausgearbeitet werden.[88]

Neles Modus der Bezugnahme lässt sich wie folgt fassen: Sie führt Materielles über Praxen der gemeinsamen Gestaltung von Zeit ein. Sie beschreibt, was sie und ihre Brüder machen. Diese Praxen richten sich auf die Gestaltung gemeinsamer Zeit. Die sozialen Beziehungen sind der zentrale Bezugspunkt. Nele beschreibt ihre regelmäßigen kollektiven Praxen weder über Artefakte, noch stellen Artefakte für sie Herausforderungen dar. Nele orientiert sich an sozialen Beziehungen, Artefakte stellen keine zentralen Bezüge dar und treten damit in den Hintergrund. Sowohl die Praxen des Fernsehens als auch des gemeinsamen Spielens werden von Nele mit Essen verbunden. Sie führt über Nahrungsmittel ihre eigenen Präferenzen ein und beschreibt darüber im kollektiven Rahmen der Familie sich selbst. Dies stellt einen Kontrast zu den beiden anderen Interviews dar, bei denen ein solcher Bezug auf Materielles nicht rekonstruiert werden konnte. Bei Nele lässt sich ein Bezug auf das Materielle *im Rahmen so-*

---

[88] Es lassen sich noch andere Kontrastierungslinien aus dem Material herausarbeiten. Ich habe mich in diesem Beitrag ausschließlich auf die dargestellten konzentriert.

zialer Beziehungen in Form von Präferenzen insbesondere bei Nahrungsmitteln rekonstruieren, der mit einer Orientierung an Genuss verbunden ist.

Im Gegensatz zu Nele, die als maximaler Kontrast zu Constancia und Paul ausgewählt wurde, kontrastieren die Orientierungen und Bezüge auf das Materielle bei den beiden minimal. Die Gemeinsamkeiten zwischen Paul und Constancia lassen sich wie folgt fassen: Bei beiden kann eine Orientierung am Tätigsein rekonstruiert werden, d. h. „etwas zu tun" ist bei ihnen habituell verankert. Langeweile steht im negativen Horizont. Beide enaktieren die Orientierung am Tätigsein durch vielfältige Handlungspraxen, in denen sie etwas tun und in deren Rahmen Paul und Constancia Bezug auf Artefakte nehmen. Der Bezug auf Materielles ist demnach im Gegensatz zu Nele durch *Tätigkeiten* gerahmt. Auch bei ihnen lassen sich minimale Kontraste herausarbeiten: Paul führt über die Beschreibung, was er alleine oder mit anderen zusammen macht, vielfältige „Materialien" ein, durch die er seine Orientierung am Tätigsein enaktiert. Bei ihm dominiert der Bezug auf Materielles über Erschaffen und Gestalten. Constancia hingegen beschreibt ebenfalls Aktivitäten, die sie realisiert, aber bei ihr geht es um Herausforderungen, an denen sie sich abarbeitet. Artefakte werden bei Constancia somit zu Herausforderungen, mit denen sie sich auseinandersetzt.

5 Fazit

Für die am Anfang des Beitrags eröffnete Fragestellung danach, wie sich Kinder bei dem Thema, „was ich/wir mache(n)", auf das Materielle beziehen, zeichnen sich zwei Formen[89] der Bezugnahme ab: Die erste Form ist dadurch gekennzeichnet, dass Materielles im Rahmen von Tätigkeiten verhandelt wird. Insbesondere bei Constancia wird deutlich, dass die Artefakte nicht nur Möglichkeiten des Tätigseins eröffnen, sondern auch das Verbessern von Fähigkeiten zentral ist. Bei der zweiten Form der Bezugnahme auf Materielles ließ sich ein Bezug im Rahmen von sozialen Beziehungen in Form von Präferenzen herausarbeiten. Materielles bietet die Möglichkeit, Präferenzen in Bezug auf die eigene Person anzuschließen. Artefakte spielen in den kollektiven Praxen mit den Brüdern und der Mutter als Möglichkeiten der Beschäftigung keine Rolle.

Diese unterschiedlichen Bezüge zeigen das Spektrum der Handlungsmöglichkeiten der Kinder innerhalb ihres Orientierungsrahmens auf. Es gibt daher Kinder, die Artefakte und damit Materielles als Möglichkeiten des sich Beschäftigens, Gestaltens, Erschaffens, aber auch des „an sich arbeiten" verhandeln.

---

89 Diese Formen lassen sich sicherlich in einem weiteren Schritt der Abstraktion und Kontrastierung zu einem Typus zusammenfassen. Dieser Schritt ist bisher jedoch noch nicht erfolgt, so dass ich hier den Begriff der Form verwende.

Andere Kinder wiederum nehmen das Materielle zum Ausgangspunkt, um Reflexionen über sich selbst und ihre Präferenzen zu initiieren. Für sie sind Artefakte nicht in Bezug auf die Beschäftigung bedeutsam, vielmehr ist der Bezug auf Präferenzen im Orientierungsrahmen verankert. Die Kinder konstruieren damit auch Materielles unterschiedlich. Zum einen wird es als etwas gefasst, mit dem man etwas machen, gestalten, schaffen kann, zum anderen als etwas, mit dem Präferenzen formuliert werden können.

Hier deuten sich Erkenntnisse an, die sich auch mit dem Forschungsstand zu Artefakten bzw. persönlichen Objekten decken: Zum einen konnte auch in den Interviews der Kinder gezeigt werden, dass Materielles und Artefakte in Praxen inhärent sind und diese nicht losgelöst davon betrachtet werden können – wie dies schon die Kultursoziologie herausgearbeitet hat. Zum anderen deutet sich an, dass Artefakte auch zur Charakterisierung der eigenen Person/Persönlichkeit genutzt werden, was Habermas (1996) in seiner Studie herausgearbeitet hatte.

Literatur

Bohnsack, Ralf (2007): Rekonstruktive Sozialforschung. Einführung in die Methodologie und Praxis qualitativer Forschung. 6. Aufl. Opladen/Farmington Hills

Bohnsack, Ralf (2009): Mehrdimensionalität der Typenbildung und ihre Aspekthaftigkeit. In: Ecarius, Jutta/Schäffer, Burkhard (Hrsg.): Typenbildung und Theoriegenerierung. Methoden und Methodologien qualitativer Bildungs- und Biographieforschung. Opladen/Farmington Hills: 47–72

Bosch, Aida (2010): Konsum und Exklusion. Eine Kultursoziologie der Dinge. Bielefeld

Chassé, Karl August/Zander, Margherita/Rasch, Konstanze (2010): Meine Familie ist arm. Wie Grundschulkinder Armut erleben und bewältigen. 4. Aufl. Wiesbaden

Elschenbroisch, Donata (2010): Die Dinge. Expeditionen zu den Gegenständen des täglichen Lebens. München

Habermas, Tillmann (1996): Geliebte Objekte. Symbole und Instrumente der Identitätsbildung. Frankfurt a. M.

Hock, Beate/Holz, Gerda/Simmedinger, Renate/Wüstendörfer, Werner (2000): Gute Kindheit – Schlechte Kindheit? Armut und Zukunftschancen von Kindern und Jugendlichen in Deutschland. Abschlussbericht zur Studie im Auftrag des Bundesverbandes der Arbeiterwohlfahrt. Frankfurt a. M.

Holz, Gerda/Skoluda, Susanne (2003): Armut im frühen Grundschulalter. Abschlussbericht der vertiefenden Untersuchung zu Lebenssituation, Ressourcen und Bewältigungshandeln von Kindern im Auftrag des Bundesverbandes der Arbeiterwohlfahrt. Frankfurt a. M.

Hörning, Karl H. (2001): Experten des Alltags. Die Wiederentdeckung des praktischen Wissens. Weilerswist

Hörning, Karl H./Reuter, Julia (Hrsg.) (2004): Doing Culture. Neue Positionen zum Verhältnis von Kultur und sozialer Praxis. Bielefeld

Latour, Bruno (2007): Eine neue Soziologie für eine neue Gesellschaft. Einführung in die Akteur-Netzwerk-Theorie. Frankfurt a. M.
Richter, Antje (2000): Wie erleben und bewältigen Kinder Armut? Eine qualitative Studie über Belastungen aus Unterversorgungslagen und ihre Bewältigung aus subjektiver Sicht von Grundschulkindern einer ländlichen Region. Aachen
Wieser, Matthias (2004): Inmitten der Dinge. Zum Verhältnis von sozialen Praktiken und Artefakten. In: Hörning, Karl H./Reuter, Julia (Hrsg.): Doing Culture. Neue Positionen zum Verhältnis von Kultur und sozialer Praxis. Bielefeld: 92–107
Winnicott, Donald (1969): Übergangsobjekte und Übergangphänomene. In: Psyche 23, 9: 666–682
Wygotski, Lew (1987): Ausgewählte Schriften. Bd. 2: Arbeiten zur psychischen Entwicklung der Persönlichkeit. Hrsg. von J. Lompscher. Berlin

Chancengleichheit im Kindergarten?
Inkludierende und exkludierende Einstellungs- und Handlungsmuster in Einrichtungen früher Bildung

Beate Beyer

Die Bedeutung einer frühen Förderung aller Kinder wird spätestens seit der ‚Bildungsmisere', die im Zuge internationaler Vergleichsstudien in Deutschland populär wurde, nicht mehr in Frage gestellt. Stattdessen wird der Kindergarten[90] mit dem Ruf nach einer „Bildung von Anfang an" (vgl. z. B. Bildung:elementar 2004) als vorschulische Bildungsinstitution wahrgenommen, in der alle Kinder, unabhängig vom sozioökonomischen Status der Eltern, des ethnisch-kulturellen Hintergrundes oder anderer potentieller ungleichheitsrelevanter Bedingungen, einen gemeinsamen Alltag und damit vielfältige Erfahrungen teilen. Gleichzeitig steigen jedoch auch die Anforderungen und Erwartungen an die Professionalität von Erzieherinnen und Erziehern. Ihnen soll nun gelingen, dass sich alle Kinder hinsichtlich ihrer Interessen und Möglichkeiten frei entfalten können. In diesem Zusammenhang weisen einige Bildungs- und Ungleichheitsforscher (z. B. Becker 2010: 105; Geißler 2006: 46) darauf hin, dass der Kindergarten der Ort sei, an dem Chancengleichheit am ehesten hergestellt werden könne. Betrachtet man jedoch den vorhandenen Mangel an empirischen Studien in diesem Bereich, erstaunt diese selbstverständliche Chancenzuschreibung. Die wenigen, meist internationalen Untersuchungen, die mit dem Thema der Ungleichheitsforschung im Kindergarten in Verbindung gebracht werden können, zeigen recht unterschiedliche Ergebnisse. So wurde der Einfluss der Herkunftsfamilie auf spätere Bildungserfolge im Vergleich zu dem des Kindergartens als bedeutsamer herausgestellt (Rossbach 2005; von Maurice et al. 2007), während andere Studien auf einen dauerhaften positiven Einfluss des Kindergartens hinsichtlich späterer Schulleistungen hinweisen, besonders für Kinder aus benachteiligten Familien (Sylva et al. 2004; Becker/Lauterbach 2007; Büchner/Spieß 2007). Am deutlichsten scheint der positive Einfluss des Kindergartens auf spätere Bildungs- und Entwicklungschancen nachweisbar zu sein, wenn gezielte Förderprogramme

---

90 Der Begriff ‚Kindergarten' wird im Folgenden als Bezeichnung für alle Tageseinrichtungen für Kinder zwischen dem 0.–6. Lebensjahr verwendet.

eingesetzt werden (NICHD Early Child Care Research Network 2005; Reynolds/Temple 1998). Inwiefern auch im Kindergarten Mechanismen sozialer Ungleichheit wirksam werden, ist bisher kaum Gegenstand empirischer Untersuchungen gewesen. Mit Blick auf die unterschiedliche Nutzung von Kindertagesstätten wird jedoch deutlich, dass die familiäre Herkunft ein entscheidender Faktor ist, wobei vor allem diejenigen Kinder einen Kindergartenplatz erhalten, deren Eltern über ein gesichertes Einkommen verfügen (vgl. Fuchs/Peucker 2006).[91] Darüber hinaus geben Interviewstudien (vgl. Rabe-Kleberg 2005, 2010) Hinweise darauf, dass nicht nur Unterschiede zwischen Kindern unter dem Deckmantel der „Neutralität" (Rabe-Kleberg 2010: 50) übersehen werden, sondern diskriminierende Haltungen bei Erzieherinnen gegenüber Kindern aus bildungsarmen Milieus zu erkennen sind (ebd.: 52). Der Besuch des Kindergartens scheint demnach sowohl Potentiale als auch Risiken in sich zu bergen, Kinder gemäß ihrer Bedürfnisse und Voraussetzungen zu fördern. Bisher bleibt jedoch im Dunkeln, welche genauen Bedingungen und Faktoren zu einer gelungenen Förderung aller Kinder führen, und des Weiteren, welche Rolle hierbei ErzieherInnen mit ihren eigenen Werthaltungen und Normvorstellungen einnehmen. An dieser Stelle geraten makroanalytische Studien oft an ihre Grenzen. Zwar stellen sie statistisch relevante Zusammenhänge her, jedoch mangelt es ihnen an einer genauen Betrachtung der Prozesse, die soziale Ungleichheit bedingen. Anhand einer mikroanalytischen Studie, die als Dissertationsprojekt konzipiert wurde, sollen genau diese alltäglichen interaktionalen Prozesse im Kindergarten mithilfe einer Verknüpfung von Videografie und Interviews in den Mittelpunkt gestellt werden.

1 Forschungsfragen

Wie gehen ErzieherInnen in Kindertagesstätten mit Gleichheit/Verschiedenheit zwischen Kindern im Alltag um? Welche ungleichheitsrelevanten Dimensionen spielen hierbei eine Rolle? Hierbei werden keine vorab festgelegten Differenzkategorien (bspw. Geschlecht, Herkunft) eingesetzt, vielmehr ist das Herausfiltern potentiell relevanter Differenzierungslinien selbst Gegenstand der Untersuchung. Daneben soll der Zusammenhang zwischen den alltäglichen Handlungsmustern der ErzieherInnen mit verbalisierten Differenzen und der Zuschreibung von Kindern als ‚Andere' oder als ‚Gleiche' untersucht werden. Die Wahrnehmung von Differenzen wird hierbei nicht als natürlich angesehen, sondern aus

---

91 Daneben gelten das Platzangebot, die Geschwisterzahl sowie der Migrationshintergrund als entscheidende Faktoren für oder gegen die Nutzung des Kindergartens.

einer sozialkonstruktivistischen Perspektive heraus als ein Produkt von interaktionalen Aushandlungsprozessen betrachtet.

2 Anlage der Studie und methodisches Vorgehen

Insgesamt wurden für diese Studie drei Kindergärten ausgewählt. Zwei dieser Kindergärten (*Linienschiff* und *Expedition*) befinden sich in problembelasteten Stadtteilen am Rande zweier ostdeutscher Städte, ein dritter (*Kapitän*) im Zentrum einer Großstadt. Im Mittelpunkt der Analysen stehen die Erzieherinnen[92] mit ihren Orientierungen und Handlungspraxen. Von den insgesamt sechs Erzieherinnen wurden vier maximal kontrastierende Fälle in die Interpretationen einbezogen – Frau Radisch, Frau Emrich, Frau Seibt und Frau Schulze.[93] Um ein möglichst erkenntnisreiches und geschlossenes Bild des Untersuchungsgegenstandes zu erhalten, wurde eine Methodentriangulation (vgl. Flick 2003) vorgenommen, bei der die Probanden anhand teilnehmender Beobachtung mit Videografie sowie in themenzentrierten qualitativen Interviews zur Sprache kamen. Die Interviews beinhalteten die Schwerpunkte ‚Beschreibung der Kinder', ‚Vorstellungen über die unterschiedlichen Interessen/Voraussetzungen bei Kindern', ‚pädagogisches Selbstverständnis' sowie ‚Bedeutung der Zusammenarbeit mit den Eltern'. Anschließend erfolgte eine teilnehmende Beobachtung mit Videografie. Für die Auswahl der Szenen waren folgende Kriterien ausschlaggebend: Repräsentanz, d. h. die Szenen sollten möglichst eine repräsentative Alltagssituation der jeweiligen Erzieherin darstellen (typische Handlungen, Haltungen, Gebärden der Erzieherin), sowie Fokussierung, d. h. es wurden Szenen mit einer hohen Interaktionsdichte ausgewählt, die zudem vergleichbar sind (vgl. Bohnsack 2008). Die Auswertung der Daten folgte den Prinzipien der dokumentarischen Methode nach Bohnsack (2008) und in Anlehnung an die Bewegungsanalyse nach Klambeck (2007). Hierbei werden in Form einer Tabelle neben dem Gesagten jegliche Details der Teilhandlungen (Gestik, Mimik, Bewegung im Raum etc. eingeschlossen) der Beteiligten erfasst. Ziel ist dabei, die Interaktionsverläufe in körperlich-gestischer und verbaler Hinsicht zum Ausdruck zu bringen und dabei die Positionierung im Raum zu berücksichtigen.

---

92 Im Zusammenhang mit der eigenen Studie wird im Folgenden lediglich die weibliche Form verwendet, da keine männlichen Erzieher einbezogen werden konnten.
93 Alle für diese Untersuchung verwendeten Namen wurden anonymisiert.

3 Routinierte Alltagshandlungen zwischen Vereinheitlichung und Differenzierung – empirische Ergebnisse

Im Laufe der Interpretationen stellte sich heraus, dass die Vermittlung von Anerkennung vs. Missachtung ein zentrales Unterscheidungsmerkmal zwischen den Erzieherinnen darstellt. Um die verschiedenen Formen der Anerkennung zu berücksichtigen, die sich im Material zeigten, erfolgte ein Rückgriff auf die Anerkennungstheorie von Honneth (1994)[94] sowie auf die Begrifflichkeiten von Inklusion und Exklusion in Anlehnung an Hummrich (2010).[95] Mit Hilfe der Verknüpfung der Handlungs- und Interviewebene konnten schließlich drei verschiedene sinngenetische Typen herausgestellt werden, die im Folgenden kurz skizziert werden.

3.1 Typus A: Beziehungsorientiert-paternalistisch

Typus A lässt sich dadurch kennzeichnen, dass in einem hohen Ausmaß Anerkennung im Sinne von Wertschätzung vermittelt wird. So wurde auf der Ebene der Interaktion bei Frau Emrich deutlich, dass die Vermittlung sozialer Anerkennung, die dem Muster „Solidarität" (Honneth 1994) entspricht, vordergründig ist, bspw. durch die Bestärkung erbrachter Leistungen im Basteln oder Malen.

KiTa *Expedition*, Auszug Szene 2 „Gemeinsames Basteln":
Das Mädchen (Lisa) schaut zur Erzieherin und hebt ihre linke Hand nach oben. In der Hand hält sie etwas Gebasteltes. Die Erzieherin blickt zu ihr und lobt sie, wobei sie mitten im Satz unterbricht und die anderen Kinder am Tisch fragt, wie ihnen das Gebastelte von Lisa gefällt („oh lisa seh:r – guckt mal wie gefällt euch das von lisa?"). Die Kinder blicken alle zu dem Mädchen und antworten nahezu gleichzeitig: „schön.". Die Erzieherin ergänzt und sagt: „wundervoll. ihr seid richtje künstler. weihnachtswichtel". [...] Das zuvor gelobte Mädchen läuft nun lächelnd aus dem Raum, und dreht sich dabei noch ein Mal zur Erzieherin um.

Aus dem Beispiel, das stellvertretend für ähnliche Situationen ausgewählt wurde, geht hervor, dass Frau Emrich die am Tisch sitzenden Kinder als eine Gemein-

---

94 Dabei werden die sozialen Anerkennungsverhältnisse in drei verschiedene Formen ausdifferenziert: Liebe, Rechte (moralische Anerkennung), Solidarität (soziale Wertschätzung/Leistung) (Honneth 1994). Für weitere Ausführungen Honneths sei an dieser Stelle auf entsprechende Literatur hingewiesen (z. B. Honneth 1994; Hummrich 2010; Schäfer/Thompson 2010).
95 Hummrich (2010) extrahierte Abstandsbestimmungen in Form von Einheit–Differenz, Nähe–Distanz sowie Anerkennung–Missachtung, die Zugehörigkeitsordnungen im Spannungsfeld von Teilhabe (Inklusion) oder Ausschluss (Exklusion) darstellen.

schaft anspricht, die sich gegenseitig positive Rückmeldungen gibt. Darüber hinaus lobt sie nicht nur das eine Kind (Lisa), sondern verallgemeinert ihre Leistung auf die der Gruppe. Die Kinder werden als Künstler angesprochen, was die Produkte ihrer Mal- und Bastelaktivitäten als etwas Besonderes darstellt. Darüber hinaus kam in einer weiteren Szene eine besondere Zuwendung zum Mädchen Nicole, das nach Einschätzung der Erzieherin aus „schwierigen" familiären Verhältnissen stammt, zum Vorschein. Deutlich wurde dies durch das Zeigen von Zuneigung (durch Umarmen, über Kopf streicheln, Steigerung des Lobs) in dem Moment, als das Mädchen die Nähe der Erzieherin sucht. So wurde Nicole von Frau Emrich nicht nur sprachlich gelobt und damit sozial wertgeschätzt, sondern es wurde auch auf der körperlichen Ebene Zuneigung ausgedrückt. Daneben zeigte sich an anderer Stelle eine Orientierung, die einer Lehrperson ähnelt. Dies kam besonders in einer Szene zum Vorschein, die einer Lehr-Lernsituation glich, indem die Erzieherin auf der Grundlage eines gemalten Bildes Körpergliedmassen erläuterte. Auf der Ebene des Interviews stand eine Beziehungsorientierung im Vordergrund, die dadurch gekennzeichnet ist, die Bedürfnisse der Kinder wahrnehmen zu wollen.

KiTa *Expedition*, Interview Fr. Emrich, Z. 816–828:
Fr. E.: also ihr selbstbewusstsein is eigentlich (2) sehr von der mutti sehr niederjemacht worden und und hier habn wir sie soweit stabilisiert dass sie auch zur mutti mal sagt, das mache ich nicht. und dann hattn wir dann die gespräche also das war ja dann alles erst in der entwicklung immer und dann habn wir mal gesagt frau schmidt wir sehn das so und so habn sie das auch schon gesehn. und da fing sie dann zu überlegen an und seitdem klappts auch besser muss ich sagen. also die mutti hat selber in sich auch mal reingekuckt und hatte das von dem augenblick noch gar nich so gesehn jehabt.
I: mh. habn sie mit der mutti gesprochen dann?
Fr. E.: ich hatte mit ihr- weil das hat sich nachher so ne beziehung aufgebaut und da hab ich immer gesagt frau schmidt immer schön mit der ruhe. bleibn sie mal n bisschen ruhiger lassen=sie sie mal alleine probiern. immer so erst am anfang und vertrauen aufgebaut. (.) u:nd nach ner ganzen weile wo ich dann gedacht hatte jetzt könntest du vielleicht mal was sagen? dann war dann auch der zeitpunkt da und da hab ich ihr mal ge- wie sehn sie die stellung von nicole.

Frau Emrich verwendet den Begriff „stabilisiert" (Z. 817), was üblicherweise im medizinischen Bereich verwendet wird nach akuten, lebensbedrohlichen Maßnahmen. Möglicherweise ordnet sie selbst die Instanz des Kindergartens als rettende Maßnahme bei schwierigen familiären Bedingungen zu. Sie führt ihre Erzählungen in der Wir-Form fort und berichtet von gemeinsamen Gesprächen mit der Mutter des Mädchens, in denen sie ihre Eindrücke mitteilten und die Mutter so zum Nachdenken anregten. Die sprachliche Zurückhaltung lässt sich auch an dieser Stelle mit der inneren Haltung kombinieren. Obwohl sie sich in ihren Ansichten und Beobachtungen sicher scheint, wartet Frau Emrich, bis das Vertrauen in der Beziehung so tragfähig ist, dass auch kritische Aspekte angesprochen werden können. Es dokumentiert sich darin eine große Rücksicht und Sensibilität für innerfamiliäre Belange, ohne die Bedürfnisse des Kindes außer Acht zu lassen. Die Interpretationen lassen eine Inklusions- und Exklusionskultur erkennen, die als ‚wertschätzend-kompensatorisch' bezeichnet werden kann.

3.2 Typus B: Orientierung als Experte/Expertin

Am deutlichsten kam dieser Typus durch die Erzieherin Frau Seibt zum Ausdruck. So zeigte sich in den Interaktionen von Frau Seibt eine Lernziel- und Bildungsorientierung, als diese in einer Morgenrunde die Erzählungen der Kinder mit der Vermittlung von geografischem Wissen abruft.

> KiTa *Kapitän*, Auszug Szene 1 „Morgenrunde":
> Frau Seibt wendet sich anschließend einem anderen Kind zu (,,Luise", K5) und fragt, was sie in Italien gesehen habe. Während das Mädchen in unvollständigen Sätzen antwortet, kneift die Erzieherin leicht die Augen zusammen und öffnet etwas den Mund. Vermutlich fällt es ihr schwer, die Worte des Mädchens zu verstehen. Das Mädchen wiederum wirkt durch das Bewegen des Körpers und gleichzeitigem Lächeln sehr aufgeregt und stolz, während sie spricht. Während das Mädchen antwortet, sitzt der Junge (K 1) mit den Händen im Schoß und blickt zu dem Mädchen. Dann wippt er erneut mit seinem Oberkörper nach vorn und zurück und schaut dabei auf den Boden. Gleichzeitig bewegt sich das neben der Erzieherin sitzende Mädchen (K 14) kriechend in Richtung Kreismitte und bleibt ausgestreckt auf dem Boden liegen. Auf dem Boden greift sie sich einen Gegenstand (vermutlich gebastelter Batman), der von dem Jungen (K 1) sogleich zurückgefordert wird. Die Erzieherin fasst das Mädchen anschließend an der Hüfte und zieht es in einer schnellen Bewegung zurück neben sich. Dabei schleift der Oberkörper des Mädchens auf dem Boden. Während dieses Vorgangs blickt die Erzieherin fast durchgängig zu Luise und fordert sie auf, weiterzusprechen. Das Mädchen antwortet, dass sie wie Lukas in den Bergen war.

In diesem kurzen Szenenausschnitt einer Morgenrunde versucht Frau Seibt, länderspezifisches Wissen anzuregen. Die Morgenrunden dienen demnach nicht nur dazu, das Befinden und die Erlebnisse der Kinder zu thematisieren, sondern sie werden funktional dafür eingesetzt, um Wissen zu vermitteln und Interesse an neuen Dingen zu wecken. Die sonst eher im schulischen Bereich eingesetzte Funktionalität steht im Kontrast zu der äußeren Sitzhaltung der Kinder. Diese ist im Vergleich zu pädagogischen Gruppeninteraktionen der anderen Erzieherinnen recht bewegungsintensiv. Die Kinder schaukeln mit ihrem Oberkörper hin und her, liegen auf dem Fußboden und suchen den Kontakt zueinander. Frau Seibt duldet dies, scheint aber dennoch einen konkreten ‚Plan' zu verfolgen – nämlich das Land Italien mit den landesspezifischen Eigenheiten zu thematisieren. Ihre Gestik gleicht dabei einer Moderatorin, die das Geschehen strukturiert und dann eingreift, wenn eine der TeilnehmerInnen (ein Integrationskind) die Gruppe und damit die Vermittlungsprozesse stört. Pädagogische Überschreitungssituationen löst sie so, dass die ‚Störungen' nicht die geplanten Bildungsprozesse unterbrechen. Aus dem Interview mit der Erzieherin konnte das Idealbild eines Kindes rekonstruiert werden, welches selbstständig und interessiert sowie kommunikations- und kontaktfreudig ist. Als Gegenpol dazu wurden Kinder als problematisch eingeschätzt, die schüchtern sind, wenig reden und sich Anderen gegenüber nicht öffnen. Anhand der Beschreibung der Praxis des Vorlesens englischer Bücher im Kindergarten sowie ihrem Wunsch, ein Studium zu beginnen, spiegelt sich eine hohe Bildungsaspiration wider. Darüber hinaus versteht sie sich als eine Expertin für die Belange der Kinder, wobei Eltern ihre Vorschläge befolgen sollten. Damit schafft sie eine gewisse Distanz zu Eltern sowie eine kritische Haltung gegenüber den Eltern, die nicht mit ihr übereinstimmen.

KiTa *Kapitän*, Interview Fr. Seibt, Z. 637–647:
der is (.) drei::::: unnviertel;//°mhm°//genau °dreiviertel° (.) also müsste wirklich über die phase hinaus sein und müsste jetz langsam schon (2) sinnkomplette sätze sprechen, (.) dreivierfünf-wort-sätze müssten jetz langsam kommn und da kommt noch kein wort (.) die eltern habn gesagt sie er hat ja zu hause schon (.) ähm norwegisch gesprochen? die kommn aus (.) norwegen die eltern//aha//war aber bei uns gar nich ich hab der mutti auch mal (.) so n paar worte sagen lassen um zu hörn ob ich diese diesen (.)//ja//diese worte schonmal gehört hab bei ihm, hab ich aber nich; wir wissen jetz nich inwiefern das wunschvorstellung is oder obs auch wirklich so wahr (.) s kann man jetz nich sagen

Dass Jonathan nicht spricht, wird als Fehler der Eltern dargestellt. Frau Seibt kritisiert, dass die Eltern es nicht „wahrhaben wollen", dass ihr Kind nicht sprechen kann. Durch die häufige Verwendung des Wortes „müsste" wird eine Erwartungshaltung deutlich, welche die Erzieherin an das Kind und gleichzeitig auch an die Eltern richtet. Somit nimmt sie die Rolle einer Expertin ein, die sprachliche Defizite bei Kindern zu erkennen vermag. Des Weiteren dokumentiert sich in der Formulierung „nicht wahrhaben wollen", dass die Eltern eigentlich die Defizite des Kindes kennen, sie aber verdrängen und nicht anerkennen wollen.

3.3 Typus C: Distanziert-resignativ

Dieser Typus ließ sich vor allem bei Frau Schulze, Frau Radisch und Frau Arndt (Leiterin Kindergarten *Linienschiff*) herausarbeiten. Als übergeordnete Orientierungen ließen sich in diesem Typus Macht- und Strukturierungsorientierungen feststellen, die durch Bestrafung, durch sozialen Ausschluss (Frau Schulze) oder Ignorieren (Frau Radisch) gekennzeichnet waren.

> KiTa *Expedition*, Auszug Videotranskript Fr. Schulze: „Fritz kommt, Joanna geht":
> [...] Plötzlich wendet sich die Erzieherin an das Mädchen (K 10, „Joanna") und sagt: „**joanna wenn du nicht- bring deine puppe bitte weg oder geh rüber zu frau luft spieln.**" Während die Erzieherin das Mädchen auffordert, bewegt sie ihren leicht gebeugten rechten Arm mit einer ausgestreckten Hand, die in Richtung des Nebenraums zeigt, in einer schnellen Bewegung zweimal nach oben und unten. Dann hebt sie noch einmal die Hand und wendet sie in einer schnellen Bewegung zunächst in Richtung des Mädchens und dann zur Tür. Das Mädchen blickt abrupt zur Erzieherin, als sie ihren Namen hört. Ihr Mund ist dabei leicht geöffnet. Die Erzieherin wiederholt ihre Aufforderung mit deutlicheren Worten: „**bring deine puppe, weg**" und ergänzt: „**die brauchen wir jetzt nicht. (.) die stört uns jetzt nur**". Das Mädchen erwidert nichts, sondern blickt nur mit unverändert starrer Miene zur Erzieherin, steht schließlich unter den Blicken der anderen Kinder auf und verlässt den Raum. Als die Erzieherin an der Tür erscheint, erklärt Frau Schulze, dass Joanna mit ihrer Puppe gespielt und gesprochen habe und dies störte („die spielt hier mit ihrer puppe und spricht mit ihr, das stört"). Dabei hebt sie ihre rechte Hand und weist damit in die Richtung des Platzes, wo zuvor das Mädchen gesessen hat.

Anerkennung im Sinne von Wertschätzung und Zuspruch wurde dabei selten vermittelt. In den interpretierten Interviewabschnitten konnte eine Orientierung an Kollektivität herausgearbeitet werden, wobei Kinder, die sich den Erwartungen der Erzieherin anpassen, als positiv wahrgenommen werden. In diesem Zusammenhang zeigte sich bei Frau Radisch auch eine große Hilflosigkeit im Umgang mit abweichendem Verhalten (d. h. abweichend von ihren Vorstellungen) und Jungen, die sich aus Gruppenprozessen in ihrer Wahrnehmung ausschließen.

> KiTa *Linienschiff*, Interview Fr. Radisch, Z. 148–160:
> ja und dann gibt's in dieser sechsergruppe eben auch noch ein mädchen was noch ganz klein ist wo man gar nicht denkt dass es auch in die vorschule kommt (2) die lisa (2) die hat auch so'n bisschen also die müsste auch bissel eigentlich mehr können also (.) da denkt man nicht dass sie in die vorschule kommt auch vom wissen her da müssn mer auch noch viel tun? und dann john paul das sind cousins die kommen auch in die vorschule (.) und dann noch unseren sebastian. der ist eben sehr (.) habe auch gedacht dass er ein integrationskind bestimmt wird. der war auch jetzt

mit der mutti in psychologischer behandlung und soll auch noch welche kriegen (.) weil er sehr (.) aggressiv ist gegenüber kindern aber auch gegen erwachsenen oft also so sehr laut sehr laut. Und (.) ich muss ihnen ehrlich sagen wenn er nicht da ist dann ist es harmonisch (.) das war heute ein tag.//@(.)@//@(.)@ und (.) da steh ich auch dazu. und die mutti ist auch oft froh wenn sie ihn abgibt also die kommt auch nicht mit ihm so richtig klar ja und jetzt soll eben eine familientherapie stattfinden aber organisiert ist da auch noch nichts.

Nachdem Frau Radisch ein Mädchen und zwei weitere Jungen ihrer Gruppe im Raster der Leistungsfähigkeit vorstellt, kommt sie auf einen Jungen zu sprechen, den sie mit „unseren sebastian" einführt. Er wird mit den Worten „laut" und „aggressiv" beschrieben. Sie ist froh, wenn er nicht da ist und thematisiert bzw. delegiert auch hier an andere Helfersysteme. Es scheint, als ob sie sich selbst nicht in der Verantwortung oder in der Lage sieht, diesem Jungen Unterstützung zu bieten. Sowohl die Förderung (psychologische Beratungsstelle) als auch die Ursachen für seine Probleme (Familie) werden komplett aus dem Kindergarten ausgelagert. Dies deutet auf die Orientierung hin, dass der Kindergarten nicht auf eine individuelle Förderung, sondern auf die Vorbereitung der Grundschule abzielt. Indem sie betont, dass selbst seine Mutter froh sei, ihn abzugeben, weist sie jegliche ‚Schuld' von sich. Deutlich wird in dem Abschnitt auch, dass Frau Radisch ein geordnetes Spielen bevorzugt, bei dem es leise und harmonisch zugeht. Sebastian stört nun diese Art des Spielens und sorgt für Streit in der Gruppe.

4 Zusammenfassung und Perspektiven

Die hier in Auszügen präsentierte Studie ist als ein Beitrag zur Rekonstruktion von Mikroprozessen sozialer Ungleichheit im Kindergarten zu verstehen. Der Fokus lag dabei auf dem Zusammenspiel zwischen impliziten Zuschreibungen und Normalitätsvorstellungen mit alltäglichen Handlungsmustern. Die Ergebnisse weisen auf ein breites Spektrum an Interaktionsmustern von sozialem Ausschluss bis zu einer kompensatorischen Zuwendung zu einzelnen Kindern hin. Im Kindergarten *Linienschiff* wurde deutlich, dass in den Handlungspraktiken und Wahrnehmungen von Frau Radisch eine ‚Praxis des Wegschauens' vorherrschte. Kinder, die sich nicht auf die Regelorientierung der Erzieherinnen einlassen oder die dafür notwendigen Voraussetzungen nicht mitbringen, sind somit von Exklusion bedroht. Die Wahrscheinlichkeit, dass stereotype Annahmen (wie bspw. Geschlechtsstereotype) handlungsleitend werden, ist bei diesem Typus besonders hoch. Als markante Differenzlinie kann die Anpassungsfähigkeit von Kindern an gegebene Strukturen angesehen werden, wobei Kinder, die sich nicht für die von der Erzieherin hervorgebrachten Themen und Spiele interessieren, als defizitär betrachtet werden. Unterbrechen Kinder die von der Erzieherin hergestellte Ordnung oder erfüllen sie nicht die an sie gerichteten Erwartungen, so werden sie entweder aus der Gruppe ausgeschlossen oder ignoriert. Im Vergleich dazu scheint im Typus A eher die Chance zu bestehen, Kindern aus problembelasteten Elternhäusern möglicherweise eine wichtige Bezugsperson zu sein, die negative Erlebnisse im familiären Umfeld abfedern und teilweise ausgleichen kann. Als potentielles Risiko kann hierbei jedoch die Gefahr einer ‚exklusiven Inklusion' herausgestellt werden, indem Kinder im Zusammenhang mit der selektiven Wahrnehmung bestimmter Kriterien ‚besondert', also speziell angesprochen werden.

Kindern ein Beziehungsangebot und eine Anerkennung in Form von Wertschätzung zu vermitteln, kann jedoch nicht nur eine Frage der Passförmigkeit zu eigenen Normvorstellungen sein. Vielmehr wäre eine selbstreflexive professionelle Haltung wünschenswert, wobei Differenzen zwischen Kindern wahrgenommen werden, ohne bestimmte Kinder auszuschließen oder als ‚Andere' zu tolerieren. Hierbei schließe ich mich der Forderung von Rosken (2009: 276) an, dass mit gezielten Weiterbildungen mit einem Schwerpunkt auf Selbstreflexion, diagnostischen und empathischen Fähigkeiten und eigenen biografischen Anteilen möglicherweise eine wichtige Lücke in der Professionalisierung von ErzieherInnen geschlossen werden kann.

Literatur

Becker, Rolf (2010): Soziale Ungleichheit im Schweizer Bildungssystem und was man dagegen tun könnte. In: Neuenschwander, Markus/Grunder, Hans-Ueli (Hrsg.): Schulübergang und Selektion – Forschungserträge und Umsetzungsstrategien. Chur: 91–108
Becker, Rolf/Lauterbach, Wolfgang (Hrsg.) (2007): Bildung als Privileg. Erklärungen und Befunde zu den Ursachen der Bildungsungleichheit. 2. Aufl. Wiesbaden
Bohnsack, Ralf (2009): Qualitative Bild- und Videointerpretation. Die dokumentarische Methode. Opladen/Farmington Hills
Büchner, Charlotte/Spieß, Katharina (2007): Die Dauer vorschulischer Betreuung- und Bildungserfahrungen – Ergebnisse auf der Basis von Paneldaten. DIW Berlin Discussion Papers. Online verfügbar unter: http://www.econstor.eu/handle/10419/18419 [03.03.2010]
Flick, Uwe. (2003): Triangulation. In: Bohnsack, Ralf/Marotzki, Winfried/Meuser, Michael (Hrsg.): Hauptbegriffe Qualitativer Forschung. Ein Wörterbuch. Opladen
Fuchs, Kirsten/Peucker, Christian (2006): „…und raus bist du!" Welche Kinder besuchen nicht den Kindergarten und warum? In: Bien, Walter/Rauschenbach, Thomas/Riedel, Birgit (Hrsg.): Wer betreut Deutschlands Kinder? DJI-Kinderbetreuungsstudie. Weinheim/Basel: 61–81

Geißler, Rainer (2006): Bildungschancen und soziale Herkunft. In: Archiv für Wissenschaft und Praxis der sozialen Arbeit 37, 4: 34–49
Honneth, Axel (1994): Kampf um Anerkennung. Zur moralischen Grammatik sozialer Konflikte. Frankfurt a. M.
Hummrich, Merle (2010): Exklusive Zugehörigkeit. Eine raumanalytische Betrachtung von Inklusion und Exklusion in der Schule. In: Sozialer Sinn 11, 1: 3–32
Klambeck, Amelie (2007): Das hysterische Theater unter der Lupe. Klinische Zeichen psychogener Gangstörungen. Wege der dokumentarischen Rekonstruktion von Körperbewegungen auf der Grundlage von Videografien. Göttingen
Maurice, Jutta von/Artelt, Cordula/Blossfeld, Hans-Peter/Faust, Gabriele/Roßbach, Hans-Günther/Weinert, Sabine (2007): Bildungsprozesse, Kompetenzentwicklung und Formation von Selektionsentscheidungen im Vor- und Grundschulalter: Überblick über die Erhebungen in den Längsschnitten BiKS-3-8 und BiKS-8-12 in den ersten beiden Projektjahren. Online verfügbar unter: http://psydok.sulb.uni-saarland.de/volltexte/2007/1008/ [03.03.2010]
NICHD Early Child Care Research Network (2005): Predicting individual differences in attention, memory, and planning in first graders from experiences at home, child care, and school. Developmental Psychology 41, 1: 99–114
Rabe-Kleberg, Ursula (2005): Von Generation zu Generation? Kleine Kinder und soziale Ungleichheit in Deutschland. In: Opielka, Michael (Hrsg.): Bildungsreform als Sozialreform. Zum Zusammenhang von Bildungs- und Sozialpolitik. Wiesbaden: 75–87
Rabe-Kleberg, Ursula (2010): Bildungsarmut von Anfang an? Über den Beitrag des Kindergartens im Prozess der Reproduktion sozialer Ungleichheit. In: Krüger, Heinz-Hermann/Rabe-Kleberg, Ursula/Kramer, Rolf-Torsten/Budde, Jürgen (Hrsg.): Bildungsungleichheit revisited. Bildung und soziale Ungleichheit vom Kindergarten bis zur Hochschule. Wiesbaden: 45–56
Reynolds, Arthur J./Temple, Judy A. (1998): Extended early childhood intervention and school achievement: Age 13 findings from the Chicago Longitudinal Study. Child Development 69, 1: 231–246
Roßbach, Hans-Günther (2005): Effekte qualitativ guter Betreuung, Bildung und Erziehung im frühen Kindesalter auf Kinder und ihre Familien. In: Sachverständigenkommission Zwölfter Kinder- und Jugendbericht (Hrsg.): Bildung, Betreuung und Erziehung von Kindern unter sechs Jahren. Bd. 1. München: 55–174
Sylva, Kathy/Melhuish, Edward/Sammons, Pam/Siraj-Blatchford, Iram/Taggart, Brenda (2004): The effective provision of preschool education (EPPE) project. Findings from pre-school to end of key stage 1. London

Zivilgesellschaftliches Engagement für Schüler in Japan – Was kann es angesichts sozialer Ungleichheit in der Bildung leisten?

Julia Canstein

Die Frage nach sozialer Ungleichheit in der Bildung ist von zentraler Bedeutung in der deutschen soziologischen und erziehungswissenschaftlichen Forschung. Von Becker und Lauterbach (2007: 417) wird sie als „immerwährende Frage", als „Dauerthema in der empirischen Bildungsforschung" charakterisiert.

Auch in der japanischen Bildungssoziologie wird seit Ende der 1960er Jahre eine Diskussion über soziale Ungleichheit in der Bildung geführt, die eine Fülle an empirischen Befunden zur Existenz von Bildungsungleichheit in Japan sowie verschiedene Erklärungen dafür hervorgebracht hat. Ausgehend von den Erklärungsansätzen werden zunehmend auch Lösungsvorschläge für eine Kompensierung von Ungleichheiten gemacht. Die Frage nach sozialer Ungleichheit in der Bildung und nach einer möglichen Kompensierung wird außerdem von den japanischen Lehrergewerkschaften thematisiert und untersucht.

Unter „Bildungsungleichheit" (*kyōiku kakusa*) wird in der japanischen Diskussion die Tatsache verstanden, dass in den Bildungsleistungen und im Bildungserwerb von Schülern abhängig von ihren familiären Hintergründen – die durch das Bildungsniveau und den Beruf der Eltern sowie das Einkommen der Familie bestimmt werden – Ungleichheiten entstehen. Mit „Bildungsleistungen" sind die anhand von Prüfungs- und Testergebnissen messbaren Leistungen gemeint. „Bildungserwerb" bezeichnet den Erwerb von schulischer und akademischer Bildung und das erreichte Bildungsniveau, was auch die konkreten besuchten Bildungseinrichtungen einschließt (Kariya 2001: 4; Minei/Ikeda 2006: 19 ff.; Nikkyōso 2009). In Japan gibt es ab der Ebene der Oberschulen, die die Klassen 10 bis 12 umfassen, eine inoffizielle, feingliedrige Hierarchie, die jeder Oberschule in einem bestimmten Bezirk einen Rang zuweist. Die einzelnen Oberschulen unterscheiden sich je nach ihrem Rang in der Hierarchie stark nach Schwierigkeitsgrad und Ansehen, so dass für den Bildungserwerb eines Schülers

auch die Frage von Bedeutung ist, welche konkrete Bildungsinstitution er besucht hat (Sakurai 2007: 35).[96]
Nach den vorliegenden Forschungsergebnissen haben japanische Schüler, deren Eltern ein hohes Bildungsniveau und eine hohe berufliche Position haben, tendenziell bessere Bildungsleistungen und einen „höheren" Bildungserwerb, das heißt sie erreichen ein höheres Bildungsniveau und besuchen in der Rangordnung höher angesiedelte Bildungsinstitutionen (u. a. Hata 1977; Maita 2008; Naoi/Fujita 1978; Ojima 2002). Diese Existenz von Bildungsungleichheit wird in der japanischen Diskussion implizit als nicht erwünscht dargestellt. Es werden verschiedene Lösungsvorschläge vorgelegt, mit denen versucht werden soll, soziale Ungleichheit in der Bildung wenn auch nicht ganz auszulöschen, so doch bis zu einem gewissen Grad zu kompensieren. Ein Konzept bezieht sich dabei auf das Engagement von Menschen von außerhalb der Schule, beispielsweise Anwohnern des Schulbezirks, für Schüler. Ein solches Engagement soll nach den Vorschlägen japanischer Bildungsforscher dazu beitragen, soziale Ungleichheit in der Bildung auszugleichen oder allgemein gegen sie anzugehen. So sieht ein Entwurf vor, dass pensionierte Lehrer oder Lehramtsstudenten innerhalb und außerhalb des Unterrichts die Schüler bei ihrem Lernen unterstützen, damit alle ein Minimum an Wissen und Fähigkeiten erreichen, unabhängig von ihren familiären Hintergründen (Kariya 2001: 227 f.). Ein anderer Beitrag stellt Beispielschulen vor, an denen sich Anwohner in AG-Aktivitäten engagieren, in denen die Schüler zum Beispiel praktische Arbeitserfahrungen machen können. Es heißt, dadurch würden den Schülern Kompetenzen vermittelt, damit sie selbstständig und unabhängig ihren beruflichen und akademischen Weg finden, ohne sich von existierenden Ungleichheiten in der Bildung beeindrucken und sich in Ungleichheitsstrukturen hineinziehen zu lassen (Minei/Ikeda 2006: 82 ff.).

1 Fragestellung

Das in den zwei Lösungsvorschlägen angesprochene Engagement von Menschen von außerhalb der Schule soll im vorliegenden Beitrag mit Gosewinkel et al. (2004: 11 f.) als „zivilgesellschaftliches Engagement" verstanden werden. Gosewinkel et al. definieren dieses als einen bestimmten Typus sozialen Handelns,

---

96 Die Zulassung zu einer in der Rangordnung hoch angesiedelten Oberschule ist für japanische Schüler insofern von Bedeutung, als dadurch der Weg auch leichter an eine angesehene Universität führt. Die japanischen Universitäten sind wie die Oberschulen in eine allgemein bekannte, in diesem Fall landesweite Hierarchie eingeordnet, und der Besuch einer berühmten Universität gilt „mehr oder weniger als Garantie für eine eindrucksvolle berufliche Karriere" (Teichler 1998: 416).

der durch Selbstorganisation und Selbstständigkeit, Handeln im öffentlichen Raum, Friedfertigkeit des Handelns sowie Bezug auf das allgemeine Wohl gekennzeichnet ist; und dieses Handeln finde in jenem Bereich statt, der in ausdifferenzierten modernen Gesellschaften „zwischen" Staat, Wirtschaft und Privatsphäre zu lokalisieren sei.

Das Engagement für Schüler ist ein Aktivitätsbereich von relativ großer Bedeutung unter zivilgesellschaftlichen Gruppen in Japan, wie eine Bestandsaufnahme basierend auf einer Datenbank solcher Gruppen[97] zeigt. In diesem existierenden Engagement lassen sich Möglichkeiten angesichts sozialer Ungleichheit in der Bildung vermuten – so, wie sie von japanischen Bildungsforschern thematisiert werden, möglicherweise aber noch in anderen Formen.

Der vorliegende Beitrag bezieht sich auf eine qualitative Studie, in der an Fallbeispielen japanischer zivilgesellschaftlicher Gruppen untersucht wurde, was diese Gruppen mit ihrem Engagement bezwecken, was sie konkret tun, und wo sich in ihrer Programmatik und ihrem praktischen Handeln Anknüpfungspunkte zu sozialer Ungleichheit in der Bildung zeigen. Das Sample besteht dabei aus sechs Gruppen, die Aktivitäten für Schüler durchführen. Die Programmatik einer Gruppe („Was will die Gruppe?") und ihr praktisches Handeln („Was tut die Gruppe?") wurden anhand von Leitfadeninterviews mit ihren Vertretern erhoben. Darauf basierend wurden mögliche Bezüge zu Bildungsungleichheit in Programmatik und/oder praktischem Handeln hergestellt. Ziel der Studie ist, verschiedene Möglichkeiten zivilgesellschaftlichen Engagements angesichts sozialer Ungleichheit in der Bildung, wie sie sich im Sample zeigen, herauszuarbeiten und zu diskutieren.

Im Folgenden werden ausgewählte Ergebnisse vorgestellt und die damit verbundenen Möglichkeiten des Engagements besprochen. Grundsätzlich sind jedoch nicht nur positive Wirkungen von zivilgesellschaftlichem Engagement zu erwarten. Denkbar sind auch nicht intendierte Effekte, die soziale Ungleichheiten verstärken. In der folgenden Diskussion der Ergebnisse werden solche Effekte angesprochen und damit die Frage, ob das zivilgesellschaftliche Engagement nicht selbst zu einem Ort der (Re-)Produktion sozialer Ungleichheiten werden kann.

---

97 Es handelt sich dabei um die online verfügbare Datenbank des Japan NPO Center, in der alle eingetragenen japanischen Non-Profit-Organisationen (NPO) mit dem Status einer rechtlichen Person verzeichnet sind (http://www.npo-hiroba.or.jp).

2 Ausgewählte Ergebnisse: Beispiele zivilgesellschaftlichen Engagements in Japan und Bezüge zu sozialer Ungleichheit in der Bildung

2.1 Die Gruppe Mori

Die Gruppe Mori[98], eine der sechs Gruppen aus dem Sample der zugrundeliegenden Studie, ist in der Stadt Niigata aktiv. Niigata liegt etwa 300 Kilometer nordwestlich von Tōkyō am Japanischen Meer. Die Gruppe Mori hat 56 Mitglieder, darunter vorwiegend Hausfrauen und Rentner, aber auch Studenten und Berufstätige. Die Programmatik der Gruppe besteht darin, an ihrer lokalen Grundschule einen Ort anzubieten, an dem die Schüler in Sicherheit und Sorglosigkeit spielen und an dem sie Umgang mit Schülern anderer Jahrgangsstufen und mit den Mitgliedern der Gruppe Mori haben können. Diese Programmatik setzt die Gruppe in ihrem praktischen Handeln auch um: Nach Schulschluss werden zwei Räume in der Schule und die Turnhalle für die Schüler geöffnet, und die Kinder können dort Tischtennis oder Badminton spielen, Papier falten (Origami) und anderes. Dabei werden sie von den Mitgliedern der Gruppe Mori beaufsichtigt und begleitet. Doch die Gruppe bietet den Schülern nicht allein einen solchen Ort. An diesem Ort werden nach Angaben der Vertreterin der Gruppe alle Teilnehmer auch freundlich aufgenommen und kein Kind wird ausgeschlossen, selbst Kinder nicht, die beispielsweise nicht beim Aufräumen mithelfen. So betont sie im Interview: „Weil es unter unseren Mitgliedern auch ehemalige Lehrer gibt, gibt es auch Mitglieder, die sagen, […] dass es besser wäre, Kinder, die nicht beim Aufräumen helfen und schon nach Hause gehen, zu bestrafen, zum Beispiel indem die Kinder einmal nicht zur Gruppe Mori kommen dürfen, doch weil es nicht so ein Ort ist, sagen wir uns, lasst uns auch dieses Kind wieder aufnehmen, lasst uns jedes Kind aufnehmen." Außerdem erklärt die Vertreterin, dass sich die Mitglieder bemühen, teilnehmenden Kindern zu helfen, die offensichtlich unglücklich sind oder ein Problem haben. Dies tun sie insoweit, als sie in ihrem Umgang mit den Kindern auf diese eingehen: „Es ist in etwa so ein Verhältnis, dass wir alle hoffen, dass wir ein bisschen helfen können, damit dieses Kind wenigstens ein bisschen ausgeglichen ist, dass es sich nicht so einsam fühlt, dass ihm nicht alles egal ist, was es tut." Dafür bitten die Mitglieder auch die Lehrer um Hinweise dazu, wie sie am besten angemessen mit dem Kind umgehen. Ausgehend von diesen Aspekten lässt sich der Ort, den die Gruppe Mori den Schülern ihrer lokalen Grundschule anbietet, zusammenfassend als ein „Ort zum Sichwohlfühlen in der Schule" beschreiben.

---

98 Alle Namen der Gruppen sind anonymisiert.

2.2 Die Gruppe Hayashi

Die Gruppe Hayashi ist in der Stadt Mitaka, 18 km westlich vom Stadtzentrum Tōkyōs gelegen, aktiv. Die Gruppe hat 20 Mitglieder, von denen fast alle Mütter von Schülern sind. Laut ihrer Programmatik möchte die Gruppe Hayashi an ihrer lokalen Grundschule einen Ort schaffen, an dem sich die Schüler nach Unterrichtsschluss aufhalten und an dem sie sich darüber hinaus wohl und geborgen fühlen können. Gemäß dieser Programmatik öffnet die Gruppe Hayashi mehrmals in der Woche nach Schulschluss die Turnhalle, den Schulhof und ein Klassenzimmer, damit die Kinder dort zum Beispiel Volleyball oder Brettspiele spielen können. Gelegentlich bieten die Mitglieder auch Anleitung bei Origami oder einfachen Bastelarbeiten an. Dazu weist die Vertreterin im Interview darauf hin, dass sich die Mitglieder bewusst nicht in das Spiel der Kinder einmischen, damit diese sich nicht von ihnen als Erwachsenen beeinflusst fühlen müssen: „Wir sagen nicht, ‚So etwas geht nicht', ‚So etwas darf man nicht machen', oder ‚Mach das so'. Wir passen nur auf, dass sich die Kinder nicht verletzen oder so, und dass es keinen Streit unter den Kindern gibt, deswegen, eine direkte Anleitung, beim Spielen eine Anleitung geben, zum Beispiel, wenn es um Handarbeiten oder so etwas geht, dann bringen wir es den Kindern bei, aber das restliche freie Spielen, das überlassen wir ihnen selbst." Außerdem wird nach Angaben der Vertreterin kein Kind von den Aktivitäten ausgeschlossen, auch nicht solche, die sich beispielsweise mit Klassenkameraden streiten. Sie betont im Interview: „Dass wir sagen, weil dieses Kind für Probleme sorgt, darf es nicht kommen, so etwas machen wir auf keinen Fall." Wie die Gruppe Mori engagiert sich also auch die Gruppe Hayashi, um für die Schüler ihrer lokalen Grundschule einen angenehmen Ort zu schaffen, von dem niemand ausgeschlossen wird. Damit lässt sich auch der Ort, den die Gruppe Hayashi anbietet, als ein „Ort zum Sichwohlfühlen in der Schule" beschreiben.

2.3 Das Angebot eines Ortes zum Sichwohlfühlen für benachteiligte Schüler

Zwar verfolgt weder die Gruppe Mori noch die Gruppe Hayashi mit dem Angebot eines Ortes zum Sichwohlfühlen in ihrer lokalen Grundschule explizit das Ziel, gegen soziale Ungleichheit in der Bildung anzugehen. Es lässt sich jedoch hypothetisch vermuten, dass ihre Aktivitäten auch benachteiligten Schülern[99] zugute kommen können. Diese Annahme hat ihren Ausgangspunkt in einer

---

99 Darunter werden Kinder von Eltern mit einem niedrigen Bildungsniveau, einer niedrigen Berufsposition und einem geringen Haushaltseinkommen verstanden, die aufgrund ihres familiären Hintergrundes bei Bildungsleistungen und -erwerb benachteiligt sein können.

Schweizer Studie zu den Ursachen der Schwierigkeiten nichtprivilegierter Kinder beim Kompetenzerwerb in der Schule (Jünger 2008).[100] Die Studie kommt unter anderem zu dem Ergebnis, dass sich privilegierte Kinder in der Schule wohl fühlen und Spaß haben, während die Situation für die nichtprivilegierten Kinder in der Schule relativ belastend und stressig ist. Die Autorin folgert aus diesen Befunden für die schulische Praxis, dass man auf ein besseres Befinden der nichtprivilegierten Kinder in der Schule hinwirken sollte (ebd.: 526).

Auch in der japanischen Diskussion zu sozialer Ungleichheit in der Bildung werden Beiträge vorgelegt, aus denen hervorgeht, dass die Situation in der Schule für benachteiligte Schüler belastend und stressig ist. So wird betont, dass manche Jugendliche aufgrund mangelnder finanzieller Möglichkeiten ihrer Familien einen Nebenjob annehmen müssen und sich daher nicht auf die Schule konzentrieren können (Nikkōkyō 2008: 1), oder dass Schüler dem Unterricht nicht folgen können, weil ihre Familie den *Juku*-Besuch[101] für sie nicht bezahlen kann (Yuasa 2008: 13). Auch wird von Schülern berichtet, die sich das Schulessen nicht leisten oder keine Unterrichtsmaterialien kaufen können (Kotoura 2009: 22 f.). Vor dem Hintergrund dieser Beiträge ist denkbar, dass die Angebote eines Ortes zum Sichwohlfühlen in der Schule durch die Gruppen Mori und Hayashi auch benachteiligten Schülern zugute kommen. Zwar werden an diesem Ort Benachteiligungen im Bereich der Schulbildung aufgrund des familiären Hintergrundes nicht ausgeglichen oder abgeschwächt. Es ist aber zu vermuten, dass die Existenz eines Ortes in der Schule, an den alle Schüler kommen können, von dem sie auf keinen Fall ausgeschlossen werden und an dem sie sich wohl fühlen können, zum besseren Befinden von Kindern beiträgt, für die die schulische Situation belastend und stressig ist.

---

100   Die Schüler aus der Untersuchung sind Viert- und Fünftklässler von Schulen in privilegierten und nichtprivilegierten Gemeinden im Kanton Zürich (Jünger 2008: 23). Als „privilegierte Gemeinden" wurden solche mit insgesamt sehr hohen Einkommens- und Vermögenswerten und sehr hoher Bildungsbeteiligung bezeichnet, als „nichtprivilegierte Gemeinden" solche mit insgesamt sehr niedrigen Einkommens- und Vermögenswerten und sehr niedriger Bildungsbeteiligung (ebd.: 22 f.).

101   *Juku* sind parallel zu den öffentlichen Schulen bestehende, private und kostenpflichtige Ergänzungsschulen, deren Besuch unter japanischen Schülern weit verbreitet ist und die im japanischen Bildungswesen eine äußerst wichtige Rolle spielen (Sakurai 2007: 37 ff.; Stevenson/Baker 1998: 50). In der Grundschule besuchen etwa 25 Prozent eines Jahrgangs die *Juku*, in der Sekundarstufe I bis zu 70 Prozent (Haasch 2000: 199; Taki 2005: 60). In den *Juku* wiederholen die Schüler abends und/oder an den Wochenenden Inhalte des regulären Unterrichts oder bereiten sich auf den Unterricht oder Aufnahmeprüfungen für die nächsthöhere Schulstufe vor (Sakurai 2007: 37). Nach einer Untersuchung des japanischen Kultusministeriums betrugen die durchschnittlichen monatlichen Kosten für den *Juku*-Besuch im Jahr 2006 umgerechnet etwa 155 Euro (Monbukagakushō 2006).

Allerdings wird dieses Angebot bei den Gruppen Mori und Hayashi unterschiedlich von benachteiligten Schülern wahrgenommen. So betont die Vertreterin der Gruppe Mori im Interview, dass an ihren Aktivitäten vor allem Schüler teilnehmen, die nach Unterrichtsschluss Zeit haben, das heißt die nicht jeden Nachmittag mit Musikunterricht, Sport oder dem Besuch von *Juku* beschäftigt sind. Darunter seien auch Kinder aus sozial schwachen Familien. Somit nutzen im Fall der Gruppe Mori benachteiligte Schüler das Angebot eines Ortes zum Sichwohlfühlen in der Schule. Bei der Gruppe Hayashi dagegen sind unter den Teilnehmern keine Schüler aus sozial schwachen Familien. Die Vertreterin der Gruppe erklärt im Interview, dass es Kinder aus „anständigen Familien" (*chan toshita go-kazoku*) sind, was darauf hindeutet, dass sie aus stabilen, gesicherten Verhältnissen kommen.

3 Diskussion und Forschungsbedarf

Das Angebot eines Ortes zum Sichwohlfühlen in der Schule, wie es die Gruppen Mori und Hayashi machen, lässt sich als eine denkbare Möglichkeit von zivilgesellschaftlichem Engagement angesichts sozialer Ungleichheit in der Bildung in Japan beschreiben. Allerdings lässt sich nur in Form von hypothetischen Überlegungen – basierend auf dem Interviewmaterial und der hinzugezogenen Literatur – vermuten, dass die Aktivitäten der Gruppen Mori und Hayashi für ein besseres Befinden von benachteiligten Schülern sorgen. Im Rahmen der hier vorgestellten Studie konnte nicht festgestellt werden, ob das Handeln der Gruppen tatsächlich die vermutete Wirkung hat. Um beurteilen zu können, ob solche Angebote durch zivilgesellschaftliche Gruppen wirklich benachteiligten Schülern zugute kommen, und um somit diese Möglichkeit von zivilgesellschaftlichem Engagement angesichts sozialer Ungleichheit in der Bildung wirklich einschätzen zu können, sind Wirkungsstudien notwendig. Diese sollten untersuchen, inwieweit ein Ort zum Sichwohlfühlen in der Schule tatsächlich zum Wohlbefinden von benachteiligten Schülern beiträgt, wie hier in Form hypothetischer Überlegungen dargestellt.

Gegenüber der optimistischen Einschätzung der Ergebnisse lässt sich argumentieren, dass zivilgesellschaftliches Engagement auch nicht intendierte Effekte haben kann, die soziale Ungleichheiten verstärken. Ein solcher Effekt kann zum einen darin bestehen, dass gerade Kinder aus sozial schwachen Familien nicht erreicht werden. Wie oben dargestellt, werden die Angebote eines Ortes zum Sichwohlfühlen in der Schule durch die Gruppen Mori und Hayashi unterschiedlich von benachteiligten Schülern wahrgenommen. Im Fall der Gruppe Hayashi wird zwar ein Angebot gemacht, dies wird jedoch ausschließlich von

Kindern aus privilegierten Verhältnissen genutzt. Neben den angesprochenen Wirkungsstudien besteht hier ein weiterer Forschungsbedarf: breiter angelegte Nutzungsstudien können Aufschluss darüber bringen, inwieweit benachteiligte Schüler an Aktivitäten zivilgesellschaftlicher Gruppen teilnehmen und welche Faktoren das Erreichen dieser Schülergruppe begünstigen bzw. behindern.

Selbst in dem Fall, dass benachteiligte Schüler die Angebote von zivilgesellschaftlichen Gruppen wahrnehmen wie bei der Gruppe Mori, sind nicht intendierte Effekte des Engagements denkbar. Wenn sich diese Schüler nach Unterrichtsschluss an dem von der Gruppe Mori geschaffenen Ort zum Sichwohlfühlen aufhalten, mag das zwar für sie auf ein besseres Befinden in der Schule hinwirken. In dieser Zeit können jedoch Schüler aus privilegierten Verhältnissen, deren Eltern die entsprechenden finanziellen Mittel haben, die *Juku* besuchen und sich dadurch einen Wissensvorsprung für den Schulunterricht erarbeiten. Ein Hinweis darauf findet sich im Interview mit der Vertreterin der Gruppe Mori, die erklärt, dass an ihren Aktivitäten keine Kinder teilnehmen, die jeden Nachmittag mit dem *Juku*-Besuch oder anderem Unterricht beschäftigt sind, wie oben angesprochen. Darüber hinaus kann ein Stigmatisierungseffekt entstehen, wenn benachteiligte Schüler das kostenlose Angebot der Gruppe Mori in Anspruch nehmen, während ihre Klassenkameraden beim kostenintensiven *Juku*- oder Musikunterricht sind. Auch zu solchen nicht intendierten Effekten sind Wirkungsstudien notwendig, die die für benachteiligte Schüler negativen Auswirkungen einer Teilnahme an den Angeboten zivilgesellschaftlicher Gruppen untersuchen.

4 Fazit

Eingangs wurde die Vermutung angestellt, dass im existierenden zivilgesellschaftlichen Engagement in Japan verschiedene Möglichkeiten angesichts sozialer Ungleichheit in der Bildung liegen. Die hier vorgestellten Ergebnisse weisen auf das Potential hin, zu einem besseren Befinden von benachteiligten Schülern in der Schule beizutragen. Zwar wird an dem Ort zum Sichwohlfühlen, wie ihn die Gruppen Mori und Hayashi anbieten, der Zusammenhang zwischen familiärem Hintergrund und Bildungsleistungen und -erwerb nicht entkoppelt oder abgeschwächt, so dass man nicht von einer Kompensierung von Bildungsungleichheiten im Sinne einer solchen Entkopplung sprechen kann. Man kann jedoch das Angebot dieses Ortes als eine Möglichkeit verstehen, sozialer Ungleichheit in der Bildung etwas entgegen zu setzen, indem das Wohlbefinden von benachteiligten Schülern gesteigert wird. Auf dieses Potential von zivilgesellschaftlichem Engagement wird in der japanischen Diskussion unter Bildungssoziologen und

Gewerkschaftern (noch) nicht hingewiesen; dies ist ein neuer Aspekt, auf den die zugrundeliegende Studie hinweist.

Allerdings ist denkbar, dass zivilgesellschaftliches Engagement auch nicht intendierte Effekte hat. Denn während es einerseits das Potential bietet, Angebote für benachteiligte Schüler zu machen, kann es andererseits Wirkungen hervorbringen, die Ungleichheiten verstärken. Diese können beispielsweise darin bestehen, dass gerade benachteiligte Schüler nicht erreicht werden, oder in Stigmatisierungseffekten durch eine Teilnahme an den Angeboten zivilgesellschaftlicher Gruppen. Damit kann das zivilgesellschaftliche Engagement selbst zu einem Ort der (Re-)Produktion sozialer Ungleichheiten werden.

Die positive wie die kritische Einschätzung beruhen auf hypothetischen Überlegungen und weisen auf einen Forschungsbedarf hin. Für eine sichere Beurteilung der Möglichkeiten zivilgesellschaftlichen Engagements angesichts sozialer Ungleichheit in der Bildung sind Nutzungs- und Wirkungsstudien notwendig, die auch nicht intendierte Effekte in Betracht ziehen.

Literatur

Becker, Rolf/Lauterbach, Wolfgang (2007): Die immerwährende Frage der Bildungsungleichheit im neuen Gewand – abschließende Gedanken. In: Dies. (Hrsg.): Bildung als Privileg. Erklärungen und Befunde zu den Ursachen der Bildungsungleichheit. Wiesbaden: 417-433

Gosewinkel, Dieter/Rucht, Dieter/van den Daele, Wolfgang/Kocka, Jürgen (2004): Einleitung: Zivilgesellschaft – national und transnational. In: Dies. (Hrsg.): Zivilgesellschaft – national und transnational. Berlin: 11-26

Haasch, Günther (Hrsg.) (2000): Bildung und Erziehung in Japan. Ein Handbuch zur Geschichte, Philosophie, Politik und Organisation des japanischen Bildungswesens von den Anfängen bis zur Gegenwart. Berlin

Hata, Masaharu (1977): Kōtō gakkō kakusa to kyōiku kikai no kōzō [School Hierarchy and Structure of Educational Opportunity]. In: Kyōiku Shakaigaku Kenkyū [The Journal of Educational Sociology] 32: 67-79

Jünger, Rahel (2008): Bildung für alle? Die schulischen Logiken von ressourcenprivilegierten und -nichtprivilegierten Kindern als Ursache der bestehenden Bildungsungleichheiten. Wiesbaden

Kariya, Takehiko (2001): Kaisōkanihon to kyōiku kiki: fubyōdō zaiseisan kara iyoku kakusa shakai he [Das zunehmend stratifizierte Japan und die Bildungskrise. Von der Reproduktion von Ungleichheit zum „incentive divide"]. Tōkyō

Kotoura, Tatsuhiko (2009): Seikatsu konkyū katei no kodomotachi ankeeto chōsa kara [Aus der Befragung zu „Kinder in bedürftigen Familien"]. In: Cresco 9, 5: 22-23

Maita, Toshihiko (2008): Chiiki no shakai keizai tokusei ni yoru kodomo no gakuryoku no suikei: gakuryoku no shakaiteki kiteisei wo kokufuku suru kyōiku jōken no tankyū [An Estimate of Children's Academic Achievements by the Socio-Economic

Conditions of Regional Communities: An Inquiry on Educational Conditions that Overcome the Social Determinants of Children's Academic Achievements]. In: Kyōiku Shakaigaku Kenkyū [The Journal of Educational Sociology] 82: 165–184

Minei, Masaya/Ikeda, Ken'ichi (Hrsg.) (2006): Kyōiku kakusa: kakusa kakudai ni tachimukau [Bildungsungleichheiten – Widerstand gegen eine Ausweitung der Ungleichheiten]. Tōkyō

Monbukagakushō [Ministerium für Erziehung, Kultur, Sport, Wissenschaft und Technologie] (2006): Heisei 18-nendo kodomo no gakushūhi chōsa [Untersuchung zu den Bildungskosten der Kinder 2006]. Online verfügbar unter: http://www.mext.go.jp/b_menu/toukei/001/006/07120312.htm [03.06.2009]

Naoi, Atsushi/Fujita, Hidenori (1978): Kyōiku tassei katei to sono chii keisei kōka [The Effects of Educational Achievement Process on Status Attainment]. In: Kyōiku Shakaigaku Kenkyū [The Journal of Educational Sociology] 33: 91–105

Nikkōkyō [Nihon Kōtōgakkō Kyōshokuin Kumiai, Japan Senior High School Teachers and Staff Union] (2008): Kōkōsei no shūgaku hoshō ni kan suru enkeeto chōsa no kekka ni tsuite (bassui) [Ergebnisse der Umfrage über die Sicherstellung des Schulbesuchs von Oberschülern (Ausschnitt)]. Unterlagen zum Forum „Okane ga nai to gakkō ni ikenai no? – Kōgakuhi, kōkō tsubushi, kyōiku kakusa kokuhatsu fooramu" [„Wenn ich kein Geld habe, kann ich dann nicht zur Schule gehen? – Anklageforum zu hohen Bildungskosten, Vernichtung von Oberschulen und Bildungsungleichheiten"] an der Meiji-Universität in Tōkyō am 27.09.2008

Nikkyōso [Nihon Kyōshokuin Kumiai, Japan Teachers' Union] (2009): Shun waado: kyōiku kakusa [Wörter der Saison: Bildungsungleichheit]. Online verfügbar unter: http://www.jtu-net.or.jp/syun0902b.html [26.02.2009]

Ojima, Fumiaki (2002): Shakai kaisō to shinro keisei no henyō: 90 nendai no henka wo kangaeru [Social Stratification and Educational Choices: Changes in the 1990s]. In: Kyōiku Shakaigaku Kenkyū [The Journal of Educational Sociology] 70: 125–142

Sakurai, Kaneaki (2007): Erscheinungsformen und Wahrnehmung von Gewalt bei Schülern und Schulverweigerung im deutsch-japanischen Vergleich. Frankfurt am Main

Stevenson, David Lee/Baker, David P. (1998): Shadow Education and Allocation in Formal Schooling. Transition to University in Japan. In: Rohlen, Thomas P./Björk, Christopher (Hrsg.): Education and Training in Japan. Volume III. London/New York: 46–63

Taki, Mitsuru (2005): Ganztagsschule in Japan. In: Otto, Hans-Uwe (Hrsg.): Ganztägige Bildungssysteme. Innovation durch Vergleich. Studien zur International und Interkulturell Vergleichenden Erziehungswissenschaft 5. Münster: 57–62

Teichler, Ulrich (1998): Erziehung und Ausbildung. In: Pohl, Manfred/Mayer, Hans Jürgen (Hrsg.): Länderbericht Japan. Bonn: 414–420

Yuasa, Makoto (2008): "Hinkon no sedaikan rensa" wo tachikiru tame ni [Um die „Kette der Armut zwischen den Generationen" zu durchbrechen]. In: Cresco 8, 6: 12–16

IV
Diskurse

Diskurse und soziale Ungleichheit.
Einleitender Beitrag

Christiane Thompson

> Der Zusammenhang von ‚Wörtern und Dingen' umschreibt eine Aufgabe, „die darin besteht, nicht – nicht mehr – die Diskurse als Gesamtheit der von Zeichen (von bedeutungstragenden Elementen, die auf Inhalte oder Repräsentationen verweisen), sondern als Praktiken zu behandeln, die systematisch die Gegenstände bilden, von denen sie sprechen" (Foucault 1981: 74).

Wie Foucault in der „Archäologie des Wissens" schreibt, richtet sich seine Aufmerksamkeit nicht auf Diskurse als Totalphänomene, sondern auf die Hervorbringung von Gegenständen in Praktiken, in denen diese figuriert werden. Diese Äußerung lässt sich als Ausgangspunkt heranziehen, um der Frage nachzugehen, wie diskursanalytische Perspektiven die Untersuchung sozialer Ungleichheitsverhältnisse bereichern können; denn das Zustandekommen und die Reproduktion sozialer Ungleichheit sind verwiesen darauf, wie „soziale Ungleichheit" gesellschaftlich *verhandelt* wird.

Was die andauernde Auseinandersetzung um eine angemessene Konzeptualisierung und Theoretisierung sozialer Ungleichheit in der Soziologie (vgl. Kreckel 2004; Berger/Schmidt 2004) zeigt, ist, dass Identifizierungs- und Zurechnungspraktiken von „sozialer Ungleichheit" und „Benachteiligung" etc. selbst zur Problemstellung sozialer Ungleichheitsforschung gehören (vgl. dazu Sachweh 2010). Damit ist die so wichtige Frage bezeichnet, wann und in welchen Zusammenhängen soziale Akteure Verschiedenheit als Ungleichheit oder Ungleichwertigkeit wahrnehmen bzw. erfahren (vgl. Müller 1992; Nollmann 2003). Zugleich richtet sich die Aufmerksamkeit darauf, auf welche Weise in sozialen Praktiken Deutungen und Deutungszusammenhänge von „Ungleichheit" Form annehmen, stabilisiert bzw. entkräftet werden.

Die genannten Aspekte sind nicht zuletzt auf die Einsicht bezogen, dass in einer differenzierten Gesellschaft keine diese übergreifenden Handlungs- und Deutungsreferenzen zur Verfügung stehen und der Blick auf den Vollzug sozialer Differenzen in seiner Lokalität und Kontingenz gerichtet werden muss (Luhmann 1987). Zur Erläuterung lassen sich beispielhaft Überlegungen Nollmanns (2002) anführen, die sich auf die Geschlechterungleichheit richten. Nollmann hat dargelegt, dass je nach Handlungszusammenhang dem „Geschlecht" ein sehr unterschiedlicher Status in der Situationsauffassung zukommt (z. B. in der Arbeitsorganisation versus in der informellen Paarbeziehung). In der Kontextspezifik und Situativität von „Geschlecht" als sozialer Zurechnungskategorie ist nach Nollmann der eigentliche Grund für die Hartnäckigkeit der Geschlechterungleichheit zu sehen: Über die verschiedenen Beziehungsformen hinweg, aber auch innerhalb dieser lassen sich viele Bedeutungszusammenhänge ausmachen, die von der Zurechnung sozialer Ungleichheit auf Geschlecht „ablenken" (Nollmann 2002: 181).

Das Beispiel der Geschlechterungleichheit zeigt, dass eine auf Formalisierung und Öffentlichkeit setzende Geschlechterpolitik für sich nicht hinreichend ist, um Ungleichheit abzubauen (ebd.). Das Beispiel verdeutlicht meines Erachtens auch die Notwendigkeit, die lokale Thematisierung bzw. Dethematisierung von „Ungleichheit" im Zusammenhang normativer Ansprüche und Wertvorstellungen zu rekonstruieren, welche diese (De-)Thematisierungen leiten. Es handelt sich um die jeweiligen Deutungen bzw. Figurationen von „Gerechtigkeit", „Gleichheit", „Leistung", „Selbstverwirklichung" etc. Diese bilden den Horizont der Subjektivierung der Akteure in der jeweiligen Situation und damit auch die Spielräume ihrer Selbstpositionierungen in sozialen Auseinandersetzungen.

Eine analoge Untersuchungsperspektive ist bezogen auf „Bildungsungleichheit" und „Benachteiligung im Bildungswesen" zu entwickeln und die in diesem Kapitel versammelten Aufsätze lassen sich als Beiträge zu der Frage lesen, auf welche Weise eine Zurechnung von Verschiedenheit auf „Ungleichheit" oder „Benachteiligung" im Zusammenhang von „Bildung" und „Bildungsinstitutionen" lokal vorgenommen oder durch andere Zurechnungslogiken überlagert bzw. ersetzt wird.

Darin liegt eben auch der Einsatzpunkt für eine diskursanalytische Betrachtung, die ihr Augenmerk darauf richtet, wie in der sprachlichen Praxis Individuen als Benachteiligte, Beschreibungen als Attribute eines Individuums etc. hervorgebracht werden. Systematisch gesprochen erfordert die Rede von „Bildungsungleichheit" die Analyse der Überlagerung dieser Zurechnungskategorie mit anderen Zurechnungsstrategien. Ein Beispiel für eine solche Zurechnungsstrategie wäre die Bezugnahme auf „Leistung" und „Wettbewerb", die stärker auf einen *homo oeconomicus* als Zurechnungsadresse für Unterschiede zielen.

Der Beitrag von Anne Schippling zur Problematik der Selektion an französischen Elitehochschulen setzt eben hier an, da er sich der Frage zuwendet, wie sich Subjektivierungs- und Habitusfiguren bei den Auswahlprozeduren der *Grandes Écoles* mit Bezug auf „Elite" und „Exzellenz" methodologisch fassen lassen. Auch der Beitrag von Sandra Koch lässt sich mit Blick auf die Frage des Verhältnisses von Subjektivierung und Zurechnung bzw. (De-)Thematisierung von Ungleichheit lesen. Ihr Beitrag fragt danach, wie in programmatischen Kontexten der Institutionen- und Praxisentwicklung pädagogische Handlungs- und Interpretationsspielräume konstituiert werden – als *Reaktion* auf eine pädagogisch zu verantwortende oder zumindest zu bearbeitende Ungleichheitsproblematik. Im dritten Beitrag von Christiane Thompson wird die Zurechnungsproblematik im Zusammenhang von Adressierungs- und Autorisierungspraxen aufgeworfen, wie sie sich im wissenschaftlichen und öffentlichen Sprechen über „soziale Ungleichheit" vollziehen. Im Folgenden werden die Beiträge entsprechend ihrer Reihenfolge im Band zusammengefasst.

Anne Schipplings Beitrag widmet sich vor allem der methodologischen Reflexion zu einer diskursanalytischen Annäherung an Mechanismen sozialer Selektion am Übergang in die *Grandes Écoles*. Im Lichte bestehender Forschungsarbeiten werden zunächst die begrifflichen Ressourcen rekapituliert, die vor allem im Anschluss an Bourdieus Studien die Erforschung der Reproduktion sozialer Ungleichheit anleiten können. Mit dem Hinweis, dass aktuelle qualitative Studien zur Erforschung von Übergängen in französischen Elitehochschulen ein Forschungsdefizit darstellen, entwickelt Schippling unter Rückgriff auf eine diskurs- und machtanalytische Betrachtung ihre Fragestellung: Für die Rekonstruktion der quantitativ nachgewiesenen sozialen Ausschlüsse ist nach den Machteffekten zu fragen, die sich im Zusammenhang von „Elite" und „Exzellenz" entfalten. Dabei verknüpft Schippling Denkfiguren der „Subjektivierung" und „Attribution" von Foucault und Bourdieu. Für die empirische Auswertung wird die dokumentarische Methode vorgeschlagen, welche die Dynamik der Habitualisierungen gut zu erfassen erlaubt.

In ihrem Beitrag skizziert Sandra Koch zunächst die Transformationen, die seit ungefähr 15 Jahren im Bereich der Kindertagesbetreuung zu verzeichnen sind. Leitend ist in diesem Zusammenhang die Rede von „Bildung", die eine Reformulierung des frühpädagogischen Einsatzes mit sich bringt und zugleich aber im Vagen und Allgemeinen verbleibt. Koch legt dar, dass für das Sprechen über „Bildung" von je her ihre Uneindeutigkeit und Vieldeutigkeit funktional gewesen ist. Ihr eigener analytischer Einsatz besteht darin, die Relationierungen und Verbindungen von „Bildung" und „Gesundheit" in frühpädagogischen Praxiszeitschriften zu verfolgen. In ihrer Analyse zeigt Koch exemplarisch, dass diese Beziehungen über ästhetische Erfahrungsräume gestiftet werden, die auf ihre Affinität zu bestimmten Lebensstilen befragt werden müssen. Des Weiteren kann Koch Entgrenzungen des Pädagogischen aufzeigen, welche über die kindliche Gesundheitsförderung hinaus z. B. auf (womöglich problematische) Lebenspraxen in der Familie abzielen. Der Beitrag schließt mit der Frage, inwieweit die vielfältigen Relationierungen von „Bildung und Gesundheit" Differenz verstärkende und Ungleichheit verfestigende Effekte mit sich bringen.

Ausgehend von jüngeren Beiträgen zur Kontingenzproblematik in der qualitativen Sozialforschung fragt Christiane Thompson nach dem Verhältnis von Wissenschaft zu der von ihr beforschten „sozialen Ungleichheit" und den Bestimmtheitseffekten wissenschaftlicher Forschung. Letzterer wird eine problematische Doppelstellung zuerkannt, da sie sich zum einen inmitten gesellschaftlicher Auseinandersetzungen wiederfindet und zum anderen beansprucht, als *wissenschaftliche* Forschung diesen Auseinandersetzungen enthoben zu sein. Im ersten Teil wird ein diskursanalytischer Zugriff im Anschluss an Foucault und Laclau/Mouffe profiliert, mit dem im zweiten Teil zwei exemplarische und zugleich systematisch weiterführende Einsätze einer diskursiven Analyse zum Sprechen über „soziale Ungleichheit" skizziert werden: „Subjektivierungen im Horizont von Leistungsfähigkeit und sozialer Gerechtigkeit" und „Zum Verhältnis von Subjektivierung und Responsibilisierung". Der Beitrag schließt mit Reflexionen zur Analyse des Verhältnisses von Ordnungsbildungen und -umbildungen im Sozialen.

Literatur

Berger, Peter A./Schmidt, Volker H. (Hrsg.) (2004): Welche Gleichheit, welche Ungleichheit? Wiesbaden
Foucault, Michel (1981): Archäologie des Wissens. Frankfurt a. M.
Kreckel, Reinhard (2004): Politische Soziologie der sozialen Ungleichheit. Frankfurt a. M.
Krüger, Heinz-Hermann/Rabe-Kleberg, Ursula/Kramer, Rolf-Torsten/Budde, Jürgen (Hrsg.) (2010): Bildungsungleichheit revisited. Bildung und soziale Ungleichheit vom Kindergarten bis zur Hochschule. Wiesbaden
Luhmann, Niklas (1987): Soziale Systeme. Grundriß einer allgemeinen Theorie. Frankfurt a. M.
Müller, Hans-Peter (1992): Sozialstruktur und Lebensstile. Der neuere theoretische Diskurs über soziale Ungleichheit. Frankfurt a. M.
Nollmann, Gerd (2002): Die Hartnäckigkeit der Geschlechterungleichheit. Geschlecht als soziale Zurechnungskategorie. In: Soziale Welt 53, 2: 161–188
Nollmann, Gerd (2003): Die neue Kultur sozialer Ungleichheit. In: Mittelweg 36, 5: 12–33
Sachweh, Patrick (2010): Deutungsmuster sozialer Ungleichheit. Wahrnehmung und Legitimation gesellschaftlicher Privilegierung und Benachteiligung. Frankfurt a. M.

Der Kindergarten als Bildungsort – Wie Essen bildet

Sandra Koch

In diesem Beitrag wird die Diskursivierung von Bildung und Gesundheit[102] in pädagogischen Selbstverständigungen der Frühpädagogik in den Blick genommen. Statt der Überschrift „Der Kindergarten als Bildungsort – Wie Essen bildet", hätte alternativ auch formuliert werden können „Der Kindergarten als Bildungsort – Wie Bewegung bildet" oder „Wie soziales Wohlbefinden bildet". Wenn im Folgenden von der Diskursivierung von Bildung und Gesundheit gesprochen wird, interessieren die Bindungskräfte von und Zusammenschlüsse mit ‚Bildung'[103] für den frühpädagogischen Bereich und die darin aufgespannten Beziehungen zu Essen, Bewegung oder eben sozialem Wohlbefinden. Schon zu Beginn dieses Beitrags auf alternative Titel zu verweisen, bevor der Gegenstand oder die Fragestellung hinreichend umrissen wäre, hängt mit dem Anliegen des Beitrags an sich zusammen. Ziel ist es, den Bindungskräften von ‚Bildung' – hier gezeigt am Beispiel von Essen – im frühpädagogischen Bereich in seinen Varianzen und Heterogenitäten als auch Regelmäßigkeiten nachzugehen.

Ausgangspunkt für die hier entwickelte Problematisierung und Fragestellung sind umgreifende Transformationsprozesse der letzten 15 Jahre im Bereich der Frühpädagogik, die derzeit nicht ansatzweise als empirisch erschlossen gelten können. Dieses komplexe Veränderungsgeschehen lässt sich durch verschiedene Bestrebungen verdeutlichen. So verweisen der gesetzliche Anspruch auf einen Betreuungsplatz, die Einführung von Bildungsplänen in allen Bundesländern, die Neukonzeptionalisierung der Ausbildung, die zunehmende Akademisierung der Ausbildung von ErzieherInnen, zahlreiche Evaluations- und Qualitätsbestrebungen sowie anhaltende konzeptionelle Verständigungen auf die weit reichenden Transformationsprozesse im Bereich der frühen Kindheit. Dabei wird

---

102 Der Beitrag bezieht sich auf meine derzeit entstehende Dissertation mit dem Titel „Der Kindergarten als Bildungsort. Diskursanalytische Einsätze zur frühen Kindheit". Die Promotion untersucht pädagogische Fachzeitschriften für Kindertageseinrichtungen als Ort der Diskursproduktion um ‚frühkindliche Bildung' und fragt nach der Etablierung des Bildungsbegriffs in den Themenfeldern Gesundheits- und Sprachförderung sowie nach den Subjektivierungsformen und -weisen von ErzieherInnen und Kindern.

103 Bildung wird im Folgenden in einfache Anführungsstriche gesetzt: ‚Bildung'. Damit soll eine Distanzierung und zugleich Unmöglichkeit zu einer eindeutigen Bestimmungsweise von ‚Bildung' zum Ausdruck gebracht werden.

der ‚Bildung' bei dieser Neuausrichtung der Frühpädagogik und der Reformulierung der pädagogischen Praxis eine enorme Bedeutsamkeit zugeschrieben. Die Erzieherinnen als pädagogisch Handelnde müssen ihre Pädagogik neu ausrichten, mit höherer Bildungsqualität ausstatten und ein anderes und neues Wissen als bisher zur Anwendung bringen. Den Reformulierungen von ‚Bildung' für frühpädagogische Praxis widmen sich die folgenden Überlegungen. Dafür werde ich zunächst auf die besondere Qualität von ‚Bildung' eingehen (1). Daran anschließend werde ich die Forschungsperspektive verdeutlichen (2), um von dort aus exemplarische Analysen des Zusammenhangs von ‚Bildung' und ‚Essen' darzustellen (3). In einer abschließenden Betrachtung wird der Einschreibungsprozess von ‚Bildung' in den Diskurs der frühen Kindheit veranschaulicht (4).

1 Bildung als Dispositiv?

Für das bildungspolitische Feld formuliert Ricken, dass ausgehend von vielfältigen gesellschaftlichen Problematisierungen – wie etwa Globalisierung, mangelndem Humankapital, Rohstoffarmut und Konkurrenzfähigkeit – der ‚Bildung' in der derzeitigen ‚Wissensgesellschaft' „höchste Bedeutung" (Ricken 2006: 14) zukomme. So werde ‚Bildung' nicht nur zu einem zentralen Leitbegriff, sondern zugleich als „verheißungsvolles Heilmittel" (ebd.: 11) verhandelt. ‚Bildung' und lebenslanges Lernen würden, „wenn nicht schon [als] Lösung selbst, so doch [als] *der* zentrale Schlüssel zur Lösung dieser vielfältigen Problemlagen" (ebd.: 14, Hervorhebung i. O.) verhandelt. Dieser inflationäre Rückgriff auf ‚Bildung', der diese oftmals als Generallösung erscheinen lasse, verdeutlicht sowohl die hohe semantische Aufladung von ‚Bildung' als auch die enorme Elastizität des Bildungsbegriffs (vgl. ebd.: 17ff.). Diesen Aspekt nehmen Yvonne Ehrenspeck und Dirk Rustemeyer (1996) in ihren Auseinandersetzungen zu ‚Bildung' auf, indem sie diese als „bestimmt unbestimmt" (Ehrenspeck/Rustemeyer 1996: 387) markieren. Die besondere Qualität von ‚Bildung' verdeutliche sich an einer „bestimmt unbestimmten" Verwendungsweise von ‚Bildung'. Diese Uneindeutigkeit lässt ‚Bildung' in ihren Thematisierungsweisen „vom Spiel mit den Unbestimmtheiten" (Marotzki 1991: 88) leben.[104] ‚Bildung', mit dieser Qualität ausgestattet, ist produktiv in ihren Anschlüssen und eröffnet Thematisierungen, die uneindeutig, paradox, heterogen und vieldeutig sein können. Dadurch wird die semantische Elastizität als auch die universelle Qualität der Verwendung von ‚Bildung' deutlich und entzieht sich jeder Eindeutigkeit von Bestimmungen.

---

104 Christiane Thompson und Kerstin Jergus (2011) nehmen ebenfalls die ‚unbestimmte Bildung' anhand einer Analyse von Bildungsplänen in den Blick und fragen danach, wie Bezüge zur ‚Bildung' in diesem Feld allererst hergestellt werden.

,Bildung' konstituiere „eine bestimmte Kommunikation über Unbestimmtes" (Ehrenspeck/Rustemeyer 1996: 389), „weil der Diskurs über Bildung von nichts spricht, das auf einer Ebene der Signifikate konkret zu bestimmen wäre, [und es] läßt sich in ihm über alles, und zudem über alles in einer unspezifischen Weise sprechen" (ebd.). Dem folgend knüpft Anja Tervooren für den frühpädagogischen Diskurs an die ‚Bildungskategorie' in ihrer „bestimmt-unbestimmten" Qualität an. In Anlehnung an die machttheoretischen Studien von Michel Foucault liest sie „Bildung in der frühen Kindheit als Dispositiv" (Tervooren 2010: 180), welches steuerungspolitische Forderungen, praktische Umsetzungen, die Etablierung von Bildungsplänen, Professionalisierungsansprüche und die Durchsetzung von Qualitätsbestrebungen miteinander verschränkt. Dabei wird der ‚Bildungskategorie' für die frühe Kindheit eine Funktionalität zugeschrieben, so Tervooren, „wobei die begriffliche und theoretische Unbestimmtheit des Bildungsbegriffs [...] der Motor der Durchsetzung dieses Dispositivs ist" (ebd.: 181). Aus erziehungswissenschaftlicher Sicht plädiert Tervooren in Hinblick auf die frühe Kindheit für einen „breiten Bildungsbegriff, der Bildung zwischen Unantastbarkeit und Verwertbarkeit" (ebd.: 189) und im Spannungsverhältnis von „Machbarkeit und Unverfügbarkeit" (ebd.: 187) entwirft.

Die pädagogische Herausforderung, einen individuellen und selbsttätigen Prozess zu gestalten, der als unabschließbar, offen und nicht planbar gelte und gleichzeitig initiiert, abgeschlossen und gesteuert werden solle, verweise auf die „paradoxale Struktur" (Ehrenspeck/Rustemeyer 1996: 374) von ‚Bildung'. Die Qualität von ‚Bildung' – hier als „bestimmt unbestimmt" markiert – lässt sowohl die semantische Aufladung als auch enorme Elastizität zu, so dass sich ‚Bildung' an die verschiedensten Themenfelder anschließen lässt. Mir geht es mit diesen Ausführungen nicht um die konzeptionelle ‚Füllung' von ‚Bildung' und auch nicht um ein Nachdenken über eine bildungstheoretische Ausrichtung von ‚Bildung' für den frühpädagogischen Bereich, sondern um das Funktionieren und die Bindungskräfte von ‚Bildung' und die Etablierung von bestimmten Wissens- und Subjektivierungsformen. Diese Überlegungen aufnehmend nehme ich im Folgenden eben jene Produktivität von ‚Bildung' für den Diskurs der frühen Kindheit in den Blick.

2 Analytische Forschungsperspektive

Im Anschluss an die Arbeiten von Michel Foucault zum Verhältnis von Macht, Wissen, Wahrheit und Subjektivität lassen sich jüngst zahlreiche sozialwissenschaftliche Studien ausmachen, die ‚das Sprechen' über Gegenstände als diskursive und soziale Praxis in den Blick nehmen. Diskurse und sprachliche Äußerungen können nach Foucault auf die Hervorbringung von Gegenständen hin analysiert werden (vgl. Koller/Lüders 2004). Diskursive Praxis, so verstanden, geht nicht von der Annahme aus, dass Gegenstände per se existent sind und der Diskurs als „Gesamtheit [...] von Zeichen (von bedeutungstragenden Elementen, die auf Inhalte oder Repräsentationen verweisen)" (Foucault 1973/1969: 74) vorhanden ist, die die Wirklichkeit abbilden. Vielmehr sind Diskurse „als Praktiken zu behandeln, die systematisch die Gegenstände bilden, von denen sie sprechen" (ebd.). Gegenstände werden demnach erst im Sprechen – in der diskursiven Praxis – erzeugt und hergestellt. Der analytische Einsatz im Anschluss an Foucault, so Bublitz, beschäftigt sich in der Rekonstruktion diskursiver Praktiken „nicht mit der Aufdeckung eines geheimnisvollen Diskurses, sondern der genauen Beschreibung dessen, was gesagt und getan wird" (Bublitz 2003: 20f.). Damit wird der analytische Blick auf die Faktizität von gegenstandskonstituierenden Aussageereignissen gewendet. Dieser „archäologische Blick" auf die Beschreibung des Sagbaren versteht sich als ein Zugang, der den Blick auf die „Oberfläche" des Materials richtet und fragt, wie es komme, „daß eine bestimmte Aussage erschienen ist und keine andere an ihrer Stelle" (Foucault 1973/1969: 42). Anstelle einer Suche nach einem in den Aussagen verborgenen und identifizierbaren Sinn rücken Aussagen in ihrer Logik und unter den Bedingungen ihres Erscheinens in den Blick. Foucault interessiert sich demnach für die Möglichkeitsbedingungen des Erscheinens von Aussageereignissen sowie für die Formierungs- und Erscheinungsweise dessen, was im Diskurs sagbar ist.[105]

In meinen Analysen zur Diskursivierung von ‚Bildung' in der frühen Kindheit schließe ich an diesen hier skizzierten Diskursbegriff an, indem ich die Dinge und Gegenstände, die im Sprechen um ‚Bildung' erzeugt werden, nicht als abbildende und vorfindbare Wirklichkeit verstehe. Vielmehr begreife ich die Thematisierungsweisen um ‚Bildung' als diskursive Praxis, die für die frühe Kindheit wirklichkeitskonstituierende Gegenstände im Sprechen über ‚Bildung' und deren Anschlüsse erst produzieren und hervorbringen. Mit dieser hier eingenommenen Perspektive geht es somit um die Frage, welche Thematisierungsweisen um ‚Bildung' möglich werden und dadurch sowohl Wirkmächtigkeit erlangen, mit Relevanzen ausgestattet werden als auch mit Geltungsansprüchen einhergehen. Konkreter auf das empirische Material bezogen heißt das: Der analytische Blick richtet sich auf die diskursive Praxis in pädagogischen Fachzeitschriften für ErzieherInnen, in denen Selbstverständigungen um ‚Bildung' vollzogen werden. Damit kommen die Ausformulierungen und Füllungsweisen von ‚Bildung' in den Blick, durch welche die Selbstverständigungen am ‚Bildungsort' Kindergarten gestiftet werden.

---

105 Im Anschluss an Foucault und die Frage der Macht in Diskursen ausführlicher Butler (1995) und exemplarisch auch Seitter (1996) und Thompson (in diesem Band).

Die Themen in den Zeitschriften sind breit gefächert. Beispielsweise werden bildungspolitische Themen wie das der Sprachstandsmessung oder des Ausbaus der Kinderkrippen aufgenommen. Daneben existiert eine Vielzahl an Artikeln zu Verfahren der Beobachtung und Dokumentation. Neben der Vermittlung von Wissen werden zahlreiche Anregungen für den konkreten Kindergartenalltag gegeben: vom Umgang mit Experimenten über das Geschichten- und Märchenerzählen bis hin zur Raumgestaltung. Das Besondere an dieser diskursiven Praxis in den Fachzeitschriften ist darin zu sehen, dass ‚Bildung' an konkrete Anregungen für den Alltag in den Kindertageseinrichtungen angeschlossen und expliziert werden muss. Der Bezug zu ‚Bildung' stellt in allen Themenfeldern einen maßgeblichen Aufhänger dar: Aktivitäten eines Kindes werden als Bildungsereignisse, Lernsituationen als Bildungszeit und Lernarrangements als Bildungsräume thematisiert. Die empirische Frage an dieser Stelle ist: Wie wird ‚Bildung' anschaulich und zugleich konkret ausformuliert? Wie können und sollen Kinder dazu gebracht werden, sich mit sich selbst auseinanderzusetzen und Weltbezüge zu erfahren?

Im Folgenden konzentriere ich mich auf das Themenfeld Gesundheitserziehung, das als relevantes Thema von ‚Bildung' verhandelt und damit auch als solches konstruiert und hervorgebracht wird.[106] Die Analysefragen richten sich darauf, wie sich ‚Bildung' mit konkreten Themen der Gesundheitsförderung – hier gezeigt an der Gestaltung von Essenssituationen – verbindet. Die analytische Perspektive folgt dabei nicht der Suche nach der Bedeutung oder der Sinnhaftigkeit der Zusammenschlüsse mit ‚Bildung', sondern der Fokus der Aufmerksamkeit richtet sich auf die Frage: Wie wird der Kindergarten als ‚Bildungsort' etabliert?

3 Analytische Einsätze

Anhand der folgenden Analyse sollen die Verbindungslinien zwischen ‚Bildung', Gesundheitserziehung und der konkreten Gestaltung von Essenssituation aufgezeigt werden.[107] Die Verknüpfung von ‚Bildung' mit Fragen der Gesundheit lässt sich an einem Zitat aus der Zeitschrift „Betrifft KINDER" verdeutlichen. Die lebensweltliche und sinnliche Dimension des Essens wird hier betont.

---

106 Insbesondere die Themen Sprache und Gesundheit werden in den pädagogischen Fachzeitschriften mit der ‚Bildungskategorie' zusammengeschlossen. Im Sample befinden sich zu diesen beiden Themenbereichen für den Zeitraum von 2004 bis 2010 ca. 80 Artikel in den drei auflagenstärksten Zeitschriften „Kindergarten heute", „Theorie und Praxis der Sozialpädagogik" und „Betrifft KINDER".

107 Auch Marc Schulz (2009, 2010) beschäftigt sich in zwei sehr unterschiedlich ausgerichteten Aufsätzen mit dem Zusammenschluss von Bildung und Essen.

Unter dem Titel „Die hundert Sprachen des Essens. Bildung, Gesundheit und Wohlbefinden" (Tedeschi 2008) finden sich folgende assoziative Formulierungen: „Die Stadt Reggio Emilia hat sich seit jeher darum bemüht, ein weitreichendes Gespür für die Esskultur zu entwickeln: auf den Straßen und Plätzen sind Farben und Gerüche auszumachen, die die Stadt in einen kulinarischen Schauplatz verwandeln" (ebd.: 6). Und weiter hinten heißt es: „Hinter der Piazza dei Leoni gibt es wunderbare Gerüche... etwa von Wasser- und Zuckermelonen; von Käse, Salami, Schinken und Fisch. Düfte liegen in der Luft, es sind fliegende Düfte..." (ebd.). Hier wird der italienische Sommer vor den Augen der Leserschaft zum Leben erweckt: Essen wird zum Ereignis, bei dem „die Vielfältigkeit der Nahrung" erlebt werden kann. „Geist" und „Seele" werden mobilisiert, so dass man für einen „offenen Umgang empfänglich wird" (ebd.: 8). In die Form des Essens wird eine sinnliche, erfahrende und damit auch bildende Qualität eingeschrieben: „Wir verstehen Küchen als ‚Triebwerke' des Lebens und als Wirkungsstätten voll symbolischen Werts. Sie können auch als Laboratorium bezeichnet werden, als Handlungsraum in Sachen Forschung und Praxis." (ebd.: 7). Kinder sollen hier zudem „gesunde" und „ethisch vertretbare Produkte" und Nahrungsmittel kennenlernen und diese „geschickt, ansprechend und geschmackvoll" (ebd.: 8) verarbeiten können. Mahlzeiten werden somit als ein kulturelles und soziales Lern- und Bildungsereignis verstanden, das darüber hinaus das Gemeinschaftsleben fördert. Selbstverständlich zu sein scheint, dass Nahrung überhaupt und auch eine bestimmte Art der Esskultur, nämlich eine mit erlesenen Nahrungsmitteln, den Geist, die Seele und die körperliche Sinnlichkeit anrege. Diese Anregung ermögliche es, sich zu öffnen, so dass Erfahrungsräume für das Kind entstehen können. Das Kind braucht das sinnlich anregende Moment, hier eingeführt über die anregenden Düfte und die lockenden Farben des Essens, damit ein Erfahrungsraum entstehen kann. Erst in der Logik dieses Zusammenschlusses – von Essenssituationen und Anregung – erhält die Ausstattung und die Qualität dieser Erfahrungsräume eine pädagogische Relevanz. Dies legen zumindest die langen Beschreibungen der italienischen Lebensart nahe: Essen finde an duftenden Orten statt. In diese Orte könne man eintreten, sie als Wirkungsstätte seiner selbst entdecken, als Orte des Experimentierens mit Düften und Formen des Essens begreifen und als Laboratorium nutzen. Dieser Erfahrungsraum, hier metaphorisch gefasst mit „Küchen als ‚Triebwerke'" (ebd.), wird zum Ausgangspunkt für sowohl Vergemeinschaftungs- als auch Bildungsprozesse. Damit erhält ‚Bildung' eine allgemein bleibende und zugleich spezifisch aufgeladene Gestalt: als ästhetisches Bildungsereignis.

Zudem lässt sich fragen, welche Kinder aus welchem Milieu hier angesprochen werden. Ohne explizit eine bestimmte Gruppe von Kindern und Familien zu benennen, scheint die recht signifikante Referenz auf ‚italienisches Lebensflair' und die Verwendung der Beispiele zu ästhetischer Bildung und ästhetischen Bildungsereignissen eine spezifische Klientel vor Augen zu haben. Es wird nicht nur eine spezifische Art von ‚Bildung', nämlich eine ästhetische, entfaltet, sondern dadurch auch ein bestimmtes Milieu angesprochen. Unter der Überschrift „Bildung, Gesundheit und Wohlbefinden" (Tedeschi 2008) werden also nicht nur der Körper, die Gesundheit und das Wohlbefinden in einen Zusammenhang gestellt, sondern die Möglichkeit von Bildungsprozessen wird an diesen ästhetischen Erfahrungsraum geknüpft.

In einem anderen Artikel aus der Zeitschrift „Kindergarten heute" findet sich eine weitere Thematisierung: „Die physische und psychosoziale Gesundheit von Kindern ist die elementare Voraussetzung für ihre Bildung, Entwicklung und ihr Wohlbefinden" (Bründel 2009). Gesundheit wird hier stärker als allumfassende Voraussetzung für Bildungsprozesse gesetzt. Gesundheit – so eingeführt – muss folglich vorhanden sein, damit Bildung überhaupt stattfinden kann. Dieser hier angedeuteten Verbindung folgen an späterer Stelle im Artikel konkrete Handlungsanweisungen. Die pädagogische Aufgabe für ErzieherInnen bestehe darin, die Kinder darin zu unterstützen, „nicht nur ein Bewusstsein für gesunde Ernährung [zu] entwickeln, sondern auch ihr Verhalten danach aus[zu]richten" (ebd.: 9). Eine klassisch pädagogische Argumentation konkretisiert sich hier am Beispiel Ernährung – der Vermittlung von Erkenntnis folge das Handeln und Verhalten. Hier geht es nicht mehr nur um das selbsttätige Kind, das sich gesund ernähren soll. Und es geht auch nicht mehr nur um den Kindergarten als einen Ort, an dem gesundes Essen gereicht werden kann. Vielmehr solle das Kind in die Lage versetzt werden, ein Bewusstsein für gesunde Ernährung zu erlangen, sich also zu seiner Ernährung in ein Verhältnis zu setzen. Nicht nur gesund essen, sondern begreifen und verstehen, warum gesundes Essen wichtig für sich selbst, für seine Entwicklung und sein Wohlbefinden ist, steht im Vordergrund dieser Bildungsprozesse. Die ErzieherInnen müssten genau überlegen, wie solche Verhaltensweisen zu erlangen sind. Dazu zählt die Einführung von bestimmten Regeln beim Essen, wie „z. B. sich vor dem Essen und nach dem Toilettengang die Hände zu waschen und sich zu den Mahlzeiten an den Tisch zu setzen, sich manierlich zu verhalten und nicht im Essen zu panschen" (ebd.: 10). Hier werden Gesundheitsförderung und Essen in einen Zusammenhang gestellt, bei dem besonders die Vorbildrolle der ErzieherInnen hervorgehoben wird. Die Kinder sollen auf „ihre gedanklichen Prozesse hingewiesen werden" (ebd.), sonst, so die Argumentation, blieben die gedanklichen Prozesse der Kinder unterentwickelt (vgl. ebd.). Neben dem Vorleben und dem gemeinsamen Praktizieren von gesunder Ernährungsweise scheint das Ziel in der Bewusstseinsanregung – oder gar im Bewusstseinswandel – des Kindes zu liegen. Wenn dem Kind bewusst werde, was gesundes Essen ist, dann werde es in die Lage versetzt, auch in

seiner Familie gesunde Ernährungsweisen einzufordern. Damit könne über die Kinder „langfristig" ein in „vielen Familien vorzufindendes ungünstiges Ernährungsverhalten" (ebd.: 10) verändert werden.
Mit dieser Verknüpfung wird eine weitere Linie zum Bildungsgedanken gezogen. In der Verbindung von Vorbildwirkung der ErzieherInnen, ernährungsbewussten Kindern und davon profitierenden Familien konkretisiert sich die bildende Wirkung der Kindertageseinrichtung auch in ihrer gesellschaftlichen Dimension: Das Kind soll nach erfolgreicher Bewusstseinserlangung, vollzogen über das Wissen von gesunder Ernährung, dem Erleben von gesundem Essen und dessen Wirkungen in seine Familie mit einer kompensatorischen Funktion zurückkehren, um die familiären schlechten und ungesunden Ernährungsweisen zu verändern. Das Kind steht nach dieser Auffassung zu sich selbst in einem Verhältnis, hat verinnerlicht, dass gesunde Ernährung für seinen bildenden Lebensweg immens bedeutsam ist und soll nun alle anderen Familienmitglieder darauf hinweisen, dass beispielsweise zu viel Zucker im Kakao ungesund ist. Das Kind wird so zum ‚Familienerzieher' und in eine Verantwortlichkeit gegenüber der Familie gestellt. Hierin lässt sich eine Linie zur gesellschaftlichen und institutionellen Verankerung des ‚Bildungsorts' Kindergarten sehen, indem dem Kindergarten eine spezifisch ausgleichende gesellschaftliche Funktion zugewiesen wird.

4 Schlussbetrachtungen

Während im ersten Beispiel Essenssituationen als ästhetische Bildungsräume und Bildungserfahrungen entfaltet werden, werden im zweiten Beispiel die Erfahrungen mit Essen und Ernährung auf der Ebene der Regeln und des Erlernens von Regeln verhandelt. Damit werden zwar verschiedene ‚Pädagogiken' entworfen, aber das Thema der Bewusstseinserlangung spielt in beiden Artikeln eine zentrale Rolle. Im letzteren Beispiel soll das Kind ein Bewusstsein erlangen, indem es Wissen über Regeln erwirbt, um schließlich zum bewussten Träger dieser Regeln zu werden. Im ersten Beispiel findet Bewusstseinsbildung über die Umsetzung ästhetisch sinnlicher Lebensformen statt, hinter denen das Wissen von bspw. tausenden Gewürzen steckt. Diese Erfahrungsweisen legen eine ästhetische Lebensform nahe, für die das Erlangen von Bewusstsein über bestimmte Lebensmittel und die Gestaltung von Essenssituationen Voraussetzung ist, um zwischen ‚guten' Gerüchen, Farben und Essen auswählen zu können.

Diese allgemeine Figur eines Bewusstseins des Kindes – als selbstregulierend und selbstanleitend – bestätigt sich auch in den Thematisierungen von Bewegung und ‚Bildung'.[108] Neben der Ermöglichung zur sportlichen Betätigung der Kinder (Anspannung) und gleichermaßen der Herstellung von Räumen zur Ruhe und Entspannung soll das Kind seinen Körper in eine Balance zwischen Phasen der An- und Entspannung bringen, einen bewussten Umgang im Wechsel von Bewegungs- und Ruheerfahrungen erlernen, um „körperlich und geistig" (Bründel 2009: 11) zu sich selbst zu finden. Diese allgemeine Figur zielt auf einen reflektierten und mündigen Umgang mit sich selbst ab, und dies zu einem frühestmöglichen Zeitpunkt. Das ‚bewusste Kind' konfiguriert die Verwertbarkeit und Verfügbarkeit der Bildungsprozesse von Kindern. Auch die erste Figur, welche auf ästhetische Bildungsereignisse für Kinder verweist und für diese einen offeneren Erfahrungsraum entwirft, zielt auf die ‚Machbarkeit' von Bildungsprozessen ab.[109]

Bilanzierend lässt sich sagen, dass sich in den Fachzeitschriften Praktiken der diskursiven Verknüpfung von ‚Bildung' und Gesundheit zeigen, die vielfältig, aber auch durchaus widersprüchlich und uneinheitlich sind. Das Forschungsinteresse zielt auf eben diese Uneindeutigkeiten, indem danach gefragt wird, wie die Ausweitung von ‚Bildung' im frühkindlichen Bereich etabliert wird. Die Widersprüchlichkeit zwischen sehr konkreten Erziehungsprogrammatiken, die pädagogische Relevanz aber fast versteckenden Handlungshinweisen und umfassend sinnlichen Aufladungen des ‚Bildungsereignisses Essen' verdeutlicht diese Ausweitung. Für die Konstitution des Kindergartens als ‚Bildungsort' heißt das: Kindergärten sollen die Kinder nicht nur in gesellschaftliche Zusammenhänge einführen und auf diese vorbereiten. Vielmehr muss eine diffus bleibende Bildungsqualität *aller mit Essen zusammenhängenden Erlebnisse* in alle Situationen und Lebensbereiche des Kindergartenalltags eingeschrieben werden. Dafür wird die Anbindung an Erfahrungs- und Bewusstwerdungsprozesse – hier exemplarisch aufgezeigt am Gesundheitsthema – unausweichlich und notwendig.

Die dargestellten aktuellen Verständigungen in den Fachzeitschriften für Kindertageseinrichtungen tragen ebenso wie andere Maßnahmen und Institutionalisierungen – die Bildungspläne, die Neuausrichtung der Fachschulen, die Akademisierung der Ausbildung und auch die zunehmende Fort- und Weiterbildung von Erzieherinnen – zum Professionalisierungsdiskurs von ErzieherInnen bei. Deutlich wurde, dass der ‚Bildung' dabei eine maßgebliche Rolle zukommt.

---

108 Dies sollte zu Beginn des Beitrags durch den Verweis auf alternative Titel angedeutet werden.
109 Der Blick hat sich hier, in diesen Analysen, vorwiegend auf die Hervorbringung und Konstitution des Kindes konzentriert. Auch bei der Analyse von ErzieherInnenfiguren scheint eine ähnliche Heterogenität und Varianz der Anrufungen zu existieren, wenn die Thematisierungen zwischen Figuren der Unwissenden, der Verantwortlichen, der Unterstützenden, der Verstehenden oder der sich im Hintergrund Haltenden changieren.

In ihrer uneindeutigen Qualität hält ‚Bildung' vielfältige Anschlüsse sowie Ausschlüsse bereit. Deutlich wurde ebenfalls, dass dadurch unterschiedliche Differenzierungen in Bezug auf Kinder eingeführt und allererst hergestellt werden können. Betrachtet man die Frage der sozialen Ungleichheit in den Thematisierungen der Fachzeitschriften für ErzieherInnen, so kommen mit der hier eingenommen Perspektive sowohl die Vervielfältigungen von Positionen als auch „prekäre Ordnungsbildungen und -umbildungen" (Thompson in diesem Band) von Wissens- und Subjektivierungsformen in den Blick. Es ist eher eine Dethematisierung von sozialer Ungleichheit zu verzeichnen, denn die vielfältigen Relationierungen von ‚Bildung' und ‚Gesundheit' thematisieren eine kindliche Gesundheitsförderung als Bewusstseinserlangung. Wenn die hier analysierten konkreten pädagogischen Handlungsanleitungen nahezu eine Differenzierung von Kindern in unterschiedlichen Lebenslagen vermeiden, dann lässt sich die Frage stellen, inwieweit Differenz verstärkt wird und Ungleichheit sich verfestigende Effekte mit sich bringt. Am Beispiel von Ernährung wurde zudem gezeigt, dass ErzieherInnen Essen und Essenssituationen situativ je verschieden als Bildungsereignisse gestalten müssen. Angedeutet hat sich damit, dass vielfältige, diffuse und widersprüchliche Herausforderungen den Alltag von Essenssituationen begleiten. Zum Abschluss lässt sich die weiter führende Frage stellen, was die aufgezeigten Verbindungslinien von ‚Bildung', Gesundheit und Essen für die Debatte um die Professionalisierung von ErzieherInnen bedeuten, wenn sich zeigen lässt, dass die pädagogischen Handlungseinsätze so diffus wie allumfassend konzipiert werden, wie etwa, dass ErzieherInnen Regeln einführen, sinnliche Erfahrungsräume ermöglichen und zugleich die Vorbildrolle einnehmen müssen. Wird die Professionalisierungsdebatte der angedeuteten komplexen Problematik gerecht, indem auf das Problem ‚gestiegener Anforderungen' verwiesen wird?

Literatur

Bründel, Heidrun (2009): Gesundheit! Teil 2. So kann die Kita Gesundheit fördern. In: Kindergarten heute. Die Fachzeitschrift für Erziehung, Bildung und Betreuung 39, 02: 8–15
Bublitz, Hannelore (2003): Diskurs. Einsichten – soziologische Themen. Bielefeld
Butler, Judith (1995): Körper und Gewicht. Die diskursiven Grenzen des Geschlechts. Berlin
Ehrenspeck, Yvonne/Rustemeyer, Dirk (1996): Bestimmt unbestimmt. In: Combe, Arno/Helsper, Werner (Hrsg.): Pädagogische Professionalität. Untersuchungen zum Typus pädagogischen Handelns. Frankfurt am Main: 368–390
Foucault, Michel (1973/1969): Archäologie des Wissens. Frankfurt a. M.

Jergus, Kerstin/Thompson, Christiane (2011): Die Politik der ‚Bildung'. Eine theoretische und empirische Analyse. In: Reichenbach, Roland/Ricken, Norbert/Koller, Hans-Christoph (Hrsg.): Erkenntnispolitik und die Konstruktion pädagogischer Wirklichkeiten. Paderborn: 103–121

Koller, Hans-Christoph/Lüders, Jenny (2004): Möglichkeiten und Grenzen der Foucaultschen Diskursanalyse. In: Ricken, Norbert/Rieger-Ladich, Markus (Hrsg.): Michel Foucault: Pädagogische Lektüren. Wiesbaden: 57–76

Marotzki, Winfried (1991): Bildung, Identität und Individualität. In: Benner, Dietrich/Lenzen, Dieter (Hrsg.): Erziehung, Bildung und Normativität. München: 79–94

Ricken, Norbert (2006): Die Ordnung der Bildung. Beiträge zu einer Genealogie der Bildung. Wiesbaden

Schulz, Marc (2009): Kochen und Essen als Aufführung – Speisen als Skulptur. Die Irritation des Selbstverständlichen als Bildungsimpuls. In: Rose, Lotte/Sturzenhecker, Benedikt (Hrsg.): Erst kommt das Fressen. Über Essen und Kochen in der sozialen Arbeit. Wiesbaden: 163–174

Schulz, Marc (2010): Bildung während des Essens? Mahlzeiten in Kindertageseinrichtungen im Spannungsfeld von Gesundheitserziehung und Bildungsförderung. In: Sozial Extra 34, 3: 38–41

Seitter, Walter (1996): Das Spektrum der Genealogie. Bodenheim

Tedeschi, Maddalena (2008): Die hundert Sprachen des Essens. Bildung, Gesundheit und Wohlbefinden. In: Betrifft KINDER. Das Praxisjournal für Erzieherinnen, Eltern und GrundschullehrerInnen heute. 06–07/08: 6–8

Tervooren, Anja (2010): Bildung in der frühen Kindheit. In: Liesner, Andrea /Lohmann, Ingrid (Hrsg.): Gesellschaftliche Bedingungen von Bildung und Erziehung. Eine Einführung. Stuttgart: 179–191

Am Übergang in eine französische Elitehochschule. Diskursanalytische Perspektiven[110]

Anne Schippling

1 Übergänge in französische Elitehochschulen: Forschungsstand

Ein grundlegendes Charakteristikum des französischen Hochschulwesens ist seine duale Struktur, die sich u. a. in der Trennung von Universitäten und den französischen Elitehochschulen, den so genannten *Grandes Écoles*, manifestiert. Im Zuge seiner Expansion entwickelten sich die Universitäten zu Einrichtungen einer „Massen"-Ausbildung. Demgegenüber ist an den *Grandes Écoles*, deren Zugänge sich höchst selektiv gestalten, die Ausbildung der französischen zukünftigen Elite vorgesehen. Joseph Jurt (2004: 92) vertritt die Ansicht, dass die französischen *Grandes Écoles* im Vergleich zu amerikanischen oder anderen westeuropäischen Elitehochschulen im Hinblick auf die Strenge ihrer Selektion als „durchaus einmalig" anzusehen sind.

In der Regel gliedern sich die Auswahlverfahren in zwei Übergangsphasen. Zunächst findet ein Übergang vom 12. Schuljahr am *lycée*, nach Abschluss des *baccalauréat*[111], zu den Vorbereitungsklassen, den sogenannten *classes préparatoires aux grandes écoles* (CPGE), statt. Diese in der Regel zweijährigen CPGE sind in verschiedene renommierte *lycées* eingegliedert und dienen der Vorbereitung auf das Verfahren des *concours*: ein Selektionsverfahren am Übergang in die jeweilige Elitehochschule.[112] Für den Eintritt in die CPGE innerhalb der ersten Übergangsphase erfolgt die Selektion der Bewerber *sur dossier*, welches ein Verzeichnis der Abiturnoten und sämtliche Zensuren ab dem 10. Schuljahr sowie Empfehlungsschreiben der Lehrenden umfasst. Nach Absolvieren der zweijährigen Vorbereitungsklassen schließt sich das äußerst scharfe Selektionsverfahren des *concours* an, welches nur etwa 5-10 % der Kandidatinnen und Kandidaten erfolgreich abschließen (vgl. Hartmann 2004: 110) und damit zum Übergang in

---

110 Dieser Beitrag entstand im Rahmen eines vom Deutschen Akademischen Austauschdienst (DAAD) in Bonn geförderten Forschungsaufenthalts am Centre Maurice Halbwachs an der École normale supérieure in Paris von Oktober 2010 bis Juli 2011.
111 Mit dem französischen *baccalauréat* schließt die gymnasiale Oberstufe ab; dieser Abschluss ist mit dem deutschen Abitur vergleichbar.
112 Der *concours* stellt eine Wettbewerbsprüfung dar, durch welche ein Zugang zu einer bereits vorher festgelegten Anzahl von Plätzen ermöglicht wird.

die jeweilige *Grande École*, für welche der *concours* ausgerichtet ist, berechtigt sind.

Im Hinblick auf die Problematik der Übergänge in die französischen *Grandes Écoles* ist zunächst auf eine bereits längere Tradition von Studien, die sich dieser Fragestellung widmen, zu verweisen. Pierre Bourdieu und dessen Umkreis (vgl. z. B. Bourdieu/Passeron 1971; Bourdieu/Saint Martin 1978, 1987; Bourdieu 2004) haben sich in ihren Studien zum „Feld der Macht" und dessen Reproduktion über die französische Institution der *Grandes Écoles* mit der Frage der Ursachen für die soziale Geschlossenheit dieser Elitehochschulen genauer auseinandergesetzt. Im Mittelpunkt steht hierbei die Studie „Der Staatsadel" (Bourdieu 2004), in welcher das „Feld der Macht", als Feld der Führungspositionen in Wirtschaft, Politik und Wissenschaft und Verwaltung, zum Feld der *Grandes Écoles* in Beziehung gesetzt wird. Auf der Grundlage von umfangreichen quantitativen und ergänzenden qualitativen Daten zeigt Bourdieu dort, dass Habitusstrukturen eine grundlegende Bedeutung bei den Selektionsverfahren am Übergang in eine *Grande École* und damit bei Prozessen der Reproduktion französischer Eliten zukommt.

Den bourdieuschen Studien schließen sich in der Folgezeit eine Reihe von eher quantitativ ausgerichteten Arbeiten an, die sich vor allem mit der Frage der sozialen Geschlossenheit der französischen *Grandes Écoles* auseinandersetzen (vgl. z. B. Baudelot/Matonti 1994; Euriat/Thélot 1995; Brauns 1998; Albouy/ Wanecq 2003; Institut Montaigne 2006). So zeigt eine Studie des Instituts Montaigne aus dem Jahr 2006 zur sozialen Zusammensetzung der Studierenden, welche die vier renommiertesten *Grandes Écoles* in den Blick nimmt, dass die geringe Anzahl der aus dem unteren bis unteren mittleren Milieu stammenden Schülerinnen und Schüler im Vergleich zu den 1950er Jahren von 29 % auf 9 % sogar noch gesunken ist.

Im Zuge der Einführung verschiedener Programme zur sozialen Öffnung der französischen *Grandes Écoles*[113] ist auf eine Reihe von Studien (vgl. z. B. Beaud/Convert 2010; Pasquali 2010; Van Zanten 2010) zu verweisen, die sich zum Teil kritisch mit der Frage auseinandersetzen, welches die tatsächlichen Beweggründe der Einführung derartiger Initiativen waren und wie ihre Wirkungen einzuschätzen sind.

Insgesamt kann festgehalten werden, dass sowohl die klassischen Studien von Bourdieu und dessen Umkreis als auch die jüngeren Studien zu den *Grandes Écoles* hauptsächlich quantitativ orientiert sind und auf die Problematik der Zu-

---

113 Beispielhaft sind verschiedene Tutorienprogramme (z. B. das Programm „Pourquoi Pas Moi?" [PQPM], initiiert von der *École supérieure des sciences économiques et commerciales* [ESSEC]), die vorsehen, Schülerinnen und Schüler aus benachteiligten sozialen Milieus stärker zu betreuen und systematisch auf den Eintritt in eine *Grande École* vorzubereiten.

gänge zu diesen Einrichtungen fokussieren. Aktuellere Studien, die den Übergang in die französischen Elitehochschulen und verwandte Problemstellungen mit einem qualitativ angelegten Forschungsdesign in den Blick nehmen, sind kaum vorhanden (Ausnahmen sind z. B. die Studien von Ferrand/Imbert/Marry 1999 oder von Pasquali 2010).

Im Folgenden werden methodologische Überlegungen entwickelt, wie die Übergänge in Elitehochschulen qualitativ in den Blick genommen werden können. Gewinnbringend erscheint in diesem Kontext etwa eine Analyse von Diskursen der Selbstrepräsentation dieser Institutionen, da diese u. a. eine genauere Untersuchung der Machteffekte an den Übergängen erlaubt, die mit einer quantitativen Methodologie nicht realisierbar ist.[114]

2 Diskursanalytische Perspektiven: Ein qualitativ-empirischer Zugang zu Übergängen im Bildungswesen am Beispiel einer Studie zu französischen Elitehochschulen

Mit Michel Foucault (vgl. v. a. 1981, 1991) kann auf das enge Zusammenspiel zwischen diskursiver und sozialer Praxis verwiesen werden. Diskurse bringen Machtwirkungen hervor, welche die soziale Realität erst konstituieren. Somit können Diskurse auch auf die Übergänge im Bildungswesen grundlegend einwirken und Machtverhältnisse erzeugen.

Bisher ist die Problematik der Wirkungen von Diskursen empirisch nicht umfassend bearbeitet worden. Schwab-Trapp (2006: 267) führt aus, dass „die Bedeutung von Diskursen für soziales und politisches Handeln eher metaphorisch behauptet als empirisch ausgewiesen wird".

Die sich anschließenden methodologischen Reflexionen zu einer diskursanalytischen Annäherung an die Problematik der Übergänge am Beispiel der Konzeption einer Studie zu den französischen *Écoles normales supérieures* stellen eine Reaktion auf dieses Forschungsdefizit dar.

---

114 Zurzeit wird von der Autorin eine Studie zu Elite- und Exzellenzdiskursen und deren Machtwirkungen innerhalb der französischen *Écoles normales supérieures* durchgeführt. Diese untersucht Diskurse, die innerhalb dieser Institutionen (re-)produziert werden und deren Selbstrepräsentation dienen. Nachfolgend wird auf die Inhalte der Studie selbst nur in dem Maße eingegangen, wie es für die Entwicklung der methodologischen Konzeptionen innerhalb des Beitrags notwendig ist.

2.1 Verständnis des Forschungsgegenstands – Diskurse um ‚Elite‘ und ‚Exzellenz‘ – im Spannungsfeld foucaultscher und bourdieuscher Theorie

Diskurse um ‚Elite‘ und ‚Exzellenz‘[115] gewinnen im Zuge einer Verstärkung des „Leitbilds des Wettbewerbs" (Kreckel/Pasternack 2008: 38) im europäischen Hochschulsystem zunehmend an Bedeutung. Die renommierten *Grandes Écoles* beziehen sich im Rahmen ihrer Selbstrepräsentationen explizit auf die Konzepte ‚Elite‘ und ‚Exzellenz‘. So versteht sich etwa die *École normale supérieure* (2011: 1 ff.) selbst als ein „établissement d'élite", welches einen entscheidenden Beitrag zur Entwicklung der „excellence scientifique" leistet. Vor diesem Hintergrund werden die Diskurse der Selbstrepräsentation dieser Institutionen als Forschungsgegenstand der Studie gewählt.

Das Gegenstandsverständnis der Studie rekurriert auf verschiedene Dimensionen foucaultscher (vgl. v. a. Foucault 1981, 1991) und bourdieuscher Theorie (vgl. v. a. Bourdieu 1990, 1992, 1998a, 2004),[116] die sich hinsichtlich der Fragestellung der Studie als fruchtbar erweisen. Diese richtet sich zum einen auf Habitusformen, die sich innerhalb der Diskurse um ‚Elite‘ und ‚Exzellenz‘ manifestieren; auf der anderen Seite zielt die Fragestellung auf die Machtwirkungen dieser Diskurse insbesondere an den Übergängen in die französischen ENS. Zunächst werden verschiedene Konzepte foucaultscher und bourdieuscher Theorie diskutiert, die das Verständnis des Forschungsgegenstandes determinieren.

Foucault (1981: 74) schlägt in der „Archäologie des Wissens" vor, Diskurse „[...] als Praktiken zu behandeln, die systematisch die Gegenstände bilden, von denen sie sprechen". Er fasst ‚Diskurse‘ als diskursive Praktiken, welche sich nicht in ihrer rein sprachlichen Dimension erschöpfen. Diskurse sind für ihn *„mehr"* als „Gesamtheiten von Zeichen (von bedeutungstragenden Elementen, die auf Inhalte oder Repräsentationen verweisen)" (ebd.: 74, Hervorhebung i. O.). In diesem *„mehr"* manifestiert sich die konstituierende Dimension von Diskursen, die auf deren enge Verwobenheit mit ihren produktiven Wirkungen zurückzuführen ist. Vor diesem Hintergrund kann die diskursive Praxis auch als „*strukturierende* Praxis" (Diaz-Bone 2005: 182, Hervorhebung i. O.) verstanden werden, die bestimmte Wirkungen erzeugt. An dieser Stelle wird ein enger Be-

---

115 Die Begriffe der ‚Elite‘ und ‚Exzellenz‘ tauchen häufig im Zusammenhang auf und finden teilweise auch eine synonyme Verwendung. Ricken (2009: 195) weist jedoch darauf hin, „den Gleichklang von ‚Elite‘ und ‚Exzellenz‘ als einen problematischen, weil sowohl in der Sache als auch semantisch nicht zwingenden Zusammenhang aufzunehmen". Dieses problematische Verhältnis soll in dieser Studie genauer in den Blick genommen werden.

116 Die theoretischen Dimensionen werden als heuristische Ausgangselemente verstanden, die innerhalb des Forschungsprozesses weiterentwickelt und modifiziert werden können. Aufgrund des begrenzten Umfangs des Beitrags sind nur einzelne Dimensionen foucaultscher und bourdieuscher Theorie zur Diskussion ausgewählt worden.

zug zum foucaultschen Konzept der ‚Macht' hergestellt, das ‚Macht' in einer produktiven Dimension betont. Diskursive Praxis als „*strukturierende* Praxis" wird damit als Ort gefasst, von dem produktive Machteffekte, die ihre Gegenstände überhaupt erst konstituieren, ausgehen. Insofern wird im Diskurs auch das Subjekt als „unterworfenes", als Resultat von Machtwirkungen, erst konstituiert (Bublitz 2008: 293).

Das foucaultsche Verständnis von diskursiver Praxis weist somit hinsichtlich der Frage nach den Machteffekten an den Übergängen in eine *Grande École* ein vielversprechendes Potential auf. Es ermöglicht, dass die Diskurse um ‚Elite' und ‚Exzellenz' unter dem Fokus ihrer produktiven Machtwirkungen in den Blick genommen werden können. Bezieht man die Frage der Machteffekte auf die Frage des Subjekts mit Fokus auf die Problematik der Übergänge, so kann mit einem diskursanalytischen Design, welches sich am foucaultschen Verständnis orientiert, etwa eine Perspektive auf die Konstituierung eines idealen Prüfungssubjekts und die damit verbundenen Machtstrukturen an den Übergängen in die Elitehochschulen eingenommen werden. Diskurse über „exzellente" Prüfungskandidatinnen und -kandidaten erzeugen Machtwirkungen, indem sie KandidatInnen mit spezifischen Eigenschaften im Diskurs überhaupt erst konstituieren.

Die zu untersuchenden Diskurse beziehen sich auf die Institutionen der *Écoles normales supérieures*, die nach Bourdieu (1992) dem wissenschaftlichen Feld zugeordnet und als „Gipfel der gesamten akademischen Hierarchie" (ebd.: 19) charakterisiert werden. Für die Untersuchung von Diskursen in einem bestimmten sozialen Feld liefern bourdieusche Reflexionen wichtige Bezugspunkte. In einer Kritik an Foucault kommt Bourdieu (1998b: 58) zu dem Schluss, dass Foucault es verweigere „[...] das Prinzip zur Erhellung der jeweils zum Feld gehörenden Diskurse irgendwo anders zu suchen als in der Ordnung des Diskurses selbst" und daraufhin der Auffassung sei „[...] den sozialen Raum (den künstlerischen, literarischen oder wissenschaftlichen Mikrokosmos), dessen Ausdruck dieser Raum ist, ausklammern zu müssen." Demgegenüber hebt Bourdieu (1990: 75) hervor, dass sowohl Form als auch Inhalt der Diskurse von der jeweiligen Position des Sprechers im sozialen Raum abhängig sind. Unabhängig davon, ob der bourdieuschen Kritik an Foucault in ihrer Radikalität zuzustimmen ist, liefert die Theorie Bourdieus für die Betrachtung der Diskurse um Elite und Exzellenz innerhalb des wissenschaftlichen Feldes fruchtbare Kategorien. Dies betrifft u. a. den Begriff des Felds, das mit Bourdieu (1990: 40 ff.) in seinen diskurstheoretischen Überlegungen in der Schrift „Was heißt sprechen?" auch als „sprachlicher Markt" verstanden werden kann. Auf diesem treten soziale Akteure in einen „Kampf [...] auf einem sprachlichen Feld", welchen Bourdieu (ebd.: 35) als „Diskurs" bezeichnet. Sie verfügen über einen bestimmten „sprachlichen

Habitus" (ebd.: 62 ff.): ein weiteres Konzept, welches Bourdieu innerhalb seiner diskurstheoretischen Reflexionen entwickelt und das als heuristische Kategorie des Gegenstandsverständnisses einer Studie, die nach Habitusformen von Diskursen fragt, geeignet erscheint.

Ein Blick auf die Habitusformen, die sich in Diskursen manifestieren können, ermöglicht eine Perspektive auf Subjekte und deren inkorporierte Denk-, Wahrnehmungs- und Handlungsschemata. Bublitz (2011: 11) charakterisiert die Dispositionen des Habitus als „(Subjekt-)Effekte von Diskursen", die „gewährleisten, dass Diskurse eine wirkliche Existenzweise haben, indem sie nicht nur zu Vorstellungen der Menschen über ihr Leben, sondern zu inneren Haltungen werden, ja, mehr noch, als subjektive und milieuspezifische ‚Natur' erscheinen". Damit wird über das bourdieusche Habituskonzept ein Zugang zu den inneren Dispositionen der Akteure, zu (kollektiven) Denk- und Handlungsschemata möglich, die sich über die diskursive Praxis manifestieren können. Gleichzeitig eröffnet sich die Perspektive auf eine Wissensform, die eng an Habitusstrukturen gebunden ist und von sozialen Akteuren nicht direkt begrifflich-theoretisch expliziert werden kann. Polanyi (1985) bezeichnet ein solches Wissen als „implizites Wissen".

Am Beispiel der Explikation des Gegenstandsverständnisses dieser Studie unter der Perspektive einer bestimmten Fragestellung wurde gezeigt, dass eine Verbindung von Theorieelementen Foucaults und Bourdieus durchaus gewinnbringend sein kann.[117] Damit erfolgt ein Anschluss an eine Reihe von Ansätzen, die auf unterschiedliche Weise eine solche Verbindung anstreben, indem sie diese etwa nur programmatisch einfordern oder auch versuchen, sie empirisch umzusetzen (vgl. z. B. Chalaby 1996; Keller 2006, 2008; Schwab-Trapp 2006; Kajetzke 2008; Diaz-Bone 2010).

2.2 Die dokumentarische Methode als geeignetes Auswertungsverfahren?

Zunächst ist festzustellen, dass weder die foucaultsche noch die bourdieusche Theorie ein methodologisch konsistentes Verfahren zur Durchführung von Diskursanalysen enthält. Bezüglich der Analyse des Forschungsgegenstands der Studie, die Diskurse zur Repräsentation französischer Elitehochschulen, er-

---

117 Gleichzeitig muss die Vereinbarkeit von bourdieuschen und foucaultschen theoretischen Dimensionen aber unter einer kritischen Perspektive betrachtet werden. Hierbei wird deutlich, dass Elemente wie etwa das foucaultsche Subjektkonzept und das Konzept des sozialen Akteurs von Bourdieu sich in unterschiedlichen Punkten einer Vereinbarkeit sperren.

scheint eine Anbindung diskurstheoretischer Elemente an ein etabliertes Verfahren der empirischen Sozialforschung daher sinnvoll.[118]

In diesem Kontext wird die dokumentarische Methode als qualitatives Auswertungsverfahren der rekonstruktiven Sozialforschung vorgeschlagen. Um sich als geeignetes Verfahren für diese Studie zu erweisen, muss sie an das Gegenstandsverständnis, das auf bourdieusche und foucaultsche Theorieelemente rekurriert, anschlussfähig sein bzw. auf die Fragestellung adäquat reagieren.

Die diskursive Praxis kann mit Foucault nicht nur als *„strukturierende* Praxis", sondern auch als *„strukturierte* Praxis" (Diaz-Bone 2005: 182, Hervorhebung i. O.) verstanden werden. In diesem Zusammenhang spricht Foucault (1981: 116) von einer „regulierten Praxis": eine Perspektive, die er vor allem in der „Archäologie des Wissens" ausgearbeitet hat. Martin Bittner (2008: 49) weist darauf hin, dass die dokumentarische Methode und die Diskursanalyse Foucaults ein ähnliches Forschungsinteresse besitzen. Beiden geht es um das *Wie* und damit um den *modus operandi* der Herstellung von diskursiver Praxis als sozialer Wirklichkeit, welcher auf eine Regelhaftigkeit des diskursiven Geschehens zielt.

Für die Rekonstruktion diskursiver Regelhaftigkeit stellt die dokumentarische Methode, so Bittner (2008: 48 ff.), ein geeignetes Begriffsinventar bereit. Er stellt fest, dass die Regelhaftigkeit des Diskurses, wie sie Foucault versteht, mit Bohnsack (2007: 125) als „Dreischritt der Diskursorganisation" gefasst werden kann. Der Fokus auf den *modus operandi* der diskursiven Praxis zielt auf die habituellen Formen, die innerhalb derselben (re-)produziert werden können.

Da es der dokumentarischen Interpretation u. a. darum geht, auf diskursanalytischer Ebene eine Rekonstruktion von habituellen Strukturen zu realisieren, erweist sie sich für die Bearbeitung der Fragestellung der Arbeit als fruchtbar. Bohnsack (1997: 199 f.) hebt in diesem Zusammenhang hervor, dass die dokumentarische Methode im Rahmen der Diskursanalyse angewandt worden ist, da sich Habitusformen „[...] in ‚zeremoniellen', also *habitualisierten,* d. h. immer wieder reproduzierten Handlungspraktiken des Diskurses" (Hervorhebung i. O.) manifestieren. Für die empirische Rekonstruktion von Habitusformen bietet die dokumentarische Methode eine fundierte methodische Basis und stellt vor diesem Hintergrund einen konsequenten Anschluss an das bourdieusche Habituskonzept dar.[119] Sie ergänzt die bourdieusche Praxeologie um eine grundle-

---
118 In diesem Zusammenhang muss auch auf die Probleme verwiesen werden, die eine Verbindung von Diskurstheorie mit Methoden qualitativer Sozialforschung hervorbringt (vgl. ausführlich dazu z. B. Angermüller 2007: 101 ff.). In diesem Rahmen kann auf diese Problematik jedoch nicht näher eingegangen werden.
119 Matthiesen (1989: 221 ff.) kommt zu dem Schluss, dass Bourdieus empirische Analysen nur begrenzt dem Programm einer rekonstruktiven Methodologie folgen und bezeichnet in diesem Zusammenhang die Methodologie Bourdieus als „Habituskonstruktion". Er führt aus, dass Bourdieus Ziel eher darin bestünde, objektive Strukturen in Form ihrer statistischen Regel-

gende Perspektive. Gegenüber der Methodologie Bourdieus, die Bohnsack (2007: 68) mit Bezug auf Mannheim (1980: 87 f.) als „*kausalgenetisch*" (Hervorhebung i. O.) bezeichnet, wird mit der dokumentarischen Methode ein *rekonstruktives* Verfahren der qualitativen Sozialforschung vorgelegt, welches sich zur Analyse von Habitusformen eignet.[120]

3 Ausblick: Diskursanalyse auf der Grundlage praxeologischer Wissenssoziologie – Eine Möglichkeit der Analyse aktueller Formen der (Re-)Produktion sozialer Ungleichheiten?

In den vorangehenden Ausführungen wurde am Beispiel des Forschungsgegenstandes der Elite- und Exzellenzdiskurse im Feld der französischen Elitehochschulen ein möglicher empirisch-qualitativer Zugang zu den Übergängen im Bildungswesen diskutiert. In diesem Kontext eröffnen sich methodologische Perspektiven, in diesem Fall diskursanalytischer Natur, für eine qualitative Analyse aktueller Formen der (Re-)Produktion sozialer Ungleichheiten am Beispiel einer Studie zum wissenschaftlichen Feld in Frankreich. Damit wird einerseits an die bourdieuschen Studien zum Feld der *Grandes Écoles* angeschlossen und die These der Reproduktion einer Analyse auf der Grundlage aktuellen Datenmaterials unterzogen; auf der anderen Seite erfolgt eine Reaktion auf das konstatierte Forschungsdefizit im Hinblick auf Studien zum französischen Feld der Elitebildung, die auf einem qualitativen Forschungsdesign basieren.

Die methodologischen Perspektiven, die am Beispiel der Konzeption dieser Studie entwickelt wurden, zielen auf eine Verbindung von Diskurstheorie mit qualitativer Methodologie. Die Wissenssoziologische Diskursanalyse von Reiner Keller (z. B. 2006, 2008) stellt derzeit das prominenteste Beispiel für die Realisierung einer solchen Verbindung dar. Kellers Programm richtet sich darauf, einen „Brückenschlag" zwischen diskursanalytischen Kategorien Foucaults und der Tradition der hermeneutischen Wissenssoziologie herzustellen, wobei er sich vor allem auf die soziologische Wissenstheorie von Peter Berger und Thomas Luckmann (1980) bezieht. Er erhofft sich von einer solchen Verbindung, „den mikrosoziologisch-situativen Bias des interpretativen Paradigmas zu korrigieren

---

mäßigkeit zu erfassen und aufgrund von statistischen Verteilungen auf Habitusformen zu schließen. Diese Ausführungen von Matthiesen (1989) beziehen sich vor allem auf Bourdieus Studie „Die feinen Unterschiede" (1982).

120 In diesem Kontext ist auf Studien (vgl. z. B. Kramer/Helsper et al. 2009) zu verweisen, die eine Rekonstruktion von Habitusformen auf der Grundlage der dokumentarischen Methode realisieren.

und eine breitere Analyseperspektive einzunehmen, die gesellschaftliche und historische Kontexte berücksichtigt" (Keller 2007: 60).

Mit der Anbindung von foucaultschen und bourdieuschen theoretischen Elementen an die dokumentarische Methode, die sich als praxeologische Wissenssoziologie versteht, wird am Beispiel der methodologischen Konzeption der Studie zu Elite- und Exzellenzdiskursen im Feld der ENS ein ähnliches Forschungsprogramm verfolgt. Allerdings, und hier wird ein grundlegender Unterschied zu Kellers Programm sichtbar, steht bei einer Anbindung an die Methodologie der dokumentarischen Methode nicht die Re-Konstruktion der Common-Sense-Theorien der sozialen Akteure im Mittelpunkt, wie es Ziel der hermeneutischen Wissenssoziologie ist, sondern es geht um die Re-Konstruktion diskursiv habitualisierter Praktiken, die den Alltagskonstruktionen der Akteure zugrunde liegen und damit um eine De-Konstruktion von Common-Sense-Theorien.

So zielt eine Diskursanalyse auf der Grundlage praxeologischer Wissenssoziologie, sich zwischen Rekonstruktion und Dekonstruktion bewegend, auf eine qualitative Analyse von diskursiven Habitusformen, die für Prozesse der (Re-) Produktion sozialer Ungleichheiten, etwa im Hinblick auf die Problematik der Übergänge, determinierend sein können. Ein derart konzipiertes diskursanalytisches Vorgehen erweitert das Spektrum qualitativ-empirischer Zugänge zu aktuellen Formen sozialer Ungleichheit im Bildungswesen.

Literatur

Albouy, Valérie/Wanecq, Thomas (2003): Les inégalités sociales d'accès aux grandes écoles. In: Économie et statistique 361: 27–47

Angermüller, Johannes (2007): Nach dem Strukturalismus. Theoriediskurs und intellektuelles Feld in Frankreich. Bielefeld

Baudelot, Christian/Matonti, Frédérique (1994): Le recrutement social des normaliens 1914–1992. In: Sirinelli, Jean-François (Hrsg.): École normale supérieure. Le livre du bicentenaire. Paris: 155–190

Beaud, Stéphane/Convert, Bernard (2010): „30 % de boursiers" en grande école... et après? In: Actes de la recherche en sciences sociales 183, 3: 4–13

Berger, Peter L./Luckmann, Thomas (1980): Die gesellschaftliche Konstruktion der Wirklichkeit. Eine Theorie der Wissenssoziologie. Frankfurt a. M.

Bittner, Martin (2008): Aufstand in den banlieues. Der Versuch einer Verbindung von Diskursanalyse und dokumentarischer Methode. Berlin

Bohnsack, Ralf (1997): Dokumentarische Methode. In: Hitzler, Ronald/Honer, Anne (Hrsg.): Sozialwissenschaftliche Hermeneutik. Eine Einführung. Opladen: 191–212

Bohnsack, Ralf (2007): Rekonstruktive Sozialforschung. Einführung in Methodologie und Praxis qualitativer Forschung. 6. überarb. und erw. Aufl. Opladen

Bourdieu, Pierre (1982): Die feinen Unterschiede. Kritik der gesellschaftlichen Urteilskraft. Frankfurt a. M.
Bourdieu, Pierre (1990): Was heißt sprechen? Die Ökonomie des sprachlichen Tausches. Wien
Bourdieu, Pierre (1992): Homo academicus. Frankfurt a. M.
Bourdieu, Pierre (1998a): Vom Gebrauch der Wissenschaft. Für eine klinische Soziologie des wissenschaftlichen Feldes. Konstanz
Bourdieu, Pierre (1998b): Praktische Vernunft. Zur Theorie des Handelns. Frankfurt a. M.
Bourdieu, Pierre (2004): Der Staatsadel. Konstanz
Bourdieu, Pierre/Passeron, Jean-Claude (1971): Die Illusion der Chancengleichheit. Untersuchungen zur Soziologie des Bildungswesens am Beispiel Frankreichs. Stuttgart
Bourdieu, Pierre/Saint Martin, Monique de (1978): Le patronat. In: Actes de la recherche en sciences sociales 20/21, mars/avril: 3–82
Bourdieu, Pierre/Saint Martin, Monique de (1987): Agrégation et ségrégation. Le champ des grandes écoles et le champ du pouvoir. In: Actes de la recherche en sciences sociales 69, septembre: 2–50
Brauns, Hildegard (1998): Bildung in Frankreich. Eine Studie zum Wandel herkunfts- und geschlechtsspezifischen Bildungsverhaltens. Opladen
Bublitz, Hannelore (2008): Subjekt. In: Kammler, Clemens/Parr, Rolf/Schneider, Ulrich Johannes (Hrsg.): Foucault-Handbuch. Leben – Werk – Wirkung. Stuttgart/Weimar: 293–296
Bublitz, Hannelore (2011): Diskurs und Habitus als zentrale Kategorien der Konstitution gesellschaftlicher Normalität. Online verfügbar unter: http://kw.uni-paderborn.de/fileadmin/kw/institute/Soziologie/Personal/Bublitz/Habitus.pdf [Stand: 10.03.2011]
Chalaby, Jean K. (1996): Beyond the prison-house of language: discourse as a sociological concept. In: British Journal of Sociology 47, 4: 685–698
Diaz-Bone, Rainer (2005): Die ‚interpretative Analytik' als rekonstruktiv-strukturalistische Methodologie. Bemerkungen zur Eigenlogik und strukturalistischen Öffnung der Foucaultschen Diskursanalyse. In: Keller, Reiner (Hrsg.): Die diskursive Konstruktion von Wirklichkeit. Zum Verhältnis von Wissenssoziologie und Diskursforschung. Konstanz: 179–197
Diaz-Bone, Rainer (2010): Kulturwelt, Diskurs und Lebensstil. Eine diskurstheoretische Erweiterung der Bourdieuschen Distinktionstheorie. 2., erw. Aufl. Wiesbaden
École Normale Supérieure (2011): École Normale Supérieure. Sciences, Humanités, Sciences Sociales. Paris: 1–48
Euriat, Michel/Thélot, Claude (1995): Le recrutement social de l'élite scolaire en France. In: Revue française de sociologie 36, 3: 403–438
Ferrand, Michèle/Imbert, Françoise/Marry, Catherine (1999): L'excellence scolaire: une affaire de famille. Le cas des normaliennes et normaliens scientifiques. Paris
Foucault, Michel (1981): Archäologie des Wissens. Frankfurt a. M.
Foucault, Michel (1991): Die Ordnung des Diskurses. Frankfurt a. M.
Hartmann, Michael (2004): Elitesoziologie. Eine Einführung. Frankfurt a. M.
Institut Montaigne (2006): Ouvrir les grandes écoles à la diversité. Paris

Jurt, Joseph (2004): Les Grandes Écoles. Der französische Sonderweg der Elitenausbildung. In: Ders. (Hrsg.): Intellektuelle – Elite – Führungskräfte und Bildungswesen in Frankreich und Deutschland. Freiburg i. B.: 91–96

Kajetzke, Laura (2008): Wissen im Diskurs. Ein Theorienvergleich von Bourdieu und Foucault. Wiesbaden

Keller, Reiner (2006): Wissenssoziologische Diskursanalyse. In: Keller, Reiner/Hirseland, Andreas/Schneider, Werner/Viehöver, Willy (Hrsg.): Handbuch Sozialwissenschaftliche Diskursanalyse. Bd. 1. 2., akt. u. erw. Aufl. Wiesbaden: 115–147

Keller, Reiner (2008): Wissenssoziologische Diskursanalyse. Grundlegung eines Forschungsprogramms. 2. Aufl. Wiesbaden

Keller, Reiner (2011): Diskursforschung. Eine Einführung für SozialwissenschaftlerInnen. 4. Aufl. Wiesbaden

Kramer, Rolf-Torsten/Helsper, Werner/Thiersch, Sven/Ziems, Carolin (2009): Selektion und Schulkarriere. Kindliche Orientierungsrahmen beim Übergang in die Sekundarstufe I. Wiesbaden

Kreckel, Reinhard/Pasternack, Peer (2008): Prämissen des Ländervergleichs. In: Kreckel, Reinhard (Hrsg.): Zwischen Promotion und Professur. Das wissenschaftliche Personal in Deutschland im Vergleich mit Frankreich, Großbritannien, USA, Schweden, den Niederlanden, Österreich und der Schweiz. Leipzig: 35–85

Mannheim, Karl (1980): Strukturen des Denkens. Frankfurt a. M.

Matthiesen, Ulf (1989): „Bourdieu" und „Konopka". Imaginäres Rendezvous zwischen Habituskonstruktion und Deutungsmusterrekonstruktion. In: Eder, Klaus (Hrsg.): Klassenlage, Lebensstil und kulturelle Praxis. Frankfurt a. M.: 221–299

Pasquali, Paul (2010): Les déplacés de l'ouverture sociale. Sociologie d'une expérimentation scolaire. In: Actes de la recherche en sciences sociales 183, 2: 76–103

Polanyi, Michael (1985): Implizites Wissen. Frankfurt a. M.

Ricken, Norbert (2009): Elite und Exzellenz – Machttheoretische Analysen zum neueren Wissenschaftsdiskurs. In: Zeitschrift für Pädagogik 55, 2: 194–210

Schwab-Trapp, Michael (2006): Diskurs als soziologisches Konzept. In: Keller, Reiner/Hirseland, Andreas/Schneider, Werner/Viehöver, Willy (Hrsg.): Handbuch Sozialwissenschaftliche Diskursanalyse. Bd. 1. 2., akt. u. erw. Aufl. Wiesbaden: 263–286

Van Zanten, Agnès (2010): L'ouverture sociale des grandes écoles: diversification des élites ou renouveau des politiques publiques d'éducation? In: Sociétés contemporaines 79, 3: 69–96

Zum Ordnungsproblem in Diskursen

Christiane Thompson

„nicht notwendig so, aber eben auch nicht zufällig so"
(Nassehi/Saake 2002a: 78).

In ihrem Aufsatz „Kontingenz: Methodisch verhindert oder beobachtet?" befassen sich Armin Nassehi und Irmhild Saake mit der Frage, auf welche Weise der Kontingenz und Unbestimmtheit in der qualitativen Sozialforschung Rechnung getragen wird. Kontingenz, aus der Perspektive der Autoren das, was nicht notwendig so, aber auch nicht zufällig so ist,[121] stellt eine nicht auszublendende Seite moderner Gesellschaften dar: Diese existieren *im Wandel*, in permanenter Überschreitung des Gegebenen und unter Hervorbringung des Neuen. Mit dieser Eröffnung des Unabsehbaren ist eine kategoriale Verschiebung verbunden, die zur Durchkreuzung von Ordnungen und Vervielfältigung von Wirklichkeit führt (vgl. Makropoulos 1997). Dies wirft nicht zuletzt die Frage auf, wie soziale Prozesse analytisch erschlossen werden können; denn ihre Erschließung stellt selbst eine Reaktion und Bearbeitung von Kontingenz dar. Die Systemtheorie, von der aus Nassehi und Saake argumentieren, arbeitet sich an eben dieser Einsicht ab: dass es kein unvermitteltes Verhältnis zum Sozialen gibt, dass dieses vielmehr immer gemäß bestimmter Unterscheidungen beobachtet bzw. hervorgebracht wird.

Von hier aus lässt sich angeben, wieso Nassehi und Saake gegenüber der qualitativen Sozialforschung eine kritische Haltung einnehmen: Nach ihrer Auffassung dominiert in der gegenwärtigen Forschung ein Verständnis, nach dem Bedeutungen im Licht schon vorhandener Ordnungsstrukturen erscheinen. Im Durchgang methodischer Einstellungen und Verfahren – vor allem der Biographieforschung – suchen Nassehi und Saake die Kontingenzdomestikation aufzuzeigen, die z. B. dort deutlich werde, wo die Biographieforschung von der Interviewsituation auf den übergeordneten Kontext einer am Lebenslauf orientierten biographischen Gesamtrepräsentation schließe (vgl. Nassehi/Saake 2002a: 73).

---

121 Die aristotelische Bestimmung der Kontingenz lautet: das, was nicht notwendig ist und das auch anders sein könnte (Aristoteles an. pr. I, 13, 32a: 18–20). Aristoteles denkt die „Kontingenz" in Bezug auf Ereignisse und Handlungen, z. B. das Gehen eines Tieres. Zur systematisch pädagogischen Diskussion von Kontingenz vgl. vor allem Ricken (1999).

Am Ende ihrer Überlegungen skizzieren die AutorInnen eine Forschungspraxis, welche Kontingenz im Fortgang von Interviewäußerungen sichtbar macht und einbezieht (ebd.: 82 ff.).
Der Beitrag der beiden Soziologen, der übrigens nicht unkommentiert bzw. unwidersprochen geblieben ist,[122] kann an den Anfang dieser Überlegungen gestellt werden, die vom Ordnungsproblem in Diskursen handeln; denn auch hier geht es um die Frage, wie das Verhältnis von Bestimmtheit und Unbestimmtheit – Foucault sprach von dem Verhältnis von Regelmäßigkeit und Ereignishaftigkeit (Foucault 1991) – in Äußerungen zu sehen ist und wie dieses im Rahmen einer Diskursanalyse Berücksichtigung findet. Aufgerufen ist damit zugleich die Frage nach der Konstitutionslogik von Diskursen, die Bestimmung ihrer Grenzen und also dessen, was sagbar ist bzw. was als ausgeschlossen erscheint. Dabei ist in Erinnerung zu halten, dass wissenschaftliche Praxis eine Sprechpraxis, d. h. einen Teil des Diskursgeschehens darstellt. Die wissenschaftliche Praxis ist eine Praxis, die in die Bestimmungsproblematik ihrer Gegenstände eingreift. Sie vermisst, anders gesagt, Gegenstände, verstetigt die Relationen, die sie zwischen ihren Gegenständen aufdeckt – unter Absehung alternativer Relationen, was eine Auswirkung auf die soziale Realität der Gegenstände hat.

Da die sozialwissenschaftliche Forschung auf diese Weise an der Konstitution der sozialen Welt beteiligt ist, muss sie sich reflexiv mit dem Spannungsverhältnis von Bestimmtheit und Unbestimmtheit befassen. Dies betrifft auch die Erforschung sozialer Ungleichheitsverhältnisse, da dieser Forschung insbesondere die gesellschaftspolitische Bedeutung zukommt, die exkludierenden Momente und die sich kumulierenden Effekte sozialer Ausschließung herauszuarbeiten. Um dies erreichen zu können, *muss* sie Übersetzungsleistungen vollziehen: Es muss ein Forschungsszenario entwickelt werden, aus dem heraus Ungleichheit und ihre Reproduktion identifizierbar werden.

Dieser Aufsatz sucht die These zu begründen, dass die performativen Konsequenzen dieser Übersetzungen im Falle der Forschungen zur „sozialen Ungleichheit" einer eigenen Reflexion bedürfen. In diese These eingegangen ist eine Überlegung, die bereits in der sozialwissenschaftlichen Verwendungsforschung der 1980er Jahre diskutiert wurde (Beck/Bonß 1989): dass wissenschaftliches Wissen oft genug nicht über seine partikularen oder alltäglichen gesellschaftlichen Deutungen erhaben ist. Die sozialwissenschaftliche Forschung fin-

---

122 Vgl. hierzu Hirschauer/Bergmann 2002, dann wieder Nassehi/Saake 2002b. Gegenstand der Diskussion ist insbesondere, ob der Vorwurf der Kontingenzdomestikation die gesamte qualitative Sozialforschung trifft oder nur bestimmte Ausrichtungen. Die Kommentatoren Hirschauer und Bergmann argumentieren, dass „Kontingenz" eine bedeutsame Stellung in der Forschung und kritischen Selbstreflexion qualitativer Forschungen einnehme (Hirschauer/Bergmann 2002: 335 f.). Von dieser Perspektive ausgehend, müsste die Auseinandersetzung um Kontingenz selbst als Proprium dieser Forschungstradition(en) gesehen werden.

det sich inmitten gesellschaftlicher Auseinandersetzungen wieder und beansprucht zugleich, als wissenschaftliche diesen Auseinandersetzungen entzogen zu sein (vgl. Schäfer/Thompson 2011).

Um die angeführte These zu begründen, werde ich zunächst im ersten Teil meines Aufsatzes den diskursanalytischen Zugriff vorstellen, der zur Untersuchung der „performativen Konsequenzen" sozialwissenschaftlicher Forschung eingesetzt wird. Es handelt sich um einen Zugriff, welcher dem Phänomen der Kontingenz einen Ort in der sozialen Welt zuweist (1). Die Bezugspunkte sind hier das Machtdenken Michel Foucaults und die Hegemonietheorie von Ernesto Laclau und Chantal Mouffe.[123] Nach diesem ersten Schritt wende ich mich der Themenstellung „sozialer Ungleichheit" zu, wobei ich die Aufmerksamkeit – von einer Außenperspektive – auf das wissenschaftliche Sprechen über „soziale Ungleichheit" richte (2). Von hier aus lassen sich Untersuchungsrichtungen und -strategien der Diskursanalyse angeben. Der Beitrag schließt mit einigen wenigen Überlegungen zu den Besonderheiten der Diskursanalyse (3).

1 Diskursanalyse: Zum Verhältnis von Macht und Ordnung

Die sozialtheoretischen Überlegungen zum Verhältnis von „Macht" und „Ordnung" können bei einem Zitat aus einem Interview mit Michel Foucault ansetzen: „Es gab grobe Fehldeutungen [...]. Ich habe niemals behauptet, die Macht sei das, was alles erklärt. Mein Problem bestand nicht darin, an die Stelle einer ökonomischen Erklärung eine Erklärung durch die Macht zu setzen. Ich habe versucht, die verschiedenen Analysen, die ich zur Frage der Macht angestellt habe, zu koordinieren, zu systematisieren, ohne ihnen das zu rauben, was an ihnen noch empirisch, das heißt, was an ihnen gewissermaßen noch blind war" (Foucault 1996: 99).

Ein erster Gesichtspunkt ist der Abweis essentialistischer Erklärungsmuster in der Aufschließung sozialer Phänomene. Foucault will mit der Bezugnahme auf „Macht" oder besser „Machtverhältnisse" nicht etwas anderes *an die Stelle* der marxistischen Auffassung setzen, dass alle sozialen Prozesse durch die Produktionsverhältnisse bestimmt sind. Die Analytik der Macht richtet sich nicht auf eine übergreifende Strukturlogik des Sozialen. Wie Foucault mehrfach bemerkt hat, ist mit der Aussage einer Omnipräsenz der Macht wenig gewonnen (vgl. Foucault 2001: 114). Foucault wirft solchen Vorgehensweisen vor allem ihre

---

123 Vor allem die Überlegungen Foucaults werden nun verstärkt in der Erziehungswissenschaft rezipiert (vgl. z. B. Ricken/Rieger-Ladich 2004). Die Auffassung, dass Foucaults Genealogie auf eine Problematisierung von Identitäten und Positionen aus ist (Foucault 1987), wird dabei nicht immer geteilt.

Einfachheit vor: In der Allgemeinheit, mit der übergeordnete Kategorien, wie ‚Gesellschaft' und ‚Institution', verwendet werden, verschwindet der konkrete Vollzug der sozialen Praxis. Damit aber schwinden die subjektivierenden Effekte von Machtverhältnissen aus dem Blickfeld.

Das obige Zitat gibt aber auch weiteren Aufschluss über die Anlage des Machtkonzepts. Foucault verwendet die rätselhafte Formulierung, in der die Worte „empirisch" und „blind" verbunden werden. Die Äußerung bezieht sich gleichermaßen auf den *Forschungsgegenstand* und die *Forschungspraxis*. Foucault spricht von Analysen im Plural, was auf *verschiedene* Fundstellen mit *unterschiedlichen* Gegenständlichkeiten hinweist. Die Frage, die sich Foucault stellt, ist diejenige, wie diese Analysen zusammenhängen. Sie erfahren eine Koordinierung und Systematisierung, ohne dabei die jeweils einzelnen Analysen als Teil im Ganzen aufgehen zu lassen. Dies kann so verstanden werden, dass die Systematisierung die relationale Qualität der untersuchten Gegenstände, Ereignisse, Positionen etc. nicht einer Hierarchisierung oder übergreifenden Ordnung unterstellt, wodurch die Analysen nicht mehr empirisch, nicht mehr blind wären (sondern in einen definiten Bezug zum Ganzen gebracht wären).

Wenn Foucault von „Macht" oder von „Machtverhältnissen" spricht, dann geht es also nicht um die Aufdeckung eines Gefälles, die Einteilung der Welt in Machthabende und Machtentbehrende. Vielmehr soll das *Netz der Beziehungen* rekonstruiert werden, wobei die Punkte, über welche die Beziehungen verlaufen, sehr unterschiedlich dimensioniert sind, je nachdem welche Verbindungen *gespielt* werden. Andreas Hetzel hat in diesem Zusammenhang einmal von einem „Polyversum der Macht" gesprochen (Hetzel 2008: 140), in dem sich Machtverhältnisse ausdifferenzieren und einander polymorph und polyzentrisch überlagern.

Hier liegt das antisubstantialistische Machtverständnis Foucaults begründet und ausgehend von diesem werden die zahlreichen methodischen Selbstverständigungen nachvollziehbar, in denen Foucault – niemals müde werdend – die aus der Relationalität erwachsende Unbestimmtheit des Sozialen in Rechnung stellt. Es ist dann die Rede von einer „taktischen Polyvalenz" von Diskursen, von „wechselseitigen Bedingungsverhältnissen", die Kausalitätsunterstellungen destruieren etc. (vgl. Foucault 2001: 42 ff.). Ganz in diesem Sinne dominieren in Foucaults Analysen Figuren der Komplexifizierung (ebd.) und die Einführung widerstreitender Denkmotive (Foucault 1969).

Foucaults Bezugnahme auf die Unbestimmtheit des Sozialen ist sehr unterschiedlich interpretiert worden. Reiner Keller (2007) hat in einem methodologisch ausgerichteten Beitrag über die Diskursanalyse bemerkt, dass es keine foucaultsche Diskursanalyse gebe. Keller will mit dieser Äußerung erstens die methodologische „Unterbestimmtheit" von Foucaults Arbeiten fassen und zweitens seinen eigenen diskursanalytischen Einsatzpunkt markieren: d. i. die wissenssoziologisch informierte Diskursanalyse.[124] Der strategisch platzierten Einschätzung, nach der Foucaults Arbeiten unter dem Zeichen einer fehlenden „Präzisierung" des Methodischen erscheinen (Keller 2007: Kap. 1), kann nach dem bisher Gesagten entgegnet werden, dass der Unbestimmtheit im Methodischen ein positiver Sinn entspricht; denn diese nimmt die produktive Vervielfältigung sozialer Wirklichkeit auf, indem sie durch Polyvalenz, wechselseitige Bedingungsverhältnisse etc. den Elementen eine vielgestaltige Bedeutung im Sozialen zuweist.[125]

Eine Theoretisierung und Systematisierung dieser ‚Unbestimmtheit' haben Ernesto Laclau und Chantal Mouffe in ihrer politischen Theorie geliefert. Laclau und Mouffe argumentieren, die Gesellschaft besitze keinen ihr eigentümlichen Raum, kein Wesen (Laclau/Mouffe 1991: 130). Das Soziale ist demnach nicht schon und wird dann nur noch sprachlich verlautbart. Vielmehr wird das Soziale erst in der artikulatorischen Praxis hervorgebracht: „Es gibt keine Objektivität, die einen ‚Ursprung' konstituieren könnte: Der Moment der Hervorbringung ist radikal – eine creatio ex nihilo –, und keine soziale Praktik, nicht einmal die elementarsten Handlungen des alltäglichen Lebens, sind gänzlich repetitiv. So gesehen bildet die ‚Artikulation' die grundsätzliche ontologische Ebene der Wirklichkeitskonstitution" (Laclau 1990: 184, Übers. C. T.). Die Artikulation stellt einen Schließungsversuch der Unbestimmtheit des Sozialen dar und mit jeder neuen Artikulation vollzieht sich eine Verschiebung bzw. Neukonstitution des Sozialen (vgl. Thompson 2007).

In diesem Ansatz wird demnach „Ordnung" als etwas Prekäres und um Geltungsmacht Ringendes begriffen. Laclau und Mouffe führen in ihrem Buch „Hegemonie und radikale Demokratie" in diesem Zusammenhang aus, dass weder „absolute Fixiertheit" noch „absolute Nicht-Fixiertheit" der Elemente im sozialen Raum (Laclau/Mouffe 1991: 149) möglich ist. Identitäten sind danach be-

---

124 Dieser konsequent ausgearbeitete Ansatz kann hier nicht ausführlicher dargestellt werden (vgl. Keller 2001, 2003).

125 Die sozialwissenschaftliche Hermeneutik setzt sich gleichfalls mit der Komplexität sozialer Wirklichkeitskonstruktion auseinander, vor allem dadurch, dass sie über eine Problematisierung des Wissens von der Wirklichkeit operiert (Hitzler/Honer 1997). In einer kritischen Auseinandersetzung mit Ansätzen der Diskursforschung, die der Kontingenz des Sozialen eine grundsätzliche Bedeutung einräumen, deutet Keller den eigenen sozialtheoretischen Hintergrund (den Sozialkonstruktivismus von Berger/Luckmann) im Sinne eines elaborierten Zugriffs auf die soziale Wirklichkeit (Keller 2010: 51). Dem stehe die Gefahr poststrukturalistischer Diskursforschung gegenüber, in eine deskriptive Textwissenschaft und kulturdiagnostische Essayistik abzugleiten (ebd.). Diese wichtige Diskussion kann hier nicht weitergeführt werden. Zentral scheint indes, diese Auseinandersetzung vor einem sozialtheoretischen Hintergrund zu führen, welcher die Praktiken der methodischen Aufschließung sozialer Wirklichkeit berücksichtigt bzw. reflektiert.

ständig im Vollzug, unfähig sich vollständig zu konstituieren. Ihre Unbestimmtheit und Kontingenz kann zu jeder Zeit eine Reartikulation des Feldes herbeiführen. Beispielhaft kann die Selbstdarstellung einer frühkindlichen Bildungsinstitution angeführt werden, welche die Elemente „Kinder", „Lernumgebungen", „erzieherische Verantwortung" etc. in Beziehung zueinander setzt, wobei die Elemente ihre Bedeutung nur in der Relation zu den anderen Elementen erhalten (vgl. dazu Jergus/Thompson 2011). „Kind" ist nicht einfach „Kind"; „Lernumgebung" ist nicht einfach „Lernumgebung". Die Lernumgebung ist vielmehr z. B. das Pendant eines Kindes, das als immer schon theoretisierendes und welterschließendes Wesen inszeniert wird. Die Lernumgebung kann aber zugleich als Ersatzwelt figuriert werden, die eine reduzierte häusliche Umgebung kompensiert. Die Diskursanalyse geht den Spannungsverhältnissen dieser Figurationen nach und fragt nach ihrer Produktivität – auch und gerade für Subjektivierungsprozesse.[126] Zwei weitere Bemerkungen dieser Analyseperspektive seien noch ergänzt.

Erstens implizieren Kontingenz und Unbestimmtheit nicht, dass zu jeder Zeit alles möglich wäre: Dies wäre nach Laclau und Mouffe die Welt des Psychotikers (ebd.: 150). Eine Welt, in der alles möglich wäre, hätte gar keinen Bestand, da sie stetig in Dissoziation begriffen wäre. Gemeint ist aber auch nicht, dass alle Möglichkeiten in gleichem Maße möglich sind. Vielmehr steht die soziale Praxis beständig vor der Herausforderung ihrer Wirklichkeitsbehauptung und Autorisierung, was die Frage der hegemonialen Durchsetzungsmacht aufwirft (vgl. Laclau 2002).

Zweitens distanziert sich dieser Forschungsansatz von einer gründenden Subjektivität, bei der das Subjekt seinen Sprech- und Handlungsvollzügen als intentionale und zentrierende Instanz vorausgeht. Die Macht durchquert das Subjekt, wenngleich sie Letzteres nicht beherrscht: Dieser außerordentlich herausfordernde Gedanke wird auch so gefasst, dass das Subjekt einen Effekt der Macht darstelle, ohne in diesem aufzugehen. Foucault verstand Macht als Identitäten anreizendes und produktives Medium des Sozialen (Foucault 1978). Wenn Eltern im Rahmen von Ratgebern als Instanzen angesprochen werden, die das Zentrum der Liebe und Fürsorge in der Familie abgeben, dann werden im Zusammenhang dieser Anrufung Selbst- und Weltverhältnisse hervorgebracht, welche die Eltern an diese Identität binden und sie aber auch mit einer *agency*, einer Handlungsfähigkeit, ausstatten. Machtverhältnisse bringen Identitäten her-

---

126 Diese Perspektive prägt einige Hallesche Forschungsarbeiten zum Verhältnis von Pädagogik und Ironie (Krüger 2011), zu den Erfahrungsdiskursen von Rucksacktouristen (Schäfer 2011) und zur Produktivität und Unabgeschlossenheit des Sozialen bezüglich Liebe/Verliebtheit (Jergus 2011).

vor, indem sie Wünschbares in Aussicht stellen und entsprechende Selbstverständigungen anreizen.
Über diesen Gedanken kann erläutert werden, auf welche Weise eine lokale bzw. prekäre Durchsetzungsmächtigkeit im Sozialen – im Verständnis von Laclau und Mouffe: Hegemonie – entfaltet werden kann. Es geht hier um die bindende Qualität von Identitäten, um Adressierungs-, Autorisierungs- und Anerkennungspraxen, auf deren Grundlage Identitätserwartungen und -zumutungen Kontur gewinnen. Diese Perspektive erhält gegenwärtig in der empirisch und theoretisch ausgerichteten erziehungswissenschaftlichen Forschung zu „Anerkennung" zunehmend Kontur (vgl. Balzer/Ricken 2010).[127] Welchen Blick gibt nun eine diskursanalytische Annäherung an das Gegenstandsfeld „sozialer Ungleichheit" frei?

2 Zum Sprechen über „Ungleichheit" und „Ausschluss"

Für die Annäherung an die Ungleichheitsthematik bietet es sich an, jene sozialwissenschaftlichen Überlegungen heranzuziehen, die seit einer Weile über das Konzept der „Exklusion" angestellt werden; denn damit lässt sich eine Untersuchungsperspektive plausibilisieren, die analysiert, wie gegenwärtig Ungleichheitsverhältnisse (wissenschaftlich) thematisiert werden und wie damit zugleich der gesellschaftliche Raum aufgeteilt bzw. konstituiert wird. Ich schließe an dieser Stelle an die Ausführungen Castels (2008) an, der die Schwierigkeiten herausgestellt hat, die mit dem Exklusionsbegriff verbunden sind.[128]

Nach Auffassung Castels kann der Exklusionsbegriff vor allem deswegen mit einem breiten Konsens rechnen, weil er eine soziale Problemlage in einer Weise verortet, dass sie am „unteren Rand" der Gesellschaft zum Vorschein kommt – und damit also nicht in das Zentrum der Sozialpolitik einrückt, wodurch „allgemeinere Maßnahmen" „mit präventiven und nicht nur reparativen Zielsetzungen" notwendig würden (Castel 2008: 77). Die Argumentationsstrategie ist für die vorliegende Perspektive hilfreich bzw. anschaulich. Was Castel hier herausstellt, ist, dass und wie diskursive Formationen um „Exklusion" das

---

127 Nach Laclau und Mouffe kann Hegemonie als sich fortsetzende antagonistische Bewegung von Äquivalenzen und Differenzen in der artikulatorischen Praxis begriffen werden, die sich bezogen auf jenes strukturieren, was in der artikulatorischen Praxis ausgeschlossen ist. Ein Beispiel hierfür ist das Projekt „Stuttgart 21", das in der Lage ist, Akteure und Gruppen mit sehr verschiedenen Zielen und Auffassungen als Gegner des Bauprojekts zusammenzuschließen.
128 Dazu gehört unter anderem, dass „Exklusion" „Zustände der Enteignung [benennt], ohne die Prozesse zu berücksichtigen, die sie hervorbringen" (Castel 2008: 73). Die vermeintliche Klarheit des Begriffs verdeckt eine Unbestimmtheit der Prozesse und der gesellschaftlichen Dynamiken, unter denen Ausschlüsse zustande kommen.

soziale Terrain so reorganisieren, dass die Problemlage am Rand der Gesellschaft lokalisiert wird und entsprechende Adressierungen und Anerkennungspraxen zustande kommen, was die Mobilisierung jener einschließt, die in die Gefahr geraten könnten „abzurutschen".

Auch die erziehungswissenschaftliche Thematisierung sozialer Ungleichheit kann in diesem Sinn untersucht werden: Zu analysieren ist, wie in diesen Thematisierungen das Soziale konstituiert wird und wie dabei Wissens- und Subjektivierungsformen relationiert werden. Eine solche Analyse kann hier nicht *en detail* vorgeführt werden. Es lassen sich jedoch exemplarisch Ansatzpunkte und Untersuchungsrichtungen solcher Analysen benennen.

2.1 Subjektivierungen im Horizont von Leistungsfähigkeit und sozialer Gerechtigkeit

Eine Aussage, die heute zum Standardrepertoire der Diskussion um soziale Ungleichheit gehört, ist, dass mit der Veröffentlichung der PISA-Ergebnisse von 2000 soziale Ungleichheitsverhältnisse in die Aufmerksamkeit von Politik, Presse, Öffentlichkeit und Wissenschaft gerückt wären. Insbesondere der internationalen Vergleichsperspektive sei die Einsicht zu verdanken, dass der sozialen Herkunft von Schülerinnen und Schülern eine derartig durchschlagende Rolle im deutschen Bildungssystem zukomme.[129] Der so genannte „PISA-Schock" bildet einen maßgeblichen Referenzpunkt in der Debatte um die „soziale Ungleichheit". Betrachtet man diese Bezugnahme unter rhetorischen Gesichtspunkten, so hat dies häufig damit zu tun, dass im Rahmen einer international operierenden standardisierten Forschung die Verletzung eines normativen Anspruchs moderner Gesellschaften – nämlich der sozialen Gerechtigkeit – auf den Punkt gebracht werden kann. Damit einher geht ein Autorisierungspotential, das nicht nur von der Überzeugungskraft einer wissenschaftlich hervorgebrachten Erkenntnis zehrt, sondern auch von der „Fähigkeit" eines Wissens, in vielen gesellschaftlichen Teilbereichen bedeutsam werden zu können.

Für eine Reflexion der ‚Entdeckung' bzw. ‚Wiederentdeckung' sozialer Ungleichheit ist zunächst interessant, dass die soziale Tatsache der „Ungleichheit" vor allem im Rahmen einer Forschung Prominenz erlangt, in der es um die Feststellung von Leistung *unter Absehung* ihrer praktischen Hervorbringung geht. Unter Rückbezug auf Foucaults Überlegungen zur rituellen Praxis der Prüfung (Foucault 1977: 238 ff.) lässt sich auf die Machtstrategie der Sichtbarmachung des Subjekts hinweisen, die in der Kompetenzmessung eine bislang un-

---

129 Es wird an dieser Stelle darauf verzichtet, die Vielzahl der Fundstellen auszuweisen – vor dem Hintergrund, dass diese Lektüreerfahrung als bekannt vorausgesetzt werden kann.

vergleichliche Steigerung erfährt; denn dem Konstrukt der „Kompetenz" eignet eine vielseitige Bedeutung von Subjektivierungen: Es bringt nicht nur den Schüler als ein Subjekt hervor, das leistungsfähig ist. Vielmehr stellt es diese Leistungsfähigkeit als Ergebnis schulischen Lernens dar mit der Folge, auf einem Spektrum im Vergleich zur Leistungsfähigkeit anderer Individuen identifizierbar zu werden.

Es geht hier nicht darum, die Testdiagnostiken der Lehr-Lern-Forschung als Normalisierungsszenario auszuweisen und durch eine Dekonstruktion von „Leistung" kritisch zu diskutieren. Die Überlegungen sollen hingegen dazu dienen, die Bezugnahmen auf die Leistungsforschung mit ihren subjektivierenden und instituierenden Effekten zu betrachten (insofern diese „soziale Ungleichheit" berühren). Ebenso wenig ist davon auszugehen, dass die Leistungssemantik alle pädagogischen Prozesse ‚neoliberal' überformt. Dies würde eine Schließung des empirischen Feldes implizieren. Es müsste demgegenüber analysiert werden, inwiefern pädagogische Äußerungen in der Sinnbestimmung pädagogischer Praxis auf diskursive Formationen im Horizont von „Leistung" und „Kompetenz" zurückgreifen.

So könnte man das rhetorische Spannungsfeld von Gleichheit und Ungleichheit untersuchen, z. B. im Zusammenhang pädagogischer Begründungen von Frühförderung. Dort lässt sich eine Überlagerung sehr unterschiedlicher diskursiver Stränge im Zusammenhang von „sozialer Ungleichheit" und „Benachteiligung" feststellen: die Bezugnahme auf eine Kultur sozialer Gerechtigkeit in Kindertagesstätten; ein sozialpädagogisches Fürsorgemotiv zum Ausgleich sozialer Benachteiligung; ein liberales Motiv, dass niemand bei der Ausbildung seiner maximalen Leistungsfähigkeit behindert werden sollte usw. Bei der Rekonstruktion müsste die Aufmerksamkeit darauf gerichtet werden, wie in diskursiven (und nicht-diskursiven) Praktiken die pädagogischen Adressaten figuriert werden: wie ihre Chancen, ihre Schicksale, ihre Erfahrungen (zugleich) als möglich, wirklich, unwahrscheinlich etc. erscheinen (etwa in der Rede über „Bildungsverlierer", „bildungsfern", „Bildungskarriere", „Startchancen"). Auf diese Weise würde der im ersten Teil entwickelten These gefolgt, dass „soziale Ungleichheit" ihre Bestimmung erst in der relationalen Logik der anderen Elemente ihrer diskursiven bzw. praktischen Inszenierung erfährt.

2.2 Zum Verhältnis von Subjektivierung und Responsibilisierung

Eine solche Analyse wirft eine weitere spannende Frage auf. „Soziale Ungleichheit" ist mit starken Mobilisierungen pädagogischen Denkens und Handelns verbunden. Aus diesem Grund wäre es interessant, näher zu betrachten, wie in wissenschaftlichen und pädagogisch praktischen Kontexten zur „sozialen Ungleichheit" Responsibilisierungen hervorgebracht werden und wie diese das pädagogische Terrain (re-)organisieren. Die Analyse könnte bei den „Lokalisierungen" sozialer Ungleichheit ansetzen: Lokalisierungen der Ungleichheit in „Familie", „Lebenswelt", „Nachbarschaft" o. ä. sind für ‚quasi-naturalisierende' Motive anschlussfähig: Erwächst die Ungleichheit aus dem „natürlichen" Kontakt mit den Eltern oder den kulturellen Hintergründen des eigenen Milieus, so erscheint die „Ungleichheit" als eine dem pädagogischen Terrain *vorgegebene* und *nichthinterfragbare* soziale Tatsache, die ein verzweigtes pädagogisches Terrain zwischen Kompensation und Anerkennung figuriert. Dieses ist ebenso für das paternalistische Hilfsmotiv wie für eine institutionelle Ausformung von Diagnostik und Förderung anschlussfähig. Ganz anders verhält es sich bei den Lokalisierungen der „sozialen Ungleichheit" im Zusammenhang der Schule, die andere Adressierungs- und Verantwortungsszenarien (für Erziehungswissenschaftler, Lehrer, Schulleiter, Eltern, Bildungspolitik etc.) implizieren. Es eröffnet sich hier das weite Feld der Bildungsreform und Schulentwicklung(-sforschung), in dem die rhetorisch-strategische Stellung der sozialen Ungleichheit lokal untersucht werden kann.

Ähnlich wie dies Castel für die Kategorie der „Exklusion" unternommen hat, bedarf also die soziale Ungleichheit, wie sie in erziehungswissenschaftlichen und pädagogischen Kontexten verhandelt wird, einer rhetorisch-diskursiven Analyse, die betrachtet, wie hierzu unterschiedliche Elemente und Stränge im pädagogischen Feld relationiert werden. Wie wird das „benachteiligte Subjekt" figuriert? Wie wird pädagogische Verantwortung konstituiert?

Die Beantwortung solcher Fragen ist angezeigt angesichts der performativen Qualität sozialer und pädagogischer Praxis und im Wissen um unser Verhaftetsein mit den in ihr prozessierten Normen. Die machtanalytisch sensibilisierte Rezeption der Anerkennungstheorien in der Erziehungswissenschaft (vgl. Schäfer/Thompson 2010) liefert eine theoretische Folie, auf der die empirischen Daten als Spielräume des Anerkennbaren ausgelegt werden können. Damit wird ein analytischer Beitrag geleistet zur Erforschung „sozialer Ungleichheit", die in sich zugleich wissenschaftliche Beschreibung und normative Ansprüche vereint.

Im abschließenden dritten Teil soll der Einsatzpunkt der Analysen noch einmal nachgezeichnet und in einen Zusammenhang mit dem Ordnungsproblem gebracht werden.

3 Vom ‚Nutzen' und ‚Nachteil' von Macht- und Diskursanalyse

Im Anschluss an Foucault (insb. 2001) und Laclau/Mouffe (1991) ist die Perspektive einer das Soziale vielfältig durchziehenden Macht entwickelt worden, welche eine relationale und damit spannungsreiche Konstitution der Elemente des Sozialen in den Blick nimmt. Die Frage nach dem, was eigentlich gerade der Fall ist, stellt eine Grundfrage sozialer Praxis dar, die beständig bearbeitet wird und die Gegenstand sozialer Auseinandersetzungen ist. Dies verweist auf das Politische in jeder sozialen Identität (Laclau).

Die Bedeutung macht- und diskursanalytischer Perspektiven besteht darin, die zu untersuchenden Gegenstandsbereiche nicht als Ausdruck einer kohärenten kulturellen, sozialen, geschichtlichen etc. Bestimmung zu denken, sondern als prekäre Ordnungsbildungen und -umbildungen. Der Diskursbegriff ist nicht holistisch angelegt im Sinne einer Herrschaftskonstruktion, welche die soziale Praxis überformt oder sogar entfremdet. Macht- und diskursanalytische Betrachtungen operieren demgegenüber lokal und analysieren die Zusammenschließungen und Vervielfältigungen von Positionen im Sozialen, die Einfluss darauf haben, wer wir heute sind. Es interessieren also besonders die *Bindungseffekte* der Macht: die Spielräume der Subjektivierungen mit ihren Konsequenzen für (pädagogische) Responsibilisierungen, Entlastungen, Zukunftsentwürfe etc.

Da die Machtanalyse auch die Wissenschaft als einen von Machtverhältnissen durchzogenen Raum begreift, lässt sich mit dieser Forschung in den Blick bringen, wie wissenschaftliche Äußerungen im Zusammenhang „sozialer Ungleichheit" das pädagogische Terrain reorganisieren. Wenngleich eine solche Analyse hier nicht eigens durchgeführt werden konnte, so war es doch möglich zu zeigen, dass eine solche Untersuchung nicht nur Teil der üblichen wissenschaftlichen Selbstaufklärung ist. Vielmehr handelt es sich darum, den Beziehungen zwischen dem Pädagogischen und dem Politischen nachzugehen, z. B. bei der Frage, wie stark bei der Thematisierung von „Bildungsungleichheit" Motive sozialer Gerechtigkeit und von Leistungsgesellschaft ineinander verweisen.[130]

Eine solche Perspektive, welche die Wissenschaftlichkeit des wissenschaftlichen Wissens einklammert, um zu betrachten, wie sich pädagogische Zusammenhänge gerade auch rhetorisch-strategisch auf die Hegemonie wissenschaftlicher Erkenntnisse beziehen, bringt die wissenschaftliche Wissensproduktion als soziale Praxis in den Blick. Dies berührt die Autorität des Wissens, das sozialen Bedingungen enthoben sein soll (Schäfer/Thompson 2011). Dies mag beunruhi-

---

[130] Dass beispielsweise die Relationierung von „Bildungserfolg" und „Migration" einer reflexiven Perspektive bedarf, wird im Zusammenhang und Umkreis des Halleschen HBS-Promotionskollegs besonders hervorgehoben (vgl. die Arbeiten von Busse, Helsper, Hummrich).

gend sein. Es geht aber nicht darum, der Wissenschaft ihre Praxis vorzuwerfen. Vielmehr ist über die singuläre Frage der Forscher hinaus, was ihre Forschung mit ihrem Forschungsgegenstand macht, die Konstitution pädagogischer Wirklichkeit im Horizont sozialwissenschaftlicher Erkenntnisse zu untersuchen.[131]

Blickt man von hier aus zurück zum Anfang des Beitrags und zum Anspruch, der Kontingenz als einem wesentlichen Moment des Sozialen in der empirischen Forschung einen Ort zu geben, so zeichnet sich nach dem Durchgang der Überlegungen ab, dass die erste Inblicknahme von Kontingenz weiterer Bestimmungen bedarf. Angekündigt hat sich hier in Abweichung zur Position von Nassehi/Saake, dass Kontingenz nicht auf eine permanente kritische Überbietung der Beobachterposition angesichts der „Notwendigkeit der Unmöglichkeit innerhalb der Aktualisierung einer Möglichkeit" zielt (Stäheli 2000: 268). Kontingenz verweist demgegenüber auf die prekäre Konstitution von Identitäten bzw. Ordnungen, was sich nutzen lässt, um der Frage von Macht und Gestaltung nachzugehen, in der pädagogische Fragen ihre Kontur gewinnen. Wie das (wissenschaftliche) Sprechen über „soziale Ungleichheit" soziale Prozesse figuriert und pädagogische Verhältnisse und Verantwortungen (re-)organisiert, kann zum Gegenstand einer Macht- und Diskursanalyse werden.

Literatur

Aristoteles (2008): Werke in deutscher Übersetzung. Band 3.1.1: Analytica Priora. Oldenburg

Balzer, Nicole/Ricken, Norbert (2010): Anerkennung als pädagogisches Problem. Markierungen im erziehungswissenschaftlichen Diskurs. In: Schäfer, Alfred/Thompson, Christiane (Hrsg.): Anerkennung. Paderborn: 35–87

Beck, Ulrich/Bonß, Wolfgang (1989): Verwissenschaftlichung ohne Aufklärung? Zum Strukturwandel von Sozialwissenschaft und Praxis. In: Dies. (Hrsg.): Weder Sozialtechnologie noch Aufklärung? Analysen zur Verwendung sozialwissenschaftlichen Wissens. Frankfurt a. M.: 7–45

Castel, Robert (2008): Die Fallstricke des Exklusionsbegriffs. In: Bude, Heinz/Willisch, Andreas (Hrsg.): Exklusion. Die Debatte über die „Überflüssigen". Frankfurt a. M.: 69–86

Denzin, Norman K./Lincoln, Yvonna S. (Hrsg.) (2008): Strategies of Qualitative Inquiry. Los Angeles

Foucault, Michel (1969): Wahnsinn und Gesellschaft. Frankfurt a. M.

---

131 Es sei bemerkt, dass die qualitative sozialwissenschaftliche Forschung, die ihre kolonialen Herkünfte reflektiert (vgl. Denzin/Lincoln 2008), dieser Aufgabe durchaus mit Offenheit und Problembewusstsein gegenübersteht.

Foucault, Michel (1978): Dispositive der Macht. Michel Foucault über Sexualität, Wissen und Wahrheit. Berlin
Foucault, Michel (1981): Archäologie des Wissens. Frankfurt a. M.
Foucault, Michel (1987): Nietzsche, die Genealogie, die Historie. In: Von der Subversion des Wissens. Hrsg. von Walter Seitter. Frankfurt a. M.: 69–115
Foucault, Michel (2001): Der Wille zum Wissen. Sexualität und Wahrheit. Bd. 1. Frankfurt a. M.
Hetzel, Andreas (2008): Figuren der Selbstantizipation. Zur Performativität der Macht. In: Krause, Ralf/Rölli, Marc (Hrsg.): Macht. Begriff und Wirkung in der politischen Philosophie der Gegenwart. Bielefeld: 135–152
Hirschauer, Stefan/Bergmann, Jörg (2002): Willkommen im Club! Eine Anregung zu mehr Kontingenzfreudigkeit in der qualitativen Sozialforschung. In: Zeitschrift für Soziologie 31, 4: 332–336
Hitzler, Ronald/Honer, Anne (Hrsg) (1997): Sozialwissenschaftliche Hermeneutik. Opladen
Jergus, Kerstin (2011): Liebe ist... Artikulationen der Unbestimmtheit im Sprechen über Liebe. Eine Diskursanalyse. Bielefeld
Jergus, Kerstin/Thompson, Christiane (2011): Die Politik der ‚Bildung'. Eine theoretische und empirische Analyse. In: Reichenbach, Roland/Ricken, Norbert/Koller, Hans-Christoph (Hrsg.): Erkenntnispolitik und die Konstruktion pädagogischer Wirklichkeiten. Paderborn: 103–121
Keller, Reiner (2001): Wissenssoziologische Diskursanalyse. In: Ders./Hirseland, Andreas/Schneider, Werner/Viehöver, Willy (Hrsg.): Handbuch sozialwissenschaftliche Diskursanalyse. Bd. 1: Theorien und Methoden. Wiesbaden: 113–145
Keller, Reiner (2003): Diskursforschung. Eine Einführung für SozialwissenschaftlerInnen. Opladen
Keller, Reiner (2007): Diskurse und Dispositive analysieren. Die Wissenssoziologische Diskursanalyse als Beitrag einer wissensanalytischen Profilierung der Diskursforschung. In: Forum Qualitative Sozialforschung 8, 2: Art. 19
Keller, Reiner (2010): Nach der Gouvernementalitätsforschung und jenseits des Poststrukturalismus? In: Angermüller, Johannes/Dyk, Silke van (Hrsg.): Diskursanalyse meets Gouvernementalitätsforschung. Perspektiven auf das Verhältnis von Subjekt, Sprache, Macht und Wissen. Frankfurt a. M.: 43–70
Krüger, Jens Oliver (2011): Pädagogische Ironie – ironische Pädagogik. Diskursanalytische Untersuchungen. Paderborn
Laclau, Ernesto (1990): New Reflections on The Revolution of Our Time. London
Laclau, Ernesto (2002): Universalismus, Partikularismus und die Frage der Identität. In: Ders. (2002): Emanzipation und Differenz. Wien: 45–64
Laclau, Ernesto/Mouffe, Chantal (1991): Hegemonie und radikale Demokratie. Zur Dekonstruktion des Marxismus. Wien
Makropoulos, Michael (1997): Modernität und Kontingenz. München
Nassehi, Armin/Saake, Irmhild (2002a): Kontingenz: Methodisch verhindert oder beobachtet? In: Zeitschrift für Soziologie 31, 1: 66–86

Nassehi, Armin/Saake, Irmhild (2002b): Begriffsumstellung und ihre Folgen – Antwort auf die Replik von Hirschauer/Bergmann. In: Zeitschrift für Soziologie 31, 4: 337–343
Ricken, Norbert (1999): Subjektivität und Kontingenz. Markierungen im pädagogischen Diskurs. Würzburg
Ricken, Norbert/Rieger-Ladich, Markus (Hrsg.) (2004): Michel Foucault: Pädagogische Lektüren. Wiesbaden
Schäfer, Alfred (2011): Irritierende Fremdheit. Bildungsforschung als Diskursanalyse. Paderborn
Schäfer, Alfred/Thompson, Christiane (Hrsg.) (2010): Anerkennung. Paderborn
Schäfer, Alfred/Thompson, Christiane (Hrsg.) (2011): Wissen. Paderborn
Stäheli, Urs (2000): Sinnzusammenbrüche. Weilerswist
Thompson, Christiane (2007): Wo liegen die Grenzen unmöglicher Identifikation? Einige Überlegungen zu „Quasi-Transzendentalität" und ihren pädagogischen Folgen. In: Vierteljahrsschrift für wissenschaftliche Pädagogik 83, 4: 391–407

Schlussbeitrag

Intersektionalität als Herausforderung für eine erziehungswissenschaftliche soziale Ungleichheitsforschung

Jürgen Budde

1 Einleitung

Seit einigen Jahren findet sich in der erziehungswissenschaftlichen sozialen Ungleichheitsforschung immer häufiger eine Bezugnahme auf den Terminus Intersektionalität. Dieser bezeichnet, vereinfacht ausgedrückt, die *Überschneidung* unterschiedlicher sozialer Kategorien und der damit einhergehenden *sozialen Positionierungen*. Aus dem Englischen stammend kann er als Schnittpunkt oder Schnittmenge übersetzt werden. Problematisch ist, dass bislang mit Intersektionalität weder eine einheitliche Definition noch eine einheitliche Denktradition oder Forschungsstrategie verbunden ist. Der Begriff erscheint, ebenso wie der Gegenstand, mit dem er sich beschäftigt, höchst ambivalent und hybrid.

Die Ambivalenzen zeigen sich bereits in der Verbreitung des Begriffes Intersektionalität als „Buzzword" (Davis 2008) oder Containerbegriff. Einerseits wird er begeistert aufgenommen: kein wissenschaftlicher Beitrag zum Thema, der nicht auf die beachtliche Karriere hinweist, die der Begriff vor allem in den Gender-Studies, der Migrationsforschung, aber auch in den Disability-Studies, den Queer-Studies oder den Postcolonial- und Critical-Whiteness-Studies in den letzten Jahren zu verzeichnen hat. Intersektionalität erfreut sich zur Beschreibung komplexer Zusammenhänge sozialer Ungleichheit großer Beliebtheit. Während Bührmann fragt, „ob es sich bei der Intersektionalitätsforschung schon um ein neues Paradigma handelt oder noch um ein Forschungsfeld" (Bührmann 2009: 22), rufen Degele und Winker (2008) Intersektionalität in der Geschlechterforschung als neues Paradigma aus. Auch Knapp (2005) zeigt sich beeindruckt. Sie sieht die Doppeldeutigkeit des Terminus als sein großes Potential, da er die Anschaulichkeit des Bildes einer Kreuzung mit der Abstraktion eines offenen Konzeptes vereine.

Andererseits ist die tatsächliche Anzahl an Beiträgen für die Erziehungswissenschaft bislang bescheiden. In der Datenbank FIS Bildung erzielt der Begriff Intersektionalität 16 Treffer seit dem Jahr 2004, die wenigsten davon empirische Arbeiten. Zum Vergleich: Der – tendenziell ähnlich gelagerte – Begriff Heterogenität erzielt in der gleichen Datenbank im gleichen Zeitraum über 1.000 Treffer.[132] Ein ähnliches Bild für die Begriffe *intersectionality* und *diversity* ergibt sich bei der Recherche in der internationalen Online-Datenbank des *Education Resources Information Center* (ERIC). Dieser Umstand weist erstens darauf hin, dass in der erziehungswissenschaftlichen Debatte das Konzept Heterogenität eine sehr viel stärkere Berücksichtigung findet als Intersektionalität. Zweitens wird deutlich, dass die empirische Basis zu diesem Thema noch bemerkenswert dünn ist. Es liegen im deutschsprachigen Raum kaum empirische Studien vor. Wie lässt sich dies erklären? Welches Potential entfaltet Intersektionalität zum Verständnis sozialer Ungleichheit im Bildungssystem?

Zur Bearbeitung dieser Fragen nimmt der Beitrag eine Klärung des Begriffes und seiner Verwendungszusammenhänge vor und diskutiert Aspekte, die sich für eine Nutzbarmachung als Blockade erweisen könnten. Dabei wird nicht der aus intersektionaler Perspektive häufig vorgebrachte (und nicht selten mit moralischen Appellen untermalte) Vorwurf wiederholt, dass soziale Ungleichheitsforschung die mehrdimensionalen Lebenslagen zur Kenntnis nehmen möge, sondern die Perspektive umgedreht und das Konzept Intersektionalität kritisch nach seinem Potential für eine erziehungswissenschaftliche soziale Ungleichheitsforschung befragt. Meine These ist, dass es in der Intersektionalitätsforschung bislang an einem eigenständigen Machtbegriff mangelt und dass dieser Mangel theoretische und empirische Unschärfen mit sich bringt. Im Gegensatz dazu wäre der spezifische Charakter der *intersection* von sozialen Ungleichheiten mit Bezug auf den Machtbegriff zu präzisieren.

2 Theoretische Aspekte

2.1 Gemeinsamkeiten und strittige Punkte

Für ein theoretisches Verständnis von Intersektionalität können – bei aller Unterschiedlichkeit – mehrere Punkte als gesichert gelten:

So steht der Gegenstand von Intersektionalität außer Zweifel. Es geht darum, soziale Positionierungen als ein Zusammenspiel unterschiedlicher (Struktur-)*Kategorien* zu verstehen: „Intersektionalität lebt von Kategorien, die Begriffsbildung *Inter*sektionalität setzt kategorial abgegrenzte Einheiten voraus" (Dietze et al. 2007: 114, Hervorhebung i. O.).

Zweitens ist das Zusammenspiel der unterschiedlichen Kategorien nur in ihrem jeweiligen Kontext zu verstehen. Damit geht ein grundlegend relationales

---

132 Zugriff am 27.10.2010.

Denken einher, denn je nach Kontext können die Relationen zwischen den Kategorien höchst unterschiedlich ausgeprägt sein. Dieser Blick auf flexible und hybride Konstellationen lässt sich als ‚relationale Kontextualität' beschreiben – und stellt m. E. ein zentrales Kennzeichen von Intersektionalität dar.

Weiter ist die begriffsgeschichtliche Herleitung weitgehend unumstritten. Historisch verortet ist der Begriff vor allem in der US-amerikanischen Frauenforschung und hier unentrinnbar mit der Juristin Kimberlé Crenshaw verbunden, die ihn in die feministische Diskussion einspielte. Hintergrund war eine Problematisierung der Bezugnahme des Feminismus auf den Terminus ‚Frauen', da diese homogenisierend wirke und eine einheitlich konstituierte Gruppe von Frauen mit gleichen Bedingungen und Interessen unterstelle. Hingegen waren schwarze Frauen in den USA in ihren Lebensrealitäten von anderen sozialen und juristischen Ausschlüssen betroffen als weiße Frauen. Betont wurde, dass ihre Unterdrückung andere Gestalt habe als die weißer Frauen und die Lebenslagen schwarzer Frauen in vielerlei Hinsicht eher denen schwarzer Männer ähnelten. Die Unterstellung homogener Lebenslagen der Frauen durch den Feminismus wurde so problematisiert und zurückgewiesen. Damit war die Trias aus *gender*, *class* und *race* ins Spiel gebracht, die bis heute als zentral gilt.

Eine weitere Gemeinsamkeit besteht darin, dass Intersektionalität als Instrument zur Analyse von Ungleichheiten begriffen wird. In diesem Sinne ist es Anspruch, nicht lediglich Positionierungsprozesse entlang der Überschneidung sozialer Kategorien (wie *gender*, *race* und *class*) zu dokumentieren, sondern es geht um die Sichtbarmachung der darin eingelassenen Machtverhältnisse. Intersektionalität zielt damit grundlegend auf die Analyse von Macht und Herrschaft.

Eine letzte Gemeinsamkeit besteht darin, dass davon ausgegangen wird, dass es sich bei diesen Kategorien um soziale Konstruktionsakte und nicht um ontologische, stabile Differenzlinien handelt. Die Strukturkategorien und ihre Bedeutungen sind als soziale und kulturelle Produkte zu verstehen.

Gegenüber diesen, als gesichert anzusehenden Bezugspunkten existiert eine Reihe von ungeklärten bzw. strittigen Fragen.

Erstens wird problematisiert, wie das Zusammenspiel der unterschiedlichen sozialen Kategorien zu denken ist. Ist Zusammenspiel überhaupt der angemessene Begriff oder geht es um Überkreuzungen, Fluchtpunkte oder Verknüpfungen? Dahinter steht nicht nur eine Auseinandersetzung um das Verhältnis der Strukturkategorien zueinander, sondern diskutiert wird, ob Kategorien überhaupt alleine gedacht werden können, oder ob nicht beispielsweise Ethnizität immer schon vergeschlechtlicht und mit Milieuzugehörigkeit verwoben ist. Dann hätte man es weniger mit Achsen zu tun, die sich an festen Punkten kreuzen, sondern mit Formen von ‚Kulminationen', ‚Aufhäufungen' oder mit Walgenbach (2007) „Interdependenzen".

Zweitens ist der disziplinäre Status umstritten. Bereits in den Gender-Studies oder der Migrationsforschung wird diskutiert, inwieweit diese jeweils eigene Disziplinen bilden oder interdisziplinär in unterschiedlichen Feldern intervenieren. Für Intersektionalitätsforschung verdoppelt sich diese Schwierigkeit gleichermaßen, denn das disziplinäre Verortungsproblem stellt sich ja zusätzlich gegenüber den Bezugswissenschaften, deren disziplinärer Status gerade ungeklärt ist.

Ein dritter Punkt der Auseinandersetzung ist die Frage, ob, und wenn ja wie viele Kategorien zur Beschreibung intersektionaler Verhältnisse sinnvoll bzw. notwendig sind.

Viertens ist umstritten, welche Analyseebene vorrangig in den Blick zu nehmen ist. Während manche quantitative Studien mehrkategoriale Effekte im Bildungssystem mit statistischen Daten auf der Makroebene berechnen, arbeiten qualitative erziehungswissenschaftliche Studien vor allem das „doing differences" (West/Zimmerman 2001) – also die interaktionelle Herstellung von Differenz – auf der Mikroebene heraus.

Im Folgenden werden die letzten beiden Punkte herausgriffen und eingehender diskutiert, da sie für die empirische Herangehensweise methodische und methodologische Implikationen nach sich ziehen.

2.2 Bezugnahme auf Kategorien

Sowohl die Anzahl als auch die Bedeutung der zu berücksichtigenden Kategorien ist umstritten. So wird diskutiert, wie viele Kategorien notwendig sind. Neben der bereits erwähnten klassischen Trias aus *gender, race* und *class* sind im Laufe der Zeit weitere Kategorien dazugekommen: Behinderung, Körper, sexuelle Orientierung, Alter, Region etc. Die Ausweitung der Anzahl der Kategorien folgt der Annahme, dass man unendlich viele Kategorien bräuchte, um die Komplexität sowohl von Lebenslagen als auch von Machtverhältnissen angemessen und differenziert zu beschreiben. Aus zahlreichen – vor allem methodischen und forschungspragmatischen – Gründen ist diese Ausweitung aber nicht beliebig weit zu treiben. Die Fokussierung jeweils neuer Kategorien geht zumeist mit dem Vorwurf an weniger differenzierte Ansätze einher, genau diesen spezifischen Ungleichheitsmechanismen gegenüber blind zu sein.

Um das Kategorienproblem zu bearbeiten, favorisieren Kassis et al. (2009) die Kategorien Geschlecht, Ethnizität und Bildungsstatus der Eltern. Wenning (2004) zählt mit Leistung, Alter, soziokultureller Lage, Sprache, Migration, Gesundheit, Körper und *gender* sieben Kategorien auf. Riegel (2010) wiederum nennt Geschlecht, Sexualität, Ethnizität, Nationalität, Religion, soziale Klasse,

Alter, Körper und Region. Lutz und Leiprecht (2005) ergänzen weitere Kategorien und kommen so auf 15 Differenzlinien. Jede Aufzählung tendiert zur Unabgeschlossenheit und gleichzeitig zur Unvollkommenheit. In der Erziehungswissenschaft findet sich unter dem Begriff Heterogenität zwar eine ähnliche Bewegung: Prengel (2006) rückt bspw. in ihrer Pädagogik der Vielfalt *gender*, Migration und Behinderung in den Mittelpunkt. Allerdings zielt die erziehungswissenschaftliche Heterogenitätsdiskussion zumeist auf die Offenlegung von individueller Vielfalt und Subjektivierungen, sie können eher als nichthierarchische Differenzansätze bezeichnet werden, denn als intersektionale Analyse (vgl. Neumann in diesem Band).

Was steht hinter der Auseinandersetzung um die Anzahl der Kategorien? Insgesamt geht es darum, wie Erkenntnisse generiert werden können, die sozialen Strukturierungen und individuellen Subjektivierungsprozessen angemessen sind, um das fokussierte Thema, die fokussierten Personen erstens möglichst genau in ihrer Vielschichtigkeit zu erfassen und zweitens dies zu tun, ohne reifizierend zu wirken. Soiland unterscheidet zwei Strömungen: eine, deren Erkenntnisinteresse von grundsätzlicher Kritik an Kategorien geleitet ist, und eine andere, der es darum geht, die Komplexität sozialer Ungleichheitslagen erfassen und konzeptualisieren zu können (vgl. Soiland 2008). Was ist der Erkenntnisgewinn unendlich vieler Kategorien, so kann mit der einen Strömung gefragt werden. Welche blinden Flecken produziert die Fixierung auf eine bestimmte Anzahl von Kategorien, so würde die andere erwidern. Die Kritik an Kategorien würde dann besonders gut gelingen – so die erste Strömung – wenn möglichst viele potentielle Kategorien zu Erklärung berücksichtigt werden können. Jede Beschränkung wirkt nicht nur als Einengung des Wahrnehmungshorizontes, sondern auch als verkürzende vor-ab-gesetzte Definition. Hier können Bezüge zu Butlers Konzept der Performativität von Diskursen sowie zur Konstitution und Anerkennung von Subjekten in der Ordnung der Sprache hergestellt werden (Butler 2001). Dahinter steht die Annahme, dass Sprache Wahrnehmungen und Wahrnehmbarkeiten strukturiert und dass diejenigen Personen, die nicht differenziert benannt werden, in ihrer spezifischen, subjektiven – und dadurch intersektionalen – Lage nicht angemessen anerkannt werden. Sprache fungiert in dieser Vorstellung als symbolischer Hervorbringungsraum. Ein ausdifferenziertes Kategorienkonzept bietet den Vorteil, keine potentielle Position zu übergehen, und minimiert so das Risiko, durch Reifizierung zur Fortschreibung von Ungleichheiten beizutragen. Es riskiert aber auf der anderen Seite tendenziell Unhandhabbarkeit.

McCall (2005) unterscheidet drei verschiedene Ansätze anhand ihrer Bezugnahme auf soziale Kategorien. Sie differenziert antikategoriale, intrakategoriale und interkategoriale Ansätze.

1. Die *antikategorialen Ansätze* sind – ähnlich der ersten Strömung bei Soiland – der Dekonstruktion zuzuordnen. Hier dominiert insgesamt eine kritische Sichtweise auf jedwede vorgängig gesetzten sozialen Kategorien. An der Annahme von vorgängigen Kategorien wird kritisiert, dass dies zwangsläufig zu einer Kategorisierung führe und die damit zusammenhängende Einordnung der Subjekte in Kategorien bereits ein machtvoller Zugriff sei. Diese Homogenisierungen stellten in diesem Sinne eine Dominanzpraktik dar, da nicht nur andere Kategorien sozialer Ungleichheit unkenntlich gemacht würden, sondern die Annahme von Kategorien im Prozess der Subjektivierung selber immer schon als Zwang auftrete. Macht ist hier vor allem die Macht des Diskurses. Entsprechend kommen vor allem diskursanalytische Verfahren zur Anwendung, die untersuchen, wie Subjekte durch Kategorisierungen auf soziale Plätze verwiesen werden.
2. *Intrakategoriale Ansätze* fokussieren hingegen auf spezifische soziale Gruppen oder Situationen. Hier geht es darum, in lokal begrenzten Kontexten Überschneidungen und Durchkreuzungen sozialer Kategorien in den Blick zu nehmen. Im Fokus sind dabei vor allem benachteiligte Gruppen, deren Lebenslagen auf diese Weise zum Sprechen gebracht werden sollen. Intrakategoriale Ansätze zielen, so McCall, auf „people whose identity crosses the boundaries" (ebd.: 1774). Meist wird die abweichende Gruppe mit einer Normgruppe kontrastiert. Dies führe dazu, so kritisiert McCall, dass die untersuchte Gruppe sehr differenziert dargestellt wird, die Normalgruppe jedoch stark homogenisierend. Intrakategoriale Ansätze vermeiden die Dekonstruktion, bleiben aber den Kategorien gegenüber skeptisch.
3. *Interkategoriale Ansätze* betrachten im Gegensatz dazu *gender*, *race* und *class* als zentrale Ankerpunkte, die aber nicht statisch gefasst werden. Im Mittelpunkt steht die Analyse der Beziehungen der Kategorien zueinander. Der Vorteil dieser Methode – die McCall favorisiert – sei, dass Ungleichheitsrelationen nicht im Hintergrund verbleiben (wie in den anderen Ansätzen), sondern gerade den Fokus der Untersuchung bilden.

Je nach Erkenntnisinteresse und Gegenstand ist es sinnvoll, zu klären, welcher der Ansätze jeweils zugrunde gelegt wird. Um die Gefahr ‚blinder Flecke' in einer intersektionalen Herangehensweise an soziale Ungleichheitsforschung zu minimieren, dürfte es jedoch sinnvoll sein, die jeweils anderen Ansätze ebenfalls mit einzubeziehen und den eigenen Fokus so gleichsam einer kritischen Re-Analyse zu unterziehen.

2.3 Analyseebene

Neben der Bezugnahme auf Kategorien bildet die Frage, welche Analyseebene vorzugsweise in den Blick zu nehmen ist, einen weiteren zentralen strittigen Punkt. Während in der sozialwissenschaftlich inspirierten Intersektionalitätsforschung das gesellschaftstheoretische Potential auf der makrosoziologischen Ebene betont wird, dominieren in der Erziehungswissenschaft vor allem mikrosoziologische Ansätze. Sowohl Knapp (2005) als auch Degele und Winker (2008) schlagen an dieser Stelle vor, die Auswahl von Kategorien vom gewählten Zugang abhängig zu machen: Geht es um intersektionale Sozialstrukturanalyse, bieten sich interkategoriale Ansätze mit einer Konzentration auf wenige Kategorien an. Geht es um die Analyse von biographischen Subjektivierungsprozessen, könnten hingegen intra- oder antikategoriale Ansätze angemessener sein, welche die Kategorien im Vorfeld nicht fest definieren.

Degele und Winker (2008) legen ein – sich praxeologisch auf Bourdieu beziehendes – Mehrebenenmodell zur Systematisierung der Ebenen vor. Sie unterscheiden Identitätskonstruktionen, symbolische Repräsentationen und Gesellschaftsstrukturen und fragen, ausgehend vom empirischen Handeln und Sprechen der Akteure, nach Identitäten, Strukturen und Normen. Sie schlagen vor, auf der Makro- und Mesoebene die intersektionale Analyse anhand der Strukturkategorien Klasse, Geschlecht, Rasse und Körper vorzunehmen, während auf der Mikroebene der Identitätskonstruktionen zahlreiche Kategorien wirkmächtig sind. Der Gewinn des Mehrebenenmodells liegt in einer empirisch nutzbaren Präzisierung von Herrschaftsverhältnissen aufgrund einer Art intersektionalen Rasters, welches von den Praxen und Artikulationen der Subjekte ausgeht. Ein zweiter Gewinn liegt in dem Zugang zu Machtrelationen vor allem aufgrund der Analyse der Effekte sozialer Kategorien auf der gesellschaftsstrukturellen Ebene. Bei Degele und Winker tauchen Machtrelationen als Rassismus, Sexismus, Klassismus und Bodyismus auf. Problematisch daran ist, dass diese gesellschaftlichen Machtstrukturierungen im Mehrebenenmodell gleichsam aufaddiert werden, indem die Logik der machttheoretischen Vorstellungen der Bezugswissenschaften wie den Gender-Studies oder den Postcolonial-Studies auf die Kreuzungspunkte übertragen werden. Bei diesen (den Gender- oder Postcolonial-Studies) ist das verbindende Kennzeichen der Machtanalyse die gleichzeitige Herstellung von Differenz und Hierarchie in binärer Form (vgl. Budde 2010). Grundlegend ist die Annahme, dass das Abweichende *als* Abweichendes in seiner Differenz thematisiert und herausgestellt wird, während die im gleichen Prozess als Norm gesetzte Gruppe de-thematisiert wird.

Diese gleichsame Addition allerdings unterschlägt, dass eine Kreuzung – um in diesem Bild zu verbleiben – mehr ist als die Addition zweier Straßen, sie hat ihre eigenen Logiken, eigenen Ordnungen und ihre eigenen Optionen. Eine intersektionale Analyse müsste diese Ungleichheiten nicht einfach zusammenzählen und so neue Binaritäten produzieren, sondern deren Zusammenspiel und so die je spezifische Machtkonstellation in den Blick nehmen. Entsprechend kann eine intersektionale Analyse auch nicht funktionieren wie im Falle des vielzitierten katholischen Arbeitermädchens vom Lande oder des Migrantensohns aus der Großstadt. Bei beiden Figuren erscheint Ungleichheit als Rechenspiel, indem Geschlecht, Religion, Region, Ethnizität oder Klasse zur größtmöglichen Benachteiligung zusammen gezählt wird. Vielmehr gälte es m. E., sich verstärkt für die *Verknüpfung der unterschiedlichen Machtverhältnisse* zu interessieren. Leitend sind dabei weniger Vorstellungen von Positionierungen sozialer Akteure an den binär konstruierten Überschneidungen von Differenzachsen, sondern eher Konzepte einer rhizomatischen Struktur des Sozialen (vgl. Deleuze/Guattari 1977). Dies impliziert eine erziehungswissenschaftliche Intersektionalitätsanalyse von (vorschnellen) Kategorisierungen wie ‚Ungleichheit', ‚Dominanz' oder ‚Herrschaft' etc. tendenziell zu lösen und mit Foucault die Produktivität von Macht im Sinne von Hervorbringung stärker begrifflich (mit) zu (er)fassen (vgl. Thompson in diesem Band).

3 Empirie und methodologische Probleme

Im Gegensatz zu der elaborierten theoretischen Diskussion ist die methodologische und empirische Auseinandersetzung noch nicht so breit ausdifferenziert und von einem einheitlichen intersektionalen Forschungsprogramm weit entfernt. Wie kann das Gefälle zwischen theoretischem Anspruch und empirischem Ertrag erklärt werden? Sichtet man die wenigen vorliegenden Arbeiten, kristallisieren sich zwei Aspekte als methodologische Knackpunkte heraus: Dies ist zum einen die Frage des Erkenntniswerts einer intersektionalen erziehungswissenschaftlichen Analyse und zum anderen die Frage danach, wie die Erhebung und Analyse von Intersektionalität überhaupt geleistet werden kann. Damit verknüpft ist die Herausforderung der methodischen Bearbeitung des Kategorienproblems. Denn wie Überschneidungen sozialer Kategorien und damit zusammenhängende soziale Ungleichheiten beobachtet und interpretiert werden können, stellt ein weitgehend offenes Problem dar. Worauf richtet sich der Blick?

Wie eine empirische Analyse von Intersektionalität aussehen kann und wo mögliche Fallstricke liegen, soll exemplarisch an einem ethnographischen Beispielprotokoll skizziert werden. Im dargestellten Mehrebenenmodell liegt dieses auf der Ebene der Identitätskonstruktionen. Es stammt aus der Beobachtung einer Pausensituation einer 8. Klasse an einem norddeutschen Großstadtgymnasium (vgl. Budde 2005).

Steffen beschäftigt sich mit der Deutschhausaufgabe: „Was heißt denn das? Ist hier jemand Deutscher? Du, Helmut, du bist doch Deutscher, du musst es doch wissen!"
Helmut: „Nee, ej." Dann ergänzt er leiser: „Der Vater meines Großvaters war auch Türke."
Mustafa, Juvan und Mathias glauben es nicht. Helmut sagt es noch mal und bestärkt es.
Juvan ruft lachend: „Hey du Türke." Einige Schüler lachen.
Helmut steht auf und will Juvan am Nacken packen.
Mustafa: „Mit Juvan würde ich mich nicht anlegen, Helmut!"
Als Helmut nicht reagiert, lacht Mustafa und ergänzt: „Der hat ne große Schwester und wenn die kommt...!"

In dem Beispiel verschränken sich mehrere Strukturkategorien: So spielt Leistung eine zentrale Rolle bei der Initiierung der Sequenz. Die Bewältigung der Hausaufgabe in der Pause ist überhaupt der Anlass. Ohne die schulische Erwartung an spezifische Formen der Leistungserbringung (hier in Form von Hausaufgaben) würde die Sequenz einen anderen Verlauf nehmen. Auch Ethnizität wird in Anschlag gebracht, zum einen durch die Gleichsetzung von deutscher Staatsangehörigkeit („Du bist doch Deutscher") mit Kompetenzen für den Deutschunterricht, zum anderen durch die Zuschreibung „Du Türke", die einen ambivalenten Doppelcharakter zwischen Necken und Provokation entfaltet. Aber auch körperliche Dimensionen spielen eine Rolle, denn Helmut versteht den Kommentar „Du Türke", den er durch seine Ablehnungsbegründung bezüglich der Deutschaufgaben selber ins Spiel eingeworfen hat, nun als Provokation und greift auf körperliche Strategien der Dominanz zurück, indem er Juvan am Nacken packen will. Weiter findet sich noch eine parodistische Verdrehung des Zusammenhangs von *gender* und Ethnizität, denn im Gegensatz zum stereotypen Bild des schwesterbeschützenden männlichen Türken führt Mustafa Juvans große Schwester als Autorität ein, die es zu fürchten gelte. Die Ironie der spaßhaften Drohung wird gerade erst in der *intersection* deutlich. Das Beispiel zeigt exemplarisch zweierlei: Erstens wird ein flexibler und schnell wechselnder Gebrauch sozialer Kategorien deutlich. Nicht eine Kategorie dominiert das soziale Geschehen, sondern das Zusammenspiel mehrerer Differenzlinien konstituiert den sozialen Raum ‚Hausaufgaben in der Pause'. Zweitens zeigen sich Überschneidungen unterschiedlicher sozialer Kategorien wie z. B. in der Figur der ‚beschützenden türkischen Schwester'.

Das Beispiel kann eine Beschreibung der Situation ‚Hausaufgaben in der Pause' liefern. Allerdings – und das ist nicht nur ein Problem der hier durchgeführten exemplarischen Kurzinterpretation – verbleibt diese Beschreibung auf einer deskriptiven Ebene. Zu fragen ist nach dem *Erkenntnisgewinn* einer solchen Beschreibung. Geht es – wie sich an der Pausensequenz zeigt – um den Nachweis, *dass* zahlreiche soziale Kategorien übereinander liegen? Wie aber wären dann soziale Ungleichheiten analytisch in den Blick zu nehmen? Wo zeigt sich in dem Beispiel soziale Ungleichheit? Um solche Fragen zu beantworten, müsste es m. E. vielmehr um die *Analyse der strukturierenden Bedeutung der Kategorien für das soziale Feld* gehen, denn eine deskriptive Beschreibung allein kann weder den spezifischen Erkenntnismehrwert intersektioneller Forschung legitimieren noch einen Beitrag zur sozialen Ungleichheitsforschung darstellen.

Gerade für eine *erziehungswissenschaftliche* Intersektionalitätsforschung erweist sich dieser Punkt als besonders prekär, denn oft gelingt es nicht, pädagogische Aspekte wie Unterrichtsgestaltung oder Anerkennungsbeziehungen systematisch mit einzubeziehen. Eine alternative Vorgehensweise wäre deswegen, nicht auf die Analyse der Wirkungsweisen von Kategorien zu fokussieren, sondern im Umkehrschluss „pädagogische Praktiken" (Kolbe et al. 2008), Deutungsmuster oder Sinnstrukturen – wie im obigen Beispiel den Umgang mit Hausaufgaben – selber zum Ausgangspunkt zu nehmen und davon ausgehend danach zu fragen, wie entlang dieser Aspekte Intersektionalität das soziale Feld strukturiert.

Darüber hinaus muss kritisch reflektiert werden, dass die Beobachtung und Interpretation nur in dem Falle funktioniert, dass die Forschenden um die Kategorien wissen. Denn selbst wenn im Beispiel vor allem die eigeninitiierten Aussagen der Akteure zum Ausgangspunkt genommen werden, wird eine Kenntnis um soziale Kategorien vorausgesetzt, spätestens dann, wenn es in der Interpretation darum geht, die Bedeutung der hergestellten Differenzen herauszuarbeiten und deren Bewertung unter der Perspektive sozialer Ungleichheit vorzunehmen. Das heißt, dass der Interviewstrategie, der Beobachtung oder der Interpretation implizit oder explizit die den Forschenden geläufigen Kategorien zugrunde gelegt und deren Bedeutung den sozialen Akteuren möglicherweise überhaupt erst unterstellt werden. So bleibt unbeleuchtet, inwieweit weitere, möglicherweise weniger offensichtliche Kategorien wie beispielsweise Gesundheit oder sexuelle Orientierung eine Rolle spielen können. Auch die normativen Bezugspunkte des Nicht-Benannten bleiben in dieser Form der Auswertung häufig unentdeckt. Hier besteht die Gefahr der Reifizierung, also der Wiedereinsetzung (und der Festschreibung in diesem Prozess) des immer schon Bekannten. Einen Ausweg aus dem ‚Reifizierungsdilemma' könnte (wie im Mehrebenenmodell angedeutet) ein grundsätzlich konstruktivistischer Blick auf soziale Praxis bieten, der die Praxen und Artikulationen der Subjekte zum Ausgangspunkt der Analyse nimmt.

Meines Erachtens wäre jedoch zu diskutieren, ob Reifizierung in jedem Falle immer nur die Wiederentdeckung und Wiedereinsetzung des schon Bekannten heißt oder ob nicht reflexive Forschungsstrategien in der Lage wären, irritierende und neue Aussagen über einen vermeintlich bekannten Gegenstand zu treffen. Diese Überlegung wird noch plausibler vor dem Hintergrund, dass ja Sprache als erkenntnisleitendes und zugleich -produzierendes symbolisches System prinzipiell nicht hintergehbar ist und Theoriebildung somit immer mit Begriffen arbeitet, die bereits eine ‚Überfülle' an Bedeutungen beinhalten. Das Konzept der Iterabilität, wie es bei Butler (1995, 1998) in Bezug auf queere Interventionen im Genderdiskurs Verwendung findet, erlaubt die Vorstellung, dass Diskurse in Zitationen auch verschoben werden können. Die wissenschaftliche (Wieder-)Einsetzung von Kategorien kann somit über das schon immer Bekannte und Gesagte hinausgehen und in den Diskurs jene wissenschaftlichen Befunde einspeisen, die vorher außerhalb blieben. Als ‚neuer' Teil des Diskurses tragen sie gleichzeitig zur Verschiebung und zur Stabilisierung bei.

4 Fazit

In der Zusammenschau bietet sich ein höchst heterogenes Bild erziehungswissenschaftlicher intersektionaler Forschungen und ihrer Erklärungsrelevanz. Es stehen bislang zumeist theoretische Reflexionen über Kategorien sowie eher deskriptive Beschreibungen der Verschränkungen unterschiedlicher Kategorien im Vordergrund. Eine *eigenständige intersektionale Ausarbeitung* sowohl von Machtverhältnissen als auch von Subjektkonstitutionen wird bislang nicht in ausreichendem Maße geleistet. Genau dies wäre als Erkenntnismehrwert von Intersektionalität jedoch zu fordern: nämlich eine *Theoriebildung*, die über die bestehenden Ansätze hinausgeht, gerade *weil* sie auf Schnittstellen, Kontexte und Relationen zu fokussieren vermag. Erst in der ‚relationalen Kontextualität', wie sie in der Vorstellung einer rhizomatischen Struktur des Sozialen deutlich wird, ließe sich ein intersektionaler Erkenntnismehrwert für soziale Ungleichheitsforschung festmachen. Möglicherweise helfen hier zur machttheoretischen Fundierung zwei Aspekte des foucaultschen Machtbegriffes weiter: einmal die Vorstellung, dass die Macht gleichsam überall ist. Foucault meint: „Nicht weil sie alles umfaßt, sondern weil sie von überall kommt, ist die Macht überall" (Foucault 1989: 114). Allerdings ist sie – und dies könnte sich für eine intersektionale Analyse als gewinnbringend herausstellen – deswegen nicht an einen Ort, einen handlungsmächtigen Agenten gebunden. Sie ist, wie Thompson (in diesem Band) formuliert, „ohne Zentrum". Zweitens ist für Intersektionalität m. E. fruchtbar zu machen, dass Foucault Macht sowohl in Institutionen als auch in

Diskursen sowie in Subjektivierungspraktiken lokalisiert und damit Bezüge zu den Kategorien des Mehrebenenmodells herstellbar sind. Hilfreich könnte an dieser Stelle bei Foucault die Ausdifferenzierung in *Macht* (grundlegend auf der Ebene der Institutionen verankert), *Herrschaft* (gleichsam als geronnene dauerhafte Ungleichverteilungen von Macht) und *Regierungstechniken* (als Vermittlungsebene zwischen den beiden Punkten) sein (vgl. Lemke et al. 2000).

Auf dieser machttheoretischen Grundlage würde aus erziehungswissenschaftlicher Perspektive auch eine Abgrenzung zu einer affirmativen Verwendung von Konzepten wie Heterogenität oder Vielfalt markiert, da nicht der vermeintliche Status Quo der jeweiligen Subjekte im Zentrum steht, sondern deren sozial konstruierte und relationale Positionierung. So könnte eine inhaltliche Bestimmung von Differenz anhand jener Mechanismen erfolgen, die Ungleichheit herstellen, im Unterschied zu einer Darstellung, die soziale Kategorien als personale Eigenschaften von Kindern, Jugendlichen und Erwachsenen begreift und dadurch letztendlich dem Risiko der Ontologisierung unterliegt. Hier liegt die Differenz zwischen einer tatsächlich intersektionalen und einer lediglich mehrkategorialen – gleichsam einer pädagogischen Verklärung von Heterogenität und Vielheit verpflichteten – Betrachtungsweise.

Literatur

Budde, Jürgen (2005): Männlichkeit im gymnasialen Alltag. Bielefeld
Budde, Jürgen (2010): Heterogenität und Homogenität aus der Perspektive von Lehrkräften. In: Krüger, Dorothea (Hrsg.): Genderkompetenz und Schulwelten: alte Ungleichheiten – neue Hemmnisse. Wiesbaden: 111–128
Bührmann, Andrea D. (2009): Intersectionality – ein Forschungsfeld auf dem Weg zum Paradigma? In: Gender 1, 2: 28–44
Butler, Judith (1995): Körper von Gewicht. Berlin
Butler, Judith (1998): Hass spricht. Hamburg
Butler, Judith (2001): Psyche der Macht. Frankfurt a. M.
Davis, Kathy (2008): Intersectionality as buzzword. In: Feminist Theory 9, 1: 67–85
Degele, Nina/Winker, Gabriele (2008): Praxeologisch differenzieren. In: Klinger, Cornelia/Knapp, Gudrun-Axeli (Hrsg.): Über-Kreuzungen. Fremdheit, Ungleichheit, Differenz. Münster: 194–209
Deleuze, Gilles/Guattari, Félix (1977): Rhizom. Berlin
Dietze, Gabriele/Haschemi Yekani, Elahe/Michaelis, Beatrice (2007): „Checks and Balances." Zum Verhältnis von Intersektionalität und Queer Theory. In: Walgenbach, Katharina/Dietze, Gabriele/Hornscheidt, Antje/Palm Kerstin (Hrsg.): Gender als interdependente Kategorie. Opladen/Farmington Hills: 107–140
Foucault, Michel (1989): Der Wille zum Wissen. 3. Aufl. Frankfurt a. M.

Kassis, Wassilis/Kronig, Winfried/Stalder, Ursula/Weber, Martina (2009): Bildungsprozesse und Intersektionalitätsstrukturen. In: Melzer, Wolfgang/Tippelt, Rudolf (Hrsg.): Kulturen der Bildung. Opladen/Farmington Hills: 339–348

Knapp, Gudrun-Axeli (2005): „Intersectionality" – ein neues Paradigma feministischer Theorie? In: Feministische Studien 1/2005: 68–81

Knapp, Gudrun-Axeli (2008): Kommentar zu Tove Soilands Beitrag. In: querelles-net, Nr. 26. Online verfügbar unter: http://www.querelles-net.de/index.php/qn/article/view/695/703 [27.06.2009]

Kolbe, Fritz-Ulrich/Reh, Sabine/Fritzsche, Bettina (2008): Lernkultur: Überlegungen zu einer kulturwissenschaftlichen Grundlegung qualitativer Unterrichtsforschung. In: Zeitschrift für Erziehungswissenschaft 12, 1: 125–143

Leiprecht, Rudolf/Lutz, Helma (2005): Intersektionalität im Klassenzimmer. In: Leiprecht, Rudolf/Kerber, Anne (Hrsg): Schule in der Einwanderungsgesellschaft. Schwalbach/Ts.: 218–234

Lemke, Thomas/Krasmann, Susanne/Bröckling, Ulrich (2000): Gouvernementalität, Neoliberalismus und Selbsttechnologien. In: Bröckling, Ulrich/Krasmann, Susanne/Lemke, Thomas (Hrsg.): Gouvernementalität der Gegenwart. Frankfurt a. M.: 7–40

McCall, Leslie (2005): The Complexity of Intersectionality. In: Journal of Women in Culture and Society 30, 3: 1771–1800

Prengel, Annedore (2006): Pädagogik der Vielfalt. 3. Aufl. Wiesbaden

Riegel, Christine (2010): Intersektionelle Perspektiven für die Kooperation von Schule und Jugendhilfe. In: Ahmed, Sarina/Höblich, Davina (Hrsg.): Theoriereflexionen zur Kooperation von Jugendhilfe und Schule. Baltmannsweiler: 143–162

Soiland, Tove (2008): Die Verhältnisse gingen und die Kategorien kamen. In: querellesnet, Nr. 26. Online verfügbar unter http://www.querelles-net.de/index.php/qn/article/view/694/702 [27.06.2009]

Walgenbach, Katharina (2007): Gender als interdependente Kategorie. In: Walgenbach, Katharina/Dietze, Gabriele/Hornscheidt, Antje (Hrsg.): Gender als interdependente Kategorie. Opladen/Farmington Hills: 23–64

Wenning, Norbert (2004): Heterogenität als neue Leitidee der Erziehungswissenschaft? In: Zeitschrift für Pädagogik 50, 4: 565–582

West, Candace/Zimmerman, Don H. (1991): Doing gender. In: Lorber, Judith/Farrell, Susan A. (Hrsg.): The Social Construction of Gender. Newsbury Park/London/New Delhi: 13–37

Autorinnen und Autoren

Bednarz-Braun, Iris, PD Dr. phil. habil., Jg. 1950, Leiterin der Forschungsgruppe „Migration, Integration und interethnisches Zusammenleben" am Deutschen Jugendinstitut in München; Arbeits- und Forschungsschwerpunkte: Frauen- und Geschlechterforschung, Migration und Ethnie, interkulturelle Beziehungen zwischen Jugendlichen im Betrieb
E-Mail: bednarz@dji.de

Beyer, Beate, Dr. des., Jg. 1980, wissenschaftliche Angestellte in der Abteilung Sozialpädagogik im Institut für Erziehungswissenschaft an der Eberhard-Karls-Universität Tübingen; Arbeits- und Forschungsschwerpunkte: Pädagogik der frühen Kindheit, soziale Ungleichheiten in der frühen Bildung, pädagogische Professionalität, qualitative und quantitative Forschungsmethoden
E-Mail: beate.beyer@uni-tuebingen.de

Buchmann, Marlis, Prof. Dr., Jg. 1950, Geschäftsführende Direktorin des Jacobs Center for Productive Youth Development und Professorin für Soziologie, Universität Zürich; Arbeits- und Forschungsschwerpunkte: Soziologie des Lebenslaufs, soziale Schichtung und Mobilität, Bildungs-, Berufs- und Arbeitsmarktsoziologie, sozialer/kultureller Wandel
E-Mail: buchmann@soziologie.uzh.ch

Budde, Jürgen, Dr. phil., Jg. 1968, wissenschaftlicher Mitarbeiter am Zentrum für Schul- und Bildungsforschung (ZSB) an der Martin-Luther-Universität Halle-Wittenberg, aktuell Vertretungsprofessur für Schulpädagogik und allgemeine Didaktik an der Universität Hildesheim; Arbeits- und Forschungsschwerpunkte: Qualitative Unterrichtsforschung, Heterogenität in Schule und Unterricht, Genderforschung
E-Mail: juergen.budde@zsb.uni-halle.de

Busse, Susann, Dr., Jg. 1971, Postdocstipendiatin des Landes Sachsen-Anhalt; Arbeits- und Forschungsschwerpunkte: qualitative Bildungsforschung, pädagogische Generationsbeziehungen in Familie und Schule, soziale Ungleichheit, Migration und Bildung in den neuen Bundesländern
E-Mail: susann.busse@zsb.uni-halle.de

Canstein, Julia, Dr. des., Jg. 1982, Promotion am Institut für Politikwissenschaft und Japanologie der Martin-Luther-Universität Halle-Wittenberg zum Thema der Bildungsungleichheit in Japan; Arbeits- und Forschungsschwerpunkte: Bildungsungleichheit in Japan, japanische Zivilgesellschaft
E-Mail: julia.canstein@daad-alumni.de

Deppe, Ulrike, Dipl.-Päd., Jg. 1982, wissenschaftliche Mitarbeiterin am Zentrum für Schul- und Bildungsforschung (ZSB) der Martin-Luther-Universität Halle-Wittenberg, zugl. Promotionsstipendiatin der Hans-Böckler-Stiftung; Arbeits- und Forschungsschwerpunkte: Kindheits- und Jugendforschung, Bildung und soziale Ungleichheit, qualitative Forschungsmethoden
E-Mail: ulrike.deppe@paedagogik.uni-halle.de

Eulenberger, Jörg, Dr. des., Jg. 1976, Promotionsstipendiat der Hans-Böckler-Stiftung im Graduiertenkolleg „Bildung und soziale Ungleichheit", Martin-Luther-Universität Halle-Wittenberg; Arbeits- und Forschungsschwerpunkte: Migrationsforschung, Übergangsforschung, empirische Sozialforschung
E-Mail: joerg.eulenberger@soziologie.uni-halle.de

Falkenhagen, Teresa, M.A., Jg. 1981, Dezernatsleiterin Studentische und Akademische Angelegenheiten der Burg Giebichenstein Kunsthochschule Halle; Arbeits- und Forschungsschwerpunkte: Hochschulforschung, Ungleichheitsforschung
E-Mail: falkenhagen@burg-halle.de

Helsper, Werner, Dr. phil. habil., Jg. 1953, Professor für Schulforschung und allgemeine Didaktik, Martin-Luther-Universität Halle-Wittenberg; Arbeits- und Forschungsschwerpunkte: Schul- und Jugendforschung, Schulkarriere und Bildungsungleichheit, pädagogische Professionalität, qualitative Forschungsmethoden
E-Mail: werner.helsper@paedagogik.uni-halle.de

Koch, Sandra, Dipl.-Päd., Jg. 1978, Promotionsstipendiatin der Hans-Böckler-Stiftung an der Martin-Luther-Universität Halle-Wittenberg; Arbeits- und Forschungsschwerpunkte: Diskursanalyse/Diskurstheorie, sozialwissenschaftliche Kindheitsforschung, Pädagogik der frühen Kindheit
E-Mail: sandra.koch@paedagogik.uni-halle.de

Kreckel, Reinhard, Prof. Dr., Jg. 1940, emeritierter Professor für Soziologie und früherer Rektor der Universität Halle-Wittenberg, bis 2010 Direktor des Instituts

für Hochschulforschung Wittenberg (HoF); Arbeits- und Forschungsschwerpunkte: Theorie der Gesellschaft, Hochschulforschung, Ungleichheitsforschung
E-Mail: reinhard.kreckel@soziologie.uni-halle.de

Kriesi, Irene, Dr., Jg. 1969, Forschungsfeldleiterin am Eidgenössischen Hochschulinstitut für Berufsbildung (EHB) in Zollikofen; Arbeits- und Forschungsschwerpunkte: Soziologie des Lebenslaufs, Berufs- und Arbeitsmarktsoziologie, Geschlechterforschung
E-Mail: irene.kriesi@ehb-schweiz.ch

Krüger, Heinz-Hermann, Dr. phil. habil., Jg. 1947, Professor für Erziehungswissenschaft an der Martin-Luther-Universität Halle-Wittenberg; Arbeits- und Forschungsschwerpunkte: Biographie-, Bildungs- und Schulforschung, Kindheits- und Jugendforschung, Theorien und Methoden der Erziehungswissenschaft
E-Mail: heinz-hermann.krueger@paedagogik.uni-halle.de

Neumann, Sascha, Dr. phil., Jg. 1975, wissenschaftlicher Mitarbeiter in der Abteilung „Early Childhood: Education and Care" der Forschungseinheit INSIDE (Integrative Research Unit: Social and Individual Development) an der Universität Luxemburg; Arbeits- und Forschungsschwerpunkte: Theorie und Geschichte der Sozialpädagogik, Theorie der Kindheit und Kindheitsforschung, Ethnographie der (Früh-)pädagogik
E-Mail: sascha.neumann@uni.lu

Rabe-Kleberg, Ursula, Prof. Dr., Jg. 1948, Dipl.-Soz., Professorin i. R. für Soziologie der Bildung und Erziehung, Martin-Luther-Universität Halle-Wittenberg; Arbeits- und Forschungsschwerpunkte: Reform der frühkindlichen Bildungsprozesse und des Kindergartensystems, Professionalisierung und Akademisierung des Erzieherinnenberufs, Etablierung dieses Bereichs als Gegenstand akademischer Forschung, Förderung des wissenschaftlichen Nachwuchses, wissenschaftliche Leiterin des Instituts bildung: elementar, das sich vor allem dem gegenseitigen Transfer zwischen Wissenschaft, Profession und Praxis der elementaren Bildung widmet
E-Mail: ursula.rabe-kleberg@paedagogik.uni-halle.de

Sandring, Sabine, Dr., Dipl.-Soz., wissenschaftliche Mitarbeiterin am Zentrum für Schul- und Bildungsforschung der Martin-Luther-Universität Halle-Wittenberg; Arbeits- und Forschungsschwerpunkte: Schülerbiographie, Anerkennung, qualitative Schul- und Bildungsforschung
E-Mail: sabine.sandring@zsb.uni-halle.de

Schippling, Anne, Dr. phil., Jg. 1976, wissenschaftliche Assistentin am Institut für Pädagogik an der Martin-Luther-Universität Halle-Wittenberg; Arbeits- und Forschungsschwerpunkte: internationale Schul-, Hochschul- und Bildungsforschung, Eliteforschung, Kritische Theorie, qualitative Forschungsmethoden
E-Mail: anne.schippling@paedagogik.uni-halle.de

Schneider, Edina, Dipl.-Soz., Jg. 1981, wissenschaftliche Mitarbeiterin am Institut für Pädagogik an der Martin-Luther-Universität Halle-Wittenberg; Arbeits- und Forschungsschwerpunkte: qualitative und quantitative Forschungsmethoden, Schülerbiografieforschung, Jugendforschung und Bildungsforschung
E-Mail: edina.schneider@paedagogik.uni-halle.de

Siebholz, Susanne, Dipl.-Päd., Jg. 1981, Promotionsstipendiatin der Hans-Böckler-Stiftung im Graduiertenkolleg „Bildung und soziale Ungleichheit", Martin-Luther-Universität Halle-Wittenberg; Arbeits- und Forschungsschwerpunkte: Kindheits- und Schulforschung, Heimerziehungsforschung, soziale Ungleichheiten, qualitative Forschungsmethoden
E-Mail: susanne.siebholz@paedagogik.uni-halle.de

Thompson, Christiane, Dr. phil. habil., Jg. 1973, Professorin für Allgemeine Erziehungswissenschaft unter besonderer Berücksichtigung der Bildungstheorie und kulturwissenschaftlichen Bildungsforschung, Martin-Luther-Universität Halle-Wittenberg; Arbeits- und Forschungsschwerpunkte: Bildungs- und Erziehungsphilosophie, Sozial- und Kulturtheorien in der Erziehungswissenschaft, pädagogische Prozesse an der Schnittstelle von Sprache, Kultur und Macht
E-Mail: christiane.thompson@paedagogik.uni-halle.de

Ulrich, Joachim Gerd, Dr., Jg. 1957, Mitarbeiter am Bundesinstitut für Berufsbildung; Arbeits- und Forschungsschwerpunkte: Berufswahl, Übergangsprozesse Jugendlicher zwischen Schule und Berufsausbildung, Analysen zum Ausbildungsmarkt, insbesondere zur Ausbildungsplatznachfrage
E-Mail: ulrich@bibb.de

Winter, Daniela, Dipl.-Päd., 1980, wissenschaftliche Mitarbeiterin im DFG-Projekt „Exklusive Bildungskarrieren und der Stellenwert der Peerkulturen" am Zentrum für Schul- und Bildungsforschung (ZSB) der Martin-Luther-Universität Halle-Wittenberg; Arbeits- und Forschungsschwerpunkte: Kindheits- und Jugendforschung, Forschung zu sozialer Ungleichheit, Evaluationsforschung, qualitative Forschungsmethoden
E-Mail: daniela.winter@zsb.uni-halle.de

Grundlagen Erziehungswissenschaft

Isabell Ackeren | Klaus Klemm
Entstehung, Struktur und Steuerung des deutschen Schulsystems
Eine Einführung
2., überarbeitete und aktualisierte Aufl.
2011. 199 S. mit 10 Abb. u. 11 Tab. Br.
EUR 16,95
ISBN 978-3-531-17848-6

Thomas Brüsemeister
Soziologie in pädagogischen Kontexten
Handeln und Akteure
2012. 180 S. mit 10 Tab. Br. ca. EUR 19,95
ISBN 978-3-531-18441-8

Jutta Ecarius | Marcel Eulenbach | Thorsten Fuchs | Katharina Walgenbach
Jugend und Sozialisation
2010. 290 S. (Basiswissen Sozialisation) Br.
EUR 22,95
ISBN 978-3-531-16565-3

Werner Helsper
Sozialisation in der Schule
ca. EUR 19,95
ISBN 978-3-531-18454-8

Kai-Uwe Hugger | Ilona Andrea Cwielong | Verena Kratzer
Mediensozialisation
Eine Einführung
2012. ca. 150 S. mit 10 Abb. u. 10 Tab. Br.
ca. EUR 16,95
ISBN 978-3-531-16785-5

Heinz Moser
Einführung in die Medienpädagogik
Aufwachsen im Medienzeitalter
5., durchges. u. erw. Aufl. 2010. 332 S. Br.
EUR 29,95
ISBN 978-3-531-16164-8

Heinz Reinders | Hartmut Ditton | Cornelia Gräsel | Burkhard Gniewosz (Hrsg.)
Empirische Bildungsforschung
Strukturen und Methoden
2010. 195 S. Br. EUR 19,95
ISBN 978-3-531-16844-9

Heinz Reinders | Hartmut Ditton | Cornelia Gräsel | Burkhard Gniewosz
Empirische Bildungsforschung
Gegenstandsbereiche
2011. 238 S. mit 14 Abb. u. 1 Tab. Br.
EUR 19,95
ISBN 978-3-531-17847-9

Friedrich Rost
Lern- und Arbeitstechniken für das Studium
6. Aufl. 2010. 339 S. mit 58 Abb. Br.
EUR 22,95
ISBN 978-3-531-17293-4

Erhältlich im Buchhandel oder beim Verlag.
Änderungen vorbehalten. Stand: Januar 2012.

Einfach bestellen:
SpringerDE-service@springer.com
tel +49(0)6221/345–4301
springer-vs.de